KB105733

동아시아의
칸트철학

Kantian Philosophy in East-Asia
edited by Chong-Hyon Paek

Copyright © Chong-Hyon Paek

Published by ACANET, Seoul, Korea, 2014

동아시아의
칸트철학

Kantian Philosophy in East-Asia

東アジアにおけるカント哲學の影響作用史研究
康德哲學在東亞

———

백종현 편저

아카넷

책을 펴내면서

이 책은 한국·중국·일본, 동아시아 3국의 칸트 연구가들이 협력하여 펴내는 것이다. 책을 편찬하게 된 계기는 한중 학자들의 한 교류 모임(학술 회명: Symposium on Kant Studies in China and Korea / 中國與韓國的康德研究 國際學術研討會, 주최: 臺灣大學 人文社會高等研究院, 장소: 臺灣大學 法律學院 霖 澤館七樓 第一會議室, 일시: 2013. 5. 31, 9:30~17:45)이다. 대만대학 인문사 회고등연구원(원장: 黃俊傑)은 한국의 한자경, 백종현과 중국의 이추영 (李秋零), 대만의 이명휘(李明輝)를 초청하여 양국의 칸트 연구 전개 과정과 전망에 관한 토론의 장을 열었는데, 그 자리에서 발표된 네 편의 논고가 이 책의 주축이다. 학술 모임의 뒷풀이 자리에서 이명휘는 대만대학 인 문사회고등연구원이 마침 저 학술 모임 전후해서 일본의 마키노 에이지 (牧野英二)를 초청하여 일본 칸트학계의 현황에 대한 토론 모임도 가질 것 이므로, 유사한 주제에 관한 3국의 논고를 모을 수 있음을 알리면서, 이 기회에 대만에서는 이 논고들을 모아 향후 단행본으로 출판할 계획이 있음을 밝히고, 한국에서도 출판할 것을 권유하였는바, 이를 백종현이 수정 수락함으로써 이와 같은 형태의 책을 낼 수 있게 된 것이다. 단행본의 완성을 위해서는 중국이 북경과 대만 정부로 갈리기(1949) 이전의 칸트 연구 사정에 대한 논고 한 편이 더 필요해 보였고, 그래서 백종현은 이명휘(李明輝)에게 그에 대한 별도의 논고 집필을 청하였다. 이를 이명휘가 쾌히 응락하고, 이런 내용의 원고 수합이 가능함을 확인한 마키노 에이지(牧野英二)가 일본에서도 이 논고들을 바탕으로 단행본을 내기로 합의함으로써 자연스러운 대화의 흐름에 따라 3국에서 같은 책을 출간하게 된 것이다. 일본의 칸트 연구는 시기적으로 오래되고 참여 학자들도 다대하여 1945년을 기준으로 전후 사정에 대한 논고를 두 편으로 작성하기로 했으므로, 도합 일곱 편의 논고를 한국어판은 백종현이, 중국어판은 이명휘가, 일본어판은 마키노 에이지가 공유하여 책을 내되, 3자가 각국에서의 출판권을 가지고서 각자의 책임 아래 논고들을 자국어로 번역하고, 필요한 자료를 더하여 단행본을 내기로 한 것이다.

이 한국어판 『동아시아의 칸트철학』은 저렇게 모은 3국 연구가들의 일곱 편의 논고에 한국의 관련 자료를 부록으로 더하여 엮은 것이다. 한국 내 학자들 사이에서도 그렇지만 3국에서 공히 번역어에 대한 의견 불일치가 적지 않게 있고, 그것이 독일어/라틴어로 쓰인 칸트 문헌의 독해에 풍부함을 더해주는 반면에 자못 혼란을 야기하는 면도 있는 터라 이와 관련해 편자가 이미 칸트 역서를 펴낼 때마다, 그리고 《칸트연구》(제25집) 등 여러 곳에서 밝혔던 바를 묶은 '칸트 철학용어 해설' 논고 한 편을 [부록1]로 붙였고, 중국과 일본 측의 경우는 본 논고 안에 상당한 정도로 연구문헌 정보가 담겨 있어서, 이에 대한 균형도 맞출 겸, 한국어 독자들의 필요도 감안하여 [부록2]에는 '한국철학계의 칸트 연구문헌 110년

(1905~2014)' 목록을 여러 방식으로 분류하여 실었다. 이것들은 칸트철학 연구 상황을 종으로 횡으로 파악하는 데 일조할 것이고, 또한 전진하는 연구를 꾀하는 이들에게는 유용한 참고자료가 될 것이다.

이 책을 단지 일독함으로써 독자는 미시적으로는 한국의 (서양)철학계에서 일용하는 용어들의 유래와 그것들이 정착해가는 중에 안고 있는 숙제들을 인지하는 한편, 동아시아 3국이 한자어를 공유함에도 학술 언어 생활에 어떠한 차이를 갖는지를 실감하게 될 것이고, 거시적으로는 사회에서 한 사상이 발생하고 착근하여 사람들의 생활에 영향을 미치는 경과를 새삼 돌이켜 보게 될 것이다.

또한 이 책은 표면상으로는 동아시아 3국에서의 칸트철학 수용과 전파 및 활용 과정을 보여주고 있지만 ―이 책의 편성은 한·중·일의 순서로 되어 있으나, 전파 순서로는 일 → 중 → 한이며, 누적된 연구의 양도 현재까지는 수용 순서와 같다―, 그 양태가 19세 중엽 이래 서양 문물의 동아시아 3국에서의 유통 경로와 그로 인한 3국의 사회문화의 새로운 형성 및 그 변화상, 그리고 그 심도와 너비의 전형을 보여주고 있기 때문에, 동아시아 근현대 문화사의 관찰과 연구를 위한 예시적 자료집으로서도 적지 않은 의의를 갖는다 하겠다.

이 책을 위해 여섯 편의 옥고를 흔쾌히 넘겨준 한·중·일 3국의 네 분 교수께 심심한 사의를 표한다. 그러나 원고만 가지고 이 책을 만들 수는 없었다. 3국 연구가들이 각기 자국어로 자기 생각에 따라 쓴 글을 모아 단행본을 꾸미다 보니, 편찬 과정에서 번역뿐만 아니라 협의를 위한 빈번한 교신이 필요했는데, 그 일에 헌신적인 노고를 쏟은 분이 대만대학에 유학 중인 박경숙 선생님이다. 박 선생님의 도움이 아니었으면 이 책이 결코 이렇게 쉽게 나오지 못했을 것이다. 박 선생님은 외국어 원고 분량의 절반이 넘는 일본어 논고 두 편을 한국어로 번역해주었을 뿐만 아니라, 3국어에 두루 능통한 분이라 3국의 편찬자 사이에서 중개자 역할을 해주었다. 이 책의 완성을 위한 첫째의 공은 박 선생님에게 있다. 또 중국어 논고 세 편은 대만에 유학 중인 김결, 김혜수, 정종모 선생님이 분담하여 초역한 후, 최종적으로 정 선생님이 전체를 교열 수정하였다. 박, 정 두 분은 이명휘 교수와도 번역상의 문제와 관련해 지속적으로 소통하면서 착오를 없이 하는 데 최선을 다하였다. 또한 이분들은 번역의 엄밀성과 가독성을 높이기 위해 자체적으로 번역 원칙을 정하여, 다섯 편의 논고를 원문과 대조하여 교열한 후, 상호 검토하는 등 마무리 작업에 힘써주었다. 이에 더하여 박, 정 두 분 선생님은 한국어 논고 두 편을 중국어로 옮기는 수고도 마다 하지 않았다.

번역자들이 정하여 준수한 중문 논고 세 편과 일문 논고 두 편의 '번역 일러두기'는 제2부의 앞에 따로 적는다. (본래 중국어와 일본어로 작성된 다섯 편 논고의 원문을 필요로 하는 독자는 이 한국어판에 뒤이어 중국과 일본에서 자국어로 출판될 같은 책에서 읽을 수 있을 것이므로, 이 책에 덧붙여 싣지는 않는다.)

[부록2]는 당초에 2004년 한국칸트학회가 주최한 칸트 서거 200년 기념학술대회 때 편자가 당시까지의 자료를 정리하여 분석 글과 함께 「한국철학계 칸트 연구 100년(1905~2004)」이라는 제목으로 발표하고, 후에 《칸트연구》 제15집(한국칸트학회, 2005. 6)에 게재했던 자료를 바탕으로 그 후 10년간의 관련 자료를 추가하고, 이전 조사에서 누락되었던 것을 보

충하여 새롭게 작성한 것인데, 이 보충 작업을 맡아 해준 서울대학교 대학원 철학과의 윤영광 선생님에게도 감사를 표한다.

더불어 일본어판 단행본을 위해 한국어 논고 두 편을 일본어로 번역해 주신 서울대학교 인문학연구원의 이미숙 교수님의 후의도 잊을 수 없다. 문학하시는 분이라 더러 익숙하지 않은 철학용어에 부딪혔을 터인데도, 무리한 청을 뿌리치지 않고 근무처가 같다는 인연 하나에 얽혀 큰 노고를 기울여주신 덕분에 한국 학계의 사정이 좋은 문체로 일본 학계에도 알려지게 된 것에 대해 감사의 말씀을 올리지 않을 수 없다.

여러 사람이 연관된 편찬 작업이라 상당한 경비를 소요했는바, 번역비의 일부는 대만 인문사회고등연구원이 부담해주었고, 또 일부는 서울대학교 철학사상연구소가 지원해주었으며, 교정 작업을 위해서 서울대학교 대학원 철학과의 임지현 선생은 상당한 시간을 할애해주었다. 유상미 선생님은 사적인 협조인데도 불구하고 원고 입력과 교정 과정에서 부딪친 난점들을 이번에도 신속하게 해결해주었다. 이에 감사를 표하지 않을 수 없다. 또한 《한국어 칸트전집》을 함께 출간하는 이유로 까다롭기만 하고 수지타산이 맞지 않는 이 책까지 맡아 출간해준 출판사 아카넷에도 감사하는 마음이 크다.

어느 책인들 여러 사람의 공력이 함께하지 않은 것이 있겠는가마는 이 책은 참으로 여러 분과 여러 기관의 협력의 산물이다. 그리고 한·중·일 3국의 학자들이 모여 논고를 교환 공유하고, 그것을 3국에서 각기 편저자를 맡아 이렇게 책을 내는 것은 아마도 출판계 초유의 일일 것이다. 편자 스스로도 적지 아니 뜻 깊게 여기는 작업의 결실인 이 책자가 인간 세상의 '영원한 평화'를 염원한 칸트의 사상을 동아시아 3국에 고루 퍼뜨려

이웃해 있는 3국의 상호 이해와 공영에 적게나마 이바지하기를 기대하면서 세상에 내보낸다.

그런데 이렇게 일본 학자와도 교유하고 북경과 대만의 학자와도 더불어 같은 책을 엮어내는 즈음에도, 평양의 학자와는 일면식이 없고, 이북의 칸트 연구 상황에 대하여는 아는 바가 전무하다. 머지않은 날에 이북의 철학계 사정도 담아 보완편을 낼 수 있기를 또한 바라마지 않는 바이다.

2014. 7

靜敬齋에서 백 종 현

차례

부록 · 백종현

1

한국의 칸트철학 연구와 숙성

한국에서 칸트철학 연구의 연유와 전개

백종현(白琮鉉)

서울대학교 교수

1. 한국에서 칸트철학 연구의 연유

18세기 후반 천주교의 전래와 함께 기독교 교리와 관련된 철학이론이 단편적이나마 소개되지 않은 것은 아니었지만, 한국 사람들이 '철학적' 관심에서 서양철학 사상을 탐구한 것은 20세기 초에 이르러서라고 볼 수 있으며, 그때 최초로 만난 것이 칸트(Immanuel Kant, 1724~1804) 철학사상과 당시 유행하던 신칸트학파의 사조였다. 이정직(李定稷, 1841~1910)의 『연석산방고(燕石山房稿)』의 「미정문고 별집(未定文稿 別集)」 안의 「강씨철학설대략(康氏哲學說大略)」이 작성된 것을 1905년경이라 추정할 때,[1] 한국인

.:

[1] 이정직의 원고는 128면이었다고 하는데 현재는 분실된 상태이다.(『石亭李定稷遺蓬』, 金堤文化院 編, 第2卷, 2001 참조) 이정직은 1903년부터 수년간 北京에 체류한 것으로 알려져 있는데, 그의 찬술은 梁啓超, 『飮氷室文集』(上海) 등에서 얻은 간접 자료에 기초한 것으로 추정된다. 梁啓超는 처음 《新民叢報》 第25·26·28號(1903) 등을 통해 발표하고 후에 飮氷室文集之十三에 수

에 의한 칸트 연구는 칸트 사후 100년쯤부터인데, 그 시점은 대략 서양철학이 한국에 유입된 시점과 같다. 이정직의 저술은 한국인에 의한 서양철학 관련 최초의 찬술이라고 볼 수 있기 때문이다.

서양철학 사상 중에서도 칸트철학에 대한 한국인의 관심은 단지 시기적으로 빨랐을 뿐 아니라 가장 많은 연구와 소개서의 결실로도 나타났다.[2] 그렇게 된 데는 그럴 만한 까닭이 있을 것인즉, 그중 주요한 몇 가지를 생각해본다.

∴

록한 '近世第一大哲康德之學說'에서 칸트의 지식이론과 정치철학을 약 20면으로 서술하였다.

2) 필자가 해방 50년 기념사업의 일환으로 20세기 초 이래 서양철학의 한국 유입 역사를 정리하면서 1915년부터 1995년까지 한국에서 발표된 서양철학 관련 논저 총 7,245건을 대상 철학자별로 분류해본 결과(백종현, 『독일철학과 20세기 한국의 철학』, 철학과현실사, 1998·2000[증보판], 37면 참조) 취급 빈도수 1위는 칸트가 차지했는데, 아직도 그 순위에는 큰 변동이 없을 것이다.

철학자＼연도	1915~45	1946~59	1960~79	1980~95	계
칸트	8	14	158	411	591
헤겔	8	15	100	323	446
하이데거	2	7	100	168	277
플라톤	1	5	68	178	252
마르크스	4	2	14	193	213
후설	1	1	34	138	174
니체	3	6	47	102	158
아리스토텔레스	1	1	37	93	132
비트겐슈타인	0	0	15	97	112
야스퍼스	1	3	35	59	98
키에르케고르	0	3	44	43	90
듀이	0	5	30	53	88
하르트만	0	6	21	47	74
러셀	1	5	25	34	65
베르그손	2	2	8	46	58
데카르트	0	0	18	32	50
하버마스	0	0	1	48	49
사르트르	0	6	11	31	48
포퍼	0	0	5	41	46
화이트헤드	0	5	12	28	45

첫째는, 한국에 서양철학이 일본과 중국을 거쳐 유입될 초기의 일·중 양국의 서양 문화 수용 사정과 그에 얽혀 있었던 한국의 국제정치적·사회문화적 상황이다. 20세기 전반 한국 사회 문화에 강력하게 영향을 미친 일본의 독일과의 국제정치적 특수 관계가 사상 문화 교류에도 그대로 반영되었고, 서양 근대의 교육 제도 도입에 뒤잇는 서양 문물 교육에서도 독일 철학이 자연스럽게 유포되었으며, 그 중심에 칸트철학이 있었다. 그 결과 1945년 이후 수십 년간에도 한국 대학에서 필수 교양 교과목으로 개설되었던 '철학개론'의 내용 중 상당 부분은 칸트철학의 소개 해설이었다.

둘째는, 칸트철학과 한국인들의 사고방식과의 친근성이다. 한국인들은 칸트의 자발적인 인간 주체성, 인격 윤리, 만민 평등, 시민사회, 국제 평화의 사상에서 상당한 친화성을 느낀 것으로 보인다. 게다가 조선 500년 동안 성리학적 윤리 사상에 익숙해 있던 한국인들은 새 시대의 '거부할 수 없는' 사상으로 다가온 '서양' 사상 중 칸트 도덕철학에서 유교 사상과의 유사성을 발견해냄으로써, ─천착 연구해보았다면 두 사상은 그 근간이 서로 다름이 드러났겠지만, 말하자면 피상적인 당시의 이해 수준에서─ '동양인'의 문화적 패배감을 떨쳐버리고 안도하면서 그에 접근해갈 수 있었다.

셋째는, 칸트철학이 가진 '서양철학'의 대표성이다. 19세기 이후 세계 문화의 여러 흐름과 한국 사회 문물제도의 변화의 필요성으로 서양 사상이 한국 문화에 유입되는 것은 거의 자연스러운 일이었고, 그런 대세 속에서 서양철학의 수용 또한 거의 당연한 일이었다. 그리고 무릇 '서양' 문화란 그리스-로마 전통과 기독교, 그리고 근대의 수학적 자연과학과 정치 경제 사상 및 제도를 그 핵으로 갖는데, 이를 가장 포괄적으로 대변

하는 철학은 다름 아닌 칸트철학이라 해야 할 것이다. 칸트철학의 이러한 위상은 동서양 사상계에서 한가지이겠으나, 서양의 고대·중세 문화의 영향력 때문이라기보다는 근대 문화의 파급력으로 인해 서양 철학을 새롭게 익히게 된 한국에서는 근대 사상을 대표하는 칸트의 철학이 그만큼 더 큰 주목을 받은 것이겠다.

넷째는, 칸트철학의 정치적 중립성이다. 계몽주의 철학으로서 칸트철학은 당시의 서양 전통 사상 문화에서는 ─그의 저술 일부가 출판 금지를 당할 만큼─ '혁명적'인 것이었지만, 1세기나 지나 종교 정치적 배경이 다른 한국에 유입된 칸트철학은 이미 '온건한' 것이었고, 좌우 이데올로기의 긴장 속에 있던 20세기 한국 사회에서 칸트철학은 평등의 원칙과 자유의 원칙을 엇갈려 앞세우는 좌우 어느 쪽에서도 수용할 수 있는 ─물론 그러하기 때문에 어느 쪽에서 봐도 '골수분자'가 될 수는 없고, 보기에 따라서는 '기회주의적'인─ 비교적 '안전한' 철학 사상이었다.

다섯째는, 칸트철학의 한국어로의 높은 이해 가능성이다. 철학 사상은 자연 언어로 표현되는 만큼 해석 가능성이 풍부한 이면에 모호함이 없지 않고, 그 때문에 그것이 외국어로 번역될 때는 난해함이 매우 커 경우에 따라서는 오해되기 십상이다. 그러나 칸트철학 언어는 한국어로 이해되는 데 거의 아무런 어려움이 없을 뿐만 아니라, 어느 경우에는 오히려 독일어의 모호한 의미를 더욱 분명하게 드러내준다. 이것은 한국 문화 속에서 칸트철학이 잘 이해되는 수준을 넘어서 재생산적인 소재가 될 수 있음을 뜻하는 것으로, 이것이야말로 칸트철학이 한국에서 앞으로도 가장 활발하게 연구될 요인일 것이다.

2. 한국에서 칸트철학 수용과 연구 과정

이렇게 해서 수용된 칸트철학은 '서양철학의 교과서' 역할을 하면서 음으로 양으로 한국의 사회 문화 형성에 적지 않은 영향을 미쳤다.

우리는 이제까지의 한국인들의 칸트철학 연구·소개·수용 과정을 크게 네 시기로 나누어볼 수 있는데, 대한민국 수립 이전 20세기 전반기에 해당하는 처음 40년은 자연적 수용기(1905~1944), 이어지는 40년은 능동적 수용기(1945~1984), 그 후 15년은 심화 연구기(1985~1999), 그리고 2000년 이후부터는 반성적 재생산기로 특징지을 수 있다.

2.1 처음 40년을 '자연적 수용기'라고 일컫는 것은, 한국인들이 국제 정세에 휩쓸려 충분한 반성을 할 겨를도 없이 당시 주 통로인 일본과 중국을 거쳐 밀려오는 서양 문물 중 하나로서 '서양철학'을 수용하는 가운데, 당시 일본과 중국에서도 선호되었던 칸트철학에 쉽게 접할 수 있었다고 보기 때문이다. 정치적 주권을 상실한 이 시기에 한국 사람들의 관심을 크게 끈 것은 칸트의 도덕 이론과 영원한 평화 사상이었는데, 다음의 세 저술이 보여주는 칸트철학 이해와 활용은 그 좋은 예이다.

韓龍雲(1879~1944), 『朝鮮佛敎維新論』(1910), 이원섭 역, 운주사, 1992.

　　(특히 21~24면 참조)

全秉薫(1857~1927?), 『精神哲學通編』(北京 : 精神哲學社, 1920), 復刊 : 明文堂, 1983.

崔鉉培(1894~1970), 『朝鮮民族更生의 道』(1930), 重刊 : 정음사, 1962.

　　(특히 189~194면)

그리고 오히려 이 시기에는 조금 알게 된 칸트철학의 영향력이 철학계에 머무르지 않고, 더 잘 알게 된 그 이후보다도 더 넓게 한국 사회 문화 영역 일반에, 예컨대 종교개혁론, 정치론, 문학비평에까지 미쳤으니, 이러한 사태는 한편으로는 문화사에서 '철학'의 위상 변천의 실례로, 다른 편으로는 '잘 모르면 더 위대해 보이는' 그러한 한 사례로 볼 수 있을지 모르겠다.

2.2 '능동적 수용기'라 할 수 있는 1945년 이후 40년간은, 물론 주어진 여건의 범위 내에서이기는 하지만, 한국 철학계가 자발적인 선택에 따라 칸트철학을 적극적으로 수용·연구·전파한 시기라고 볼 수 있다.

1945년 8월 제2차 세계대전 종료 후 한국에 대학이 다수 설립되기 시작하면서 대학에 철학과 역시 다수 설치되었으며, 미국식 대학 교과과정의 편성 경향에 따라 교양 교과목으로 '철학개론' 등이 거의 모든 대학에 설강됨으로써 한국에서 1970년대 초까지 '철학'은 대부분 대학생의 필수 이수 교과목이 되었다. 그리고 이때 많은 수의 '교과서' 『철학개론』이 출판되었는데, 칸트철학은 그 내용의 핵심을 이루었다.[3]

또한 이때에 최초로 칸트철학의 본고장인 독일 대학에서 칸트철학에서 비롯한 주제를 연구한 한국인 박사가 나왔다.

서동익, "Das Problem der metaphysischen Deduktion bei Kants Nachfolgern", Ruprecht-Karls-Univ. Heidelberg, 1958. 7. 28.

––––––––
3) 백종현, 『독일철학과 20세기 한국의 철학』(철학과현실사, ²2000), 66면 이하 참조.

또 이 시기에는 빠른 기간 내에 '대학생' 및 사회 지도층 인사들을 국제 수준의 ―곧 서양 문화적 관점에서― '교양인'으로 양성해야 한다는 사회적 요구에 부응해서 '총론' 성격의 연구 및 강의가 주류를 이루었다.

이미 칸트철학을 주제로 삼은 100종 이상의 논저가 발표된 후인 1970년 대 초부터는 칸트철학 전문 박사가 국내외에서 다수 배출되었다.

> 손봉호, "Science and Person: A study on the idea of philosophy as rigorous science in Kant and Husserl", Vrije Universiteit Amsterdam, 1972.
>
> 이석희, 「Kant에 있어서의 先驗的 人格性과 人格의 成立」, 중앙대학교, 1974.
>
> 한단석, 「Kant 『순수이성비판』에 있어서의 Ding an sich의 槪念」, 東京大學, 1974.

칸트 서거 210년이 된 2014년 봄까지 한국의 대학에서 칸트철학 전문 석사가 429명, 박사가 89명 배출되었는데,[4] 그중 석사는 1949년을 시작 으로 1984년까지 72명, 박사는 1974년을 시작으로 1984년까지 11명이 배출되었다.

그리고 칸트의 원저술 최초의 한국어 번역서가 출판되었다.

∙∙
4) 이 책 [부록 2] 참조. 이때까지 석사를 배출한 대학은 51개이고, 박사를 배출한 대학은 21개 이다. 석사를 많이 배출한 대학을 순서대로 보면 서울대학교 68명, 고려대학교 37명(박사는 6명), 서강대학교 25명(박사는 5명), 연세대학교 24명(박사는 1명) 등이고, 박사를 많이 배출 한 대학을 순서대로 보면 서울대학교 16명, 경북대학교 11명(석사는 22명), 전북대학교 8명 (석사는 7명) 등이다.

박종홍·서동익 공역, 『형이상학 서론』, 한국번역도서주식회사/문교부, 1956.

이를 이어 비로소 이 시기에 칸트 주요 저술의 한국어 번역서가 출간되었으니, 그로써 칸트철학이 학계를 넘어 일반 문화계에까지 본격적으로 전파될 수 있었다.

최재희, 『純粹理性批判』[동아출판사, 1969], 박영사, 1972.

최재희, 『實踐理性批判』[청구출판사, 1957], 박영사, 1974.

정 진, 『道德哲學原論』, 乙酉文化社, 1970.

서동익, 『永遠한 平和를 위하여』, 수록: 『世界의 大思想 6: 칸트』, 徽文出版社, 1972.

이석윤, 『判斷力 批判. 附 判斷力 批判 第一序論』, 박영사, 1974.

신옥희, 『理性의 限界 안에서의 宗敎』, 이화여자대학교출판부, 1984.

2.3 '심화 연구기'라 할 수 있는 1985년 이후 15년은 다수의 단행본 연구서의 출간과 함께 국내외에서 칸트철학 전문 박사들이 대거 배출되었다. 1958년에 한 사람의 박사가 나온 후 비로소 27년이 지난 1985년에야 다시 독일 대학 출신 박사가 나오기 시작해서 그 후 20년 동안에는 무려 32명이 나왔다. 이때까지 독일 외 지역 외국 박사는 9명(미국 4명, 네덜란드 2명, 일본 1명, 프랑스 1명, 오스트리아 1명)이 나왔다[5]

∴

5) 이 책의 [부록 2] 참조.

백종현, "Phänomenologishe Untersuchung zum Gegenstandsbegriff in Kants 'Kritik der reinen Vernunft'", Albert-Ludwigs Univ. Freiburg/ Br., 1985. 7. 5.

강영안, "Schema and Symbol: A study in Kant's doctrine of schematism", Vrije Universiteit Amsterdam, 1985.

이들은 1990년 〈한국칸트학회〉(1990. 12. 8: 〈한국칸트철학회〉로 발족, 1994. 12. 8: 〈한국칸트학회〉로 개칭)를 창설하여 활발한 연구 발표 활동을 전개하였다. 이 학회에 앞서 1960년대 초 영남 지역 학자들은 〈韓國칸트 學論〉(1963. 11. 9)을 결성하여 한동안 "칸트 [서거] 제160주년 기념 학술 발표회"(1964. 4. 23. 동아대)를 개최하는 등 활발한 활동을 편 바 있다. 그러나 이 학회는 2년 후 〈한국철학연구회〉(1965)로, 다시금 〈대한철학회〉(1983)로 확대되어 칸트철학 전문 학회의 성격을 잃어버렸다. 새로 창립된 〈한국칸트학회〉는 칸트철학 전공 석사 이상 자만을 정회원으로 갖는 학회로서, 1995년에 학회지 《칸트연구》를 창간, 2000년부터는 반연간(刊)으로 정기 발간함으로써 본격적으로 연구 성과를 결집하고, 여러 가지 기획 사업을 수행했다.

한국칸트학회 편, 『칸트연구1: 칸트와 형이상학』, 민음사, 1995.
_____, 『칸트연구2: 칸트와 윤리학』, 민음사, 1996.
_____, 『칸트연구3: 칸트와 미학』, 민음사, 1997.
_____, 『칸트연구4: 토마스에서 칸트까지』, 철학과현실사, 1999.
_____, 『칸트연구5: 칸트와 그의 시대』, 철학과현실사, 1999.
_____, 『칸트연구6: 칸트와 독일 이상주의』, 철학과현실사, 2000.

_____, 『칸트연구7: 칸트와 현대 유럽철학』, 철학과현실사, 2001.

_____, 『칸트연구8: 칸트와 현대 영미철학』, 철학과현실사, 2001.

_____, 『칸트연구9: 칸트와 정치철학』, 철학과현실사, 2002.

_____, 『칸트연구10: 칸트철학과 현대』, 철학과현실사, 2002.

_____, 『칸트연구11: 칸트와 문화철학』, 철학과현실사, 2003.

_____, 『칸트연구12: 칸트철학과 현대 해석학』, 철학과현실사, 2003.

〈한국칸트학회〉는 2004년에 이르러 학회지 《칸트연구》를 제13집부터는 특정 출판사에 의존하지 않고 직접 발행하기 시작했다. 그로써 주제에 제한받지 않은 회원들의 자유로운 연구가 발표의 장을 갖게 되었다.

이 시기는 '각론' 위주의 연구서들 또한 다수 나왔는데, 분야별 전문 연구서의 예를 들자면 아래와 같다.

김용정, 『칸트철학: 자연과 자유의 통일』[유림사, 1978], 서광사, 1996.

문성학, 『인식과 존재』, 서광사, 1991.

김광명, 『칸트 판단력비판 연구』, 이론과 실천, 1992.

한자경, 『칸트와 초월철학: 인간이란 무엇인가』, 서광사, 1992.

백종현, 『칸트 실천이성비판 논고』, 성천문화재단, 1995.

강영안, 『자연과 자유 사이』, 문예출판사, 1998.

김상봉, 『자기의식과 존재사유: 칸트철학과 근대적 주체성의 존재론』, 한길사, 1998.

김진, 『칸트. 순수한 이성의 한계 안에서의 종교』, 울산대학교출판부, 1999.

그러나 바야흐로 '한국의 칸트 학계'라고 일컫는 데 손색이 없을 만큼의 전문 연구가가 나오고 주제마다 복수의 연구자들이 생겨 깊이 있는 학술적 토론의 장이 열린 이 시기부터는 오히려 칸트철학의 한국 사회 문화 전반에 미친 영향력이 감퇴했으니, 그것은 철학의 사회에서의 영향력 감퇴라는 문화 일반적 현상 외에도 칸트 연구가들이 사회 문화 전반에 대한 식견보다는 미세 주제의 천착에 치중한 탓도 있었을 것으로 보인다.

2.4 2000년에 이르러 한국의 칸트 학계는 점차 '철학자'의 목소리를 듣게 되었다고 볼 수 있다. 이때부터 다수의 학자들은 '총론'적 시야를 놓치지 않으면서 '각론'을 펴거나, 각론의 깊이를 잃지 않은 개관을 하면서, 이를 토대로 각자의 철학적 주장을 본격적으로 개진해갔으며, 이런 의미에서 학계는 '반성적 재생산기'에 접어들었다고 평가할 수 있다. 다음의 저술들은 조심스럽게나마 그러한 예들로 들 수 있겠다.

백종현, 『존재와 진리—칸트 〈순수이성비판〉의 근본문제』, 철학과현실사,
　　2000·2003[보정판]·2008[전정판].
강영안, 『도덕은 무엇으로부터 오는가: 칸트의 도덕철학』, 소나무, 2000.
이충진, 『이성과 권리: 칸트 법철학 연구』, 철학과현실사, 2000.
김진, 『칸트와 생태사상』, 철학과현실사, 2003.
백종현, 『현대 한국사회의 철학적 문제: 윤리 개념의 형성』, 철학과현실사,
　　2003.
김영래, 『칸트의 교육이론』, 학지사, 2003.
김광명, 『칸트 미학의 이해』, 철학과현실사, 2004.
김석수, 『칸트와 현대 사회철학』, 울력, 2005.

한자경, 『칸트철학에의 초대』, 서광사, 2006.

김영태, 『도덕신학과 도덕신앙』, 전남대학교 출판부, 2006.

문성학, 『칸트 윤리학과 형식주의』, 경북대학교 출판부, 2007.

강영안, 『칸트의 형이상학과 표상적 사유』, 서강대학교 출판부, 2009.

백종현, 『시대와의 대화: 칸트와 헤겔의 철학』, 아카넷, 2010.

김혜숙, 『칸트: 경계의 철학, 철학의 경계』, 이화여자대학교 출판부, 2011.

백종현, 『칸트 이성철학 9서(書) 5제(題)』, 아카넷, 2012.

그리고 이러한 심화된 각론 또는 반성적 총론 연구 성과를 토대로 순수 한글세대에 의해 칸트 주요 저술의 재번역서와 신번역서들이 출간됨으로써 칸트 학자들 상호 간의 연구 교류와 함께 일반 독자들과 칸트 사상을 제 목소리로 함께 나누는 장이 마련되었다. 모든 번역은 오역이라느니 반역이라느니 하는 우려가 있기는 하지만, 서로 다른 말들 사이의 소통을 위해서 번역 작업은 불가피한 일이다. 세상에 있는 수많은 말들은 그 상이점에도 불구하고, 인간의 말이기 때문에 보편성을 가지고 있어서 통역이 가능할 뿐만 아니라, 저마다 특장과 긴 체험의 역사를 가지고 있어서, 고전은 번역됨으로써 새롭게 해석되고 그를 통해 오히려 더 풍부한 의미를 얻기도 한다. 설령 본래의 의미에 일부 변질이 생긴다 해도, 번역을 통해 서로 사상을 교류하는 것은 서로 다른 말을 사용하는 민족들 간의 이해를 넓히고, 그로써 인류 공동 문화 형성의 기반을 닦는 일이다.

이한구, 『영원한 평화를 위하여』, 서광사, 1992.=『영구 평화론』, 서광사, 2008[개정판].

_____, 『칸트의 역사 철학』, 서광사, 1992·2009[개정판].

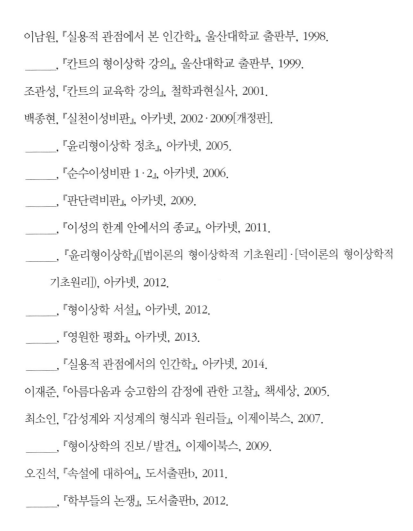

이남원, 『실용적 관점에서 본 인간학』, 울산대학교 출판부, 1998.

_____, 『칸트의 형이상학 강의』, 울산대학교 출판부, 1999.

조관성, 『칸트의 교육학 강의』, 철학과현실사, 2001.

백종현, 『실천이성비판』, 아카넷, 2002·2009[개정판].

_____, 『윤리형이상학 정초』, 아카넷, 2005.

_____, 『순수이성비판 1·2』, 아카넷, 2006.

_____, 『판단력비판』, 아카넷, 2009.

_____, 『이성의 한계 안에서의 종교』, 아카넷, 2011.

_____, 『윤리형이상학』([법이론의 형이상학적 기초원리]·[덕이론의 형이상학적
   기초원리]), 아카넷, 2012.

_____, 『형이상학 서설』, 아카넷, 2012.

_____, 『영원한 평화』, 아카넷, 2013.

_____, 『실용적 관점에서의 인간학』, 아카넷, 2014.

이재준, 『아름다움과 숭고함의 감정에 관한 고찰』, 책세상, 2005.

최소인, 『감성계와 지성계의 형식과 원리들』, 이제이북스, 2007.

_____, 『형이상학의 진보/발견』, 이제이북스, 2009.

오진석, 『속설에 대하여』, 도서출판b, 2011.

_____, 『학부들의 논쟁』, 도서출판b, 2012.

이렇게 한 원전의 번역서들이 복수로 나오고 나서 2013년 봄 이미 칸트의 주요 저작 아홉 권을 역주하여 출판한 백종현은 동학들과 더불어 기존의 역주서들을 포함하여 《한국어 칸트 전집》의 편찬 발행에 착수하였다. 이 《전집》은 역주자들과 〈대우재단〉 및 〈한국학술협의회〉 그리고 출판사 〈아카넷〉의 협력이 낳은 결과물로써 민간 차원 학술 사업의 성공

적 사례라고 할 것이다.

칸트가 발표한 모든 논저와 생전에 출판된 강의록, 그리고 사후 편집된 서간집과 유작집을 한국어로 역주하여 10년 기획사업으로 2014년에 발간을 개시한 《한국어 칸트 전집》의 편성은 아래와 같다.(진한 글씨체의 권은 이미 출간된 것이다.)

제1권	전 비판기 논저 I
제2권	전 비판기 논저 II
제3권	**순수이성비판 1**
제4권	**순수이성비판 2**
제5권	**형이상학 서설**
제6권	**윤리형이상학 정초**
제7권	자연과학의 형이상학적 기초원리
제8권	**실천이성비판**
제9권	**판단력비판**
제10권	**이성의 한계 안에서의 종교**
제11권	**영원한 평화**
제12권	**윤리형이상학**
제13권	학부들의 다툼
제14권	비판기 단편 논고들 I
제15권	비판기 단편 논고들 II
제16권	**실용적 관점에서의 인간학**
제17권	논리학
제18권	자연지리학
제19권	교육학
제20권	서간집 I
제21권	서간집 II

제22권	서간집 III
제23권	유작 I
제24권	유작 II

이 같은 민간 차원의 칸트 전집 발간 사업과는 별도로 최소인의 주도로 〈한국연구재단〉이 지원하는 한국어 칸트 전집 편찬 작업도 진행 중이어서 미구에 한국의 칸트학계는 2종의 전집을 갖게 될 것이다. 한 철학자의 저작을 어족이 전혀 다른 외국어로 옮기는 일은 이미 원전의 해석으로서 역자마다 선택하는 용어부터 서로 다를 수 있는데, '전집'을 표방한 이상 그 전집 내에서는 칸트 전 저작에 걸쳐 번역어의 일관성은 유지될 것이고, 그것은 이미 학파적 성격을 띤다.

칸트철학에 대한 학파적 해석이 나온다는 것은 한국에서 칸트철학의 재생산적 활용의 토양이 마련된다는 것을 뜻하며, 그로써 칸트철학의 자양분이 '한국의' 철학의 형성 요소가 되는 것이다.

3. 한국에서 칸트철학의 재생산적 활용 가능성

1900년대 초 칸트철학이 유입되면서 한국 사람들에게 이미 특별히 관심을 끌 때도 그러했지만, 그 후에도 한국에서 칸트는 첫째로 '도덕철학자'로서 의미를 가졌다. 칸트 서거 200년인 2004년 봄까지 한국의 대학에서 나온 칸트철학에 대한 박사학위 논문 61편의 주제를 분별해보면『순수이성비판』등 이론철학에 대한 것이 23편,『실천이성비판』등 도덕철학에 대한 것이 30편,『판단력비판』에 대한 것이 6편, 기타가 2편이다. (석사 논문의 경우는 그 비율이 123:106:43:36이다.) 세계적으로는 『순수이성비판』 등의 이론철학에 대한 연구가 칸트 연구의 중심을 이루고 있는 것이 일반적인 상황이나, 한국인으로서 같은 기간에 외국 대학에서 박사학위를 취득하고 귀국한 42명의 논문 주제별 분포가 23:8:3:8인 점과 비교할 때 이것은 매우 특이한 것이다. 이는 불교나 성리학의 수용과 그 활용에서도 그러했듯이 한국인들이 순전한 사변(思辨)이나 이론을 공소(空疎)하다 여기고, '실천'에 대한 논설을 중시하는 성향을 여기서도 보인 것이라 할 수 있겠다. 한국인들의 이런 성향은 어떤 면에서 한국 학문의 진정한 발전을 가로막고 있는 요인이기도 하다. 그러나 저 같은 칸트 도덕철학에 대한 관심은 어떤 면에서 보면 지난 100년 한국 사회의 윤리적 상황이 그다지 좋지 못했음을 반영하는 것이기도 하다고 해야 할 것이다.

오랫동안 한국 사회 윤리의 대종을 이룬 것은 불교적·유교적 요소였다. 그런데 이 '자연주의적'인 전통 윤리의 근간을 이룬 것은 '보은(報恩)'이다. 여기에 20세기 들어 기독교가 광범위하게 전파됨으로써 기독교의 '초자연주의적'인 '계명(誡命)'이 도덕 원칙으로 파급되었다. 이로써 한국은 세계 3대 종교의 윤리 요소가 고르게 미치는 사회가 되었다. 여기에 현대 사회 어디서나 볼 수 있는 바처럼 한국 사회에서도 '선(善)'의 가치를 '이(利)'의 가치로 대치시키는 공리주의와, 아예 선의 가치를 무효로 만드는 물리주의가 확산 일로에 있다. 이런 상황이 한국 사회의 윤리 개념을 착종시키고, 비윤리적 상황을 가속화시켰다. 이런 상황이 바람직하지 않다면, 결국 하나의 보편적 윤리 척도를 세워야 하는데, 그 길은 옛 윤리의 복원일 수도 있고, 새 윤리의 수립일 수도 있다. 그래서 어떤 이들은 유교적 윤리의 새로운 해석을 시도한다.

그러나 유교적 '보은(報恩)의 윤리'는 '친(親)함'과 '온정'을 동반하고 있어서 '정(情) 깊은 세상'을 바라는 한국 사람들의 심정에 적의(適宜)한 것이기는 하지만, 보편적인 사회 윤리로서 기능하는 데는 상당한 정도의 한계를 가지고 있음이 이미 충분히 드러나 있다. ―유교 윤리는 근친주의, 위계주의, 연고주의를 부추긴다.― 또한 초월적 절대자와 내세에 대한 신앙을 전제로 하는 기독교 윤리도 현세주의적 성향이 매우 강한 한국 사회에서 '보편성'을 얻기는 쉽지 않을 것으로 보인다. 그 때문에 칸트의 '인격주의적'인 자율적 '의무의 윤리'는 한국 사회 윤리의 근간을 세우는 데 좋은 방안 중 하나가 될 수 있다. 다만, '의무'라는 말 자체가 '서양적'인 것으로 한국 사회에는 새로운 것이고, 게다가 그것은 '차갑고 무거운' 것이어서 여전히 한국 사람들에게는 '정떨어지는' 느낌을 줄 것이므로, 그것이 한국 사회에 뿌리내리는 데는 상당한 세월이 필요할 것으로 보인다. 그러나 20세기 후반 이후 한국 사회 문화 양상의 전반적인 변이와 함께 이미 한국 사람들의 정서도 적지 않은 변화를 보이고 있기 때문에 '의무 윤리'의 착근이 불가능하지는 않을 것이라 보며, 이 '의무의 윤리'야말로 한국 사회의 보편적 윤리화에 크게 기여할 것으로 본다.

또 하나 한국적 학풍 위에서 가능한 작업은 칸트 비판철학의 정신을 살리면서, 이념론으로서 형이상학을 발전시키는 일이다.

주지하듯이, 초월적 관념론이자 경험적 실재론인 칸트의 현상존재론이 형이상학에 남기는 문제는 많다. 그것은 무엇보다도 이론 이성이 자신의 순수한 인식 능력을 검사한 결과, 감성적인 것에서 초감성적인 것으로 넘어가 지식을 확장할 능력이 자신에게는 없음을 확인한 데서 비롯한다. 이제 진리와 허위가 가려지는 지식의 영역은 현상 존재 세계에 국한된다. 그러니까 자연 현상 너머의 세계에 대한 지식 체계로서의 '형이상학'은 칸트 이론철학 체계 안에서는 설 자리가 없다. 그렇다면 인간의 삶에 진리·허위의 분간보다도 어쩌면 더 가치가 있는 선함·아름다움·신성함·평화 등에 대한 탐구와, 인생의 의의·궁극 목적·영생(永生)의 가능성에 대한 탐구는 어디서 기대할 수 있는 것일까? 오로지 경험과학적인 탐구 방법밖에는 남아 있지 않은가?

칸트는 이성 사용의 방식을 이론적 사용과 실천적 사용으로 나누어보았을 뿐만 아니라 더 나아가서 반성적 사용의 방법까지도 제시하였다. 그리고 과학적 탐구의 목표인 진리 가치 외에도 '형이상학적' 가치들을 지속적으로 탐구하였다. 그러나 그에게 그런 가치들은 더 이상 인식의 대상이 아니고 희망과 믿음과 동경, 한마디로 이상(理想)의 표적이었다. 그래서 우리가 칸트에게서 '진짜 형이상학'을 이야기하려면 그의 이상주의를 거론할 수밖에 없다. 그것은 이성주의, 합리주의 정점에 서 있는 칸트에게서 낭만주의, 비합리주의를 발견하는 일이다.

칸트의 '이성 비판'이 형이상학을 파괴했다고 본 헤겔은, 칸트 이래로 사람들은 "형이상학 없는 세련된 족속"[6]이 돼버렸다고 통탄했지만, 형이상학을 더 이상 진리 가치적, 이론적 지식의 체계로 볼 수 없다고 비판한 것이 형이상학을 무효화시킨 것일까?

칸트는 '이론 이성 비판'을 통해서 자연 세계가 실제로 무엇인지를 학적으로 밝혔다. 그러나 '실천 이성 비판'을 통해서는 자연 존재자가 아니라 이성적 존재자로서 인간이 이상적으로 무엇이어야 하는가를 밝혔으며, '판단력 비판'을 통해서는 자연 안에서의 인간이 무엇일 수 있는가를 반성적으로 규정하려고 하였다. 종교 이성·역사 이성 비판을 통해서는 장구한 세월을 두고 인간이 무엇이기를 기대해도 좋은가를 탐색하였다.

··
6) Hegel, *Wissenschaft der Logik I*, GW 11(Hamburg 1978), S. 5.

이 모든 것은 '인간이 무엇인가?'에 대한 철학적 탐구의 일환이었다. 그리고 이것들은 분명히 그의 '형이상학'의 내용을 이룬다. 그런데 이런 구명과 탐구에 체계의 완전성을 향한 '이성의 건축술'과 '믿음'과 '희망'과 '억측'이 개입되어 있다 해서, 그러니까 진위 분간이 손쉬운 순전한 지식 이외의 것이 섞여 있다 해서 형이상학은 "만학의 여왕" 자리를 잃게 되는 것일까?

칸트의 현상존재론은 이제까지 진리[眞]의 지식 체계이고자 했던 형이상학에게 선(善)과 미(美)와 성(聖)과 화(和) 그리고 완전성의 가치 체계로의 전환을 모색하게 한 것이 아닐까? 그렇다면 형이상학은 지성적 지식 안에서가 아니라 이성의 이념 속에서 자신의 자리를 찾아야 하는 것이 아닐까?

인식은 감각 경험의 세계, 곧 자연을 있는 그대로 포착하는 것을 목표로 한다. 그러나 인간 심성은 객체와의 관계에서 인식만으로 충족되지 않는다. 인간은 왜 인식만 하지 않고 실천을 하는가? 인간은 왜 짐승처럼 행동하지 않고 '인간답게' 행위하려 하겠는가? 왜 인간은 수용만 하지 않고 창작을 하고 노동을 하는가? 인간은 왜 초목과 짐승들의 연쇄에서 벗어나 기술(技術)을 발휘하려 하겠는가? 왜 인간은 자연을 단지 환경으로만 보지 않고 감상하며, 자연 속에서 외경과 전율에 빠지고, 예술 작품을 지어내겠는가? 인간의 "상상력은 곧 현실적인 자연이 그에게 준 재료로부터 이를테면 또 다른 자연을 창조해내는 데 매우 강력한 힘을 가지고 있다."(『판단력비판』, §49:B193 = V314) 우리 인간은 현상 세계로서의 자연에서는 발견할 수 없는 어떤 이상(理想)에 자신을 맞추려 하고, 자연에 대한 감각적 경험이 우리에게 주는 소재를 가공하여 자연을 다른 어떤 것, 말하자면 자연을 넘어서는 어떤 것으로 개조해나가며, 여기에서 인간성을 찾는다. 바로 이 지점에서 형이상학은 자기 자리를 얻어야 하는 것이 아닐까?

그러므로 칸트가 이성 비판을 통해 엄밀한 학으로서의 형이상학이 가능하지 않음을 드러냈다면 —우리는 이 공적을 인정하고 그의 말을 귀 담아들어야 한다—, 그때 무너진 형이상학은 진리의 학문이고자 했던 종래의 형이상학일 것이다. 그리고 종래 형이상학의 부질없음은 초감성적 언어로 써야 할 형이상학이 당초에 감성적 언어로 읽히기를 기도한 탓이 아니겠는가? 이제 초감성적 세계의 학으로서의 '진정한' 형이상학은 그 체계가 자연 세계와 부합하는가의 여부에서 그 학문성이 평가되어서는 안 되고, 인간의 완성을 향해 있는 이성의 "최상의 관심"(『실천이성비판』, A217 = V120)에 비추어 평가되어야 하지 않을까? 그렇다면 진정한 형이상학은 더 이상 존재론의 확장이 아니라 이념론 혹은 이상론일 것이다. 이 같은 이념론의 전개는 한국의 학풍 속에서도 훌륭한 결실을 거둘 수 있을 것으로 기대된다. 그것은 결국 칸트의 이성 비판 정신을 살려 감성과 지성 그리고 이성 이념 간의 역할 분담과 균제에 기반한 '합리성' 개념의 창출 작업이 될 것이다. 그리고 그것은 모든 것을 지식의 척도에 맞추어 가치평가하려는 근래의 문화 형태에 대하여 참임[眞]·참됨[善]·참함[美]을 분별하여 각기 고유한 가치를 보되 '참'에서의 통일성을 살피는 작업이 될 것이다.

＊　　＊　　＊

한국 사회에 칸트철학이 유입된 이래 한국에서의 상세한 연구 상황과 칸트철학 문헌을 한국어로 옮기는 과정에서 발생한 문제들, 그리고 학자들 사이에 의견 차이가 있는 주요 번역어들에 대한 해설은 별도로 묶어서 책 말미에 [부록]으로 싣는다.

참고문헌

백종현, 『독일철학과 20세기 한국의 철학』, 철학과현실사, 1998·2000[증보판].

_____, 「한국철학계의 칸트 연구 100년(1905~2004)」, 수록: 《칸트연구》, 제15집, 한국칸트학회, 2005, 335~416면.

Paek Chong-Hyon, "The Reception of Western Philosophy & Philosophy in Korea," in: Korean National Commission for Unesco, *Korea Journal*, Vol. 39, No. 1 (Spring 1999), pp. 5~20.

_____, "The Reception and Development of German Idealism," in: Korean National Commission for Unesco, *Korea Journal*, Vol. 39, No. 1 (Spring 1999), pp. 61~85.

한국에서 칸트와 동양철학의 비교 연구

한자경(韓慈卿)

이화여자대학교 교수

1. 들어가는 말

20세기 초 한국에 서양철학이 본격적으로 전래되었을 때 한국 지성인들의 사상 내지 그들의 인간관과 세계관은 대개 유교적이었을 것이고, 그들의 마음바탕은 유교나 불교 또는 도가적이었을 것이다. 그러므로 한국에서 칸트철학 수용의 역사는 곧 한국인이 자신의 동양 사상의 기반 위에 칸트철학을 어떻게 수용하고 해석하고 평가하는지의 역사가 될 것이며, 그 역사 안에는 자신의 내적 사상 기반인 동양철학과 외부에서 수용된 칸트철학을 비교 검토하는 비교철학적 연구가 포함되어 있어야 할 것이다.

그러나 20세기 초반 한국 지성계의 현실은 그렇게 이상적이지 못했다. 서양화한 일본에 의해 무력 점령당함으로써 한국의 사회·정치·경제 체제와 더불어 교육제도도 서양식으로 바뀌고 교육 내용도 서양 학문으로 바뀜에 따라 우리의 사상적 연속성은 단절되고 말았다. 망국의 슬픔과 분노는 자기부정으로 이어졌고 많은 사람들은 자신의 사상적 기반과 역사성을 망각한 채 서양 학문의 수용과 그것을 통한 현실 변혁에만 전념할 뿐이었다. 당시로서는 그것이 더 급선무였을지 모른다. 해방 이후에도 상황은 크게 달라지지 않았다. 과학기술의 도입과 자본주의와 민주주의의 확립이 최우선 과제로 부각되니, 그 서구 사상을 좇아가기에 여념이 없었으며, 그러한 추세는 오늘날까지도 계속되고 있다. 한국에서 대부분의 철학 연구자들은 서양철학 연구에 몰두하고 있으며, 이것은 오늘날 한국 대학의 철학과 교과과정표만 보아도 쉽게 확인할 수 있다.

이렇게 20세기 이후 한국에서의 철학 연구는 서양철학 방면으로 쏠려 있는데, 그중에서도 특히 칸트 연구가 가장 활발하다. 그 이유로는 한국으로 서양 문물이 유입된 경유지인 중국과 일본에서 칸트철학이 중시되었다는 것을 생각할 수 있다. 백종현은 그것 이외에 다음 사항에 주목한다.

칸트철학이 한국인들의 사고방식과 친근성을 가지고 있기 때문일 것이다. 한국인들은 칸트의 자발적인 인간 주체성, 인격 윤리, 만민 평등, 시민사회, 국제 평화 사상에서 상당한 친화성을 느낀 것으로 보인다.[1]

한국에 칸트 전공자가 많은 이유를 한국 사람이 칸트 사상에서 느끼는

1) 백종현, 「한국철학계의 칸트 연구 100년(1905~2004)」, 한국칸트학회 편, 《칸트연구》, 제15집 (2005). 그의 연구 결과에 따르면 한국의 서양철학 관련 연구 성과 중 칸트 관련 논저가 단연 1위이다. 그는 위에 언급한 이유 외에도 "칸트철학이 한국어로도 매우 잘 이해되기 때문일 것이다"라는 이유를 덧붙인다.

친화력에서 찾는다면, 이 친화력의 정체는 과연 무엇일까? 동양 내지 한국 사상 중 구체적으로 어떤 것이 칸트 사상과 유사성을 갖고 있고 또 그들 간에는 어떤 차이점이 있는 것일까? 본고에서는 이러한 유사성과 차이성을 스스로 의식하면서 그것을 연구 대상으로 삼아 구체적으로 비교 철학적 논의를 전개한 연구 성과를 검토해보기로 한다.

한국에서 칸트를 놓고 본격적인 비교철학적 논의가 시작된 것은 그렇게 오래되지 않는다. 그것은 한국 철학계에 동양철학에 대한 관심이 일어나기 시작한 1980년대 들어서의 일이므로 불과 30여 년 전의 일이다. 그렇지만 그 시기는 이미 한국이 사상적 단절을 겪고 난 이후이다. 사상적 단절을 겪기 이전, 우리 한국인의 심성에 한국 내지 동양철학의 정신이 그대로 살아 있었을 때, 그때 우리 한국 사람들은 칸트철학을 어떻게 받아들이고 어떻게 평가하였을까? 이하 2절에서는 20세기 초 한국 사상가들의 칸트 언급에 근거하여 논자 나름대로 동서 사유 비교의 지평을 그려보고자 한다. 그렇게 확보된 비교의 지평 위에서 그다음 20세기 후반부터 시작된 구체적인 비교철학적 논의를 살펴볼 것이다. 칸트를 도가 또는 한국의 동학과 비교한 몇몇 연구를 제외하면 대부분의 연구는 칸트를 불교와 비교하거나 아니면 유가와 비교하였다. 따라서 본고 3절에서는 칸트와 불교의 비교를 정리하고, 4절에서는 칸트와 유교의 비교를 정리해본다. 그리고 마지막 5절에서 그러한 비교철학이 갖는 의미와 한계가 무엇인가를 생각해보며 글을 맺도록 한다.

2. 칸트와 동양 사상 비교의 지평

　한국인의 정신 안에 전통 한국 사상이 살아 있었을 때 한국인은 칸트 사상을 어떻게 이해하고 비판하였을까? 그것을 보면 우리는 한국 사상과 칸트 사상의 근본적 유사성과 차이점이 무엇인지를 더 잘 발견할 수 있다. 전병훈(1857~1927)은 『정신철학통편』(1919)에서 칸트철학의 핵심을 이렇게 요약한다.

　　서양 철학자 칸트는 말한다: 나의 정신은 응당 반드시 몸(色身)과 함께 생멸하는 것이 아니다. [색신보다] 더 고등한 성명(性命)이 있으니, 곧 본질이며 진아(眞我)이다. 진아는 항상 시공간의 바깥에 초연하게 자립하며 자유롭고 활발한 것으로서 다른 것에 의해 이끌리거나 얽매이지 않는다.[2]

　전병훈은 칸트철학의 핵심을 시공간적 규정성을 넘어선 자유로운 인격(진아)의 발견으로 본다. 제약된 내적 현상으로서의 경험적 자아와 현상 너머 무제약자로서의 초월적 자아(transzendentales Ich)의 구분, 그리고 그 초월적 자아를 도덕적 자유 주체로 해석한 것을 높이 평가한 것

··

2) 전병훈, 『精神哲學通編』, 서론 2, "西哲康德曰, 吾人精神當必不如色身俱生滅. 復有高等性命者, 卽本質也, 卽眞我也. 眞我者常超然自立於時間空間之外, 爲自由活潑之一物, 非他之所能牽縛." 칸트철학을 유식불교와 비교하면서 동양에 소개한 사람은 양계초이다. 양계초는 1903년에서 1904년까지 일본에서 《신민총보》에다 칸트를 소개하는 글을 9회 연재하였다. 거기서 그는 칸트의 자연필연성에 속박된 현상적 자아와 자유로운 초월적 자아의 구분을 불교에서의 無明과 진아의 구분으로 해석하였다. 단 불교는 모든 인간이 다 동일한 진여 본체를 지녔다고 보는 데 반해, 칸트는 각자가 개별적인 진아를 지닌다고 주장한 점에서 불교만 못하다고 평가했다. 한국의 전병훈과 한용운은 양계초를 통해 칸트를 알게 되었으며, 양계초가 지적한 칸트의 한계가 결국은 서양 학문에서의 수행의 결여 때문이라고 판단하였다.

이다. 그렇지만 동양철학의 관점에서 볼 때 칸트는 다음과 같은 한계를 갖는다고 말한다.

> 서양철학은 이미 정신이 불멸하는 진아의 경지에 이르렀다. 그러나 아직 현 빈(玄牝)을 운용하고 양신(陽神)을 출현시키는 묘를 이루지는 못했다. 그러므로 진아의 진면목을 볼 수가 없었다.[3]

시공간을 넘어선 진아의 존재를 주장하되, 그 진아의 진면목을 직관하지는 못했다는 것이다. 전병훈이 말하는 현빈운용(玄牝運用)과 양신출현(陽神出現)은 도가적 성명(性命)의 수행이다. 수행의 결여로 진아의 경지를 직접 직관하지는 못한 것이 서양철학의 한계라는 것이다. 전병훈이 칸트철학의 핵심이라고 보는 진아의 존재를 칸트는 어떤 식으로 논증하며, 또 그 논증에 어떤 한계가 있는지를 좀 더 구체적으로 살펴보자.

칸트는 인간의 인식은 인식조건(감성적 직관 형식인 시간과 지성적 사유 형식인 범주, 그리고 그 둘의 결합인 선험적 종합 원칙)에 의해 규정된다는 것, 따라서 우리가 일상적으로 또는 과학적으로 인식하는 대상세계는 우리 자신의 인식조건에 의해 제약된 현상(Erscheinung)일 뿐이라는 것을 밝힌다.

이러한 칸트의 통찰은 자아에 관해 두 가지 함축을 가진다. 첫째는 '자아의 이중성'이다. 즉 자아는 인식대상(현상)일 뿐 아니라 인식주체이기도 하므로, 인식대상으로서는 규정된 현상에 속하는 자(경험적 자아)이지만

---

3) 전병훈, 『정신철학통편』, 서론 2, "西哲學已到精神不滅眞我之境也. 然尙未透玄牝運用陽神出現之妙. 故不能見眞我之眞面目也."

인식주체로서는 규정된 현상 너머의 존재, 즉 무규정적 무제약자(초월적 자아/의식 일반)라는 것이다. 이는 곧 초월적 자아(진아)의 자유, 현상초월 성을 뜻한다. 둘째는 '진아의 인식 불가능성'이다. 즉 인간 인식능력의 한 계로 인해 인간은 자기 자신에 대해서도 현상으로서의 자아만 인식할 수 있을 뿐, 현상 너머의 자아 자체에 대해서는 인식할 수 없다는 것이다. 인간은 무제약적 주관(자아 자체), 무제약적 객관(세계 자체), 그리고 무제 약적 주객포괄자(신)에 대해 이론적 차원의 인식을 가질 수 없다는 것이 칸트가 밝힌 이론이성의 한계이다. 무제약자에 대한 우리의 이성적 사유 는 아포리아(이율배반)에 이를 뿐이다. 이것들은 이론적으로 알려지는 것 이 아니라 실천적 차원에서 우리의 도덕성의 실현을 위한 전제로서 단지 요청될 수 있을 뿐이라는 것이 칸트 도덕철학의 결론이다. 이 두 함축을 동양철학과 비교해보자.

첫째 함축인 '자아의 이중성', 즉 시공간적으로 규정된 개별적·경험적 자아(현상)와 현상초월적인 보편적·초월적 자아(무제약자)의 구분은 서양 철학에서는 18세기 칸트에 이르러 비로소 밝혀진 것이지만, 동양철학에 서는 철학의 출발에서부터 이미 알려진 것이다. 유학의 소체(耳目之官)와 대체(心之官), 인심과 도심, 기질지성과 본연지성, 사심과 공심(천지지심), 7정과 4단의 구분이 그것이며, 불교의 식(識)과 심(心), 표층의식(제6의식) 과 심층마음(제8아뢰야식), 상(현상)과 성(본성), 용(현상)과 체(무제약자)의 구분이 그것이다. 동양은 처음부터 우리가 경험하는 대상세계를 자체 존 재 아닌 현상으로 보며, 그 근거를 서양처럼 현상 외적인 이데아나 신(神) 으로 보지 않고 현상 내재적인 심(우주심, 천지지심, 진여심, 일심)으로 본 것이다. 현상 사물은 표층에서 보면 각각의 개별자이지만, 심층에서 보면 모두가 하나의 심, 진아로 연결되어 있다는 것이 동양 사상의 핵심이다.

둘째 함축인 '진아의 인식 불가능성'은 동양철학의 관점에서 보면 수행론을 결여한 서양철학의 한계를 드러내는 것이다. 동양철학은 처음부터 현상의 근거(무제약자)를 천지지심이나 진여심 등 '주체'로 이해하며 그 경지를 인간이 수행을 통해 증득할 수 있는 경지로 간주하였다. 따라서 동양철학은 반드시 성인(聖人)이 되고 부처가 되는 수행론을 포함한다. 반면 서양철학은 현상의 근거를 인간 바깥의 이데아(사유 대상)나 신(신앙 대상) 등 '대상'으로 간주하였기에 인간이 스스로 그 경지로 나아갈 수 있다고 생각하지 못했다. 칸트가 비로소 현상의 근거를 인간 안의 무제약자(진아)로 발견했지만 그는 인간에게 '비대상적 자기증득'의 길, '지적 직관(intellektuelle Anschauung)'이 가능함을 부정했다. 칸트는 대상의식인 제6의식보다 더 심층의 마음활동, 제8아뢰야식, 허령불매(虛靈不昧) 내지 공적영지(空寂靈知)의 마음을 알지 못한 것이다. 그래서 칸트는 인간 안에 경험자아를 넘어서는 초월자아가 있다고 주장하면서도, 그 자아에 대해서는 스스로 인식할 수 없다고 말하였다. 본성을 주장하되, 그 본성의 자각인 견성(見性)은 부정한 셈이다.

동양철학은 처음부터 대상인식의 방식으로 마음 자체(진아)를 인식할 수 없다는 것을 알았기에 진아에 대한 분별적 대상인식이 아닌 무분별적 자기증득(證得)의 길을 모색하여 공부론 내지 수행론을 설해왔다. 전병훈이 말하는 도가의 성명수행, 유가의 미발(未發) 공부, 불교의 참선수행 등은 모두 진아의 증득, 본성의 깨달음, 견성 내지 지적 직관을 성취하기 위한 수행법이다. 진아는 대상적 사량분별로는 알 수 없으며 오직 자기증득의 수행을 통해서만 밝혀진다는 것을 한용운은 다음과 같이 설명한다.

이치의 극히 복잡하고 극히 미묘한 것은 사량 비교로써 파악되지 않는다. 하물며 마음은 지혜의 위에 위치하여 지혜를 명령하고 좌우하는 것이니, 명령을 받는 지혜를 가지고 어찌 월권하여 도리어 그 마음을 구명하겠는가. 그러므로 마음은 처음부터 지혜로써 구명할 수 있는 것이 아니다. 또한 따로 마음 위에 존재하여 이 마음을 해명할 수 있는 무엇인가가 있는 것도 아니므로, 부득불 그 마음의 본체를 고요히 길러 스스로 자체를 밝힐 수밖에 없다. 그러므로 언어와 사고를 버려 단번에 일체 인연을 끊고 일대사 공안(公安)을 마지막까지 추궁하여 하루아침에 활연(豁然) 깨달으면 마음 전체의 큰 작용이 밝혀지지 않음이 없고 근본적인 심리 문제가 얼음 녹듯 풀리게 된다. 요약하면 참선은 체(體)요 철학은 용(用)이고, 참선은 스스로 밝히는 것이고 철학은 연구이며, 참선은 돈오(頓悟)이고 철학은 점오(漸悟)이다. 참선의 요점은 적적성성(寂寂惺惺)이 옳다.[4]

인간의 마음은 사량 분별적인 지성의 판단으로써 알 수 있는 것이 아니고, 그렇다고 인간 마음 바깥의 다른 존재가 알 수 있는 것도 아니며, 오직 마음이 스스로를 참구하여 적적성성을 유지함으로써 밝힐 수 있다는 것이다. 이와 같은 동서 사유의 기본적 차이를 염두에 두고, 아래에서는 한국에서 칸트를 둘러싼 비교철학적 고찰을 정리해본다.

∵

4) 한용운,『朝鮮佛敎維新論』, 6.「참선」, "理之至複雜至玄微者, 不可以思量計較得. 況心者, 位乎智慧之上, 命令智慧而左右之者也. 以被命令之智慧, 豈可越權而反究其心哉. 故心者非智之可究者. 且別無一物位乎心理之上而能解釋此心者, 則自不得不靜養其心之本體而自明. 故息言絶慮, 頓斷一切因緣, 究竟此一大事公安, 一朝豁然開悟, 則心之全體大用, 無不明矣而. 根本的心理問題, 於是乎氷釋. 質而言之, 參禪體也, 哲學用也. 參禪自明也, 哲學研究也. 參禪頓悟也, 哲學漸悟也. 可以一言而收, 參禪之要者日寂寂惺惺是也."

3. 칸트와 불교

1) 칸트와 불교 일반

칸트와 불교를 직접 비교하여 둘 간의 동이점을 밝히는 비교철학적 연구는 한국에서 그렇게 오래되지 않았다. 논자가 확인한 바로는 1981년 신옥희의 「석가와 칸트에 있어서 자아의 문제」가 그 출발점을 이룬다. 그녀는 석가의 무아론과 칸트의 오류추리론은 둘 다 실체론적 자아관의 오류와 아포리아를 지적하면서 새로운 자아관을 확립한 것이라고 주장하며, 그러면서도 남아 있는 석가와 칸트의 차이를 다음과 같이 정리한다.

대상적 사고를 초월한 곳에서 열리는 비대상적 무분별지의 실현에로 호소하는 석가와는 달리 칸트에게 있어서 일상적 의식의 주객도식을 넘는 비일상적·초감성적 직관 같은 것이 인정되지 않는다. 그에게 있어서 주객도식은 인간적인 의식작용의 피할 수 없는 근본구조이다.[5]

그리하여 석가는 무분별지를 얻는 '체험의 진리'로 나아간 데 반해, 칸트는 초감성적(지적) 직관을 부정함으로써 결국 '신앙의 진리'로 나아갔다는 것이 그녀의 분석이다. 대상적·현상적 자아 너머 진아에 대한 접근방식이 근본적으로 다르다는 것을 밝힌 것이다.

1990년대로 들어서면서 김진이 칸트와 불교를 비교 분석한 글을 다수 내놓았다. 「칸트와 불교: 칸트철학과 불교사상의 체계내적 연관성에 대

---

5) 신옥희, 「석가와 칸트에 있어서 자아의 문제」, 한국철학회 편, 《철학》, 제16권(1981).

한 고찰」(1991)[6], 「칸트의 요청이론과 불교」(1992)[7], 「무기의 칸트주의적 해석」(1999)[8] 등의 논문과 『칸트와 불교』(2000)[9]라는 저서가 그것이다. 그는 불교의 무아설(주체부정)과 윤회설(주체상정)이 서로 모순적으로 아포리아를 이룬다고 보고, 그 문제를 칸트의 요청 개념을 통해 해결하려고 한다. 또 석가의 무기는 형이상학적 실재에 대한 이론적 인식 불가능성을 뜻하는데, 그러면서도 윤회를 말하고 열반을 말하는 것은 자기모순이라고 주장한다. 그는 칸트가 영혼불멸이나 신의 존재를 이론이성 차원에서는 인식할 수 없지만 실천이성 차원에서 요청으로 설명하였듯이, 칸트식의 요청 개념을 가져오면 불교의 아포리아도 해결될 수 있다고 주장한다. 나아가 김진은 「칸트와 불교철학에서 수행의 문제」(2001)[10], 「돈오점수적 수행의 칸트주의적 구조」(2001)[11]에서 칸트의 도덕법을 불교의 불성에, 칸트의 도덕적 심성의 혁명을 돈오에, 선을 향한 전진을 점수와 비교하면서, 칸트를 불교수행론으로까지 확장하여 해석하고 있다. 그러나 칸트의 윤리설을 불교의 수행론과 동일 차원에 놓을 수 있을까? 김진의 책 『칸트와 불교』에 대한 서평 「불교의 자아관에 대한 기독교적 접근의 한계」(2001)[12]에서 한자경은 이 물음을 제기하면서 서양식 윤리학과 동양식 수행론의 근본적 차이를 역설한 바 있다. 최인숙은 「칸트와 불교의

••
6) 김진, 「칸트와 불교: 칸트철학과 불교사상의 체계내적 연관성에 대한 고찰」, 한국철학회 편, 《철학》, 제36권(1991).
7) 김진, 「칸트의 요청이론과 불교」, 철학문화연구소 편, 《철학과 현실》, 제12권(1992).
8) 김진, 「무기의 칸트주의적 해석」, 대한철학회 편, 《철학연구》, 제72집(1999).
9) 김진, 『칸트와 불교』(철학과현실사, 2004).
10) 김진, 「칸트와 불교철학에서 수행의 문제」, 새한철학회 편, 《철학논총》, 제24집(2001).
11) 김진, 「돈오점수적 수행의 칸트주의적 구조」, 새한철학회 편, 《철학논총》, 제25집(2001).
12) 한자경, 「불교의 자아관에 대한 기독교적 접근의 한계」, 예문동양사상연구원, 《오늘의 동양사상》, 제4호(2001).

실천철학」(2005)[13]에서 칸트는 인간을 자연경향성과 절대적 자유의지의 두 근원으로부터 설명하는 데 반해, 불교는 일체 존재를 연기라는 하나의 법칙에 기인하는 것으로 본다고 논한다.

2) 칸트와 중관불교

칸트를 중관사상과 비교한 연구의 기반에는 1995년 김성철이 번역한 무르띠의 1954년 저서『불교의 중심철학 : 중관체계에 대한 연구』[14]가 놓여 있을 것이다. 이 책은 중관의 논리를 깊이 있게 분석하고 말미에서 그것을 칸트를 포함한 서양의 변증법과 비교하고 있다. 김종욱은 저서『용수와 칸트』(2002)[15]에서 용수와 칸트가 둘 다 실재론적 경향을 비판하고 인간 인식의 한계를 논하면서 그 한계를 넘어서는 실천적 극복을 제시하였다는 것을 논한다. 다만 그 실천적 극복이 용수에게서는 반야바라밀에 입각한 자비행인 데 반해, 칸트에서는 도덕성에 입각한 신과 영혼불멸의 요청 내지 실천적 신앙이라는 차이가 있음을 밝힌다. 박종식은 「칸트의『순수이성비판』과 나가르주나의『중론』의 비교 연구 : 칸트의 오류추리와 이율배반을 중심으로」(2011)[16], 「칸트의 이원론과 나가르주나의 이제설 연구」(2011)[17] 등의 글에서 칸트의 현상과 물자체, 이론과 실천의 이원론을 중론의 세속제와 승의제, 지식과 지혜의 이제설과 비교한다. 그는

• •

13) 최인숙, 「칸트와 불교의 실천철학」, 한국칸트학회 편, 《칸트연구》, 제15집(2005).

14) 무르띠, 김성철 역, 『불교의 중심철학 : 중관체계에 대한 연구』(경서원, 1995).

15) 김종욱, 『용수와 칸트』(운주사, 2002).

16) 박종식, 「칸트의『순수이성비판』과 나가르주나의『중론』의 비교 연구 : 칸트의 오류추리와 이율배반을 중심으로」, 대한철학회 편, 《철학연구》, 제119집(2011).

17) 박종식, 「칸트의 二元論과 나가르주나의 二諦說 연구」, 동아시아불교문화학회, 《동아시아불교문화》, 제8집(2011).

그 둘이 동일한 논리적 구조를 가지며, 둘 다 언어의 한계와 모순 및 역설의 논리를 밝히고자 한 것이라고 논한다. 칸트 사상과 중관 논리를 보다 더 심도 있게 논한 것으로는 김상일의 저서 『원효의 판비량론 비교 연구: 원효의 논리로 본 칸트의 이율배반론』(2004)[18]이 있다. 칸트의 이율배반론을 원효의 불이(不二)와 원융의 논리로 분석해나간 것이다.

3) 칸트와 유식불교

인식론 내지 존재론적 차원에서 칸트를 불교와 비교한 것은 한자경의 「경험세계의 가상성: 세친과 칸트의 비교」(2009)[19]에서 찾아볼 수 있다. 칸트와 세친이 둘 다 현상세계를 의식과 분리될 수 없는, 의식의 산물로 간주한다는 것, 그리고 이때 의식은 표층적 대상의식 또는 제6의식이 아니라 보다 심층의 초월적 통각의 활동 또는 제8아뢰야식에 해당한다는 것을 밝히고 있다. 그렇다면 그처럼 현상세계를 형성하기에 그 자체는 현상의 인과필연성에서 자유로운 초월적 자아, 절대자아, 진심은 과연 자기 자신을 인식할 수 있는가? 한자경은 「눈이 눈을 볼 수 있는가: 원측의 유식과 칸트의 초월적 관념론의 비교」(2012)[20]에서 불교는 마음의 자기자각성인 '공적영지(空寂靈知)' 또는 '본각(本覺)'에 근거하여 그러한 본각을 증득하는 수행을 강조하는 데 반해, 칸트는 '지적 직관'을 부정함으로써 그러한 마음의 증득 가능성을 부정하고 있다고 밝힌다.

∴

18) 김상일, 『원효의 판비량론 비교 연구: 원효의 논리로 본 칸트의 이율배반론』(지식산업사, 2004).
19) 한자경, 「경험세계의 가상성: 세친과 칸트의 비교」, 한국칸트학회 편, 《칸트연구》, 제23집 (2009).
20) 한자경, 「눈이 눈을 볼 수 있는가: 원측의 유식과 칸트의 초월적 관념론의 비교」, 불교문화연구원 편, 《불교학보》, 제62권(2012).

4. 칸트와 유교

한국에서 칸트와 유학을 직접 비교한 논문이 나오기 시작한 것은 1980년
대이다. 칸트와 유교의 비교 연구는 주로 칸트 윤리학을 중심으로 행해
지며, 대략 세 방향으로 나눠볼 수 있는데, 하나는 칸트를 원시 공맹유학
또는 순자와 비교하는 연구, 다른 하나는 칸트를 주희 성리학과 비교하
는 연구, 또 다른 하나는 칸트를 한국에서의 사단칠정 논쟁과 연관시켜
한국 성리학자 퇴계나 율곡과 비교하는 연구이다.

1) 칸트와 공맹·순자

칸트를 공맹유학과 비교한 연구의 출발점에는 한영춘의 「맹자와 칸트
양심이론의 비교 연구」(1992)[21]가 있다. 그는 칸트와 맹자 윤리설의 공통
점을 양심설에서 발견한다. 김형철·문병도는 「유가와 칸트의 도덕판단
방법론 비교 연구: 서(恕)와 정언명법을 중심으로」(2003)[22]에서 칸트와 공
맹이 모두 윤리학적 상대주의를 극복할 만한 보편타당한 도덕원리를 정
언명법과 서(恕)의 원리로 제시하였다고 주장한다. 그리고 이엽은 「사심
(私心)에서 공심(公心)으로: 칸트의 도덕형이상학과 유교사상에 있어서의
천인합일의 유일한 가능성」(2005)[23]에서 무사성의 도덕명령으로써 예지계
로 나아가는 칸트의 윤리설이 공심(公心)을 회복하여 천인합일로 나아가

:

21) 한영춘, 「맹자와 칸트 양심이론의 비교 연구」, 한국행정사학회 편, 《한국행정사학지》, 제1권
　　(1992).
22) 김형철·문병도, 「유가와 칸트의 도덕판단 방법론 비교 연구: 恕와 정언명법을 중심으로」,
　　한국철학회 편, 《철학》, 제77권(2003).
23) 이엽, 「私心에서 公心으로: 칸트의 도덕형이상학과 유교사상에 있어서의 천인합일의 유일한
　　가능성」, 한국칸트학회 편, 《칸트연구》, 제15집(2005).

는 유교 사상과 다를 바가 없다고 밝힌다. 나아가 황순우는 『실천이성비판』과 『논어』에 있어서 도덕적 동기에 관한 연구」(2010)[24]와 『실천이성비판』의 자기사랑의 단절 의미로 읽어본 『맹자』의 사단」(2010)[25]에서 칸트 윤리설이 경향성 내지 자애를 극복하고 도덕법칙에 대한 존경만을 강조하는 것은 곧 논어에서 치(恥)와 삼감을 유지하면서 인의 도덕법칙에 대한 경(敬)을 강조하는 것과 마찬가지라고 논한다.

칸트와 공맹을 비교할 때 대개 그들의 공통점을 강조한다면, 칸트를 순자와 비교할 때는 주로 그 둘의 차이점에 주목하는 경향이 있다. 진희권은 「동서양의 법이해: 칸트의 법과 순자의 예를 중심으로」(2000)[26]에서 법철학적 관점에서 칸트와 순자를 대비시킨다. 칸트의 법은 근대적 이성 내지 근대적 시민사회의 법개념에 상응하는 것으로 인간이 자신의 개인적 소유와 자유를 지키기 위해 만들어낸 것이라면, 순자의 예는 법(규정) 이전에 존재하는 의(義)나 도(道)가 제도화된 자연스러운 삶의 질서라는 것이다. 반면 이장희는 「칸트와 순자: 자율성 개념을 중심으로」(2001)[27]에서 칸트 윤리학이 근대 기계론적 자연관에 대한 대응이듯이, 순자의 도덕철학도 고대 중국의 자연주의에 대한 대응으로서 둘 다 자율성을 강조한다고 말한다. 다만 칸트는 윤리와 자연을 존재론적으로 구분한 데 반해,

24) 황순우, 「『실천이성비판』과 『논어』에 있어서 도덕적 동기에 관한 연구」, 한국칸트학회 편, 《칸트연구》, 제25집(2010).

25) 황순우, 「『실천이성비판』의 자기사랑의 단절 의미로 읽어본 『맹자』의 四端」, 대한철학회 편, 《철학연구》, 제116집(2010).

26) 진희권, 「동서양의 법이해: 칸트의 법과 순자의 예를 중심으로」, 동양사회사상학회, 《동양사회사상》, 제3집(2000).

27) 이장희, 「칸트와 순자: 자율성 개념을 중심으로」, 한국철학사상연구회 편, 《시대와 철학》, 제12집(2001).

순자는 도덕성 건립에서 인간의 자발적 노력을 강조하면서도 도덕과 자연 간의 연속성을 확보하려고 한 차이를 보인다고 논한다. 김광철도 「도덕에 있어서 자율성과 감정의 역할: 순자와 칸트의 비교」(2010)[28]에서 순자의 '인위적 작용(偽)'을 칸트의 '이성의 자율성'과 비교하면서 둘 다 도덕에서 감정과 더불어 자율성을 강조하고 있다고 주장한다.

2) 칸트와 중국 성리학

한국에서 칸트를 성리학과 비교할 때 연구자들은 대개 모종삼의 1968년 저서 『심체(心體)와 성체(性體)』[29]를 염두에 두고 있을 것이다. 이 책은 한국에서 1998년에 양승무와 천병돈에 의해 총론 부분이 번역되었고, 2012년에 황갑연, 김기주 등에 의해 전체가 번역되었다. 유동환은 「칸트철학의 유학적 재해석: 모종삼의 도덕형이상학을 중심으로」(1998)[30]에서 모종삼이 어떻게 서양 근대 이성의 칸트를 비판적으로 수용하면서 유가정신과 결합시켜 새로운 '도덕형이상학'을 구축하는지를 잘 설명하고 있다. 김영건도 「모종삼의 도덕적 형이상학과 칸트」(2004)[31]에서 칸트의 자유의지와 인과율, 도덕과 과학의 간격을 모종삼이 유가 사상을 통해 어떻게 극복하고 있는지를 설명한다. 그러나 「모종삼의 지적 직관과 칸트의 심미성」

28) 김광철, 「도덕에 있어서 자율성과 감정의 역할: 순자와 칸트의 비교」, 서강대학교 철학연구소 편, 《철학논집》, 제23집(2010).
29) 모종삼의 『심체와 성체』는 양승무, 천병돈에 의해 총론만 번역되어 1998년 예문서원에서 나왔고, 그 후 2012년 황갑연, 김기주 등에 의해 전체가 번역되어 소명출판에서 나왔다.
30) 유동환, 「칸트철학의 유학적 재해석: 모종삼의 도덕형이상학을 중심으로」, 한국철학사상연구회 편, 《시대와 철학》, 제9권(1998).
31) 김영건, 「모종삼의 도덕적 형이상학과 칸트」, 서강대학교 신학연구소, 《신학과 철학》, 제6권(2004).

(2009)[32]에서 그는 칸트가 부정했던 지적 직관을 모종삼이 인간의 무한한 심성 능력으로 긍정하면서 전개한 도덕형이상학은 과학적 세계관과 충돌한다고 비판하며 오히려 칸트의 숭고미의 감정이 과학과 도덕, 이성과 감성의 이원성을 극복할 수 있는 길이라고 논한다. 마찬가지로 유흔우도 「모종삼의 칸트철학과 유학 비교」(2009)[33]에서 모종삼이 칸트를 넘어 양지(良知)와 지적 직관에 근거해서 확립하고자 한 도덕형이상학은 현대의 과학적 세계관의 물리주의를 너무 쉽게 처리한 한계가 있다고 지적한다. 조남호도 「모종삼의 양명학 연구에 관한 비판적 검토」(2012)[34]에서 모종삼이 주장하는 양명학의 양지는 신비주의적이라고 비판한다. 양명학의 수양 공부는 도교와 불교에 바탕을 두고 주관적인 신비적 깨달음에 의존하면서 유가적 인륜성을 긍정한 것인데, 모종삼은 이 문맥을 도외시하였기에 현대적 재해석을 어렵게 만든다는 것이다.

3) 칸트와 조선 성리학

칸트가 도덕의 자율성을 주장함에도 불구하고 이성과 감성, 예지계와 현상계(감성계)의 이원성을 벗어나지 못한 것은 그가 도덕법칙만을 이성의 영역에 두고 감정은 신체적 경향성의 감성 영역에 한정시켜서 도덕성과 경향성(자연성)을 대립으로 놓았기 때문이다. 반면 유학은 사단과 같은 도덕적 감정을 인정함으로써 그러한 이원화를 벗어나 있다. 결국 문

---

32) 김영건, 「모종삼의 지적 직관과 칸트의 심미성」, 동양고전학회, 《동양고전연구》, 제34집 (2009).
33) 유흔우, 「모종삼의 칸트철학과 유학 비교」, 한국칸트학회 편, 《칸트연구》, 제24집(2009).
34) 조남호, 「모종삼의 양명학연구에 관한 비판적 검토」, 서강대학교 철학연구소 편, 《철학논집》, 제29집(2012).

제는 인간의 감정을 어떻게 이해할 것인가로 좁혀진다. 신체적 경향성에 따라 일어나는 수동적인 감정 이외에 인간에게 과연 자율적이고 도덕적인 감정이 있는가? 있다면 그 도덕적 감정과 신체적 감정은 서로 어떤 관계에 있는가? 그런데 이 물음은 바로 조선의 성리학자들이 장구한 기간 격론을 벌여온 사단칠정(四端七情) 논쟁의 핵심 물음이다. 도덕적 감정(사단)과 신체적 경향성에 입각한 감정(칠정)이 서로 어떻게 구분되고 또 어떻게 연관되는지가 논쟁의 관건인 것이다. 따라서 칸트를 한국 유학과 비교하는 사람들은 대개 조선 성리학자들의 사칠 논쟁을 의식하며 논의한다. 그러나 결론은 연구자 자신의 관점 차이로 인해 제각각으로 상이하다.

하영석은 「퇴계의 성리학과 칸트철학의 비교 연구」(1986)[35]에서 칸트 사상을 조선의 사칠 논쟁에서 밝혀지는 퇴계의 사상과 비교하고 있다. 그는 칸트의 물자체를 퇴계의 '리(理)의 본체성'과 비교하고, 칸트의 '이성의 자유'를 퇴계의 '리의 자발성(활동성)'과 비교함으로써 그 둘 간의 공통점에 주목한다. 반면 기우탁은 「칸트의 인간학을 통해 본 인성의 탐구: 이율곡의 심성론과의 비교 연구」(2008)[36]에서 퇴계가 호발을 주장함으로써 기(氣)를 주재해야 할 리의 역할을 약화시키고 기의 동적 역할인 의지의 문제도 간과하는 것에 반해, 율곡의 리통기국설(理通氣局說)은 리를 오로지 기의 소종래로서만 인정함으로써 그 역할을 제대로 부각시키고 기는 외물에 감하여 청(淸)하면 선이고 탁(濁)하면 불선이 되므로 중절(中節)

35) 하영석, 「퇴계의 성리학과 칸트철학의 비교 연구」, 경북대학교 퇴계연구소 편, 《퇴계학과 유교문화》, 제14권(1986).
36) 기우탁, 「칸트의 인간학을 통해 본 인성의 탐구: 이율곡의 심성론과의 비교 연구」, 대동철학회 편, 《대동철학》, 제45집(2008).

이라는 실천의지의 중요성을 강조한 점에서 칸트의 '심성의 혁명'과 유사하다고 논한다. 퇴계보다 율곡이 인간 심성을 더 바르게 이해했고 칸트와 더 근접해 있다고 보는 것이다. 하지만 양명수는 「칸트의 동기론에 비추어 본 퇴계의 리발」(2008)[37]에서 칸트의 예지계와 감성계의 구분을 퇴계의 리의 세계와 기의 세계의 구분과 비교하고, 칸트의 도덕법에의 존경의 감정과 쾌불쾌의 감정의 구분을 퇴계의 사단과 칠정의 구분과 비교하며 그 둘 간의 유사점에 주목한다. 다만 퇴계의 리는 우주적 이성 내지 우주적 덕과 같은 측면이 있으므로 리발이 단지 도덕법의 의지규정보다 더 심층적 작용이라는 것을 말한다. 이와 같이 칸트를 한국 성리학자와 비교할 때 연구자는 늘 사칠 논쟁을 염두에 두지만, 칸트를 누구와 어떻게 연관 짓고 어떤 결론에 이르는지는 연구자 자신의 관점에 따라 상이하다는 것을 알 수 있다.[38]

∴

37) 양명수, 「칸트의 동기론에 비추어 본 퇴계의 理發」, 퇴계학연구원 편, 《퇴계학보》, 제123집 (2008).
38) 칸트를 도가 사상과 비교한 연구물로는 칸트의 이원적 자연관과 도가의 일원적 자연관을 대비시킨 이영숙의 「칸트와 도가의 자연관」(철학문화연구소 편, 《철학과 현실》, 제38집, 1998), 칸트의 초월적 통각과 노자의 虛靜을 나란히 놓은 황순우의 「칸트와 노자의 근원적인 인식」(한국칸트학회 편, 《칸트연구》, 제23집, 2009), 칸트와 노자의 자아를 공히 현상의 안과 밖, 내재와 초월 사이에서 자신을 성찰하는 경계적 주체로 밝히는 맹주만의 「칸트와 노자: 경계와 사이의 철학―사이의 존재론과 경계적 자아」(한국칸트학회 편, 《칸트연구》, 제24집, 2009), 칸트와 장자의 자연관과 미학을 비교한 노근임의 「장자와 칸트에 있어서 미 개념: 실천미와 반성미」(동양고전학회, 《동양고전연구》, 제34집, 2009), 칸트의 미학을 통해 도가의 물아일여를 해명하는 김영건의 「도가철학과 칸트의 심미성」(서강대학교 철학연구소 편, 《철학논집》, 제20집, 2010) 등이 있다. 칸트와 동학의 비교 연구는 오문환의 「동학과 칸트의 도덕론 비교」(동학학회 편, 《동학학보》, 제8호, 2004)에서 찾아볼 수 있다. 그는 동학의 '오심즉여심'을 칸트의 선의지와 비교하고, 동학의 '事人如天'을 타인을 목적으로 대하라는 칸트의 도덕원칙과 비교하면서 그 둘 간의 동이점을 밝히고 있다.

5. 마치는 말: 격의서양철학을 꿈꾸며

서양 철학사 내에서 코페르니쿠스적 전회의 의미를 갖는 칸트의 통찰은 우리가 인식하는 세계는 바로 우리 자신의 사유틀에 따라 구성된 세계, 즉 현상이라는 것이다. 그리고 인간은 한편으로는 현상세계에 속하는 경험적 자아로서 존재하지만 또 다른 한편으로는 그러한 사유틀에 따라 규정될 수 없는 무제약적 존재, 초월적 자아라는 것이다. 이 초월적 자아는 현상세계의 인과필연성을 넘어선 자유의 존재이며, 사적 경향성을 넘어선 보편적 마음 내지 보편적 의지이며, 바로 이 점에서 도덕적 주체가 된다.

동양이 처음부터 인간의 본성을 이(利)의 추구가 아닌 의(義)의 추구, 견문지지가 아닌 덕성지지, 한마디로 도덕성에서 구한 것은 인간을 단지 현상세계에 국한된 존재가 아니라 현상적 제한성을 넘어 우주 만물과 하나로 감응하고 하나로 소통하는 천지지심의 존재로 여겼기 때문이다. 동양은 오래도록 인간의 마음을 사적·이기적 마음(인심)을 넘어선 공적·보편적 마음(도심)으로 보며, 중생심 안에 우주적 마음, 여래의 마음, 진여심이 내재해 있음을 강조해왔다. 그리고 일상의 마음이 그러한 보편적 도심 또는 일심의 온전한 발현이 되도록 노력하는 수행론 내지 공부론이 학문의 중심이 되어왔다. 그러한 수행론은 현상세계의 질서를 객관화하여 고찰하고 연구하는 일반 학문과는 차원이 다른 것이다. 이처럼 동양은 인간을 현상을 넘어선 자유로운 초월적 주체로 이해한 역사가 깊으며, 그러한 내적인 보편적 본성을 자각하고 온전하게 실현하고자 하는 수행론을 갖추고 있다. 나아가 수행의 과정에서 느끼는 보편적 감정, 즉 우주만물을 나와 하나로 느끼는 인(仁) 또는 자비의 감정에 주목하며, 그러한 인륜적 감정에 입각한 예(禮)와 도덕적 실천을 중시하여왔다.

이에 반해 서양은 오래도록 인간을 포함한 일체 우주 만물을 신(神)이 무(無)에서 만들어낸 피조물로 간주하였으며 따라서 인간을 현상세계에 속하는 존재로 이해하고, 인간의 마음을 표층적인 제6의식의 활동으로만 알아왔다. 그러다가 인간이 인식하는 세계가 인간 자신이 구성한 현상이고, 인간 자신은 그러한 현상 너머의 존재라는 것을 주장한 것이 칸트의 코페르니쿠스적 전회인데, 그것은 18세기 말에 이르러서이다. 게다가 현상 너머의 초월적 자아를 단지 이성적·개념적 차원에서 논증할 뿐 수행을 통한 체득이나 견성은 생각하지도 못하고 감정적 차원의 포착에도 이르지 못하였다. 그러므로 칸트는 지적 직관을 부정하고 도덕적 감정을 도외시한 채 인간의 도덕성을 인간의 자연적 감정과 대립하는 의무의 차원에서 논한 것이다.

동서 철학을 비교할 때에는 무엇보다도 이와 같은 서양철학의 한계를 분명히 하는 것이 필요하다고 본다. 그러자면 동양철학적 통찰의 깊이와 역사성을 의식하면서 그 잣대로 서양철학을 이해하고 평가하고 비교해야 할 것이다. 동양철학적 개념틀에 따라 서양철학을 이해하면 그것은 물론 '격의(格義)서양철학'이 될 것이다. 격의서양철학은 서양철학 자체가 아니기에 피해야 할 것인가? 나는 오히려 우리에게 격의서양철학의 단계가 빠져 있음을 아쉬워한다. 철학적 사유가 역사성을 갖춘 주체적 사유이고자 한다면, 외부에서 사유가 유입될 때 격의의 과정을 거치는 것은 반드시 필요하다고 본다. 그래야 사유의 역사성이 살아나고 민족 내지 국가의 정신의 맥이 발전적으로 이어질 수 있기 때문이다. 인도의 불교가 중국에 들어왔을 때 격의불교를 거쳤기 때문에 선불교나 화엄 등 동아시아적 불교가 가능했던 것이다.

오늘날 철학을 공부하는 많은 사람들이 격의가 아닌 서양철학 자체를 사유하고자 원하여 서양철학적 개념틀을 습득한 후 그 개념틀에 따라 동양철학을 읽어내고 있으니, 그것은 자칫 주객이 전도된 '격의동양철학'으로 나아갈 위험이 있다. 그것은 정신적 예속화를 낳고 결국 우리 사유의 역사성 및 정신적 흐름의 단절이나 왜곡을 낳을 수 있다. 그러므로 동양의 일심의 철학을 서양 칸트의 자율성의 도덕과 비교하거나 동양의 수행을 통한 진아의 증득을 칸트의 신앙이나 요청론과 비교할 때, 우리는 어느 사상의 개념틀을 해석의 틀로 삼고 어느 사상을 해석의 대상으로 삼을 것인지를 먼저 고려해야 할 것이다.

번역 일러두기

원문이 중문과 일문인 논고 다섯 편을 한국어로 옮김은 다음의 원칙에 따라 한다.

1. 인명, 서명, 논문명 등은 해당 논고 안에서 처음 등장할 때 원어를 괄호에 넣어 병기하고, 반복 등장할 경우 한글 표기만 사용한다. (그러나 주석에서 반복 등장할 경우에는 경우에 따라 원어 표기만 사용한다.) 단, 마키노 에이지의 논고에 등장하는 연구서 리스트는 자료집 성격을 띠고 있으므로, 이미 등장한 이름이나 책 역시 모두 원어를 병기한다.
2. 중국어의 고유명사(인명, 지명, 출판사명 등)는 가독성을 위해 한국어 한자음으로 표기한다.
3. 일본어의 고유명사는 중국어처럼 한자음으로 표기할 경우 오히려 가독성이 떨어지므로 일본어 발음으로 표기한다.

    3-1. k, t 등의 청음은 실제 발음 및 일본어 로마자표기법과의 호환성을 고려하여, 어두, 어중, 어말 구분 없이 모두 그대로 표기한다. 예) 니시다 키타로, 와츠지 테츠로, 카라타니 코진. 단, 도쿄(東京), 교토(京都), 다이쇼(大正)처럼 이미 한국에서 순화된 발음으로 굳어진 경우, 습관대로 탁음화하여(k→g, t→d) 표기한다.

    3-2. 장음 '오우', '오오' 등은 가독성을 위해 '오'로 표기한다. 예)오오모리 쇼조 → 오모리 쇼조. 단, '에이' 발음은 일반적인 습관과 로마자표기법을 고려하여 그대로 표기한다. 예) 마키노 에이지.

    3-3. つ(tsu)는 국립국어원 표기법에 따르지 않고, 실제 발음을 고려하여 '츠'로 표기한다. 예) 나쓰메 소세키 → 나츠메 소세키.
4. 한자 표기의 경우, 중국 간체와 일본 약자는 모두 정체로 표기한다.
5. 내용상 한자를 병기해야 할 경우 ( )를 사용하고, 일본 서명이나 논문명의 경우 별도로 〔 〕를 사용하여 원제를 삽입한다. 단, 〔 〕는 각 논고의 특성을 고려하여 사용법을 달리한다. 이명휘의 논고에서는 역자가 저자의 논지를 명확하게 표현하기 위해 〔 〕를 사용하여 보충설명을 삽입한 것이고, 마키노 에이지 논고의 경우는 저자가 직접 〔 〕를 사용하여 보충설명을 삽입한 것이다. 또한 학술지의 경우 《 》를 사용하고, 학술대회나 학술지의 특정 섹션이나 꼭지는 서명, 논문명과의 구분을 위해 〈 〉를 사용한다.
6. 마키노 에이지 논고에 있는 일본 연호는 맥락상 필요한 경우를 제외하고 삭제하거나 서기로 바꾸어 표기한다.
7. 전문용어의 경우, 연구사적 의미가 있는 번역어는 원어(의 한국어 발음)대로 표기한다. 예) 초월론적, 초절, 탁절 등.

2

중국의 칸트철학 연구와 확산

1949년 이전 중국의
칸트 연구

이명휘(李明輝)

대만 중앙연구원 중국문철연구소 연구원

1. 칸트철학이 중국에 처음 전래된 과정

칸트철학이 현대 중국에 유입되고 전파된 과정에 관해서는 이미 일부
학자들의 선행 연구가 있다. 예컨대 단행본의 경우 황견덕(黃見德) 등 4인
이 공동 집필한 『서양철학동점사』[1]를 비롯하여 황견덕의 단독 저술인 『현
대 중국에서의 서양철학』[2] 및 『20세기 서양철학의 동점 문제』[3]가 있고,
이 밖에 양하(楊河)와 등안경(鄧安慶)이 함께 쓴 『중국에서 칸트와 헤겔의
철학』[4] 등이 있다. 또한 이들 단행본 외에 개별 논문들도 있다.[5] 이러한

---

1) 黃見德 등, 『서양철학동점사(西方哲學東漸史)』(武漢: 武漢出版社, 1991).

2) 黃見德, 『현대 중국에서의 서양철학(西方哲學在當代中國)』(武漢: 華中理工大學出版社, 1996).

3) 黃見德, 『20세기 서양철학의 동점 문제(二十世紀西方哲學東漸問題)』(長沙: 湖南教育出版社,
1998).

4) 楊河·鄧安慶, 『중국에서 칸트와 헤겔의 철학(康德, 黑格爾哲學在中國)』(北京: 首都師範大學出版
社, 2002).

저술들은 현대 중국에서 칸트의 저작이 전파, 번역된 과정 및 칸트철학에 대한 중국 학술계의 연구 동향에 관해 상당히 자세한 자료를 제공한다. 본 논문은 이상의 연구들에 담긴 내용을 기초로, 중국 대륙의 정권이 교체된 1949년 이전에 한정하여 중국 학술계의 칸트 연구를 논의하고자 한다.

칸트철학이 중국에 처음 전래된 시점은 19세기 말로 거슬러 올라간다. 당시 칸트철학의 유입은 주로 일본 서적들의 소개를 통해서였다. 우리는 여기에서 강유위(康有爲, 1859~1927), 양계초(梁啓超, 1873~1929), 장태염(章太炎, 1869~1936), 왕국유(王國維, 1877~1927) 등 네 사람을 예로 들 수 있다. 강유위는 『제천강(諸天講)』이란 저술을 냈는데, 이 책의 초고는 1886년에 이미 완성된 상태였다. 그리고 이후 1926년에 상해에서 천유학원(天遊學院)을 창립할 때 문인들에게 천문학을 강의하면서 초고를 다시금 정리하여 출간을 준비했다. 그러나 이듬해 강유위가 세상을 떠나는 바람에 1930년이 되어서야 책이 출간되었다. 이 책은 동양과 서양의 천문학을 폭넓게 논하였는바, 총 15개의 편(篇)으로 구성되어 있다. 그 가운데 두 번째 편인 「지편(地篇)」의 '땅은 기체에서 분리되어 나온다(地爲氣體分出)'는 항목에서 강유위는 다음과 같이 말했다.

••

5) 예컨대 다음의 논문들이 있다. ① 賀麟, 「중국에서의 칸트, 헤겔 철학의 전파: 칸트, 헤겔 철학을 소개한 나 자신의 회고를 겸하여(康德, 黑格爾哲學在中國的傳播: 兼論我對介紹康德, 黑格爾哲學的回顧)」, 『근 50년간의 중국철학(五十年來的中國哲學)』(北京: 商務印書館, 2002), pp. 78~129. ② 陳兆福·陳應年, 「해방 이전 칸트철학 저술의 출판과 연구 현황(康德哲學著作在解放前出版和研究情況)」, 《哲學研究》(1981), 第5期, pp. 77~79. ③ 楊河, 「20세기 중국에서의 칸트, 헤겔의 전파와 연구(20世紀康德, 黑格爾在中國的傳播和研究)」, 《廈門大學學報》(2001), 第1期, pp. 49~56. ④ 黎業明, 「칸트 저작의 중국어 번역 현황(關於康德著作的漢譯情況)」, 《世界哲學》(2004), 第6期, pp. 4~12. ⑤ 丁東紅, 「근 100년간의 중국 칸트철학 연구(百年康德哲學研究在中國)」, 《世界哲學》(2009), 第4期, pp. 32~42.

독일의 칸트(韓圖)와 프랑스의 라플라스(立拉士)가 제기한 성운설에 따르면, 각 천체는 형성되기 이전에는 흐릿한 가스 덩어리로 우주 사이를 부유하다가 분자들의 상호 인력으로 인해 모이게 된다. 이것을 바로 성운(星雲)이라 부르는데, 결국 커다란 가스 덩어리라 할 수 있다.[6]

여기에서 설명하는 것은 칸트와 라플라스(Pierre-Simon Marquis de Laplace, 1749~1827)의 '성운설'이다. 그러나 칸트의 천문학설만 언급할 뿐, 아직 철학에 대해서는 언급하지 않았다.

또한 열한 번째 편인 「상제편(上帝篇)」의 '유럽 철학자의 신에 관한 논의(歐洲哲學家之言上帝)' 항목에서는 다음과 같이 말했다.

칸트(康德)는 다음과 같이 말했다. 신(神)의 존재는 존재판단이다. 그런데 존재판단은 후천적으로 이루어지거나 경험적으로 이루어진다. 우리는 경험을 통해서는 신이 존재하지 않는다는 것도 알 수 없고, 존재한다는 것도 단정할 수 없다. 그러므로 신의 존재에 대해서는 입증할 수 있는 여지가 없다.[7]

칸트는 첫째 인용문에서는 '한도(韓圖)'로, 둘째 인용문에서는 '강덕(康德)'으로 표기되었는데, 이러한 번역어의 불일치를 통해 이 책이 어느 한 시점에 완성된 것이 아니라는 사실을 증명할 수 있다. 강유위가 여기에서 언급한 것은 『순수이성비판』의 「선험적 변증론」에서 전통 신학에서

··
6) 康有爲, 『諸天講』(北京: 中華書局, 1990), p. 14.
7) 같은 책, p. 168.

의 신 존재 증명을 비판한 내용으로, 엄격히 말하면 '존재론적 신 증명 (ontologischer Gottesbeweis)'에 대한 비판이다. '존재론적 신 증명'은 중세기 영국 신학자인 안셀무스(St. Anselm of Canterbury, 1033~1109)에 기원한다. 이후 데카르트(René Descartes, 1596~1650), 스피노자(Benedictus de Spinoza, 1632~1677), 라이프니츠(Gottfried Wilhelm Leibniz, 1646~1716) 등이 모두 이러한 증명을 사용했다. 간단히 말해서 이 증명은 신을 '가장 실재적인 존재자(ens realissimum)'로 정의하고, 여기에서 출발하여 개념적으로 신의 필연적 존재를 추론하는 방식이다. 만약 신이 '존재'라는 속성을 포함하지 않을 경우 '가장 실재적인 존재자'일 수 없으며, 이는 신의 개념과 모순을 초래한다. 그러나 칸트가 보기에 이러한 증명은 '존재 (existieren)'라는 단어를 사물의 속성을 기술하는 술어(Prädikat)로 보았다는 점에서 근본적 오류를 범했다. 이 단어는 '이다(sein)'와 마찬가지로 계사(Kopula)에 속한다. 계사의 기능은 개념과 대상을 연결하는 것일 뿐, 개념 자체의 함의에 대해서는 아무런 정보를 제공하지 않는다. 그러므로 우리가 개념적으로 어떻게 신을 규정하든 간에 그러한 존재자가 실제로 존재하는가 하는 질문은 여전히 유효하다. 개념이 지시하는 대상이 존재하는가를 결정하기 위해서는 개념에 기초한 추론만으로는 불충분하고, 반드시 직접적 혹은 간접적 경험에 의거해야 한다. 칸트는 존재론적 신 증명이란, 비유하자면 상인이 자신의 현금 잔고에 0을 몇 개 덧붙인다고 해도 그의 재산이 늘지 않는 것과 마찬가지라고 설명했다.[8] 위의 인용문

••
8) '존재론적 신 증명'에 대한 칸트의 비판에 관해서는 다음을 참조. Immanuel Kant, *Kritik der reinen Vernunft*, hrsg. von Raymund Schmidt(Hamburg: Felix Meiner 1976), A592 = B620ff.

에서 강유위의 서술은 비록 간략하기는 하지만 핵심을 놓치지는 않았다.

이어서 같은 편의 '신의 필연적 존재(上帝之必有)' 항목에서 강유위는 다음과 같이 말했다.

그러나 뉴턴(奈端)과 라플라스(拉伯拉室) 학파는 흡거력(吸拒力) 학설을 통해 신을 신비로운 차원으로 높이는 칸트를 강하게 공격했고, 이에 신은 그 지위가 흔들릴 지경이었다.[9]

여기에서 말한 '내단(奈端)'은 바로 영국의 과학자 뉴턴(Isaak Newton, 1643~1727)을 지칭하고, '랍백랍실(拉伯拉室)'은 위에서 언급한 '라플라스'를 지칭한다. 또한 '흡거력(吸拒力)'은 바로 '인력(引力, gravitation)'을 뜻한다. 이 단락을 통해 보건대 강유위가 칸트의 사상을 온전히 이해한 것 같지는 않다. 왜냐하면 칸트의 관점에 따르면 뉴턴 물리학과 라플라스 천문학에 의해 구성된 자연세계는 '현상(Erscheinung)'의 영역에 속하는 반면 신의 존재, 의지의 자유, 영혼불멸 등은 모두 '물자체(Ding an sich)'의 영역에 속하기 때문에, 어느 한쪽을 가지고 다른 한쪽을 부정할 필요가 없기 때문이다. 칸트 비판철학의 핵심 취지는 바로 지식과 신앙 사이에 명료한 경계선을 긋는 것으로서, 이런 이유로 칸트는 다음과 같은 명언을 남겼다. "나는 신앙을 위한 자리를 마련하기 위해서 지식을 지양해야만 했다."(*KrV*, BXXX)

---

9) 康有爲, 『諸天講』, p. 170.

양계초와 칸트철학의 관계에 대해서는 황극무(黃克武)의 논문 「양계초와 칸트」에서 상세하게 논의하고 있다.[10] 아래의 서술은 주로 이 논문을 참고했다. 칸트철학에 관한 양계초의 소개는 주로 「근세 제일의 대철학자 칸트의 학설」이라는 글을 통해 확인할 수 있다.[11] 이 글은 1903년과 1904년에 걸쳐 《신민총보(新民叢報)》에 나누어 실렸는데, 양계초는 부연설명(案語)에서 다음과 같이 밝혔다. "이 글은 일본의 나카에 토쿠스케(中江篤介)가 번역한 프랑스 학자 에밀 푸예의 『리학연혁사(理學沿革史)』를 기본 텍스트로 삼고, 덧붙여 영국인과 일본인의 저술 십여 종을 참조하여 이들을 엮고 번역하여 완성했다."[12] 현대 연구자의 고증에 따르면 『리학연혁사』는 프랑스의 알프레드 쥘 에밀 푸예(Alfred Jules Émile Fouillée, 1838~1912)의 *Historie de la Philosophie*(Paris: Librairie Ch. Delagrave, 1875)를 가리킨다. 또한 나카에 토쿠스케는 바로 나카에 쵸민(中江兆民, 1847~1901)을 말한다.[13] 양계초의 글은 칸트의 인식론, 형이상학, 도덕철학, 법철학 등을 소개한 후 『영구평화론』의 주요 강령으로 끝맺고 있다. 또한 양계초는 부연설명에서 종종 불교와 송명 유학의 개념을 통해 칸트의 사상을 해명했는데, 이는 하린(賀麟, 1902~1992)의 비판을 받았다.

••
10) 黃克武, 「양계초와 칸트(梁啓超與康德)」, 『中央硏究院近代史硏究所集刊』(臺北: 中央硏究院近代史硏究所, 1990. 12), 第30期, pp. 101~148.
11) 양계초의 글 「근세 제일의 대철학자 칸트의 학설(近世第一大哲康德之學說)」은 《新民叢報》 第25, 26, 28號 및 46~48號(합간호)에 나누어 실렸다. 이 글은 이후 『飮冰室文集』, 第3冊(臺北: 臺灣中華書局, 1983)에 수록되었으나, 다만 《신민총보》 第28號에 수록된 「도학으로 자유를 증명할 수 있음을 논함(申論道學可以證自由)」한 장절이 누락되었다.
12) 《新民叢報》, 第25號(1903), p. 5.
13) 黃克武, 「양계초와 칸트(梁啓超與康德)」, 앞의 책, 113면 참조. 양계초가 참조한 '영국인과 일본인의 저술 십여 종'에 관해서는 114~115면을 참고할 것.

양계초의 이 글은 [……] 객관적으로 칸트를 소개한 것이 아니라, 단지 그가 이해한 불교 유식론(唯識論)을 가지고 임의적으로 양자를 비교한 것이다. 칸트 철학은 불교나 왕양명의 양지설(良知說)을 차용한 양계초의 설명을 거치면서 견강부회나 곡해를 면치 못했다. 이는 독일의 칸트가 아니라 중국화한 칸트라 할 수 있다.[14]

그러나 하린의 평가는 조금 지나친 감이 있다. 양계초가 자신의 글에서 불교와 송명 유학을 가지고 칸트의 철학을 해석한 부분은 모두 '부연 설명(案語)'의 형식으로 들어가 있다. 양계초는 결코 칸트철학을 객관적으로 서술한 부분과 자신의 해석을 뒤섞어놓지 않았다. 또한 그가 해석을 첨가한 부분에 '견강부회'나 '곡해'가 있는지 여부는 사실 평가자가 해석하기 나름이다. 아래에서 몇 가지 실례를 통해 그 득실을 생각해보고자 한다.

칸트는 『순수이성비판』의 「선험적 변증론」에서 '현상(Erscheinung)'과 '물자체(Ding an sich)'의 구분을 통해 '자유'와 '자연의 필연성' 사이의 '이율배반(Antinomie)'을 해소하고, 결국 의지의 자유를 보존하였다. 양계초는 부연설명에서 다음과 같이 말했다.

불교에서는 '진여(眞如)'를 말하는데, 진여란 바로 칸트가 말하는 '진정한 자

---

14) 賀麟, 「중국에서의 칸트, 헤겔 철학의 전파: 칸트, 헤겔 철학을 소개한 나 자신의 회고를 겸하여(康德, 黑格爾哲學在中國的傳播: 兼論我對介紹康德 黑格爾哲學的回顧)」, 『근 50년간의 중국 철학(五十年來的中國哲學)』(北京: 商務印書館, 2002), p. 95.

아(眞我)'로서 자유의 성격을 갖는다. 또한 불교에서는 '무명(無明)'을 말하는데, 무명이란 바로 칸트가 말하는 '현상적 자아(現象之我)'로서, 어찌할 수 없는 도리의 속박을 당하므로 자유의 성격을 갖지 않는다.[15]

양계초는 이어서 주자(朱子)의 학설을 가지고 칸트 및 불교와 비교했다.

주자는 의리지성(義理之性)과 기질지성(氣質之性)을 구분한다. 『대학』을 주석하면서 "명덕(明德)이란 인간이 하늘로부터 얻는 것으로 허령(虛靈)하며 어둡지 않아서, 다양한 이치(衆理)를 갖추고 온갖 사태(萬事)에 응하는 것이다"라고 설명했다.【案: 이것이 바로 불교에서 말하는 진여(眞如)이자, 칸트가 말하는 진아(眞我)이다.】 그러나 기품(氣稟)에 구애되고, 인욕에 가려서 때로 혼미해진다.【案: 이것이 바로 불교에서 말하는 무명(無明)이자, 칸트가 말하는 현상적 자아(現象之我)이다.】 그러나 불교에서 말하는 진여는 일체의 중생이 공유하는 본체(體)로서, 한 사람이 각자의 개별적 진여를 갖는 것이 아니다. 반면에 칸트는 사람은 누구나 각자의 진아(眞我)를 갖는다고 말하며, 이 점에서 불교와 다르다. 그렇기 때문에 불교에서는 한 명의 중생이라도 성불(成佛)하지 못하면 나도 성불할 수 없다고 말하는데, 이는 본체가 단일한 것이기 때문이다. 이처럼 불교는 '보편적 구원(普度)'의 정신이 심원하고 간곡하다. 칸트는 우리가 진정으로 선한 사람(善人)이고자 한다면 곧 선한 사람이 되며, 이는 본체(體)의 자유로움 때문이라고 주장한다. 이는 수양의 의미가 더욱 실질적이며 쉽게 진입할 수 있다. 한편 주자의 명덕설(明德說)은 명덕을 '단일한 본체(一體)'의 모습(相)으로 규정하지 못했다는 점에서 불교에 미치지 못한다. 또한 명덕

15) 《新民叢報》, 第26號(1903), p. 8.

을 기품에 구애되고 인욕에 가리는 것으로 설명함으로써 자유로운 진아(眞我)와 자유롭지 않은 현상아(現象我) 사이의 경계를 분명하게 나누지 못했으니, 이 점에서 칸트에 미치지 못한다.[16]

양계초는 주자에 비해서 왕양명의 학설이 칸트의 도덕철학에 더욱 근접한다고 보았다. 그는 칸트의 도덕철학과 자유에 관한 이론을 서술한 다음에 다음과 같이 덧붙였다.

칸트의 이와 같은 이론은 사실 불교의 진여설(眞如說)과 왕양명의 양지설(良知說)을 회통한 것이다. 왕양명은 "알지도 못하면서 어떻게 실천을 논하겠는가?"라고 말하면서 알지 못하면 실천할 수 없다고 보았다. 칸트의 주장에 따르면 알면 반드시 실천할 수 있는데, 인간은 누구나 알 수 있으므로 누구나 실천할 수 있다. 공부에 착수하는 점에서는 왕양명이 더욱 적절하게 파악한 것 같고, 투철하게 논의를 전개한 점에서는 칸트가 더욱 명료한 것 같다.[17]

강유위와 마찬가지로 양계초도 일차 문헌에 입각해서 연구한 것이 아니라 주로 일본 서적의 소개를 통해 칸트철학을 이해했다. 그렇지만 앞의 인용들을 통해 보건대, 우리는 그 속에 놀라운 통찰들이 포함되어 있음을 확인할 수 있다. 훗날 칸트철학과 송명 유학 양자를 모두 깊게 연구했던 모종삼(牟宗三, 1909~1995)은 칸트의 '현상'과 '물자체'의 구분에 입각하여 '지식의 영역'과 '초월의 영역(가치의 영역)' 사이의 구분을 드러내

16) 같은 책, p. 9.
17) 《新民叢報》, 第28號(1903), p. 4.

고, 이를 토대로 '양층존재론(兩層存有論)'의 사상체계를 건립했다. 그리고 이러한 사상체계를 『대승기신론(大乘起信論)』의 '일심개이문(一心開二門)' 이론, 즉 진심(眞心)을 통해 '심생멸문(心生滅門)'과 '심진여문(心眞如門)'을 연다는 이론을 가지고 거듭 해명하였다. 또한 모종삼은 의지의 자유는 결국 자기 입법성에 다름 아니라고 보는 칸트의 '자율(Autonomie)' 개념을 통해 송명 유학의 체계를 분석하면서, 양명학을 맹자학으로 규정하고, [주자학이 맹자학을 위시한 유학의 본래 도덕체계에서 벗어났음에도 정통의 지위를 누렸다는 의미에서] 주자학을 '별자위종(別子爲宗)'으로 규정하였다. 이 밖에도 필자는 「칸트의 실천철학을 통해 왕양명의 '지행합일'설을 논함」이라는 논문에서 칸트의 실천론과 왕양명의 '지행합일(知行合一)'설을 상세하게 비교하고, 칸트와 왕양명 사이에 부절(符節)을 맞춘 듯이 상응하는 점이 있음을 규명하였다.[18] 결국 이러한 후속 연구들에 앞서 양계초의 글이 선구자적 안목을 제공했던 셈이다. 혹자는 양계초와 현대 신유학 노선 사이의 사상적 관련성에 주목하기도 했는데, 충분히 설득력 있는 관찰이다.[19]

다음으로 장태염(章太炎)은 1906년에 일본으로 건너가 《민보(民報)》의 주편을 맡을 당시에 일본 서적으로 서양철학을 폭넓게 섭렵했다. 그는 《민보》 제16호(1907)에 발표한 「오무론(五無論)」이란 글에서 칸트의 '성운

••
18) 李明輝, 「칸트의 실천철학을 통해 왕양명의 '지행합일'설을 논함(從康德的實踐哲學論王陽明的 '知行合一'說)」, 『中國文哲硏究集刊』(臺北: 中央硏究院文哲硏究所, 1994. 3), pp. 415~440. 이 논문의 수정판은 다음에 수록: 王中江 主篇, 『中國觀念史』(鄭州: 中州古籍出版社, 2005), pp. 507~529.
19) 黃克武, 「양계초와 칸트(梁啓超與康德)」, 앞의 책, 108면, 註8 참조.

설'에 관해 다음과 같이 언급했다.

세계가 처음 형성될 때는 흐릿한 일기(一氣)의 형태로서, 액체든 고체든 모두 연기가 모인 것 같았다. 불교에서는 이를 금장운(金臟雲)이라 불렀고, 칸트는 성운(星雲)이라 불렀으며, 지금은 가스(瓦斯氣)라고 부른다. 또한 유학자들은 이를 태소(太素)라고 불렀다. 그러한 상태에서 점차 응결되어 그 덩어리가 숙유(熟乳)처럼 되었고, 다시 오랜 시간이 흘러 굳어지게 되었다. 이렇게 해서 지구는 고정된 위치를 갖게 되었으며, 그 다음에 중생(衆生)이 번식하게 되었다.[20]

강유위나 양계초뿐만 아니라 장태염도 칸트의 신 증명을 논했다. 그는 《민보》 제8호(1906)에 「무신론(無神論)」을 발표했는데, 이 글은 불교의 관점에서 인도와 서양의 '유신론(有神之說)'을 비판한 것이다. 여기에서 장태염은 기독교의 일신론, 베단타 학파의 범천설(梵天說), 스피노자의 범신론, 하르트만(Eduard von Hartmann, 1842~1906)의 '신은 곧 정신'이라는 주장 등을 비판한 다음에 말머리를 돌려 다음과 같이 주장했다.

이처럼 유신론은 아무런 근거가 없다. 칸트처럼 치밀한 사람도 신의 존재 여부는 인식의 범위를 초월해 있으므로 신이 존재한다고 고집할 수도 없고, 존재하지 않는다고 단정할 수도 없다고 설파했는데, 이는 천려일실(千慮一失)이라고 할 수 있다.[21]

---

20) 『太炎文錄初編』(『民國叢書』, 第3編[上海: 上海書店, 1991], 第83冊에 수록), 「別錄」, 卷3, p. 34.
21) 같은 책, p. 6上.

칸트는 『순수이성비판』에서 전통 형이상학의 세 가지 신 증명(존재론적 신 증명, 우주론적 신 증명, 목적론적 신 증명)을 반박하면서, 우리의 사변이성으로는 신의 존재를 긍정하거나 부정할 수 없다고 보았다. 그러나 장태염의 생각은 다음과 같다. 신(神)에 대해서는 비량(比量, 추리)을 통해 알수 있다. 신에 대한 관념은 '분별에 따른 집착(分別執)'에서 유래하는 것에불과하다. "분별을 통해 형성된 것은 분별을 통해 깨뜨릴 수 있다."[22] 이점을 모른 채, 칸트는 불가지론에 빠졌으니 '천려일실'이라 할 수 있다.

위에서 '천려일실'이라는 지적은 바로 유신론이 존립할 여지를 남겼다는 점을 비판한 것이다. 장태염은 《민보》 제9호(1906)에 발표한 「종교 건립에 관한 논의(建立宗教論)」에서 더욱 상세하게 이 문제를 논의했다.

예컨대 칸트는 공간과 시간에 대해서는 '결코 따로 존재하지 않는 것(絕無)'으로 간주했고, 신의 존재 여부에 관해서는 존재한다고 단정하기를 꺼렸는데, 그의 주장은 『순수이성비판』에 담겨 있다. 또한 『실천이성비판』에서 칸트는 '자유계(自由界)'와 '천연계(天然界)'가 서로 범위를 달리한다고 주장하고, 덕(德)을 닦아 성인(聖人)의 경지를 이루기 위해서 내생의 존재를 요청한다고 했는데, 그렇다면 [『순수이성비판』에서처럼] 시간을 '따로 존재하지 않는 것(無)'으로 간주해서는 안 된다. 또한 그는 선업(善業)에 따른 복과(福果)를 기대하기 위해서 주재자의 존재를 요청한다고 했는데, 그렇다면 '신의 예지(神明)'가 '존재한다(有)'고 믿어도 된다는 뜻이 된다. 그러나 천연계의 경우 본래 한 번 형성되면 바뀔 수 없거늘 [내세의 존재나 신명의 존재를] 요청한다고 한들 무슨 소용이

22) 같은 책, p. 6下.

74

있겠는가? 이루어지지 못할 것을 알면서도 혹시 가능하지 않을까 요행을 바라는 것은 어리석거나 허황된 태도이다. 칸트는 이처럼 어리석거나 허황된 사람이 아닐 터인데, 그렇다면 자신의 학설을 제대로 완성하지 못한 것이리라.[23]

칸트가 비록 『순수이성비판』에서 서양의 전통적인 신 존재 증명을 반박했지만, 『실천이성비판』에 와서는 자신의 '도덕적 증명'을 제기했다. 그 증명 과정은 다음과 같다. 우리의 실천이성은 반드시 '최고선', 즉 덕복일치(德福一致)를 요구한다. 그러나 현실세계에서는 도덕적인 사람이 반드시 행복을 얻는 것도 아니고, 그렇다고 실천이성의 요구가 허망한 것으로 끝나서도 안 된다. 여기에서 우리는 내세에서도 영혼이 지속되고 더불어 덕행과 행복이 일치할 것을 '요청(postulieren)'하지 않을 수 없다. 그리고 이러한 덕복일치를 보장하기 위하여 우리는 반드시 전지전능한 존재자, 즉 신의 존재를 '요청'해야만 한다.

칸트의 이상과 같은 '도덕적 증명'에 대하여 장태염은 두 가지 문제를 제기한다. 첫째, 만약 칸트가 내세에서의 영혼의 존재를 긍정했다면 시간은 내세까지 지속되어야 한다. 그러나 칸트는 시간의 실재성을 부정하지 않았는가? 둘째, 칸트는 자연세계는 예외 없이 자연법칙의 제약을 받는다는 입장을 견지했다. 그렇다면 설령 실천이성이 덕복일치를 요청한다고 한들, 현실세계에서 마주치는 덕복불일치의 사실을 바꿀 수는 없다. 그렇다면 그러한 요청이 무슨 소용이 있겠는가? 사실 이상의 두 가지 질의는 정곡을 찌르지 못했다. 첫째 질의와 관련해서, 칸트는 시간을 감성

23) 같은 책, p. 11下.

의 주관적 형식으로 보았고, 현상에서만 실재성을 갖는다고 인정했기 때문에 그것은 '경험적 실재성(empirische Realität)'만을 지닌다. 그러나 한편으로 칸트는 시간의 물자체에 대한 실재성을 부정하면서도 시간이 '선험적 관념성(transzendentale Idealiät)'을 갖는다고 보았다. 이러한 시간의 두 가지 성격은 동전의 양면과도 같다. 칸트에게 있어서 내세에서의 영혼불멸은 물자체의 영역에 속하고, 이 경우 시간은 실재성을 갖지 않는다. 따라서 "시간을 '따로 존재하지 않는 것(無)'으로 간주할 수 있다." 또한 둘째 질의와 관련해서, 칸트는 다음과 같이 자신을 변호할 수 있을 것이다. 내세에서의 영혼불멸과 신의 존재가 물자체의 영역에 속하는 이상, 현상계에 속하는 자연세계에서의 덕복불일치 때문에 덕복일치에 대한 실천이성의 요청 혹은 기대가 거부당할 필요는 전혀 없다. 또한 현세에서 인간의 도덕적 노력은 덕행과 행복의 완전한 일치를 보장하지 못하지만 적어도 이러한 목표를 향해서 나아갈 수 있다는 점에서 단순히 소용이 없다고 말하는 것은 부당하다.

2. 왕국유(王國維)의 칸트 연구

앞 절에서 서술한 바와 같이, 칸트철학이 처음 중국에 전래된 단계에서는 중국의 지식계는 주로 일본 서적의 소개를 통해 칸트철학을 이해했다. 그러나 둘째 단계에 이르자, 중국의 지식인들은 독일어로 칸트의 저작을 읽기 시작했고, 심지어 직접 독일로 건너가 칸트철학을 연구하였다. 이 두 단계 사이에 과도기적 인물이 한 명 있는데 바로 왕국유(王國維)이다. 그는 일본 학자의 저작을 통해 칸트철학을 이해한 동시에, 다른 한편으로 칸트 저작의 영어, 일본어 번역본을 독해했다. 이 밖에도 그는 칸트철학의 개념과 학설을 통해 중국 철학의 전통적 문제들을 논의하였다. 예컨대 칸트의 인식론 구조를 참조하여 중국의 전통적 인성론을 논했고, 칸트의 이성(理性) 이론을 통해 '이치(理)'의 문제를 토론했다. 또한 칸트의 자유 이론을 빌려 '명(命)'의 문제를 다루기도 했다. 이들은 각각 「논성(論性)」, 「석리(釋理)」, 「원명(原命)」 등에서 논의한 것인데, 모두 나름의 철학적 깊이를 보여주고 있다.[24]

왕국유는 일본어와 영어를 읽을 줄 알았지만 독일어에는 익숙하지 않았다. 나진옥(羅振玉, 1866~1940)은 1898년에 상해에서 동문학사(東文學社)를 창립했으니, 이는 근대 중국 최초의 일본어 전문 학교였다. 왕국유는 이 학교의 첫 회 입학생이 되었는데 당시 22세였다. 그는 이 학교에서 2년 반 동안 공부하면서 일본어 외에 영어도 학습했다.[25] 1902년 2월 그는 나진옥의 경제적 후원으로 일본 도쿄(東京)에 가서 4, 5개월을 머무르며 공부하기도 했다.

왕국유에게 칸트철학 연구는 우여곡절로 점철된 결코 순탄치 않은 과정이었다. 『정암문집속편(靜庵文集續編)』의 「자서1(自序一)」에서 왕국유는 이러한 과정에 대해 상세하게 기술했다.[26] 이에 따르면 그는 도합 네 차례

24) 왕국유와 칸트철학의 관계에 관해서는 졸고, 「왕국유와 칸트철학(王國維與康德哲學)」, 『中山大學學報(社會科學版)』(2009) 第6期, pp. 115~126을 참조할 것.
25) 謝維揚·房鑫亮 編, 『王國維全集』(杭州: 浙江敎育出版社/廣州: 廣東敎育出版社, 2009), 第14卷, p. 119.
26) 같은 책, 第14卷, pp. 119~120.

에 걸쳐 칸트철학을 연구했다. 첫 번째 시도는 그가 동문학사에 재학할 당시로, 그는 타오카 사요지(田岡佐代治, 1871~1912)의 저술 덕분에 칸트철학에 흥미를 갖게 되었다. 그러나 당시에는 일본어나 영어 실력이 모두 미흡했던 탓에 연구에 진입할 수는 없었다. 두 번째 시도는 1903년으로 그가 일본에서 귀국한 이듬해였다. 왕국유는 이때 칸트의『순수이성비판』을 읽기 시작했는데,「선험적 분석론(Transzendentale Analytik)」까지 읽었지만 전혀 이해할 수 없었다. 그는 결국 그 대신 쇼펜하우어(Arthur Schopenhauer, 1788~1860)의『의지와 표상으로서의 세계(*Die Welt als Wille und Vorstellung*)』를 읽었다. 이 책의 1책 부록은「칸트철학에 대한 비판(Kritik der Kantischen Philosophie)」이다. 왕국유는 이 부록을 통해서 비로소 칸트철학을 이해했다. 세 번째 시도는 1905년, 그의 나이 29세 때의 일이다. 이미 칸트철학에 대한 쇼펜하우어의 비판을 섭렵했기 때문에 왕국유는『순수이성비판』을 이해하는 것에 이전과 같은 곤혹감을 느끼지 않았다. 그는『순수이성비판』을 읽는 것에 그치지 않고 심지어 관심 영역이 "칸트의 윤리학과 미학까지 확장되었다." 네 번째 시도는 1907년『정암문집속편』의 서문을 쓸 무렵이다. 세 번째 시도에서 다진 기초를 토대로 칸트철학을 더욱 잘 이해할 수 있었고, 막히는 부분도 크게 줄어들었다.

위에서 언급했듯이 왕국유는 세 번째 칸트 연구를 시도할 당시에 '칸트의 윤리학과 미학까지도 언급하고 있다.' 그렇다면 당시에 그가 읽은 칸트의 윤리학과 미학 저작은 무엇일까? 여기에 대해 왕국유 자신은 아무런 언급도 하지 않았다. 그러나 우리는 간접적인 자료를 통해 대략을 유추할 수 있다. 《교육세계(教育世界)》제126호(1906. 6)에는 번역자의 서명(署名)이 없는「칸트 전기(汗德詳傳)」번역문이 실려 있다. 그 글의 말미에 있는 번역자의 후기(跋語)에는 "이상의 내용은 영국인 아박덕(阿薄德)이 쓴 칸트 전기로서, 그는 칸트 윤리학 저작을 최초로 번역한 것으로 정평이 있는 인물이다"(p. 93)라고 적혀 있다. 이 글은 왕국유가 번역했을 것이라 단정할 수 있는데,[27] 1906년은 왕국유가 세 번째로 칸트 연구를 시도한 이듬해이다. 후기에서 언급한 '아박덕'은 아일랜드의 칸트 연구자인 토머스 애벗(Thomas Kingsmill Abbott, 1829~1913)을 지칭하며, 여기에서 말한 "그가 번역한 칸트 윤리학 저작"이란 바로 애벗이 번역한 *Kant's Critique of Practical Reason and Other Works on the Theory of Ethics*를 일컫는다. 이 책은 1873년에 초판이 나왔고, 1883년에 나온 3판이 최종 수정본이다. 왕국유가 저본으로 삼은 것은 아마도 1889년의 4판 또는 1898년의 5판일 것이다. 그리고 「칸트 전기」는 애벗이 자신의 번역서 서두에 실어놓은 "Memoir of Kant"를 발췌하여 번역한 것이다. 애벗의 번역서에 실려 있는 칸트의 저작들은 다음과 같다.

① 『도덕형이상학의 기초(*Grundlegung zur Metaphysik der Sitten*)』(1785).

② 『실천이성비판(*Kritik der praktischen Vernunft*)』(1788).

③ 『도덕형이상학(*Metaphysik der Sitten*)』(1797) 제1편 『법이론의 형이상학적 기초』에서 「머리말」과 「도덕형이상학 서설」, 그리고 제2편 『덕이론의 형이상학적 기초』에서 「머리말」과 「덕이론 서설」.

④ 『단순한 이성 한계 안에서의 종교(*Die Religion innerhalb der Grenzen der bloßen Vernunft*)』(1793)에서 「인간 본성 안에서의 근본악」.

27) 佛雛, 『왕국유의 철학 번역문 연구(王國維哲學譯稿硏究)』(北京: 社會科學文獻出版社, 2006), pp. 207~224를 참조할 것.

⑤「인간애로부터 거짓을 말할 수 있다는 잘못 생각된 권리에 관하여(Über ein vermeintes Recht aus Menschenliebe zu lügen)」(1797).

⑥「'다급하면 뭔들 못하나'란 속설에 대하여(On the Saying 'Necessity Has No Law')」: 이것은 칸트의 논문「이론에서는 옳을지 모르지만, 실천에 대해서는 쓸모없다는 속설에 대하여(Über den Gemeinspruch: Das mag in der Theorie richtig sein, taugt aber nicht für die Praxis)」(1791)에 있는 주석의 하나로,[28] 주석의 표제는 애벗이 첨가한 것이다.

이를 통해 우리는 칸트 윤리학에 대한 왕국유의 이해가 일본어 자료를 제외하면 대체로 애벗의 번역본에 토대를 두고 있다는 사실을 추론할 수 있다.

아래에서는 칸트에 관한 왕국유의 저술을 살펴보고자 한다. 여기에서 먼저 지적해둘 점은 이른바 '왕국유의 저술'이란 말의 함의가 일정하지 않다는 사실이다. 엄격하게 말하면 이는 당연히 왕국유 자신의 저술 또는 자신의 서명(署名)이 들어간 저술을 지칭해야 한다. 철학 저술의 경우『정암문집』(1905)과『정암문집속편』(1907)에 수록된 관련 논문이 여기에 해당할 것이다. 이들 논문은 대부분《교육세계》에 발표되었던 것들이다.《교육세계》는 나진옥이 상해에서 창간한 간행물로, 1901년 5월 창간호를 필두로 1908년 1월에 정간되기까지 총 166기(期) 분량이 간행되었다. 왕국유는 처음부터《교육세계》의 간행과 편집에 적극 관여했고, 또한

••
28) *Kants gesammelte Schriften* (Akademie-Ausgabe, 이하 *KGS*로 약칭), Bd. 8, S. 300 Anm.

원고 집필자이기도 했다. 이런 이유로 왕국유의 철학 저술 대부분이 여기에 실리게 되었다. 불추(佛雛)는 《교육세계》에 실린 왕국유의 철학 논문을 서명의 유무를 막론하고 모두 취합했는데, 그중에 『정암문집』과 『정암문집속편』에 수록되지 않은 논문은 서명이 있는 것이 네 편, 서명이 없는 것이 마흔 편에 달했다. 불추는 이들을 토대로 『왕국유의 철학과 미학 논문 취합본(王國維哲學美學論文輯佚)』(上海: 華東師大學出版社, 1993)을 편찬했다. 이들 마흔네 편의 논문 가운데 상당수가 왕국유가 영어나 일본어 자료를 번역(편역, 발췌역 포함)한 내용이다. 따라서 엄격히 말하면 이들을 왕국유 자신의 저술이라기보다는 번역문(譯著)이라고 말해야 할 것이다. 이러한 번역문의 경우 왕국유 자신의 사상을 피력한 논문들과는 구별해 취급해야 한다.

본 논문의 의도는 왕국유의 철학 저술이나 번역문을 포괄적으로 논하는 것이 아니라 이 가운데 칸트철학과 관련된 논문이나 번역문만을 제한적으로 다루는 것이다. 필자는 이들 논문과 번역문을 세 종류로 분류했다. 첫째는 왕국유의 번역문 가운데 칸트철학에 관련된 것이고, 둘째는 왕국유 본인의 논문 가운데 직접적으로 칸트철학을 다룬 것이며, 셋째는 왕국유가 칸트의 개념을 사용하여 중국철학을 논의한 논문이다. 첫째 부류에 해당하는 것은 다음과 같다.

① 「칸트의 철학이론(汗德之哲學說)」: 서명 없음, 1904. 5, 《교육세계》 제74호에 발표.

② 「칸트의 인식론(汗德之知識論)」: 앞의 사항과 동일.

③ 「독일 철학의 대가 칸트의 전기(德國哲學大家汗德傳)」: 서명 없음, 1906. 3,

《교육세계》제120호에 발표.

④「칸트 전기(汗德詳傳)」: 토머스 애벗(Thomas K. Abbott) 원저, 번역자 서명 없음, 1906. 5,《교육세계》제126호에 발표.

⑤「가나재의 유희론(哥羅宰氏之遊戲論)」: 서명 없음, 1905. 7~1906. 1까지 《교육세계》제104~106, 110, 115, 116호에 나누어 발표.

⑥『철학개론(哲學槪論)』: 쿠와키 겐요쿠(桑木嚴翼) 원저, 번역자 서명 있음, 『철학총서초집(哲學叢書初集)』(上海: 敎育世界社, 1902)에 수록.

⑦『서양윤리학사요(西洋倫理學史要)』: 헨리 시지윅(Henry Sidgwick) 원저, 번역자 서명 있음, 1903. 9~10,《교육세계》제59~61호에 나누어 발표, 이 책은 나중에『교육총서삼집(敎育叢書三集)』(上海: 敎育世界社, 1903)에 수록.

둘째 부류에 해당하는 것은 다음과 같다.

①「칸트상찬(汗德像贊)」:『정암문집속편』에 수록.

②「칸트의 생애와 저술(汗德之事實及其著書)」: 서명 없음, 1904. 5,《교육세계》제74호에 발표.

③「칸트의 윤리학과 종교론(汗德之倫理學及宗敎論)」: 서명 없음, 1905. 5,《교육세계》제123호에 발표.

④「근세 교육사상과 철학의 관계(述近世敎育思想與哲學之關係)」: 서명 없음, 1904. 7,《교육세계》제128~129호에 발표.

⑤「쇼펜하우어의 철학과 교육학설(叔本華之哲學及敎育學說)」: 1904. 4/5, 《교육세계》제75, 77호에 발표,『정암문집』에 수록.

⑥「고아함이 미학에서 갖는 위치(古雅之在美學上之位置)」:『정암문집속편』에 수록.

셋째 부류에 해당하는 것은 다음과 같다.

① 「공자의 미감 교육론(孔子之美育主義)」: 서명 없음, 1904. 2,《교육세계》
제69호에 발표.

② 「논성(論性)」: 1904. 1~2,《교육세계》 제70~72호에 발표, 나중에 『정암
문집』에 수록.

③ 「석리(釋理)」: 1904. 7~9,《교육세계》 제82, 83, 86호에 발표, 나중에 『정
암문집』에 수록.

④ 「원명(原命)」: 1906. 5,《교육세계》 제127호에 발표, 나중에 『정암문집속
편』에 수록.

먼저 왕국유의 첫째 부류 저술에 대해 논의하고자 한다. 전구(錢鷗)의
고증에 따르면 「칸트의 철학이론」과 「칸트의 인식론」 두 편은 모두 일본학
자 쿠와키 겐요쿠(桑木嚴翼, 1874~1946)의 『철학사요(哲學史要)』(1902) 가운
데 제6편 1장 「칸트의 이성비판(カントの理性批判)」에서 번역한 것으로, 「칸
트의 인식론」은 해당 장의 38절 「인식의 대상(認識の對象)」을 번역하였다.[29]
그러나 전구는 한 가지 사실을 지적하지 않고 넘어갔는데, 즉 『철학사요』
도 본래 쿠와키 겐요쿠의 저술이 아니라 독일 신칸트학파의 철학자인 빈
델반트(Wilhelm Windelband)의 *Geschichte der Philosophie*(Freiburg i.
Br. 1892)를 일본어로 번역한 것이다. 쿠와키 겐요쿠는 도쿄제국대학, 교
토제국대학 철학과 교수를 역임한 인물로, 그의 사상 노선은 독일 신칸

29) 錢鷗, 「왕국유와 『교육세계』에서 서명이 없는 글(王國維與『教育世界』未署名文章)」, 『華東師範大
學學報』(哲學社會科學版, 2000) 第4期, p. 121.

트학파의 서남(西南) 독일학파(바덴학파)를 계승하였다. 빈델반트 역시 이 학파에 속해 있었다. 또한 왕국유의 「독일 철학의 대가 칸트의 전기」는 나카지마 리키조(中島力造)가 편집한 『열전체 서양철학사(列傳體西洋哲學史)』 하권(1898) 제5편 2장에 기초하고 있다. 「칸트 전기」의 출처는 앞에서 이미 설명하였다.

「가나재의 유희론」에서 '가나재(哥羅宰)'는 바로 이탈리아의 교육학자인 지오반니 안토니오 콜로차(Giovanni Antonio Colozza, 1857~1943)를 지칭한다.[30] 이 글은 일본의 교육학자인 키쿠치 슌타이(菊池俊諦, 1875~1967)가 번역한 『콜로차의 유희의 심리와 교육(コロッツァ氏遊戲之心理及教育)』(東京: 育成會, 1902)을 토대로 번역한 것이다. 본래 키쿠치 슌타이의 책은 이시카와 에이지(石川榮司)가 주편한 『속교육학서해설(續敎育學書解說)』 제1책에 속해 있으며,[31] 사실은 콜로차의 『유희의 심리학과 교육학(*Psychologie und Pädagogik des Kinderspiels*)』(Altenburg: O. Bonde, 1900)을 번역한 것이다. 이 책은 원저자에게서 저작권을 얻어 크리스티안 우퍼(Chr. Ufer)가 이탈리아어에서 독일어로 옮겼고, 키쿠치 슌타이가 독일어에서 다시 일본어로 옮겼다. 왕국유의 번역문 가운데 칸트의 유희론을 언급한 부분은

∴

30) 불추(佛趨)가 『왕국유의 철학과 미학 논문 취합본(王國維哲學美學論文輯佚)』 424면에서 '哥羅宰'를 독일의 철학자 카를 그로스(Karl Groos, 1861~1946)로 오해한 이후로, 다른 많은 연구자들이 모두 동일한 착오를 답습했다. 결국 이들 모두 키쿠치 슌타이의 글이 콜로차의 책을 번역한 내용이라는 사실을 모른 채 남이 말한 대로 따르면서 잘못을 거듭했으니, 탄식할 노릇이다. 불추의 『왕국유의 철학과 미학 논문 취합본』 및 주석산(周錫山)이 편집한 『왕국유집(王國維集)』에는 어찌된 영문인지 이 글의 1장만 절록(節錄)해놓았다.

31) 이 책은 원래 단행본이었지만 나중에 이시카와 에이지(石川榮司)가 주편한 『속교육학서해설(續敎育學書解說)』 증보개정판(東京: 育成會, 1906)에 편입되었다. 관련 출처에 관해서는 진위분(陳瑋芬) 선생과 장계림(張季琳) 선생이 정보를 제공해주었다. 특별히 감사를 표한다.

제1편 「심리학을 통해 유희를 해설함(從心理學上解釋遊戲)」 가운데 8절 「유희의 분류(遊戲之分類)」이다.[32] 이 밖에 번역문 제2편 「교육사에서의 유희(敎育史上之遊戲)」 가운데 13절이 바로 「칸트의 유희설(汁德之遊戲說)」이다.[33] 이 절에서는 칸트의 『교육학 강의(Über Pädagogik)』(1803)에 근거하여 유희와 교육의 관계에 대한 칸트의 논의를 소개하였다.

쿠와키 겐요쿠의 『철학개론』은 1900년에 도쿄전문학교출판부(東京專門學校出版部)에서 출간되었는데, 왕국유는 곧바로 중국어 번역에 착수했다. 이 책의 제5장 「철학의 문제: (1) 지식철학(哲學の問題: (一)知識哲學)」 가운데 16절 「인식의 본질: 실재론과 관념론(認識の本質: 實在論と觀念論)」에서는 칸트의 인식론을 논의했다. 특히 '물자체(Ding an sich)' 개념을 "칸트 학설 가운데 가장 애매한 부분"이라고 평가했다. 이 책의 제6장 「철학의 문제: (2) 자연철학(哲學の問題: (二)自然哲學)」 가운데 20절 「자연의 이상: 종교철학과 미학(自然の理想: 宗敎哲學と美學)」에서도 칸트의 미학을 언급하고 있다.[34]

『서양윤리학사요』는 영국의 철학자인 헨리 시지윅(Henry Sidgwick, 1838~1900)의 *Outlines of the History of Ethics for English Readers* (London: Macmillan, 1886)를 기초로 번역한 것이다. 이 책은 총 네 편으로 구성되어 있는데, 각 편의 제목은 제1편 「윤리학 개설」, 제2편 「희랍

---

32) 《敎育世界》, 第105號, 光緖31年乙巳7月上旬第13期, pp. 51~52.
33) 《敎育世界》, 第115號, 光緖31年乙巳12月上旬第23期, pp. 34~36.
34) 쿠와키 겐요쿠의 『철학개론』의 내용에 대해서는 불추의 『왕국유의 철학 번역문 연구』, pp. 3~34를 참고할 것.

및 희랍-로마의 윤리학」, 제3편 「기독교 및 중세의 윤리학」, 제4편 「근세의 윤리학, 특히 영국의 윤리학」이다. 왕국유는 이 가운데 제3편을 제외한 나머지 세 편에 있는 내용을 번역했다. 그중 제4편은 칸트의 자유의지론을 언급하고 있다.[35]

두 번째 부류는 번역이 아닌 왕국유 자신의 저술이다. 그 가운데 「칸트상찬」은 네 글자씩 36행으로 이루어진 일종의 송가(頌歌)로서 칸트를 찬미하는 내용이다. 또한 「칸트의 생애와 저술」은 칸트의 생애와 저술을, 「칸트의 윤리학과 종교론」은 칸트의 윤리학과 종교철학을 간략히 설명한 글인데, 두 편 모두 소개하는 성격의 글로, 일본어나 영어 자료에서 취합한 것일 터이므로 왕국유 자신의 관점을 거론할 여지가 없다. 한편 「근세교육사상과 철학의 관계」는 베이컨(Francis Bacon, 1561~1626) 이래의 서양 교육사상의 발전을 소개한 글로, 비율 면에서 가장 많은 다섯 단락을 할애하여 칸트의 교육철학을 소개하고 있다.

왕국유 자신의 관점을 피력한 글로는 「쇼펜하우어의 철학과 교육학설」과 「고아함이 미학에서 갖는 위치」가 있다. 전자는 물론 쇼펜하우어의 학설을 소개하는 것이 주된 목적이지만, 여기에서 왕국유는 칸트철학을 비교 대상으로 놓고 쇼펜하우어의 철학적 관점을 설명했다. 왕국유는 다음과 같이 자신의 견해를 밝히고 있다.

: :
35) 같은 책, pp. 73~76을 참조할 것.

희랍에서부터 칸트의 출현에 이르기까지 2000여 년 동안 철학에서 얼마만큼의 진보가 있었는가? 또 칸트 이래로 지금에 이르는 백여 년 동안 철학에서 얼마만큼의 진보가 있었는가? 칸트의 학설을 계승, 발전시키고 그 오류를 바로잡음으로써 완전한 철학체계를 구축한 사람으로는 쇼펜하우어 한 사람이 있을 뿐이다. 칸트의 학설은 파괴적일 뿐, 건설적이지 않다. 그는 형이상학의 불가능성을 문득 깨닫고는 인식론으로 형이상학을 대체하고자 했다. 이 점에서 칸트의 학설은 철학에 대한 비판은 될지언정 진정한 철학이라고 할 수는 없다. 쇼펜하우어는 처음에 칸트의 인식론에서 출발하여 형이상학을 건립하고 미학과 윤리학에 완전한 체계성을 부여하였다. 그러므로 쇼펜하우어를 칸트의 후계자로 보는 것보다는 칸트를 쇼펜하우어의 선구자로 보는 것이 더욱 타당하다.[36]

물론 칸트의 인식론은 미증유의 탁견이다. 그러나 앞에서 지적했듯이 그것은 파괴적인 것에 불과할 뿐 건설적인 것은 아니다. 비유하자면 그것은 마치 [진나라에 대항하여 봉기한] 진승(陳勝), 오광(吳廣)의 역할처럼 이후 제왕의 출현에 앞서 터를 닦아주었을 뿐이다.[37]

이처럼 왕국유가 보기에 칸트는 쇼펜하우어의 선구자였으며, 쇼펜하우어야말로 칸트가 닦아놓은 기초 위에서 진정한 철학을 완성한 인물이었다.

36) 謝維揚·房鑫亮 編, 『王國維全集』, 第1卷, p. 35.
37) 같은 책, p. 44.

왕국유는 이 글에서 쇼펜하우어의 역할, 즉 칸트의 계승자인 동시에 비판자로서의 역할을 다음과 같이 예를 들어 설명하였다.

칸트는 흄(休蒙)의 오류를 바로잡아 경험의 세계는 초절적(超絶的) 관념성과 경험적 실재성을 갖는다고 설명하였다. 이후 쇼펜하우어는 이를 다시 전환시켰는데, 쇼펜하우어의 관점에 따르면 모든 사물은 사실 경험적 관념성을 갖는 동시에 초절적 실재성을 갖는다. 그러므로 쇼펜하우어의 인식론은 한편에서 보면 관념론이지만 또 다른 측면에서 보면 실재론이다. 이로써 그의 실재론과 종래의 소박실재론 사이의 차이가 명명백백하게 밝혀지게 되었다.[38]

'휴몽(休蒙)'은 바로 영국의 철학자 데이비드 흄(David Hume, 1711~1776)을 지칭한다. 칸트는 '현상(Erscheinung)'과 '물자체'의 구별에 기초하여 시간과 공간 및 범주는 단지 현상에 적용할 수 있을 뿐, 물자체에는 적용할 수 없으며, 이런 맥락에서 현상은 '경험적 실재성(empirische Realität)'과 '선험적 관념성(transzendentale Idealität)'을 동시에 갖는다고 주장했다. 따라서 칸트의 인식론적 입장은 한편으로는 '경험적 실재론'이고 다른 한편으로는 '선험적 관념론'이 된다. 쇼펜하우어는 칸트가 인간은 인식할 수 없다고 본 물자체를 '의지'와 등치시켜버렸고, 이 점에서 칸트의 관점을 전도시키면서 '선험적 실재론'과 동시에 '경험적 관념론'을 주장했다.

끝으로 왕국유는 「고아함이 미학에서 갖는 위치」에서 칸트 미학을 기초로 하되, 한 걸음 더 나아가 '고아함(古雅)'에 대한 자신의 학설을 내놓았

38) 같은 책, p. 37.

다. 칸트는『판단력비판』에서 두 종류의 심미 판단, 즉 '미(美, das Schöne)'에 대한 판단과 '숭고(崇高, das Erhabene)'에 대한 판단을 논의했다. 왕국유는 '미'와 '숭고'를 각각 '우미(優美)'와 '굉장(宏壯)'으로 번역했다. '고아함(古雅)'이란 단어는 왕국유가 스스로 창안한 것으로 본래 칸트가 사용한 개념은 아니다. 다음은 필자가 왕국유가 사용한 개념을 가지고 그의 주요 관점을 요약한 것이다.

① '우미'와 '굉장'은 모두 형식미인 반면에 '고아함'은 2차적 형식으로서 이를 '형식미의 형식미'라고 일컬을 수 있다.

② '우미'와 '굉장'은 모두 예술과 자연 속에 존재할 수 있지만, '고아함'은 단지 예술 속에만 존재한다.

③ '우미'와 '굉장'에 대한 판단은 모두 선천적인 것이고, 따라서 보편적이다. 그러나 '고아함'에 대한 판단은 후천적·경험적인 것으로, 따라서 특수하고 우연적이다.

④ '고아함'은 한편으로는 '낮은 정도의 우미'이면서, 다른 한편으로는 '낮은 정도의 굉장'이다. 그러나 덧붙여 "우미와 굉장 사이에 있으면서 양자를 동시에 공유하는 성질을 갖는다."

⑤ 칸트는 "미술은 천재의 예술이다"고 말했지만 평범한 지성에 미치지 못하는 사람도 수양을 통해 '고아함'을 창조할 수 있다.

왕국유는 그의 글에서 칸트의 미학을 소화, 회통시켜 나름의 이론을 건립할 능력이 있음을 유감없이 보여주고 있다.

3. 칸트 연구의 심화

앞 절에서 서술했듯이 칸트철학이 처음 중국에 전래된 단계에서는 중국의 지식계가 주로 일본 서적을 통해 칸트철학을 이해했다. 그러나 둘째 단계에 이르자, 중국의 지식인들은 독일어로 칸트의 저작을 읽기 시작했고, 심지어 직접 독일로 건너가 칸트철학을 연구했다. 아래에서는 채원배 (蔡元培, 1868~1940), 장군매(張君勱, 1887~1968), 정흔(鄭昕, 1905~1974) 세 사람을 예로 들어 그들이 어떻게 칸트철학을 연구했고, 칸트철학에 기초하여 그들 자신의 철학적 관점을 어떻게 건립했는지를 설명하고자 한다.

채원배는 중국의 저명한 교육가로, 북양(北洋) 정부의 교육총장(1912), 북경대학 총장(1917~1923), 중앙연구원 원장(1928~1940) 등을 역임했다. 1907년 여름 그는 독일 베를린에 가서 독일어를 배웠고, 이듬해 10월 라이프치히로 이주해 라이프치히 대학에서 공부했다. 그는 1911년 11월 신해혁명이 성공한 뒤에 귀국하기까지 라이프치히 대학에서 모두 6학기 동안 공부했으며, 그 기간 동안 미학, 미술사, 심리학, 문학사, 철학사, 문화사, 민족학 등에 관한 다양한 수업을 들었다. 현재 남아 있는 기록에 따르면 그는 1학기에 '칸트에서 현대의 신철학(新哲學)에 이르는 역사' 수업을 들었고, 마지막 학기에는 '칸트철학' 수업을 들었다.[39] 그는 「자찬연보(自寫年譜)」에서 다음과 같이 기술했다.

:.

39) 채원배가 라이프치히 대학에서 수강한 수업에 관해서는 高平叔, 「채원배의 생애 개관(蔡元培的生平槪述)」, 『蔡元培文集: 自傳』(臺北: 錦繡出版公司, 1995), pp. 241~242를 참조할 것.

나는 수업에서 수시로 미학, 미술사, 문학사 등의 강의를 들었다. 게다가 주변 환경 덕분에 항상 음악, 미술을 접할 수 있었는데, 어느새 나도 모르게 미학 분야에 심력을 기울이게 되었다. 특히 풍덕(馮德) 선생은 철학사를 강의할 때 미학에 대한 칸트의 견해를 소개했고, 특히 미(美)의 초월성과 보편성에 중점을 두면서 칸트의 원서를 자세하게 독해했다. 덕분에 미학의 중요성을 깨달을 수 있었다.[40]

인용문에서 채원배가 언급한 '풍덕(馮德)'은 바로 빌헬름 분트(Wilhelm Wundt, 1832~1920)를 가리킨다. 분트는 라이프치히 대학에 세계 최초로 실험심리학 연구소를 개설한 인물이다. 1913년 10월 '2차 혁명'이 실패로 돌아가자 채원배는 가족을 이끌고 프랑스로 건너가 파리 근교에 머물렀으며, 1916년 10월 북경대학 총장으로 임명되면서 다시 중국으로 돌아왔다. 1916년 그는 프랑스에서 『유럽미학총술(歐洲美學叢述)』을 편찬하면서 「칸트의 미학(康德美學述)」이란 글을 썼다.[41]

이러한 배경에서 채원배는 "미육(美育, 미감 교육)으로 종교를 대체하자"는 유명한 주장을 제기했다. 그는 1917년 4월 8일 북경의 신주학회(神州學會)가 개최한 학술강연회에서 처음으로 이러한 주장을 피력했고, 이후 '미육으로 종교를 대체함(以美育代宗敎說)'이란 제목의 강연을 《신청년(新靑年)》 제3권 6호(1917. 8. 1) 및 《학예잡지(學藝雜誌)》 제1년 2호(1917. 9)

40) 같은 책, p. 51.
41) 이 글의 전반부는 『蔡元培文集: 美育』(臺北: 錦繡出版公司, 1995), pp. 60~68에 실려 있고, 후반부는 망실되었다.

에 발표하였다.[42] 이 글의 요지는 다음과 같다. 인간의 정신작용은 대체로 지식, 의지, 감정 세 가지를 포함하는데, 처음에는 종교에서 이를 독점적으로 다루었다. 그러나 사회 문화의 진보에 따라 지식의 작용은 점차 종교를 벗어나게 되었고, 결국 과학에 지위를 양보하게 되었다. 이어서 근대 학자들이 생리학, 심리학, 사회학 등을 응용하여 윤리, 도덕을 연구하면서, 의지의 작용도 종교에서 이탈하여 독립을 얻었다. 결국 종교와 긴밀한 관계를 갖는 것으로 정감의 작용만 남게 되었으니 이것이 바로 '미감(美感)'이다. 그러나 미감 교육(美育)은 종교에 밀착해 있어서 항상 종교의 간섭을 받았기 때문에 감정을 도야하는 작용을 상실한 채 오히려 감정을 자극하는 데 이용되었으니, 무릇 종교란 자신의 가르침을 확장하고 다른 종교 노선을 공격하는 경향을 지니기 때문이다. 심지어 자신의 종교를 지키려고 공화정의 시대에 전제주의와 결탁하는 행태를 서슴지 않았다. 이런 이유로 채원배는 다음과 같이 결론을 맺고 있다.

감정을 자극하는 폐단을 살피고 오로지 감정을 도야하는 방법을 발양하기 위해서는 종교를 버리고 그것을 순수한 미감 교육으로 대체하는 방법이 가장 낫다. 순수한 미감 교육을 통해 우리의 감정을 도야할 수 있을 뿐 아니라, 고상하고 순결한 습관을 가질 수 있고, 나와 남을 구별하는 견해나 남에게 손해를 끼치고 내 이익만 챙기려는 생각을 점차 누그러뜨릴 수 있다.[43]

그의 강연 원고에는 칸트 미학의 영향이 뚜렷하게 드러나 있다. 예컨

••
42) 이 글은 같은 책 pp. 69~75에 실려 있다.
43) 같은 책, p. 92.

대 '미(美)'의 보편성을 논하면서 '미'는 이해(利害)와 무관하다고 한 점이나, '미(das Schöne)'와 '숭고(das Erhabene)'를 논한 점 등은 모두 칸트의 『판단력비판』을 배경으로 한다.

1930년대에 들어서 채원배는 여러 차례 "미육으로 종교를 대체하자"는 주장을 펼쳤다.[44] 그 요지는 대동소이한데, 다만 인간의 정신작용에서 교육으로 중점이 옮겨갔을 뿐이다. 채원배는 다음과 같이 주장한다. 처음에는 종교가 덕육(德育), 지육(智育), 체육(體育), 미육(美育) 네 가지 교육을 독점적으로 담당했지만, 사회 문화가 발전함에 따라 덕육, 지육, 체육은 점차 종교에서 분리하여 독립했고, 이제는 미육이 종교에서 벗어나 독립할 차례이다. 그는 심지어 '종교를 보존하여 미육을 담당하게 하는 것'조차 반대했는데, 그가 보기에 미육은 본질적으로 종교와 대립하기 때문이다. 그는 다음과 같이 주장했다.

첫째, 미육은 자유롭지만 종교는 강압적이다.
둘째, 미육은 진보적이지만 종교는 보수적이다.
셋째, 미육은 보편적이지만 종교는 제한적이다.[45]

이 밖에 그는 「미육(美育)」이란 글에서 미학이 바움가르텐(Alexander

----

44) 이 시기 동안에 채원배는 「미육으로 종교를 대체하자(以美育代宗教)」(1930. 12), 「미육으로 종교를 대체하자: 상해 기독교 청년회 강연고(以美育代宗教: 在上海基督教青年會講演詞)」(1930. 12), 「미육과 인생(美育與人生)」(1931 전후), 「미육으로 종교를 대체하자(美育代宗教)」(1932) 등의 글을 발표했다. 이들은 앞의 책에 모두 수록되어 있다.
45) 蔡元培, 「미육으로 종교를 대체하자(以美育代宗教)」, 앞의 책, p. 278.

Gottlieb Baumgarten, 1714~1762)과 칸트의 연구를 통해 성립했고, 시인 실러(Friedrich Schiller, 1759~1805)가 『미육서간(*Briefe über die ästhetische Erziehung*)』에서 미육의 작용을 상세히 논의했다는 사실을 특별히 언급했으며, 중국어에서 '미육(美育)'이란 단어가 독일어의 ästhetische Erziehung의 번역어라는 점을 지적하기도 했다. 이상의 사실은 칸트 미학이 채원배가 제기한 "미육으로 종교를 대체하자"는 주장의 사상적 배경이 되었다는 점을 재차 증명해준다.

채원배와 마찬가지로 장군매 역시 독일에 유학한 경험을 갖고 있다. 그는 1913년 5월에 베를린에 도착하여 1915년 9월 독일을 떠날 때까지 베를린 대학에서 공부했다. 그러나 유학 시기에 그가 주로 공부한 영역은 철학이 아니라 정치학과 국제법이었다. 제1차 세계대전이 끝나자 장군매는 1919년에 양계초를 따라 유럽을 방문했는데, 그의 주된 임무는 파리에 가서 베르사유조약에 참석하는 중국 대표단을 도와 열강들이 중국에 불평등조약을 강요하는 것을 반대하고, 더불어 전후의 유럽 정세를 살피는 일이었다. 이듬해 1월에 장군매와 양계초, 장백리(蔣百里)는 예나(Jena)에 같이 가서 독일의 철학자 오이켄(Rudolf Eucken, 1846~1926)을 방문했다. 오이켄을 만난 후 장군매는 오이켄의 '생명철학'에 큰 흥미를 느끼게 되었고, 아예 예나에 남기로 결심했다. 그는 예나에 있으면서 오이켄의 철학을 연구하는 한편 오이켄과 함께 『중국과 유럽의 인생문제』[46]라는 책을 저술하기도 했다.

∴

46) Rudolf Eucken·Carsun Chang, *Das Lebensproblem in China und Europa*(Leipzig: Quelle & Meyer, 1922).

장군매와 오이켄의 이러한 교류는 독일의 철학자 드리슈(Hans Driesch, 1867~1941)가 중국행을 결심하게 되는 계기로 이어졌다. 1920년에 양계초는 강학사(講學社)를 통해 오이켄을 중국에 초청했다. 그러나 오이켄은 이미 연로했고 장거리 여행의 부담 탓에 초청을 완곡하게 사양했다. 그러자 양계초는 대신 드리슈를 초청하여 승낙을 얻었다. 드리슈는 1922년 10월에 상해에 도착하여 9개월 동안의 중국 여정에 나섰는데, 당시에 장군매가 수행하면서 통역을 맡았다. 1923년 2월 드리슈가 북경을 방문했을 무렵 장군매는 청화대학에서 '인생관'을 제목으로 강연을 열었다(2. 14). 이 강연에서 장군매는 다음과 같이 다섯 가지 측면에서 과학과 인생관을 대비시켰다.

첫째, 과학은 객관적이지만, 인생관은 주관적이다.
둘째, 과학은 논리적 방법에 의해 지배되지만, 인생관은 직관(直覺)에 의해 생긴다.
셋째, 과학은 분석의 방법으로 시작할 수 있지만, 인생관은 종합적이다.
넷째, 과학은 인과율의 지배를 받지만, 인생관은 자유의지적이다.
다섯째, 과학은 대상의 동일한 현상에서 일어나지만, 인생관은 인격의 단일성에서 생긴다.[47]

이상의 다섯 가지 측면의 대비를 통해서 그는 "과학이 아무리 발전한다고 해도 인생관 문제의 해결은 결코 과학을 가지고 해결할 수 있는 것이 아니며, 오직 인간 자신에게 맡길 수 있을 뿐이다"라고 결론을 내

---

47) 張君勱 等, 『과학과 인생관(科學與人生觀)』(濟南: 山東人民出版社, 1997), pp. 35~38.

렸다.[48] 당시의 강연 원고는 《청화주간(清華週刊)》 제272기(期)에 발표되었다. 같은 해 4월 정문강(丁文江)은 《노력주보(努力週報)》 제48기와 제49기에 「현학과 과학: 장군매의 '인생관'을 평함(玄學與科學: 評張君勱的'人生觀')」이란 글을 발표하여 장군매의 관점을 신랄하게 비판하였다. 이렇게 해서 이른바 '과학과 인생관 논쟁'이 시작되었고, 많은 저명한 학자들이 이 논쟁에 참여하였다.

이 논쟁의 경과와 득실에 관해서는 기존에 이미 많은 연구가 있으므로 여기에서는 다루지 않는다. 다만 필자는 장군매의 「인생관」 글 배후의 사상적 배경만 짚고 넘어가고자 한다. 물론 가장 직접적인 사상적 연원은 오이켄의 철학이다. 왜냐하면 '인생관(Lebensanschauung)'이란 개념 자체가 오이켄에게서 왔기 때문이다. 예컨대 그는 『위대한 사상가의 인생관(Die Lebensanschauungen der großen Denker)』(1890)이란 저작을 남겼다. 오이켄 철학의 핵심 개념은 'Leben'인데 이 단어는 맥락에 따라 '인생', '생명', '생활' 등으로 번역된다. 이 밖에 프랑스 철학자 베르그송(Henri Bergson, 1859~1941)의 영향을 고려할 수 있는데, 그가 직관과 '생명의 약동(élan vital)'을 특별히 강조함으로써 오이켄과 함께 '주지주의(intellectualism)'에 반대했기 때문이다. 한 가지 지적할 점은, 논자들이 종종 간접적이기는 해도 심원한 영향력을 미친 사상적 배경, 즉 칸트철학의 영향을 간과했다는 사실이다. '과학과 인생관 논쟁'이 발생한 지 약 20여 년 후에 장군매는 「나의 철학사상(我之哲學思想)」이란 글을 썼는데, 거기에서 예전의 논쟁을 회고했다. 이 글의 서두에서 그는 "회고하자면 당시의

••
48) 같은 책, p. 38.

'인생관' 논쟁은 나의 '인생관' 강연에서 촉발되었다. [……] 당시에 나는 유럽에서 막 귀국했던 차였고 베르그송과 오이켄의 영향을 받아 '인간에게는 사상과 자유의지가 있다'는 학설을 제창했다"고 밝혔다. 이어서 그는 과학과 철학, 형이상학에 대한 나름의 견해를 기술했다. 철학을 논하는 부분에서 그는 다음과 같이 말했다.

200~300년 동안 서유럽 사람들의 마음은 오직 지식에 치중할 줄만 알아 지식이 진보할수록 인간의 행복도 끝없이 고양될 것이라고 여겼다. 그러나 두 번의 세계대전을 겪은 후 서양 사람들은 지식에 의존하는 것만 가지고는 행복을 성취할 수 없으며, 심지어 세계의 종말을 앞당길 수 있음을 통렬하게 깨닫고, 과학의 사회적 임무에 대해 논의하기 시작했다. 다시 말하자면 지식의 사용은 응당 인간을 이롭게 하는 데 목적을 두어야지 그 반대가 되어서는 안 된다. 결국 도덕적 가치의 중요성을 거듭 세계가 인식하게 되었다. 160~170년 전의 칸트는 『순수이성비판』에서 지식을 비판했을 뿐 아니라, 동시에 『실천이성비판』을 통해 도덕의 근원을 설명했다. 칸트가 양자를 함께 중시한 것은 유가에서 인(仁)과 지(智)를 함께 살피고, 불교에서 자비(悲)와 지혜(智)를 함께 닦도록 하는 것과 궤도를 같이한다. 칸트야말로 현대인 가운데 이러한 종지를 인식한 걸출한 인물이다.

나는 처음에 오이켄과 베르그송에서 출발하여 철학의 기본기를 쌓았다. 양계초 선생이 유럽을 순방할 때 독일 예나에 들렀는데 총망한 와중에 오이켄과 면식을 가졌다. 그것이 계기가 되어 나는 오이켄의 철학에 흥미가 발동했다. 당시에 매년 한 번은 파리에 갔는데, 베르그송의 저술도 함께 읽었다. 그러나 오이켄과 베르그송의 책은 이른바 '생명의 과정'에 치중하여 반주지주의(反主

知主義)로 귀결되었기 때문에 100~200년 동안 유럽 철학이 성취한 인식론 체계를 도외시해버렸다. 초기에 이들 두 철학자의 학설을 공부한 이후 나는 속으로 불만을 갖게 되었고, 이에 동시에 신칸트학파의 칸트 해석에 기대어 칸트의 저작을 읽었다. 이는 내 마음속에 잠복해 있는 태도 때문이었다. 나는 오이켄과 베르그송이 제창했던 자유의지, 실천, 변화를 중시한 철학을 좋아했다. 그러나 그들은 변화(變)나 유동(流)만 이해할 뿐 불변(常)이나 잠재된 측면(潛藏)에 대해서는 몰랐고, 실천에 대해서는 통찰이 있었지만 시비를 분별하는 지혜에는 취약했다. 이는 마치 우뚝 솟은 기봉(奇峰)에만 정신이 팔려, 평탄하게 탁 트인 길에 눈길을 주지 않는 태도에 비유할 수 있다. 오이켄은 비록 한시도 정신생활을 잊지 않았고, 베르그송도 만년에 도덕의 근원에 관한 저작을 썼지만, 양자 모두 지식과 도덕을 문화의 근간이 되는 요소로 보지 않았다는 점에서는 동일했다.[49]

장군매의 이 같은 고백은 그가 '인생관' 논쟁에서 견지하고자 했던 '의지의 자유'에 대한 강조가 칸트철학에서 왔다는 사실을 증명한다. 칸트철학에서 '의지의 자유'는 인식론과 윤리학을 잇는 고리이다. 『순수이성비판』에서 칸트는 '의지의 자유'의 논리적 가능성을 보존했고, 그것이 인과율의 보편적 효력과 충돌하지 않도록 처리했다. 또한 더 나아가 『실천이성비판』에서 칸트는 도덕법칙의 사실성을 통해 의지의 자유에 실천적 실재성을 부여했다. 바로 이 지점에서 장군매는 칸트철학과 유가 사상 사이의 연계성을 포착했다.[50] 그는 다음과 같이 말했다.

••
49) 같은 책, pp. 44~45.

철학 중에서 나는 독일 철학을 좋아한다. [……] 모두들 내가 줄곧 중국의 유가 철학을 제창한다고 생각한다. [……] 내가 중국의 유가 사상을 옹호한다고 말하는 것은 옳은 평가이다. 유가 사상과 칸트철학 사이에는 일치하는 점이 있기 때문이다.[51]

1949년 중국 대륙의 정권이 교체된 이후 정치 무대를 잃게 된 장군매는 세계 각지를 돌며 강연을 하면서 유가 사상을 널리 전파했다. 또한 그는 『신유가사상사』[52]와 『왕양명: 16세기 중국의 유심론 철학자』[53] 등을 영어로 잇따라 저술했고, 덧붙여 『의리학 10강 강요(義理學十講綱要)』(1955), 『중국과 일본의 양명학 비교(比較中日陽明學)』(1954) 등의 책을 간행했다. 유학 전통 가운데 장군매는 특히 양명학과 칸트철학의 친근성에 주목했다. 예컨대 영어로 발표한 「왕양명의 철학」에서 그는 왕양명의 양지설(良知說)에서 말하는 '의(意)'를 다음과 같이 이해했다. "왕양명이 강조하는 '의(意)'는 바로 '성의(誠意)'이고, 이 경우 '성의'는 칸트가 말한 '선의지'와 그 함의가 매우 유사하다."[54] "왕양명의 체계에서는 '의(意)'와 '지(知)'

50) 장군매의 사상에서 칸트와 유가 사상 간의 관계에 대해서는 薛化元, 『민주헌정과 민족주의의 변증적 발전: 장군매 사상 연구(民主憲政與民族主義的辯證發展: 張君勱思想研究)』(臺北: 稻鄕出版社, 1993), pp. 251~259를 참고할 것.

51) 張君勱, 『사회주의사상운동개관(社會主義思想運動槪觀)』(臺北: 張君勱先生獎學金基金會, 1978), pp. 4~5.

52) Carsun Chang, *The Development of Neo-Confucian Thought*(New York: Bookman Associates, 1957 / 1962). 이 책의 중국어 판본은 다음과 같다. 張君勱, 『新儒家思想史』(臺北: 張君勱先生獎學金基金會, 1979).

53) Carsun Chang, *Wang Yang-ming: Idealist Philosopher of Sixteen-Century China*(New York: St. John University Press, 1962). 이 책의 중국어 번역본은 다음과 같다. 張君勱, 江日新 譯, 『王陽明: 中國十六世紀的唯心主義哲學家』(臺北: 東大圖書公司, 1991).

의 긴밀한 관계를 강조한다. 이러한 철학적 이론의 뉘앙스는 오직 칸트의 실천이성에서 발견할 수 있는데, 칸트는 사실상 실천이성을 의지로 이해했다."[55] 이는 비록 간단명료한 설명이지만 장군매가 칸트철학과 양명학을 깊게 이해하고 있음을 드러내고 있다. 또한 장군매는 '격의(格義)'의 방식으로 칸트철학과 양명학을 단순 비교하는 데 머무르지 않고, 다음과 같이 양자의 중요한 차이를 언급하고 있다.

존재론적 유심론을 주장하는 왕양명은 본체계(noumenon)와 현상계 (phenomenon)를 구분하는 칸트의 입장에 찬성지도 않고, 또한 지식을 주어진 실재의 요소와 이러한 실재에 대한 마음의 구성으로 나누지도 않는다(다시 말해 그는 지식을 감각과 감성 및 지성의 형식으로 나누지 않았다). 왕양명이 보기에 앎(知)의 활동이나 과정은 앎의 대상과 동일한 하나의 실재이다. 리(理)는 근원적인 본질이고 이러한 리는 마음의 활동을 통해 인식된다.[56]

칸트철학과 양명학에 대한 장군매의 통찰은 이후 모종삼이 왕양명을 해석하면서 진일보한 형태로 발전한다.[57] 이상의 논점을 통해 보건대 장군매는 양계초에서 현대신유가(특히 모종삼)에 이르는 과정에서 중요한

54) Carsun Chang, "Wang Yang-ming's Philosophy", *Philosophy East & West*, Vol. 5, Nr. 1 (April, 1955), p. 11.

55) 같은 책, p. 12.

56) Carsun Chang, *Wang Yang-ming: Idealist Philosopher of Sixteen-Century China*, p. 13f.

57) 이에 대해서는 다음을 참조할 것. 牟宗三, 『육상산에서 유즙산까지(從陸象山到劉蕺山)』(臺北: 臺灣學生書局, 1979), pp. 215~265, 『牟宗三全集』(臺北: 聯經出版公司, 2003), 第8冊, pp. 177~218.

연결고리 역할을 한 셈이다.

　드리슈의 중국 방문을 계기로 중국에는 칸트 연구의 붐이 일어났다. 1923년 북경을 방문했을 때 그는 「칸트 이전의 인식론과 칸트의 학술」을 제목으로 강연을 열었으며, 장군매가 통역을 맡았다. 이 강연 원고는 얼마 뒤에 《문철학보(文哲學報)》 제3기와 제4기(각각 1923. 3/10 출간)에 실렸다. 이듬해에 칸트 탄생 200주년을 맞이하여 《학예잡지(學藝雜誌)》 제6권 5기는 '칸트철학특집호(康德哲學專刊)'라는 이름으로 스무 편의 논문을 실었다. 1925년 《민탁잡지(民鐸雜誌)》 제6권 4기 역시 '칸트특집호(康德專號)'라는 이름으로 열세 편의 논문을 실었다.

　정흔(鄭昕, 1905~1974)은 채원배, 장군매와 마찬가지로 독일에 유학했던 인물이다. 그는 1927년에 독일로 가서 베를린 대학에서 공부했고, 2년 후에는 예나 대학으로 옮겨 신칸트학파의 부르노 바우흐(Bruno Bauch, 1877~1942) 밑에서 공부했다. 그는 1932년 귀국한 이후 북경대학 철학과에서 가르쳤다. 중국어권의 칸트 연구에서 그의 가장 큰 공헌은 『칸트학술(康德學述)』(上海: 商務印書館, 1946)이란 책을 남긴 것이다. 비록 정흔 이전에도 이미 구릉(丘陵)의 『칸트생활(康德生活)』(上海: 世界書局, 1929), 범수강(范壽康)의 『칸트(康德)』(上海: 商務印書館, 1926), 남서희(南庶熙)의 『칸트(康德)』(上海: 世界書局, 1934) 등이 출판되었지만 이들은 학술성보다는 대중성에 치중했다. 반면에 정흔의 『칸트학술』은 칸트철학을 논의한 엄격한 학술서였는데, 이 때문에 하린은 "정흔 선생은 우리나라에서 칸트철학을 정밀하고 깊게 연구한 최초의 연구자이다. 그야말로 전문적, 체계적, 통합적으로 칸트를 소개한 인물이다"라고 평가했다.[58] 정흔의 책은 「형이상학에 대한 칸트의 비판(康德對玄學之批評)」과 「칸트의 인식론(康德論知識)」 및 부록인 「진리와 실재(眞理與實在)」를 포함하고 있다.

이 단계에서의 칸트 연구나 칸트 저작에 대한 중국어 번역서로는 다음과 같은 것들이 있다.

① 주섬(周暹)·빌헬름(Richard Wilhelm) 공역, 『인심능력론(人心能力論)』 (上海: 商務印書館, 1914), 원제: "Von der Macht des Gemüths durch den bloßen Vorsatz seiner krankhaften Gefühle Meister zu sein".

② 구국농(瞿菊農) 역, 『칸트의 교육론(康德論教育)』(上海: 商務印書館, 1926), 원제: *Kant über Pädagogik.*

③ 호인원(胡仁源) 역, 『순수이성비판(純粹理性批判)』(上海: 商務印書館, 1931), 원제: *Kritik der reinen Vernunft.*

④ 장명정(張銘鼎) 역, 『실천이성비판(實踐理性批判)』(上海: 商務印書館, 1936), 원제: *Kritik der praktischen Vernunft.*

⑤ 당월중(唐鉞重) 역, 『도덕형이상학의 근본탐구(道德形上學探本)』(上海: 商務印書館, 1937), 원제: *Grundlegung zur Metaphysik der Sitten.*

⑥ 관기동(關琪桐) 역, 『우미감각과 숭고감각(優美感覺與崇高感覺)』(上海: 商務印書館, 1940), 원제: *Beobachtungen über das Gefühl des Schönen und Erhabenen.*

58) 賀麟, 『근 50년간의 중국철학(五十年來的中國哲學)』(北京: 商務印書館, 2002), pp. 33~34.

이 밖에도 쿠와키 겐요쿠의『칸트와 현대 철학(康德與現代哲學)』을 여우손(余又蓀)이 중국어로 번역하였다. 이 책은 1935년에 상해의 상무인서관(商務印書館)에서 출판했다. 이후 1967년 대만상무인서관(臺灣商務印書館)에서 중간(重刊)하였고, 대만의 칸트 연구자들에게 일정한 영향을 미쳤다.

4. 결론

칸트철학이 중국에 전래된 지도 이미 한 세기가 지났다. 본 논문은 1949년 이전에 중국 지식계가 칸트철학을 수용한 과정을 다음 두 단계로 나누어 설명했다. 첫째 단계에서는 주로 일본 서적을 통한 소개로 칸트철학을 흡수하였다. 이 단계에 속하는 대표적 인물로는 강유위, 양계초, 장태염, 왕국유 등이 있다. 칸트철학에 대한 이들의 해석은 때로 선명한 '격의(格義)'의 특성을 지니는데, 다시 말해 중국의 전통적 철학 개념과 사상(특히 유가나 불교의 개념과 사상)을 가지고 칸트철학을 해석하였다. 한 문화가 어떤 외래 사상을 처음으로 받아들일 때 '격의'의 해석 방식을 취하는 것은 자연스러운 현상이며 불가피한 측면도 있다. 이러한 현상은 불교가 중국 동한(東漢), 위진(魏晉), 남북조(南北朝) 시기에 전래될 당시에도 출현했으며, 또한 기원후 1세기에서 8세기까지 그리스 철학의 개념과 사상을 가지고 기독교 신앙의 '교부철학(patristic philosophy)'을 해석할 때도 출현했다. 한편 칸트 전래의 둘째 단계에서는 중국의 지식인들이 직접 독일에 건너가 칸트철학을 공부했는데, 채원배, 장군매, 정흔 등의 인물이 여기에 속한다. 칸트 연구에 있어서 그들은 '격의'를 '비교 연구' 차원으로 심화시켰으며, 당시 중국의 상황과 요구에 따라 자기 나름의 관점과 주장을 피력했다.

정흔은 『칸트학술』의 머리말에서 "칸트철학을 능가하는 새로운 철학이
나올 수도 있으리라. 그러나 칸트를 거치지 않고서는 한갓 조잡한 철학
만이 나올 것이다"라고 기술했다. 칸트철학은 근대 서양철학의 발전에서
특별한 지위를 갖는다. 왜냐하면 이후의 서양철학의 흐름은, 그 방향이
어찌되었든 간에 칸트가 제기한 철학적 과제를 외면할 수 없었고, 나름의
입장을 선택해야 했기 때문이다.(정종모 역)

1949년 이후 중국의
칸트 연구

이추영(李秋零)

중국인민대학 철학원 교수

중국 학계의 칸트 연구는 《신민총보(新民叢報)》에 연재된 양계초의 논문 「근세 제일의 대철학자 칸트의 학설(近世第一大哲康德之學說)」(1903~1904)에서부터 따진다면 이미 100여 년의 역사를 지니고 있다. 1949년 이전, 선배 학자들이 척박한 토양에서 힘겹게 쌓은 노력들은 후세에 전범이 되는 번역과 연구 성과를 남겼을 뿐 아니라 많은 연구자를 길러냈다. 이는 칸트 연구가 한 걸음 더 나아갈 수 있는 토양을 마련해주었다.

1949년 이후 중국의 학술 환경에 극심한 변화가 일어나면서, 칸트철학 연구는 이데올로기의 현저한 영향을 받기 시작했고, 한동안 우여곡절을 겪게 되었다. 기본적으로 1949년부터 1978년까지를 일종의 '적막에 가까운' 단계였다고 말할 수 있으며, 특히 1966년부터 1976년에 걸쳐 지속된 '문화대혁명' 기간에는 그 상황이 더욱 암울했다. 1978년부터 현재까지는 '왕성한 발전'의 단계라고 할 수 있으며, 특히 2004년부터 현재까지 그러한 추세가 더욱 두드러지고 있다.

1. 1949년부터 1978년까지의 칸트 연구

1949년 중국의 정권이 바뀐 이후, 정권을 잡은 공산당은 마르스크주의를 자신들의 지도사상으로 삼고, 이러한 이데올로기를 학술 연구에 관철시켰다. '구세계(舊世界)'에서 건너온 학자들은 '사상개조', 즉 마르크스주의를 연구 방법으로 채용하라는 압박을 받았다. 이와 동시에 소련의 철학 연구 모델이 철학사 연구에 도입되어 즈다노프(Andrei Zhdanov, 1896~1948)의 철학사 정의가 철학사 연구의 표준이 되었다. 이 표준은 철학의 계급성을 강조하고, 유물론과 유심론의 대결 및 변증법과 형이상학의 대결에 천착하였다. 일체의 철학사는 마르크스주의를 해석하는 도구가 되었으며, 마르크스주의의 정확성을 돋보이게 하는 비판의 대상으로 전락해버렸다. 이러한 상황하에서 비록 독일 고전철학 자체는 마르크스주의의 세 가지 연원의 하나로서 여전히 중시되고 있었지만, 같은 독일 고전철학 안에서도 헤겔에 비하면 칸트의 지위는 한참 아래에 있었다. 왜냐하면 헤겔은 비록 유심론에 속하지만, 적어도 '위, 아래가 전도된' 변증법을 갖추고 있어서 이를 다시 뒤집기만 하면 즉시 마르크스주의에서 활용이 가능하게끔 변용할 수 있었고, 따라서 마르크스주의와 더욱 깊은 연관성을 내세울 수 있었기 때문이다. 반면에 칸트의 경우 스스로 '선험적 유심론'을 표방했을 뿐 아니라 '이원론', '절충주의', '불가지론' 같은 마르크스주의와는 도무지 어울리지 않는 표식이 덧붙여 있었기 때문에, 당연하게도 마르크스주의의 비판의 대상이 되었다. 이러한 단계에서는 칸트철학에 관한 전문 연구서가 나올 수 없었고, 더러 발표되는 칸트 관련 논문도 기본적으로 정치적 관점에 얽매여 내용이 없고 이렇다 할 가치도 없었다. 심지어 일부 논문들은 '물자체' 개념을 빌려 칸트철학에 담긴 유물론적 요소를 논의하기도 했으니, 당시의 수준을 짐작할 만하다. 물론 이러한 시기에도 학술계에는 아직 칸트철학에 애정을 지닌 일부 학자들이 존재했다. 예컨대 1930, 40년대 칸트철학 연구와 강의로 유명했던 정흔(鄭昕, 1905~1974)은 이 시기에도 여전히 북경대학에서 교편을 잡고 있었다. 그러나 그들은 세태에 휩쓸리는 것을 원치 않았던 나머지, 주로 '소개만 하고 본격적 연구를 하지 않거나(述而不作)' 또는 '번역만 하고 창조적 작업에는 나서지 않았다(譯而不作).'

이상의 이유로 이 단계에서 칸트 연구의 진정한 발전은 번역이 담당했다고 할 수 있다. 비록 다른 철학 저작의 번역과 비교할 때 칸트에 관한 번역은 여전히 적지 않은 한계가 있었지만, 칸트철학 자체로 보면, 다수의 중요 저작들이 대부분 이 시기에 번역, 출판되었다는 점에서 중요한 의미를 지닌다. 『도덕형이상학의 근본탐구』,[1] 『순수이성비판』,[2] 『실천이성비판』,[3] 『칸트철학원전선독』,[4] 『판단력비판』[5] 등이 이 시기에 번역되었다. 한 가지 주목할 점은, 비록 '문화대혁명' 기간이었음에도 여전히 '특별과

:

1) 당월중(唐鉞重) 역, 『도덕형이상학의 근본탐구(道德形而上學探本)』(上海 : 商務印書館, 1937).
2) 남공무(藍公武) 역, 『순수이성비판(純粹理性批判)』(北京 : 三聯書店, 1957 ; 北京 : 商務印書館, 1960).
3) 관문운(關文運) 역, 『실천이성비판(實踐理性批判)』(北京 : 商務印書館, 1960).
4) 존 왓슨(John Watson) 편, 위탁민(韋卓民) 역, 『칸트철학원전선독(康德哲學原著選讀)』(北京 : 商務印書館, 1963).
5) 종백화(宗白華) · 위탁민(韋卓民) 공역, 『판단력비판(判斷力批判)』(北京 : 商務印書館, 1964).

제연구(課題組)'라는 형식으로 칸트의 『우주발전사개론』[6]이 번역, 출판되었다는 사실이다. 이것은 아마도 "칸트의 성운설(星雲說)은 형이상학 자연관에 담긴 첫 번째 결함을 찾아냈다"고 한 엥겔스의 말을 증명하기 위한 의도였을 테지만 말이다.

여기서 가장 높이 평가할 만한 것은 남공무(藍公武)가 번역한 『순수이성비판』이다. 역자의 후기에 따르면 이 책은 1933년부터 1935년 사이에 번역되었기 때문에 성과 측면에서는 응당 1949년 이전 단계에 귀속시켜야 하겠지만, 1957년에 와서야 출판되었으므로 그 학술적 공헌과 영향력은 이 단계에 속한다. 비록 남공무의 번역본 이전에 이미 호인원(胡仁源)의 번역본(1931)이 있었지만, 호인원은 철학적 소양이 부족했던 관계로 그 번역본의 신뢰도 또한 크게 떨어진다. 반면에 남공무는 칸트철학에 관해 탄탄한 연구 역량과 기초를 갖추고 있었으므로, 그의 번역본은 칸트철학의 진수를 충분히 담아낼 수 있었다. 남공무는 칸트를 읽는 중국어 사용 독자들에게 진입로를 열어주었고, 또한 칸트철학의 기본개념에 대한 번역어를 확정해주었다. 남공무의 번역본은 '남본(藍本)'이라 불렸는데, 사실상 이후 30~40년 동안 칸트철학 연구의 '기본 텍스트(藍本)' 역할을 했다.

이 시기에는 칸트 원전의 번역 외에도 몇 권의 칸트철학 연구서가 번

---

6) 상해외국자연과학철학저작편역조(上海外國自然科學哲學著作編譯組) 역, 『우주발전사개론(宇宙發展史槪論)』(上海: 上海人民出版社, 1972), 재판의 서지 사항은 다음과 같다. 전증하(全增嘏) 역, 왕복산(王福山) 교정, 『우주발전사개론(宇宙發展史槪論)』(上海: 上海譯文出版社, 2001).

역, 출판되었다. 러시아 철학자 아스무스(Acmyc)의 『칸트의 철학』,[7] 헤겔의 『철학사강연록』 가운데 칸트 부분을 옮긴 『칸트철학논술』,[8] 존 왓슨의 『칸트철학강해』,[9] 켐프 스미스의 『칸트《순수이성비판》해의』[10] 등이 있다. 이상의 칸트철학 연구서들은 출간 이후 중국학계에서 줄곧 칸트 연구의 중요한 참고문헌 역할을 했다.

이 시기의 주목할 만한 성과로 유일하게 칸트 저작 번역들을 꼽을 수 있겠지만, 비판의 여지가 없지는 않다. 연구의 수준이 더욱 높아지면서 이러한 번역들이 지닌 일부 문제점이 점차 드러나기 시작했고, 학계의 지적을 받게 되었다. 우선 언어적 측면을 살펴보자. 여기에서 먼저 감안할 점은 칸트의 원작은 절대 다수가 독일어로 쓰여 있고, 소수의 몇 편은 라틴어로 쓰여 있다는 사실이다. 예컨대 후자에는 『감성세계와 지성세계의 형식과 그 원리들에 관하여』 같은 상당히 중요한 저작도 포함되어 있다. 이 시기의 번역자는 독일어를 몰랐거나, 조금 알았더라도 제대로 장악했다고 자신하지는 못했기 때문에 영역본(英譯本)을 토대로 번역했다. 번역이란 본래 원작에 대한 역자의 이해와 해석이 가미되는 작업으로서, 일단 한 언어에서 다른 언어로 전환이 일어나면 양자의 완전한 일치란 불가능하다. 따라서 번역서와 원작 사이에는 항상 얼마간의 거리가 존재하

••

7) 발렌틴 아스무스(B. X. Acmyc), 채화오(蔡華五) 역, 『칸트의 철학(康德的哲學)』(上海: 上海人民出版社, 1959).
8) 헤겔(G. W. F. Hegel), 하린(賀麟) 역, 『칸트철학논술(康德哲學論述)』(北京: 商務印書館, 1962).
9) 존 왓슨(John Watson), 위탁민(韋卓民) 역, 『칸트철학강해(康德哲學講解)』(北京: 商務印書館, 1963).
10) 켐프 스미스(Norman Kemp Smith), 위탁민(韋卓民) 역, 『칸트《순수이성비판》해의(康德『純粹理性批判』解義)』(北京: 商務印書館, 1964).

며, 이는 불가피한 현상이다. 독일어에서 직접 번역을 해도 그러한데, 하물며 이처럼 한 간격 더 떨어진 영역본을 쓴다면, "영역본의 제한을 받을 수밖에 없고, 또한 영역본의 갖가지 결함에서 벗어나기 어렵다. 예컨대 번역어 문장과 독일어 원본의 격차가 증대되고, 누락과 오류도 상대적으로 빈번해진다. 번역 의도도 명확치 않고, 정확성도 떨어지며 심지어 독일어의 원의에 배치되는 부분도 드물지 않게 등장한다."[11] 이는 그야말로 양자의 거리를 더욱 확대시킨다. 물론 이처럼 영역본에서 중역(重譯)하는 방식은 칸트 저작의 번역 초기로서는 불가피한 측면도 있다. 다음으로 감안할 점은 역자 자신의 언어 문제이다. 남공무는 1930년대 『순수이성비판』을 번역했고, 이런 이유로 문어체와 구어체가 혼합된 번역 문장을 구사했는데, 이는 이미 현대 중국어와 상당한 차이가 있다. 마지막으로 감안할 점은 번역 자체의 문제이다. 번역에서 오역과 누락을 완벽하게 피하기는 어렵겠지만, 사실 이는 가장 남들의 비판을 받기 쉬운 지점이기도 하다. 위탁민은 남공무가 번역한 『순수이성비판』에 대해 다음과 같이 직설적으로 말했다. "영역본과 상세하게 대조한 결과, 많은 부분이 영어 원문에 충실하지 못한 것 같고, 심지어 영역본의 문구를 오해하기도 했다."[12] 또한 하조무(何兆武)는 종백화와 위탁민이 공역한 『판단력비판』에 대해 더욱 신랄하게 비판했다. "중국어 번역본에는 수없이 많은 오역이 등장하며, 특히 위탁민이 번역한 후반부는 영역본의 오역을 그대로 답습함으로써

··

11) 양조도(楊祖陶), 「『순수이성비판』 중문판 서문(『純粹理性批判』中譯本序)」, 등효망(鄧曉芒) 역, 양조도(楊祖陶) 교정, 『순수이성비판(純粹理性批判)』(北京: 人民出版社, 2004)에 수록.

12) 위탁민(韋卓民), 「『순수이성비판』 중문판 역자 서문(『純粹理性批判』中譯者前言)」, 위탁민(韋卓民) 역, 『순수이성비판(純粹理性批判)』[武漢: 華中師範大學出版社, 1991(초판), 2000(수정판)]에 수록.

도저히 끝까지 읽을 수 없을 지경이다."[13]

언어적 측면의 문제에 비해서, 전문술어의 번역은 더욱 근본적인 문제라고 할 수 있다. 칸트는 자신의 철학체계를 세울 때 수많은 전통적 철학개념에 새로운 의미를 부여했고, 다수의 새로운 철학개념을 창조했다. 그 때문에 어떤 개념들은 정확히 상응하는 중국어 번역어를 찾기가 매우 까다롭다. 칸트 저작을 번역한 이들이나 직접 외국어를 독해하면서 칸트를 연구한 이들은, 칸트철학에 대한 자신의 이해에 입각하여 칸트의 개념들을 번역했고, 결국 동일한 개념에 대한 다수의 중국어 번역어가 생겨나게 되었다. 'a priori'를 예로 들면, 어떤 번역본에서는 '선천(先天)'으로, 다른 번역본에서는 '선험(先驗)' 또는 '험전(驗前)'으로 번역하였다. 'Erscheinung'와 'Phänomenon'은 칸트철학에서 비슷하면서도 구분되는 개념쌍인데, 남공무는 이것들을 모두 '현상(現象)'이라고 번역한 데 반해, 위탁민은 이 두 개념을 각각 '출현(出現)'과 '현상(現象)'으로 번역했다. 심지어 동일한 역자가 번역어의 통일성에 주의를 기울이지 않은 경우도 있다. 예를 들어 칸트철학에서 중요한 윤리학 개념 가운데 하나인 'Neigung'에 대해, 관문운은 자신의 『실천이성비판』 번역본에서 일관성을 유지하지 않은 채, '호오(好惡)', '애호(愛好)', '희호(喜好)', 심지어 '정욕(情欲)'에 이르기까지 다양한 번역어를 사용하였다. 기본 개념에 대한 번역어의 불일치는 독자와 연구자에게 막대한 불편을 끼칠 뿐 아니라 심지어 치명

13) 하조무(何兆武), 「칸트의 『아름다움과 숭고함의 감정에 관한 고찰』 번역자 서문(康德 『論優美感和崇高感』譯序)」, 하조무 역, 『아름다움과 숭고함의 감정에 관한 고찰(論優美感和崇高感)』 (北京: 商務印書館, 2001), 22면.

적인 오해를 낳기도 한다. 이 경우 원어를 함께 표기해두지 않는 이상 독자로서는 해당 단어가 무엇을 지시하는지 종종 헤맬 수 있다.

물론 위에서 언급한 결점들에도 불구하고, 이러한 번역들은 분명 이 시기의 칸트 연구에서 유일하게 그 공로를 평가할 만한 성과들이다. 그러나 이것은 인쇄, 출판된 작품에 한해 언급한 것이다. 사실 이러한 시기에도 대학에서 칸트철학에 관한 강의는 중단 없이 이어졌고, 나름의 생각을 가진 학자들은 칸트의 저작들을 꾸준히 읽고 연구했다. 일단 적절한 계기만 도래한다면, 이러한 노력들은 곧바로 풍부한 결실로 이어질 수 있는 잠재적인 원동력이었다.

2. 1978년 이후의 칸트 연구

1978년은 중국에서 개혁개방이 시작된 해였으며, 중국 학술계에서는 그야말로 혼란이 진정되고 정상 궤도로 되돌아온 '발란반정(撥亂反正)'의 해이기도 했다. 같은 해 10월, 안휘성(安徽省) 무호시(蕪湖市)에서는 '전국 서양철학사 토론회'가 개최되었고, 약 200여 명의 대표자가 이 회의에 참석하였다. 회의의 요점은 서양철학 연구의 성격, 대상, 방법 등의 기본 문제를 토론하는 것이었다. 비록 여전히 의견 차이가 존재했지만, 즈다노프의 철학사 정의의 속박에서 벗어날 수 있었다. 유물론과 유심론의 대립 및 변증법과 형이상학의 대립을 경직된 교조로 삼지 않고, 그들 간의 대립과 발전을 인류 인식사(認識史)의 과정으로 보았으며, 그들 사이에 상호 영향과 관련성이 있음을 인정했다. 이처럼 유심론 철학의 지위와 작용에 대해 새롭게 객관적 평가를 내렸다는 사실이 이 회의의 주요한 소득이었으며, 이는 중국의 칸트 연구에 새로운 장을 여는 계기가 되었다.

위의 토론회가 열리기 얼마 전인 8월에 방경인(龐景仁)이 번역한 『학으로 등장할 수 있는 모든 미래의 형이상학에 대한 도론(프롤레고메나)』이 출판되었다.[14] 방경인은 탄탄한 학술 역량을 갖춘 학자로, 칸트철학을 원숙하게 이해하고 있었다. 그는 이 책에서 유창한 현대 중국어로 칸트의 사상을 정확하게 서술하였다. 또한 장문의 역자 후기를 통해 해당 책의 판본 및 『순수이성비판』과의 관계를 상세하게 설명했고, 일부 중요한 개념의 번역에 대한 해설도 덧붙였다. 책 말미에는 영어, 프랑스어, 독일어의 술어 대조표 및 묘력전(苗力田)이 번역한 칸트의 서신 열 통을 첨부하였다. 칸트의 『프롤레고메나』는 『순수이성비판』의 '통속본(通俗本)'이라는 특별한 지위를 지니기 때문에, 오랫동안 신세대 학생들이 칸트철학이라는 전당에 들어가는 진입로 구실을 하였다.

1979년, 칸트철학 연구는 큰 결실을 맺었는데, 바로 이택후(李澤厚)의 『비판철학의 비판: 칸트술평(批判哲學的批判: 康德述評)』이 출간된 것이다. 이 책은 중국 학계에서 칸트철학을 전면적으로 연구한 첫 번째 단행본이다. 본래 이택후의 전공은 미학과 중국사상사이다. 그는 고난의 세월이라 할 수 있는 '문화대혁명' 당시에 '오칠(五七) 간부학교'에 파견되어 노동개조를 받았다. 그러한 악조건에서도 당시 그는 칸트의 『순수이성비판』

⋮

14) 방경인(龐景仁) 역, 『학으로 등장할 수 있는 모든 미래의 형이상학에 대한 도론(任何一種能夠作爲科學出現的未來形而上學導論)』(北京: 商務印書館, 1978).

을 손에 들고 부단히 읽고 연구했다. 이후 칸트철학에 관한 나름의 관점을 제시할 수 있다고 생각했고, 그리하여 『비판철학의 비판』이라는 전문적 연구서가 탄생했다. 이택후는 「후기」에서, 책을 쓰면서 "울분(憤懣)을 풀어내었다"고 토로하기도 했다. 이는 저자가 칸트를 연구하면서 칸트와 자신 사이에 공명(共鳴)이 일어났고, 책을 쓰는 과정에서 자신의 감정을 이입했다는 사실을 보여준다. 당시 이 책은 사람들을 대오각성(大悟覺醒)하게 만드는 견해를 제시했다. 예컨대 이택후는 칸트의 선험철학이 인식 과정에서의 인간의 주체성을 선명하게 부각시켰으며, 이는 서양 근대의 주체성 철학이 일군 중요한 성과라고 강조했다. 그는 『비판철학의 비판』에서 칸트의 "인간은 목적이다"라는 사상을 특별히 강조했으며, 칸트의 관점이 인간의 전면적 해방을 말하는 마르크스의 사상과 상통한다고 보았다. 이러한 견해는 분명 '문화대혁명' 기간에 저자가 감내한 특별한 느낌, 체험과 관련이 있다. 비록 이데올로기의 흔적을 완전히 탈피하지 못했고, 저자의 독일어 능력에도 한계가 있었지만, 그럼에도 이책이 1949년 이후 중국에서 칸트를 전면적으로 연구한 첫 번째 저작이라는 사실에는 변함이 없다. 이 밖에도 전반적으로 평가하자면, 정형화된 전통적인 틀을 벗어나 칸트철학에 대해 힘이 닿는 한에서 긍정적인 평가를 내렸다. 1978년 이후 많은 젊은이들이 칸트철학에 흥미를 가지게 된 것은 이택후의 책에 힘입은 바가 크다고 할 수 있다.

위에서 설명한 방경인의 번역서와 이택후의 저작은 개혁개방 이후 신중국에서 칸트철학 연구의 서막을 열었다. 이때부터 중국의 칸트철학 연구는 전성기를 향해 부단히 앞으로 나아갔고, 특히 21세기에 들어서는 더욱 가속도가 붙었다.

(1) 새로운 시기의 가장 두드러진 현상은, 칸트 저작의 번역이 강화되어, 과거 영역본에서 중역(重譯)하던 풍토에서 탈피하여 독일어 원문에서 직접 번역하는 것을 중시하기 시작했다는 점이다. 여기에는 기존 학자들의 지속적 노력이 있었을 뿐 아니라, 신세대 학자들도 속속 새롭게 참여하였다. 번역의 범위 또한 전통적인 3대 비판서 위주에서 다른 저작과 서신으로 확대되었다. 지난 세기말, 양조도(楊祖陶)와 등효망(鄧曉芒)은 『칸트삼대비판정수(康德三大批判精粹)』의 번역에 착수했다. 이 작업은 곧바로 3대 비판서 전체를 번역하는 작업으로 확장되었으며, 2004년 칸트 서거 200주년에 맞추어 모두 출간되었다. 이로써 우리는 칸트 저작 번역의 첫 번째 전성기를 맞이했다. 양조도와 등효망의 번역본과 거의 동시에, 번역계에서 오랫동안 명성을 누려온 묘력전은 『아리스토텔레스전집』을 완역한 후, 제자인 이추영을 이끌고 『칸트저작전집』의 번역에 착수하였다. 2000년 묘력전이 세상을 떠난 뒤에는 이추영이 혼자 대부분의 번역 작업을 추진했고, 2003년 1권을 선보인 이래, 2010년 『칸트저작전집』 출간을 마무리지었다. 이로써 칸트 저작 번역의 두 번째 전성기를 맞이하게 되었다. 이렇게 하여 칸트가 생전에 발표했던 저작들이 모두 중국어로 번역된 셈이다.

이 시기에 단행본 형식으로 출판된 칸트 저작의 중국어 번역본을 칸트 원전의 발표 순서에 따라 나열하면 다음과 같다.

Allgemeine Naturgeschichte und Theorie des Himmels, 1755.(『보편적인 자
　　연사와 천체 이론』)
전증하(全增嘏) 역, 왕복산(王福山) 교정, 『우주발전사개론(宇宙發展史槪論)』,

上海: 上海譯文出版社, 2001(이 책은 상해인민출판사에서 나온 1972년 판의 재판에 해당함).

Beobachtungen über das Gefühl des Schönen und Erhabenen, 1763.(『미와 숭고의 감정에 대한 고찰』)

조준봉(曹俊峰)·한명안(韓明安) 역, 『미감과 숭고감에 대한 관찰(對美感與崇高感的觀察)』, 哈爾濱: 黑龍江人民出版社, 1989.

하조무(何兆武) 역, 『우미감과 숭고감을 논함(論優美感與崇高感)』, 北京: 商務印書館, 2001.

Kritik der reinen Vernunft, 1781 / 1787.(『순수이성비판』)

위탁민(韋卓民) 역, 『순수이성비판(純粹理性批判)』, 武漢: 華中師範大學出版社, 1991[초판], 2000[개정판].

등효망(鄧曉芒) 역, 양조도(楊祖陶) 교정, 『순수이성비판(純粹理性批判)』, 北京: 人民出版社, 2004.

이추영(李秋零) 역, 『순수이성비판(純粹理性批判)』, 北京: 中國人民大學出版社, 2004[초판], 2012[재판](재판에는 학술원판의 편집자 서문과 주석을 첨가함).

Prolegomena zu einer jeden künftigen Metaphysik, die als Wissenschaft wird auftreten können, 1783.(『학으로 성립할 수 있는 모든 미래의 형이상학에 대한 서론』)

방경인(龐景仁) 역, 『학으로 등장할 수 있는 모든 미래의 형이상학에 대한 도론(任何一種能夠作爲科學出現的未來形而上學導論)』, 北京: 商務印書館, 1978.

이추영(李秋零) 역, 『학으로 등장할 수 있는 미래의 모든 형이상학에 대한 도론
　　(任何一種能夠作爲科學出現的未來形而上學導論)』, 北京: 中國人民大學出
　　版社, 2013.

Grundlegung zur Metaphysik der Sitten, 1785.(『도덕형이상학의 기초』)

묘력전(苗力田) 역, 『도덕형이상학원리(道德形而上學原理)』, 上海: 上海人民出
　　版社, 1986[초판], 2002[개정판].

이추영(李秋零) 역, 『도덕형이상학의 기초(道德形而上學的奠基)』, 北京: 中國人
　　民大學出版社, 2013.

Metaphysische Anfangsgründe der Naturwissenschaft, 1786.(『자연과학의
　　형이상학적 기초』)

등효망(鄧曉芒) 역, 『자연과학의 형이상학적 기초(自然科學的形而上學基礎)』,
　　北京, 三聯書店, 1988[초판], 上海: 上海人民出版社, 2003[수정신판].

위탁민(韋卓民) 역, 『자연과학의 형이상학 첫걸음(自然科學的形而上學初步)』, 武
　　漢: 華中師範大學出版社, 1991.

Kritik der praktischen Vernunft, 1788.(『실천이성비판』)

관문운(關文運) 역, 『실천이성비판(實踐理性批判)』, 桂林: 廣西師範大學出版
　　社, 2002(이 책은 상무인서관에서 나온 1960년 판의 재판에 해당함).

한수법(韓水法) 역, 『실천이성비판(實踐理性批判)』, 北京: 商務印書館, 1999
　　[초판], 2001[3쇄](일부 교정).

등효망(鄧曉芒) 역, 양조도(楊祖陶) 교정, 『실천이성비판(實踐理性批判)』, 北京:
　　人民出版社, 2003.

이추영(李秋零) 역, 『실천이성비판(實踐理性批判)』, 北京: 中國人民大學出版社, 2012.

Kritik der Urteilskraft, 1790.(『판단력비판』)

등효망(鄧曉芒) 역, 양조도(楊祖陶) 교정, 『판단력비판(判斷力批判)』, 北京: 人民出版社, 2002.

이추영(李秋零) 역, 『판단력비판(判斷力批判)』, 北京: 中國人民大學出版社, 2012.

Die Religion innerhalb der Grenzen der blossen Vernunft, 1793.(『단순한 이성의 한계 내에서의 종교』)

이추영(李秋零) 역, 『단순한 이성의 한계 내에서의 종교(單純理性限度內的宗敎)』, 香港: 漢語基督敎文化硏究所, 1997, 北京: 中國人民大學出版社, 2003, 수정판은 『순수한 이성의 한계 내에서의 종교(純然理性界限內的宗敎)』, 北京: 中國人民大學出版社, 2012.

Metaphysik der Sitten, 1797.(『도덕형이상학』)

심숙평(沈叔平) 역, 『법의 형이상학 원리(法的形而上學原理)』(전반부만 번역), 北京: 商務印書館, 1991.

장영(張榮)·이추영(李秋零) 역, 『도덕형이상학(道德形而上學)』, 北京: 中國人民大學出版社, 2013.

Anthropologie in pragmatischer Hinsicht, 1798.(『실용적 관점에서 본 인간학』)

등효망(鄧曉芒) 역, 『실용인간학(實用人類學)』, 重慶: 重慶出版社, 1987, 上海:

上海人民出版社, 2002[증정신판(增訂新版)].

이추영(李秋零) 역, 『실용인간학(實用人類學)』(외 2편), 北京: 中國人民大學出版
社, 2013.

Immanuel Kants Logik, ein Handbuch zu Vorlesungen, 1800.(『임마누엘 칸
트의 논리학』)

허경행(許景行) 역, 『논리학강의(邏輯學講義)』, 北京: 商務印書館, 1991.

칸트 저작을 선집(選集) 형태로 번역, 출간한 경우도 있다. 출판 순서에
따라 나열하면 다음과 같다.

존 왓슨(John Watson) 편집, 위탁민(韋卓民) 역, 『칸트철학원저선독(康德哲學原
著選讀)』, 武漢: 華中師範大學出版社, 2000(이 책은 상무인서관에서 나온
1963년 판의 재판에 해당함).

하조무(何兆武) 편역, 『역사이성비판문집(歷史理性批判文集)』, 北京: 商務印書
館, 1990.

정보화(鄭保華) 주편, 『칸트문집(康德文集)』, 北京: 改革出版社, 1997.

양조도(楊祖陶)·등효망(鄧曉芒) 편역, 『칸트삼대비판정수(康德三大批判精粹)』,
北京: 人民出版社, 2001.

유청(瑜靑) 주편, 『칸트경전문존(康德經典文存)』, 上海: 上海大學出版社, 2002.

조준봉(曹俊峰) 역, 『칸트미학문집(康德美學文集)』, 北京: 北京師範大學出版
社, 2003.

이추영(李秋零) 편역, 『칸트의 상제와 종교에 관한 논의(康德論上帝與宗敎)』,
北京: 中國人民大學出版社, 2004.

조붕(趙鵬)·하조무(何兆武) 공역, 『교육학 강의(論教育學)』, 上海: 上海人民出
版社, 2005.

이 밖에도 이추영이 편역한 『칸트서신100통(康德書信百封)』(1992)이 있
다. 2006년 재판에서는 일부 수정을 가했다. 또한 이 책은 도표를 삽입하
고, 일부를 선별하여 2001년에 북경의 경제일보출판사(經濟日報出版社)에
서 『피안의 별이 빛나는 하늘: 칸트서신선(彼岸星空: 康德書信選)』이라는 제
목으로 출판되었고, 2012년에 재판이 출간되었다.

2001년 이추영은 『칸트저작전집(康德著作全集)』의 주편을 맡기 시작했
다. 이 시리즈는 독일의 권위 있는 판본인 베를린 학술원판에 의거하여
번역했고, 이후 북경의 중국인민대학출판사(中國人民大學出版社)에서 총 아
홉 권 분량으로 출판되었다. 출간 목록은 다음과 같다.

제1권(2003): 전 비판기의 저작들I(前批判時期著作I)

제2권(2004): 전 비판기의 저작들II(前批判時期著作II)

제3권(2004): 『순수이성비판(純粹理性批判)』 제2판

제4권(2005): 『순수이성비판(純粹理性批判)』 제1판, 『미래형이상학도론(未來形
而上學導論)』, 『도덕형이상학 정초(道德形而上學的奠基)』, 『자연과학의 형
이상학적 시초근거(自然科學的形而上學初始根據)』

제5권(2007): 『실천이성비판(實踐理性批判)』, 『판단력비판(判斷力批判)』

제6권(2007): 『순수한 이성의 한계 내에서의 종교(純然理性界限內的宗教)』, 『도덕
형이상학(道德形而上學)』

제7권(2008): 『학부 간의 논쟁(學科之爭)』, 『실용인간학(實用人類學)』

제8권(2010): 1781년 이후의 논문(1781年之後的論文)

제9권(2010): 『논리학(邏輯學)』, 『자연지리학(自然地理學)』, 『교육학(敎育學)』

이 가운데 제1권과 제6권의 일부는 다른 사람의 번역을 이추영이 원문에 의거하여 교정하였고, 그 밖의 저작은 모두 이추영이 단독으로 번역하였다. 또한 현재 이추영은 국가사회과학기금의 중점 프로젝트인 『칸트왕래서신전집(康德往來書信全集)』 역주'를 주관하고 있다. 이 작업은 2016년에 완료될 예정이다.

이 밖에도 이 시기에 번역, 출판된 비교적 중요한 해외의 칸트철학 연구 논저들이 있다. 이들을 출판 순서에 따라 나열하면 다음과 같다.

굴리가(A. Gulyga), 가택림(賈澤林) 외 공역, 『칸트평전(康德傳)』, 北京: 商務印書館, 1981.

아베 요시시게(安倍能成), 어봉오(於鳳梧) · 왕홍문(王宏文) 공역, 『칸트의 실천철학(康德的實踐哲學)』, 福州: 福建人民出版社, 1984.

포포프(C. N. Popow), 도기량(涂紀亮) 역, 『칸트와 칸트주의(康德和康德主義)』, 北京: 人民出版社, 1986.

포어랜더(Karl Vorländer), 상장손(尙章孫) · 나장용(羅章龍) 공역, 『칸트의 생애(康德生平)』, 北京: 商務印書館, 1986[재판].

아스무스(B. X. Acmyc), 손정국(孫鼎國) 역, 『칸트(康德)』, 北京: 北京大學出版社, 1987.

주귀련(周貴蓮) · 정동홍(丁冬紅) 편역, 『국외칸트철학신론(國外康德哲學新論)』, 北京: 求實出版社, 1990.

존 왓슨(John Watson), 위탁민(韋卓民) 역, 『칸트철학강해(康德哲學講解)』, 武漢:
　　華中師範大學出版社, 2000.
회페(Otfried Höffe), 정이청(鄭伊倩) 역, 『칸트: 생애, 저작과 영향(康德: 生平,
　　著作與影響)』, 北京: 人民出版社, 2007.

이 시기 칸트 저작의 번역은 분량 면에서 앞의 시기와 비교할 수 없을
뿐 아니라, 대부분 독일어 원전에서 직접 번역한 것이다. 대다수의 역자
들은 대학 등의 고등교육기관에서 칸트철학 강의와 연구에 직접 종사하
고 있었으므로 번역의 질 또한 향상되었다. 동일한 저작에 대한 다수의
번역본이 출현함으로써 독자들이 상호 비교를 통해 연구할 수 있는 여건
이 조성되었다. 이 시기 칸트 저작 번역의 가장 큰 문제는 여전히 번역어
에 관한 문제였다. 비록 등효망과 양조도가 칸트의 3대 비판서를 번역하
고, 이추영이 칸트의 모든 저작을 번역함으로써 술어의 통일에 심혈을 기
울였지만, 일부 중요한 개념들을 둘러싸고 각 번역자 사이에 의견의 통일
을 이루지 못했고, 일부 연구자들은 자신의 해석에 입각하여 상이한 번역
방식을 채택하기도 했다. 예를 들어 'a priori'를 '선천(先天)'으로 번역해야
하는지 아니면 '선험(先驗)'으로 번역해야 하는지, 또는 'transzendental'을
'초월론적(超越論的)'으로 번역하는 것이 옳은지 등의 논란이 존재한다. 사
실 이러한 문제에 영향력을 미치는 요인으로는 연구과정에서 얻은 '나름
의 기발한 생각(別出心裁)'뿐만 아니라, 전통적으로 '고착화된 관습적 약속
(約定俗成)'도 영향력을 행사한다. 가령 'Erscheinung'과 'Phänomenon'은
칸트철학에서 비슷하면서도 구분되는 개념쌍으로서, 남공무는 양자를 모
두 '현상(現象)'으로 번역했고, 위탁민은 각각 '출현(出現)'과 '현상(現象)'으
로, 등효망은 '현상(現象)'과 '현상(現相)'으로 번역했다. 한편 이추영은 '현

상(顯象)'과 '현상(現象)'이란 번역어를 선택했다. 엽수산(葉秀山) 등이 저술한 『서양철학사』에서는 이추영이 'Erscheinung'을 '현상(顯象)'으로 번역한 것은 "개념의 본래 의미로 돌아간 것이다"라고 평가했지만, 그럼에도 여전히 "기존의 관습적 용법에 따라" '현상(現象)'의 번역어를 채택하였다.[15] 물론 번역 그 자체가 이미 일종의 이해이자 연구라는 점을 감안하면, 이러한 번역어의 통일이 억지로 추구되어야 하는 것도 아니고, 또한 이는 실현 불가능한 일이기도 하다.

(2) 번역 영역이 번영을 누린 것과 비교해서, 이 시기 칸트철학 연구 방면의 성과도 역시 만족할 만한 수준이었다. 통계에 따르면, 1978년 이래로 이미 3,000여 편의 칸트 관련 논문이 발표되었고, 여전히 매년 300여 편씩 늘어나고 있다. 이것은 아직 발표되지 않은 대량의 석사, 박사 학위 논문을 포함하지 않은 수치이다. 또한 전문 연구서도 꾸준히 나오고 있는데, 최근 몇 년간 대략 해마다 다섯 권 정도가 출판되고 있다. 완전하지는 않지만 필자 나름의 통계에 따르면 이 시기에 출판된 전문 학술서는 아래와 같다.

이택후(李澤厚), 『비판철학의 비판: 칸트술평(批判哲學的批判: 康德述評)』,
　　　北京: 人民出版社, 1979.
진원휘(陳元暉), 『칸트의 시공관(康德的時空觀)』, 北京: 中國社會科學出版社,
　　　1982.

---

15) 엽수산(葉秀山)·왕수인(王樹人) 주편, 『서양철학사: 학술판(西方哲學史: 學術版)』(南京: 鳳凰出版社, 江蘇人民出版社, 2005), 제6권, p. 140 각주 참조.

정용(鄭湧), 『비판철학과 해석철학(批判哲學與解釋哲學)』, 北京: 中國社會科學
　　出版社, 1984.

이질명(李質明), 『칸트의 『프롤레고메나』 해설(康德『導論』評述)』, 福州: 福建人
　　民出版社, 1984.

장세영(張世英), 『칸트의 『순수이성비판』(康德的『純粹理性批判』)』, 北京: 北京大
　　學出版社, 1987.

사하령(謝遐齡), 『본체론에 대한 칸트의 지양: 우주본체론에서 이성본체론으
　　로의 전환(康德對本體論的揚棄: 從宇宙本體論到理性本體論的轉折)』, 長沙:
　　湖南教育出版社, 1987.

＿＿＿, 『자연신론의 목을 베는 대도: 칸트의 『순수이성비판』(砍下自然神論頭
　　顱的大刀: 康德的『純粹理性批判』)』, 昆明: 雲南人民出版社, 1989.

진가명(陳嘉明), 『구성과 범주: 칸트철학의 방법론(建構與範導: 康德哲學的方法
　　論)』, 北京: 社會科學文獻出版社, 1992.

장준방(張俊芳), 『칸트 도덕철학 연구(康德道德哲學研究)』, 長春: 東北師範大學
　　出版社, 1993.

장준방(張俊芳)·풍문화(馮文華), 『칸트미학연구(康德美學研究)』, 長春: 東北師
　　範大學出版社, 1994.

장지위(張志偉), 『칸트의 도덕세계관(康德的道德世界觀)』, 北京: 中國人民大學
　　出版社, 1995.

마신국(馬新國), 『칸트미학연구(康德美學研究)』, 北京: 北京師範大學出版社, 1995.

양일지(楊一之), 『칸트와 헤겔의 철학강의 노트(康德黑格爾哲學講稿)』, 北京: 商
　　務印書館, 1996.

범진(範進), 『칸트의 문화철학(康德文化哲學)』, 北京: 社會科學文獻出版社,
　　1996.

양조도(楊祖陶) · 등효망(鄧曉芒), 『순수이성비판』 요지(『純粹理性批判』指要)』, 長沙: 湖南敎育出版社, 1996.

등효망(鄧曉芒), 『삼도천의 나루지기: 칸트의 『판단력비판』 읽기(冥河的擺渡者: 康德『判斷力批判』導讀)』, 昆明: 雲南人民出版社, 1997.

사순(謝舜), 『신학의 인간학화: 칸트의 종교철학과 그 현대적 영향(神學的人學化: 康德的宗敎哲學及其現代影響)』, 南寧: 廣西人民出版社, 1997.

한수법(韓水法), 『칸트전기(康德傳)』, 石家莊: 河北人民出版社, 1997.

주지영(朱志榮), 『칸트미학사상연구(康德美學思想硏究)』, 合肥: 安徽人民出版社, 1997.

대무당(戴茂堂), 『자연주의의 초월: 칸트미학의 현상학적 해석(超越自然主義: 康德美學的現象學詮釋)』, 武漢: 武漢大學出版社, 1998.

정지민(程志民), 『칸트(康德)』, 長沙: 湖南敎育出版社, 1999.

제량기(齊良驥), 『칸트의 인식론(康德的知識學)』, 北京: 商務印書館, 2000.

이매(李梅), 『권리와 정의: 칸트 정치철학 연구(權利與正義: 康德政治哲學硏究)』, 北京: 社會科學文獻出版社, 2000.

장능위(張能爲), 『칸트와 현대 철학(康德與現代哲學)』, 合肥: 安徽大學出版社, 2001.

장정문(張政文), 『고전에서 현대까지: 칸트미학연구(從古典到現代: 康德美學硏究)』, 北京: 社會科學文獻出版社, 2002.

온순여(溫純如), 『인식, 논리와 가치: 칸트『순수이성비판』의 새로운 탐구(認知, 邏輯與價値: 康德『純粹理性批判』新探)』, 北京: 中國社會科學出版社, 2002.

유오금(俞吾金), 『칸트에서 마르크스까지(從康德到馬克思)』, 桂林: 廣西師範大學出版社, 2004.

황유생(黃裕生), 『진리와 자유: 칸트철학의 존재론 해석(眞理與自由: 康德哲學的存在論闡釋)』, 南京: 江蘇人民出版社, 2002.

이촉인(李蜀人), 『도덕왕국의 재건(道德王國的重建)』, 北京: 中國社會科學出版社, 2005.

등효망(鄧曉芒), 『칸트철학강연록(康德哲學講演錄)』, 桂林: 廣西師範大學出版社, 2006.

왕병(王兵), 『칸트 전 비판기의 철학 연구(康德前批判期哲學研究)』, 北京: 人民出版社, 2006.

한수법(韓水法), 『칸트 물자체 학설 연구(康德物自身學說研究)』, 北京: 商務印書館, 2007.

후홍훈(侯鴻勳), 『칸트(康德)』, 香港: 中華書局, 2008.

조광명(趙廣明), 『칸트의 신앙(康德的信仰)』, 南京: 江蘇人民出版社, 2008.

등효망(鄧曉芒), 『칸트의 『판단력비판』 석의(康德『判斷力批判』釋義)』, 北京: 三聯書店, 2008.

한수법(韓水法), 『비판적 형이상학: 칸트 연구문집(批判的形而上學: 康德研究文集)』, 北京: 北京大學出版社, 2009.

진걸(陳傑), 『내향적 지표: 칸트의 비판철학을 통한 의미이론 연구(內向指標: 以康德批判哲學爲進路的意義理論研究)』, 上海: 上海大學出版社, 2009.

이흔(李欣)·종금(鐘錦), 『칸트 변증법의 새로운 해석(康德辯證法新釋)』, 上海: 同濟大學出版社, 2009.

조명(趙明), 『실천이성의 정치입법: 칸트 『영구평화론』의 법철학 해석(實踐理性的政治立法: 康德『論永久和平』的法哲學詮釋)』, 北京: 法律出版社, 2009.

신부민(申扶民), 『자유의 심미의 길: 칸트미학연구(自由的審美之路: 康德美學研究)』, 北京: 中國社會科學出版社, 2009.

호우봉(胡友峰), 『칸트미학의 자연과 자유개념(康德美學的自然與自由觀念)』, 杭州: 浙江大學出版社, 2009.

곽립전(郭立田), 『칸트 『순수이성비판』 텍스트 해독(康德『純粹理性批判』文本解讀)』,
　　哈爾濱: 黑龍江大學出版社, 2010.

등효망(鄧曉芒), 『칸트 『순수이성비판』 구문해독(康德『純粹理性批判』句讀)』, 北京:
　　人民出版社, 2010.

성지덕(盛志德), 『지적 직관 문제에 대한 모종삼과 칸트의 견해 비교 연구(牟宗
　　三與康德關於智的直覺問題的比較研究)』, 桂林: 廣西師範大學出版社, 2010.

한지위(韓志偉), 『자유를 찾아서: 칸트에서 마르크스까지(追尋自由: 從康德到馬
　　克思)』, 北京: 中國社會科學出版社, 2010.

이염휘(李豔輝), 『칸트의 신론(康德的上帝觀)』, 北京: 北京師範大學出版社, 2010.

역효파(易曉波), 『칸트의 지성과 이성을 논함(論康德的知性和理性)』, 長沙: 湖南
　　教育出版社, 2010.

주고정(朱高正), 『칸트에서 주희까지: 백록동강연록(從康德到朱熹: 白鹿洞講
　　演錄)』, 杭州: 浙江大學出版社, 2011.

도열(陶悅), 『도덕형이상학: 모종삼과 칸트 사이(道德形而上學: 牟宗三與康德
　　之間)』, 北京: 中國社會科學出版社, 2011.

왕평(王平), 『목적론적 관점에서 본 칸트의 역사철학(目的論視域下的康德歷史
　　哲學)』, 上海: 上海交通大學出版社, 2012.

궁예(宮睿), 『칸트의 상상력이론(康德的想像力理論)』, 北京: 中國政法大學出
　　版社, 2012.

조준봉(曹俊峰), 『칸트미학입문(康德美學引論)』, 天津: 天津教育出版社, 2012.

등효망(鄧曉芒), 『칸트 『도덕형이상학 정초』 구문해독(康德『道德形而上學奠基』
　　句讀)』, 北京: 人民出版社, 2012.

도립하(陶立霞), 『칸트의 목적론사상 연구(康德目的論思想研究)』, 哈爾濱: 黑龍
　　江大學出版社, 2012.

엽수산(葉秀山), 『계몽과 자유: 엽수산의 칸트강의(啓蒙與自由: 葉秀山論康德)』,
南京: 江蘇人民出版社, 2013.

이상의 저술들과 이 시기에 발표된 논문을 종합하여 볼 때, 아래와 같
은 몇 가지 특징을 발견할 수 있다.

첫째, 앞 시기의 연구 성과를 정리, 출판하였다. 1978년 이전으로 시기
가 비록 매우 험난했던 '문화대혁명'의 기간이었다고 해도, 칸트에 대한 연
구는 완전히 중단되지 않았고, 일군의 학자들은 여전히 칸트철학을 강의
하고 연구했다. 단지 그 연구 성과의 출판이 드물었을 뿐이었다. 1978년
이후 학술 분위기가 변하면서 선배 학자들의 연구 성과 혹은 다년간 사
용되었던 강의 원고가 정리, 출판되기 시작했다. 이택후(李澤厚), 진원휘
(陳元暉), 이질명(李質明), 장세영(張世英), 탕일지(楊一之), 양조도(楊祖陶), 제
량기(齊良驥) 등의 저작들은 모두 다년간의 연구를 기초로 한 역작이 이
시기에 출판된 것으로 매우 소중한 가치를 지닌다고 하겠다.

둘째, 신세대 학자들이 대거 출현하였다. 1977년 중국의 대학이 다시
금 학생들을 모집하기 시작하면서 '문화대혁명' 시기에 학습 기회를 상실
했던 많은 젊은이들이 격렬한 입시 경쟁을 통해 대학에 입학했다. 당시는
마침 중국의 개혁개방 시기와 맞물려 있었다. 서양의 각종 새로운 사조
가 잇달아 몰려들고, 서양철학 연구가 일시에 각광받는 학문이 되었다.
칸트철학 자체의 매력과 그것이 지닌 서양 현대사상과의 관련성 때문에
칸트는 빠른 시간 안에 청년 학자들에게 인기 있는 연구주제로 떠올랐
다. 그리고 중국의 대학이 10년 동안의 '문화대혁명'을 겪은 탓에 학계는

세대 간의 연속성 측면에 심각한 타격을 받았고, 따라서 이들 젊은 학자들은 졸업 이후 대부분 대학에 남아 교편을 잡을 수 있었고, 곧바로 칸트 철학 연구의 주축으로 떠올랐다. 위에서 서술한 저작들 중 적지 않은 수가 그들의 박사 논문 혹은 후속 연구의 성과물이라는 점을 보더라도 이러한 사실을 쉽게 알 수 있다.

셋째, 칸트에 대한 새로운 평가가 내려지기 시작했다. 이 시기 학계는 점차 칸트철학에 붙였던 꼬리표를 떼기 시작했고, 점차 칸트와 전통 철학의 관계, 칸트와 현대 철학의 관계 등을 탐색하는 방향으로 나아갔으며, 철학의 발전사에서 칸트가 갖는 중요한 위치를 적극적으로 긍정하게 되었다. 1980년대 학술계에서는 심지어 "칸트를 택하고 헤겔을 버리자"거나 "헤겔을 떠나 칸트로 돌아가자"는 구호가 출현하기도 했다. '코페르니쿠스적 혁명'은 칸트 연구에서 자주 제기되던 주제인데, 몇몇 학자들은 칸트의 이러한 '코페르니쿠스적 혁명'이 인식론의 영역에만 한정되지 않고 윤리학, 미학, 종교철학 등 다른 영역에서도 존재한다고 생각했다. 칸트는 전통 철학의 발전이 낳은 성과를 충분히 흡수한 후, 이러한 기초를 바탕으로 "심오한 철학사유를 통해 서양의 계몽철학을 새롭고도 수준 높은 이론으로 한 단계 끌어올렸다. 또한 그는 현대성의 기본원칙이 되는 이성과 자유를 깊이 있게 논증했으며, 현대인과 현대사회에 매우 귀중한 철학적 개념을 제공해주었다. 철학 문제에 대한 그의 광범위한 사고와 견해는 인류의 귀중한 사상적 자원이 되었고, 후대의 철학과 문화에 심원한 영향을 미쳤으며, 오래도록 빛이 바래지 않았다."[16] 여기에 이르러 그야말로 '근세 제일의 대철학자'로서의 칸트의 모습이 정립될 수 있었다.

넷째, 전통적 주제에 대한 연구는 더욱 심화되고, 새롭게 연구 범위를 개척하기 시작했다. 칸트의 3대 비판서는 줄곧 연구의 중심이었고, 1978년 이후의 중국 학계 역시 마찬가지였다. 그러나 이전과 비교하면 학계의 칸트 연구는 거시적 서사(敍事) 연구 방식을 버리고, 칸트철학에 대한 세부적인 탐구와 치밀한 이해로 나아갔다. 대표적인 예로서 칸트의 원전이나 구체적인 개념에 대해 상세하게 논의하고, 이러한 과정에서 텍스트를 꼼꼼하게 해석하는 형식의 저작들이 다수 나왔다. 심지어 등효망은『순수이성비판』과『도덕형이상학의 기초』를 '구문별로 독해, 해설한(句讀)' 두툼한 저작을 내놓기도 하였다. 이와 동시에 칸트의 역사철학, 종교철학, 정치철학, 법철학 등도 학계의 주목을 받기 시작했고, 칸트 '전 비판기'의 철학도 더 이상 불모지로 남아 있지 않았다. 또한 칸트철학과 중국의 전통 사상을 비교하려는 시도도 점차 사람들의 연구 주제로 떠오르기 시작했으며, 존재론, 현상학 분야의 연구 방법론도 칸트철학 연구에 도입되었다. 비록 이 분야에 대한 연구서가 아직은 많지 않지만, 이미 다수의 논문이 있으며, 지속적으로 증가 추세에 있다.

(3) 이 시기 중국의 칸트철학 연구에서 한 가지 더 언급할 만한 것은 해외의 칸트 연구 단체와의 연계이다. 일찍이 1981년 9월에 북경의 인민대회당에서는 '칸트『순수이성비판』출간 200주년 및 헤겔 서거 150주년을 기념하는 학술토론회'가 개최되었다. 이 회의에는 국제칸트학회 의장 게르하르트 푼케(Gerhard Funke) 교수, 국제헤겔협회 의장 빌헬름 베

16) 엽수산(葉秀山)·왕수인(王樹人) 주편, 『서양철학사: 학술판(西方哲學史: 學術版)』(南京: 鳳凰出版社, 江蘇人民出版社, 2005), 제6권, p. 115.

이어(Wilhelm R. Beyer) 교수, 국제헤겔연합회 의장 디터 헨리히(Dieter Henrich) 교수 등이 초청을 받아 참석하여 논문을 발표하였다. 또한 제량기(齊良驥), 이택후(李澤厚) 등이 중국학계를 대표하여 회의에서 발언하였다. 이후 수차례의 국제적인 칸트철학 회의에 중국의 학자들이 참여하기 시작했고, 해외의 학자들과 직접적으로 대화와 토론을 진행했다. 많은 중국의 학자들이 해외에 나갔고, 동시에 해외의 학자들을 중국에 초청하여 강연회를 마련했다. 이러한 학술 교류 속에서 칸트철학은 더 이상 낯설지 않은 주제가 되었다. 2004년, 칸트 서거 200주년을 기념하기 위해 북경대학의 외국철학연구소와 철학과는 '현대적 시각에서 본 칸트의 도덕철학' 국제학술토론회를 개최하였다. 미국과 유럽에서 건너온 20여 명의 학자들과 중국의 학자들이 한자리에 운집하여 칸트의 도덕철학에 대한 비평, 해석, 옹호를 둘러싸고 열띤 토론을 벌였을 뿐 아니라, 칸트철학 안에서 도덕철학과 기타 영역의 관계, 그리고 칸트 도덕철학의 정치학적 함의 등의 문제 역시 토론의 쟁점이 되었다. 2006년, 중국인민대학 철학원에서는 '중국 및 영미 여름학기 철학학교' 제11기(期) 프로그램으로 '칸트철학' 고급 연구반을 개설했다. 영국과 미국에서 온 교사, 그리고 대만과 홍콩을 포함한 중국 각지, 싱가포르, 영국, 캐나다 등에서 온 40여 명의 정식 등록생과 25명의 청강생이 3주일 일정의 연구반에 참여하여 학습했다. 중국의 칸트철학 연구가 깊이를 더하면서 이 분야의 국제교류가 더욱 활성화될 것으로 확신한다. 물론 어떻게 중국의 칸트철학 연구를 해외에 소개하고, 국제적인 영향력을 고양시킬 수 있을까 하는 문제는 여전히 '임무는 막중하고 길은 험난한(任重道遠)' 과제로 남아 있다. (김 결·정종모 공역)

전후(戰後) 대만의
칸트 연구

이명휘(李明輝)

대만 중앙연구원 중국문철연구소 연구원

1. 대만 칸트 연구의 추동자 모종삼

2010년 중화민국 행정원 국가과학위원회 인문학연구센터는 '대만 지역 근래 50년 동안의 철학 분야 연구 성과 보고'라는 연구 프로젝트를 완결하였다. 이 사업은 1949년부터 2000년까지 대만 지역 철학 분야의 연구 성과를 전면적으로 평가한 것이다. 이 연구사업 가운데 두 가지 항목이 본 논문의 주제와 관련된다. 하나는 이미 고인이 된 대만 국립정치대학 철학과 장정국(張鼎國) 교수가 주관한 '칸트와 독일관념론 철학' 프로젝트이고, 다른 하나는 필자와 임유걸(林維杰) 교수가 공동으로 주관한 '비교철학연구' 프로젝트이다. 장정국 교수는 두 편의 연구 성과 보고서를 제출했는데, 하나는 '칸트와 독일관념론 철학'에 관한 연구 성과 보고서이고, 다른 하나는 이 주제와 관련이 있는 학위 논문 내용의 요약이다. 또한 필자와 임유걸 교수는 「대만 지역 50년 동안의 비교철학연구 논평

(臺灣地區五十年來的比較哲學硏究述評)」을 제출하였다. 이 밖에도 대립인(戴立仁)은 「칸트철학과 관련한 중화권의 연구자료(華人有關康德哲學的硏究資料)」를 편집했고, 이를 『철학과 문화(哲學與文化)』 제31권 2기(2004. 2)에 게재하였다. 본 논문은 위에서 언급한 성과들을 참고자료로 삼아 정리한 것으로, 다른 연구자들의 공헌을 필자의 것으로 만들려는 의도는 없음을 미리 밝혀둔다.

전후 대만의 칸트 연구에는 두 명의 중요한 학자가 있다. 바로 모종삼(牟宗三, 1909~1995)과 황진화(黃振華, 1919~1998)이다. 주지하듯이 현대 신유가(新儒家)를 대표하는 학자 중 한 명인 모종삼은 칸트철학의 개념과 구조를 광범위하게 차용하여 유학(儒學)을 재건하였고, 동시에 대만 학계에 칸트철학에 대한 흥미를 불러일으켰다. 엄격하게 말하면, 모종삼은 칸트 전문가는 아니다. 왜냐하면 그는 독일어에 정통하지 못했고, 영역본에 근거하여 칸트철학을 연구했기 때문이다. 하지만 그의 칸트철학에 대한 운용은 단순히 철학 연구자의 수준을 뛰어넘어 철학자로서의 철학적 사고의 수준에 도달했다고 할 수 있다.[1]

먼저 모종삼은 영역본에 근거하여 칸트의 주요 저작을 중국어로 번역했다. 우선적으로 『실천이성비판』과 『도덕형이상학의 기초』 두 책이 1982년에 대만학생서국(臺灣學生書局)에서 『칸트의 도덕철학(康德的道德哲學)』이라는 제목으로 출판되었다. 그 가운데 『실천이성비판』의 번역본에는 적지

••

1) 여기에 대해서는 다음을 참고: 李明輝, 「모종삼의 사상적 유산을 어떻게 계승할 것인가?(如何繼承牟宗三的思想遺產?)」, 《사상(思想)》 第13期(2009. 10), pp. 191~203.

않은 주해(註解)를 달아놓았는데, 이들 주해에서 그는 종종 유가(儒家)와 칸트의 관점을 비교하고, 그 사이의 동이(同異)를 논하였다. 다음 해(1983)에는 『순수이성비판』의 중문판이 대만학생서국에서 출판되었다. 그러나 이 책은 「선험적 방법론(先驗方法論)」 부분이 번역되지 않았기 때문에 완역본은 아니었다. 이후 『판단력비판』의 중문판 상·하권이 1992년과 1993년에 연이어 대만학생서국에서 출판되었다. 모종삼은 이 번역서 앞부분에 「합목적성의 원리를 심미판단력의 초월적 원리로 삼는 것에 대한 의문과 검토(以合目的性之原則爲審美判斷力之超越的原則之疑竇與商榷)」라는 총 89면에 달하는 긴 논문을 삽입하여 칸트의 관점에 대한 의문을 제기했다. 이 밖에도 그는 칸트의 『단순한 이성의 한계 내에서의 종교』 1권 「인간 본성 안에서의 근본악」과 2권 「인간을 지배하기 위한 선한 원리와 악한 원리의 투쟁」[2] 두 부분도 중국어로 번역하였다.[3]

또한 모종삼은 칸트의 인식론을 전문적으로 검토한 연구서 『인식심의 비판(認識心之批判)』을 저술했다. 이 책은 비록 1949년에 탈고되었으나, 1956년과 1957년에 이르러서야 홍콩의 우련출판사(友聯出版社)에서 상·하권이 차례로 출판되었다. 책의 제목을 통해 짐작할 수 있듯이 이 책은 칸트의 『순수이성비판』을 겨냥하여 저술한 것으로, 모종삼은 「서문」에서 "『순수이성비판』을 다시 쓴 것과 같다"고 하였다.[4] 그가 이 책을 저술하게

2) 해당 번역문은 『원선론(圓善論)』에 부록으로 실려 있으며, 이 책은 『모종삼선생전집(牟宗三先生全集)』(臺北: 聯經出版公司, 2003)의 第22冊에 해당한다.
3) 해당 번역문은 본래 『아호월간(鵝湖月刊)』 第12卷 12期(1987. 6)와 第13卷 1期(1987. 7)에 실렸다. 이는 나중에 『모종삼선생역술집(牟宗三先生譯述集)』, 『모종삼선생전집』, 第17冊, pp. 397~420에 수록되었다.
4) 『인식심의 비판(認識心之批判)』(上), 『모종삼선생전집』, 第18冊, p. 10.

된 주요 목적은 칸트의 철학적 사유방식을 기초로 러셀(Bertrand Russell, 1872~1970)과 비트겐슈타인(Ludwig Wittgenstein, 1889~1951)이 이해한 논리와 수학을 순수지성에 융합, 포섭하는 데 있다. 그 때문에 1990년 대만 학생서국에서 이 책을 중간(重刊)했을 당시 모종삼은 「중간에 부치는 글」에서 "내 저술은 사실상 러셀의 학설과 비트겐슈타인의 학설을 배경으로 삼고 있기 때문에, 이 책을 읽으려면 반드시 『수학원리』(러셀·화이트헤드 공저)를 읽는 훈련이 필요하다. 또한 비트겐슈타인의 『논리철학논고』의 경우 최근에 본인이 새롭게 번역을 했으므로, [······] 그것을 읽어보면 비트겐슈타인의 학설을 살필 수 있을 것이다"라고 특별히 언급했다.[5]

다음으로 모종삼은 유학과 칸트철학의 회통(會通)을 직접적으로 다룬 몇 권의 책을 저술했다. 여기에는 『지적 직관과 중국철학(智的直覺與中國哲學)』(1971)과 『현상과 물자체(現象與物自身)』(1975), 『원선론(圓善論)』(1985) 등이 있고, 학생들이 수업 내용을 녹음, 정리한 『중국철학 19강(中國哲學十九講)』(1983)과 『중서철학의 회통 14강(中西哲學之會通十四講)』(1990)도 있다. 이 가운데 『중국철학 19강』은 중국 철학과 서양철학의 비교를 통해 중국의 여러 철학 사조(儒佛道 삼교 및 法家, 名家, 玄學 포함)의 요점을 설파하였다.[6] 또한 『중서철학의 회통 14강』에서는 칸트철학과 중국 철학의 비교를 통해 중국 철학의 기본 방향을 설명하였다.

••
5) 같은 책, p. 7.
6) [역자 주] 참고로 이 책의 한국어 번역서는 다음과 같다: 정인재·정병석 공역, 『중국철학특강』(서울: 형설출판사, 1985).

또한 『지적 직관과 중국철학』에서 모종삼은 하이데거(Martin Heidegger, 1889~1976)가 『칸트와 형이상학의 문제(Kant und das Problem der Metaphysik)』에서 칸트철학을 해석한 것에 따라 '현상(Erscheinung)', '물자체(Ding an sich)', '지적 직관(intellektuelle Anschauung)', '선험적 대상(transzendentaler Gegenstand)' 등의 개념적 함의를 밝혔다. 이어서 그는 다음과 같이 지적했다: 비록 칸트는 인간이 지적 직관을 지닌다는 것을 인정하지 않고 그것을 단지 신에게만 귀속시켰지만, 중국의 유불도(儒佛道) 전통은 모두 인간이 스스로 갖추고 있는 고유의 무한심(無限心) — 유가의 본심(本心)과 양지(良知), 도가의 도심(道心)과 현지(玄智) 및 불가의 진상심(眞常心) —을 체인(體認)할 수 있다고 본다. 이는 바로 인간이 지적 직관을 갖추고 있음을 긍정하는 것에 다름 아니다. 이 점을 근거로 모종삼은 다음과 같이 결론지었다: 오직 인간이 지적 직관을 지닌다는 점을 인정해야만, 칸트철학이 함축하고는 있었지만 미처 건립하지 못했던 '도덕 형이상학(道德的形而上學)'을 진정으로 완성할 수 있다. 그러나 하이데거의 '기초존재론'은 이러한 임무를 감당하기에 역부족이다.

한편 『현상과 물자체』에서 모종삼은 칸트철학에서 제시한 '현상'과 '물자체'의 구분을 한층 깊이 검토하였으며, 이를 토대로 '양층존재론(兩層存有論)'—'집착의 존재론(執的存有論)'과 '무집착의 존재론(無執的存有論)' 혹은 '현상계의 존재론(現象界的存有論)'과 '본체계의 존재론(本體界的存有論)'—의 구조를 건립하였다. 특히 그는 "칸트는 인간이 갖춘 지적 직관을 인정하지 않았기 때문에 '현상'과 '물자체'의 구분을 제대로 정립하고 완성할 수 없었다"고 강조했다.

그리고 『원선론』 전반부에서 모종삼은 칸트의 '자율(Autonomie)' 원리를 통해 『맹자』 「고자상(告子上)」의 대부분 조목들과 「진심(盡心)」의 일부 조목들을 해설했다. 또한 이 책의 후반부에서는 칸트의 '최고선(圓善)' 문제를 통해 유불도 3교의 '원교(圓敎)' 형태를 설명했는데, 이를 바탕으로 칸트가 『실천이성비판』에서 제시한 '덕복일치(德福一致)'의 문제를 해결하였다.

그 밖에 세 권으로 된 모종삼의 거작 『심체와 성체(心體與性體)』(1968／1969)의 경우, 비록 송명 유학을 논의한 연구서이지만 칸트의 분석틀을 바탕에 깔고 있다.[7] 1권의 1부 「총론」 3장 「자율도덕과 도덕형이상학(自律道德與道德形上學)」 부분에서 모종삼은 칸트 윤리학의 '자율' 원리를 상세하게 서술하고 있다. 또한 여기에서 그는 칸트 윤리학의 한계를 지적하고, 유가가 칸트에 비해 더 나아간 측면이 있음을 역설했다. 다시 말해 인간의 자유의지를 단순히 하나의 '요청(Postulat)'으로만 간주했던 칸트의 경우, 단지 '도덕의 형이상학(道德底形上學, metaphysics of morals)'만을 건립할 수 있을 뿐, 유가와 같이 양지심체(良知心體)에 대한 직접적인 체인을 기초로 '도덕형이상학(道德的形上學, moral metaphysics)'을 건립할 수는 없다. 이어서 모종삼은 '자율' 원리에 기초하여 송명 유학 내부의 의리(義理) 체계를 평가하여 분류했다. 즉 북송의 주렴계(周濂溪), 장횡거(張橫渠), 정명도(程明道)의 삼가(三家)를 필두로, 이후에 육상산(陸象山), 왕양명(王陽明)으로 이어지는 계열과 호오봉(胡五峰), 유즙산(劉蕺山)으로 이어지는 계열

⋮

7) [역자 주] 참고로 이 책의 한국어 번역서는 황갑연 등이 공역하여 2012년 총 7권으로 출간되었다. 여기에서 논의하고 있는 「총론」 부분을 수록한 것은 다음을 참고: 김기주 역, 『심체와 성체1』(서울: 소명출판, 2012).

이 있는데, 이들 두 계열은 모두 공자, 맹자, 『중용(中庸)』, 『역전(易傳)』의 의리 방향을 계승했고, 자율도덕을 대표한다. 한편 정이천(程伊川)과 주자(朱子)의 경우 앞의 두 계열과는 이질적인 방향으로 나아갔으며, 타율도덕을 대표한다. 이 때문에 모종삼은 주자학을 [맹자학을 위시한 유학의 본래 도덕체계에서 벗어났음에도 정통의 지위를 누렸다는 의미에서] '별자위종(別子爲宗)'으로 평가하였다.

총괄적으로 말하자면, 유가(儒家) 사상과 칸트철학을 회통시키는 과정에서 모종삼이 주목한 양자의 접점은 다음의 세 가지, 즉 '일심개이문(一心開二門)'의 사상적 구조, '실천이성이 사변이성에 우선한다'는 관점, 그리고 '자율윤리학' 개념으로 요약할 수 있다.[8]

2. 모종삼 영향하의 칸트 연구

모종삼의 연구 방향을 따르면서, 유가 사상과 칸트철학의 비교를 더 진척시킨 이들로는 이명휘, 이서전(李瑞全), 양조한(楊祖漢) 등이 있다. 이 가운데 이명휘가 쓴 세 권의 연구서는 유가 사상과 칸트철학을 직접적으로 비교하고 있다. 이 세 권은 각각 『유가와 칸트(儒家與康德)』(1990),[9] 『칸트

----

8) 여기에 관해서는 다음을 참고: 李明輝, 「모종삼 사상에서의 유가와 칸트(牟宗三思想中的儒家與康德)」, 『當代儒學之自我轉化』(臺北: 中央研究院中國文哲研究所, 1994), pp. 71~86, 또는 중국어 간체본인 『當代儒學的自我轉化』(北京: 中國社會科學出版社, 2001), pp. 64~78 참조. [또한 이 책의 한국어 번역서는 다음과 같다: 최대우·이경환 공역, 『중국 현대 신유학의 자아전환』(광주: 전남대학교출판부, 2013)].

윤리학과 맹자 도덕사고의 재건(康德倫理學與孟子道德思考之重建)』(臺北: 中央
研究院中國文哲研究所, 1994), 그리고『사단과 칠정: 도덕정감에 대한 비교
철학적 탐구(四端與七情: 關於道德情感的比較哲學探討)』(臺北: 臺灣大學出版中心,
2005)[10]이다.

『유가와 칸트』는 논문집으로 다섯 편의 논문을 수록하고 있다. 이는 각
각「유가와 자율도덕(儒家與自律道德)」,「맹자와 칸트의 자율윤리학(孟子與
康德的自律倫理學)」,「맹자의 자율윤리학을 다시 논함(再論孟子的自律倫理學)」,
「맹자의 사단지심과 칸트의 도덕정감(孟子的四端之心與康德的道德情感)」,「칸
트의 행복 개념으로 유가의 의리지변을 논함(從康德的幸福概念論儒家的義利
之辨)」이다. 또한 이명휘는『칸트 윤리학과 맹자 도덕사고의 재건』에서 칸
트 윤리학의 문제의식과 그 논증 전략에 기초하여 맹자의 심성론(心性論)
에 제기되는 질의와 오해를 명료하게 해명하였고, 덧붙여 '암묵지(tacit
knowing)'와 '이성의 사실(Faktum der Vernunft)' 두 개념을 통해 칸트가
『도덕형이상학의 기초(Grundlegung zur Metaphysik der Sitten)』에서 내세
운 논증 전략을 거듭 설명하였다.

『사단과 칠정』은 비교철학 저술로, 독일, 중국, 한국의 윤리학 사유를
다루고 있다. 이 책은 먼저 칸트 윤리학이 실러(Friedrich Schiller, 1759~
1805)를 거쳐 현상학적 윤리학에 이르는 발전 과정 및 그 내재적 이론 체

··
9) [역자 주] 참고로 이 책의 한국어 번역서는 다음과 같다: 김기주·이기훈 공역,『유교와 칸트』
   (서울: 예문서원, 2012).
10) 참고로 이 책의 중국어 간체본은 다음과 같다: 李明輝,『四端與七情: 關於道德情感的比較哲學
   探討』(上海: 華東師範大學出版社, 2008).

계를 정리하였다(1장, 2장). 이러한 발전은 보편적인 의미를 갖는 윤리학의 기본 문제, 즉 "도덕가치에 대한 우리들의 '이해(Erfassung)'는 도대체 어떤 성격을 갖는가?"의 문제에 맞닿아 있다. 이러한 보편적인 논의의 틀을 참고하여, 저자는 중국 유학과 한국 유학의 세 가지 개별 주제를 탐구했다. 이는 각각 남송(南宋) 주자와 호상학파(湖湘學派)의 '인(仁)'에 관한 논변(3장), 맹자의 '사단'과 『중용』의 '희노애락(喜怒哀樂)'에 대한 명말(明末) 유종주(劉宗周)의 독특한 해석(4, 5장), 그리고 한국에서 이퇴계(李退溪)와 기고봉(奇高峯) 사이에, 그리고 이율곡(李栗谷)과 성우계(成牛溪) 사이에 벌어진 '사단'과 '칠정'에 대한 논변(6, 7, 8장)을 말한다.

그뿐만 아니라 1994년에 출판된 이명휘의 『현대유학의 자아전환(當代儒學之自我轉化)』에 수록된 「모종삼 사상에서의 유가와 칸트(牟宗三思想中的儒家與康德)」와 「모종삼 철학에서 '물자체' 개념(牟宗三哲學中的'物自身'概念)」 두 편의 논문도 상술한 논의 방향과 맥락이 맞닿아 있다. 또한 2005년에 출간된 이명휘의 『유가의 눈으로 보는 정치사상(儒家視野下的政治思想)』(臺北: 臺灣大學出版中心)에는 「존심윤리학과 책임윤리학, 그리고 유가 사상(存心倫理學, 責任倫理學與儒家思想)」 및 「존심윤리학과 형식윤리학, 그리고 자율윤리학(存心倫理學, 形式倫理學與自律倫理學)」 두 편의 논문이 실려 있다.[11] 전자는 칸트의 존심윤리학(Gesinnungsethik)과 막스 베버(Max Weber, 1864~1920)의 책임윤리학(Verantwortungsethik), 그리고 유가윤리학 간의 관계를 다룬 논문이고, 후자는 칸트 윤리학에 달린 세 가지 표식을 해석

11) 이 책은 같은 해에 북경대학출판사에서 간체본이 나왔다. [참고로 이 책의 한국어 번역본도 2013년 현재 출판 준비 중에 있다.(박경숙·정종모 공역)]

하고, 이를 통해 칸트 윤리학에 대한 오해를 해명한 논문이다.

이 밖에도 2013년에 출간된 이명휘의 독일어 저서 *Konfuzianischer Humanismus. Transkulturelle Kontexte*(『유가 인문주의: 문화 간 소통의 맥락에서』)(Bielefeld: transcript Verlag, 2013)에도 유가와 칸트를 비교하는 다음의 논문 몇 편이 수록되어 있다.

① "Kants Philosophie im modernen China"(『현대 중국에서의 칸트철학』)[12]

② "Schöpferische Transformation der deutschen Philosophie. Das Beispiel der Interpretation des Begriffes 'Ding an sich' bei Mou Zongsan" (『독일철학의 창조적 전환: '물자체' 개념에 대한 모종삼의 해석을 예로』)[13]

③ "Zur Religiosität des Konfuzianismus. Überlegungen im Anschluss an Kants Begriff der moralischen Religion"(『유가의 종교성을 논함: 칸트의 '도덕종교' 개념으로부터 출발한 성찰』)[14]

∷

12) 이는 다음의 논문을 수정한 것이다. 李明輝, 「현대 중국에서의 칸트철학(康德哲學在現代中國)」, 黃俊傑 編: 『중화문화와 역외문화의 상호작용과 융합(中華文化與域外文化的互動與融合)』(I)(臺北: 喜瑪拉雅研究發展基金會, 2006), pp. 89~134.

13) 이는 다음의 논문을 수정한 것이다. 李明輝, 「모종삼 철학에서 '물자체' 개념(牟宗三哲學中的 '物自身'概念)」, 『中國文哲研究集刊』第3期(1993. 3), pp. 547~574. 또한 이 논문은 李明輝, 『當代儒學的自我轉化』(臺北: 中央研究員中國文哲研究所, 1994), pp. 23~52에도 수록되었다. 중국어 간체본의 경우 pp. 20~47. [한국어 번역서의 경우 pp. 51~89를 참고]

14) 이는 다음의 논문을 수정한 것이다. 李明輝, 「칸트의 '도덕종교'론을 통해 유가의 종교성을 논함(從康德的'道德宗教'論儒家的宗教性)」, 哈佛燕京學社 編, 『유가전통과 계몽정신(儒家傳統與啟蒙心態)』(南京: 江蘇教育出版社, 2005), pp. 228~269. 또한 이는 李志剛·馮達文 編, 『역사에서 지혜를 얻는다(從歷史中提取智慧)』(成都: 四川出版集團巴蜀書社, 2005), pp. 1~49 및 李明輝·林維杰 編, 『현대유가와 서양문화: 회통과 전환(當代儒家與西方文化: 會通與轉化)』(臺北: 中央研究院文哲研究所, 2007), pp. 15~70에 수록되었다.

양조한이 쓴『유가와 칸트의 도덕철학(儒家與康德的道德哲學)』(1987)에 수록된 세 편의 논문도 유가와 칸트의 도덕철학을 비교하고 있다. 「유가철학의 관점에서 본 칸트의 도덕철학(從儒家哲學的觀點看康德的道德哲學)」은 모종삼의 관점을 근거로 칸트의 도덕철학을 평론한 것이며, 「칸트의 영혼불멸설을 논함(論康德的靈魂不滅說)」은 유가의 관점에서 칸트의 영혼불멸설을 비평하고 있다. 그리고 「정이천의 재성론(程伊川的才性論)」에서는 칸트의 인성론 중의 '근본악(根本惡)' 이론을 통해 정이천의 재성(才性)에 관한 학설을 해명하고 있다.

이서전의 저서『현대 신유학의 철학적 개척(當代新儒學之哲學開拓)』(1993)에 수록된 「인성과 행위의 도덕적 책임(人性與行爲之道德責任)」과 「보응과 최고선(福報與圓善)」 두 논문도 모종삼의 사유 방향을 계승하고 있다. 그러나 또 다른 논문 「주자의 도덕학 형태 재검토(朱子道德學形態之重檢)」에서 이서전은 모종삼이 주자학을 타율 형태로 판정한 것을 수정하고자 했고, 주자의 도덕학을 자율 형태에 귀속시키려 하였다. 이 논문에 대해 이명휘는 「주자의 윤리학을 자율윤리학에 귀속시킬 수 있는가?(朱子的倫理學可歸入自律倫理學嗎?)」를 발표하여 의문을 던졌고,[15] 이서전은 「'주자의 도덕학 형태 재검토'에 대한 이명휘 선생의 비평에 답변함(敬答李明輝先生對'朱子道德學形態之重檢'之批評)」을 써서 회답하였다.[16]

••
15) 이 논문은 처음에『아호학지(鵝湖學誌)』第4期(1990. 6), pp. 129~135에 게재되었고, 나중에 이서전의 저서『현대 신유학의 철학적 개척(當代新儒學之哲學開拓)』, pp. 226~233에 수록되었다.
16) 이 논문 역시 이서전의『현대 신유학의 철학적 개척(當代新儒學之哲學開拓)』, pp. 234~240에 수록되었다.

3. 황진화의 칸트 연구

또한 황진화(黃振華)는 1974년 "Über die Verbindung der theoretischen mit der praktischen Vernunft in der Philosophie Kants"(「칸트철학에서 이론이성과 실천이성의 결합을 논함」)이란 논문으로 독일 본(Bonn) 대학에서 박사학위를 취득했다. 박사 논문을 제외하면 그의 생전에 출판된 저서는 1976년에 자비로 출판한 『칸트철학 논문집(康德哲學論文集)』단 한 권뿐이다. 그가 세상을 떠난 후, 그의 제자 이명휘는 스승의 저술을 수집, 정리하여 『황진화선생전집(黃振華先生全集)』을 편집했다. 그 가운데 칸트철학과 관련이 있는 저작은 『칸트철학논집(論康德哲學)』, 『칸트철학과 중서문화를 논함(論康德哲學與中西文化)』, 『판단력비판 역주(判斷力批判譯註)』세 권이다.

『칸트철학논집』은 이명휘가 편집했고, 2005년 시영출판사(時英出版社)에서 출판되었다. 이 논문집에는 열 편의 논문과 한 편의 번역문이 수록되어 있는데, 목차는 아래와 같다.

① 「칸트철학 사상의 발전을 논함(論康德哲學思想之發展)」
② 「칸트의 선험철학 도론(康德先驗哲學導論)」
③ 「칸트의 형이상학 비판(康德對玄學之批判)」
④ 「칸트 도덕철학 원리의 분석(康德道德哲學原理之分析)」
⑤ 「칸트의 순수실천이성의 변증론 비판(康德純粹實踐理性的辯證論批判)」
⑥ 「칸트철학에서 '필연성' 개념(論康德哲學中之'必然性'概念)」
⑦ 「칸트철학에서 '이성' 개념의 함의(論康德哲學中'理性'一詞之涵義)」
⑧ 「데카르트와 칸트의 종교에 대한 반성과 재건을 논의의 출발점으로(從笛

卡兒與康德對宗教的反省與重建說起)」

⑨「칸트의 교육철학(康德的教育哲學)」

⑩「칸트의 미학(康德的美學)」

⑪「칸트의 자아의식 이론(康德的自我意識理論)」(Karen Gloy 원저)

『칸트철학과 중서문화를 논함』은 비교철학에 속하는 논문을 엮은 것으로, 역시 이명휘의 편집을 거쳐 시영출판사에서 출판되었다. 이 논문집에는 모두 여덟 편의 중국어 논문과 두 편의 영어 논문이 수록되어 있다. 그 목차는 다음과 같다.

①「근대 서양철학의 관념론 사상을 논함(論近代西方哲學中之觀念論思想)」

②「칸트철학을 통해 오늘날 세계평화에서 공자사상이 갖는 의미를 논함(從康德哲學看孔子思想對於今日世界和平的意義)」

③「현대의 칸트학파를 창건한 철학자: 고트프리트 마틴(Gottfried Martin) 교수 서거 3주년을 기념하며(一位創建現代康德學派的哲學家: 紀念馬丁教授逝世三週年)」

④「칸트철학에서 본 공산주의: 공산주의와 근본악을 논함(從康德哲學看共産主義: 論共産主義與根本惡)」

⑤「칸트와 유가철학(康德與儒家哲學)」

⑥「칸트철학과 불학(康德哲學與佛學)」

⑦「칸트철학과 역경(康德哲學與易經)」

⑧「칸트철학과 대승기신론 비교 연구(康德哲學與大乘起信論之比較研究)」

⑨ "A Kantian Interpretation of Confucianism in Regard to World Peace"

⑩ "From Kant to Confucius"

여기에서 주목할 만한 점은 황진화가 칸트철학의 비교 대상으로 유학 뿐 아니라 불교도 포함시켰다는 사실이다. 한편 『판단력비판 역주』는 강의록으로, 분량이 30여 만 자에 달한다. 황진화는 직접 독일어 원문을 번역했으며, 번역문과 주해를 번갈아 배치했다. 이 강의는 제자인 이순령(李淳玲)이 정리하여 초고를 완성했고, 현재는 정지충(鄭志忠)이 교정 중에 있다.

4. 칸트철학의 연구와 번역

이어서 필자는 몇 가지 통계를 통하여 대만의 칸트철학 연구 현황을 소개하고자 한다. 먼저 대만의 각 대학원에 제출된 칸트철학 관련 석사, 박사 논문의 통계이다. 2012년에 이르기까지 칸트철학과 관련된 박사 논문은 총 10편이며, 석사 논문은 총 97편이다. 이 가운데 박사 논문만을 연도, 저자, 논문 제목, 학교, 학과 순으로 열거하면 다음과 같다.

① 1984년, 정기량(鄭基良), 「왕양명과 칸트 도덕철학의 비교 연구(王陽明與康德道德哲學的比較研究)」, 中國文化大學哲學研究所.

② 1992년, 진금홍(陳錦鴻), 「칸트철학에서의 실체와 자아(康德哲學中的實體與自我)」, 輔仁大學哲學研究所.

③ 1994년, 왕지명(王志銘), 「주희와 칸트 도덕철학의 비교 연구(朱熹與康德道德哲學之比較研究)」, 臺灣大學哲學研究所.

④ 1995년, 홍취아(洪翠娥), 「칸트의 미학이론(康德美學理論)」, 輔仁大學哲學研究所.

⑤ 1996년, 뢰현종(賴賢宗), 「실천과 희망: 칸트의 '도덕적 신앙'과 그에 관한 논쟁: 윤리신학을 둘러싼 칸트, 피히테, 청년 헤겔의 논의 및 그에 관한 방법론적 반성(實踐與希望: 康德的'道德的信仰'及其爭議: 康德, 費希特和青年黑格爾論倫理神學及其方法論的反省)」, 臺灣大學哲學研究所.

⑥ 2006년, 곽등연(郭騰淵), 『단순한 이성의 한계 내에서의 종교』, 『종교적 경험의 다양성: 인간 본성의 연구』, 『말할 수 없는 것을 말함: 신에 대한 우리 시대의 질문』 세 저작의 교육적 함의 연구(『單純理性限度內的宗教』, 『宗教經驗之種種: 人性的探究』, 『不可言說的言說: 我們時代的上帝問題』三書敎育蘊義之研究)」, 政治大學敎育研究所.

⑦ 2007년, 임영숭(林永崇), 「칸트의 도덕철학을 통해 기업시민의식의 정당화를 논함(從康德的道德哲學論企業公民觀的證成)」, 中央大學哲學研究所.

⑧ 2008년, 채행지(蔡幸芝), 「칸트 미학의 구상력 연구(康德美學中的構想力研究)」, 政治大學哲學研究所.

⑨ 2012년, 소언진(蘇彦蓁), 「칸트, 맹자, 순자의 인성론 비교 연구(康德, 孟子與荀子人性論比較研究)」, 東海大學哲學研究所.

⑩ 2012년, 이종택(李宗澤), 「실러와 공자의 심미교육 사상: 실러의 칸트 비판을 논의의 출발점으로(席勒與孔子的美育思想: 從席勒對康德的批判談起)」, 政治大學哲學研究所.

한편 황진화 외에 서양에서 칸트철학으로 박사학위를 취득한 대만의 학생은 모두 아홉 명이다. 이들 논문을 저자, 논문 제목, 학교 순으로 열거하면 다음과 같다.

① 주고정(朱高正, Ju, Gau-Jeng), "Kants Lehre vom Menschenrecht und von den staatsbürgerlichen Grundrechten"(『칸트의 인권과 기본민권 학설』), Bonn, 1985; Würzburg: Königshausen & Neumann, 1990.

② 이명휘(李明輝, Lee, Ming-huei), "Das Problem des moralischen Gefühls in der Entwicklung der Kantischen Ethik"(『칸트 윤리학의 발전에서 도덕정감의 문제), Bonn, 1986; 臺北: 中央研究院中國文哲研究所, 1994.

③ 광금륜(鄺錦倫, Kwong, Kam-lun), "Hegel's Critique of Kant's Morality"(『칸트 도덕에 대한 헤겔의 비판』), University of Missouri-Columbia, 1988.

④ 대화(戴華, Tai, Hua Terence), "The Objective and Subjective Deductions in Kant's Critique of Pure Reason"(『칸트의 『순수이성비판』에서 객관적 연역과 주관적 연역』), Cornell University, 1989.

⑤ 왕흠현(王欽賢, Wang, Chin-hsien), "Kants Lehre vom Gewissen"(『칸트의 양심학설』), Basel, 1993.

⑥ 진요화(陳瑤華, Chen, Jau-hwa), "Kants Gottesbegriff und Vernunftreligion"(『칸트의 신 개념과 이성종교』), Bonn, 1993.

⑦ 뢰현종(賴賢宗, Lai, Shen-chon), "Gesinnung und Normenbegründung. Kants Gesinnungsethik in der modernen Diskussion"(『존심과 규범 세우기: 현대에 논의되는 칸트의 존심윤리학』), München, 1998; Neurid: Ars Una, 1998.

⑧ 진사성(陳士誠, Chen, Shih Chen), "Freiheit und Zurechenbarkeit. Eine kritische Untersuchung der reinen Ethik Immanuel Kants"(『자유와 귀책가능성: 칸트의 순수윤리학에 대한 비판적 연구』), TU Berlin, 2003.

⑨ 정지충(鄭志忠, Jeng, Jyh-Jong), "Natur und Freiheit. Eine Untersuchung

zu Kants Theorie der Urteilskraft"(『자연과 자유: 칸트의 판단력이론 연구』),
Würzburg, 2003; Amsterdam: Editions Rodopi B.V., 2004.

한편, 대만국가도서관의 '중화민국 기간논문색인(中華民國期刊論文索引)'
을 검색하면 칸트철학에 관련된 논문 398편과 번역서 30권을 찾을 수 있
다. 이러한 논문들 중에는 중국 대륙, 홍콩 및 해외 화교 학자들의 논문
도 일부 포함되어 있으므로 이들 모두를 대만 학자의 연구 성과로 간주
할 수는 없다. 이 밖에도 앞에서 소개한 황진화의 논문들처럼 나중에 단
행본 연구서로 엮어 출판되거나 개인의 논문집에 포함된 논문들도 상당
수 있다.

다음으로 칸트 저작의 번역을 보자. 위에서 논한 바와 같이 모종삼의
경우에는 영역본에 근거하여 칸트의 주요 저술에 역주(譯註) 작업을 가했
다. 그 외에 직접 독일어 원서를 번역한 것으로는 황진화의『판단력비판
역주』를 제외하면 모두 이명휘의 손에서 나왔다. 그 목록은 다음과 같다.

① 『시령자의 꿈(通靈者之夢, *Träume eines Geistersehers, erläutert durch
Träume der Metaphysik*)』, 臺北: 聯經出版公司, 1989.
② 『도덕형이상학의 기초(道德底形上學之基礎, *Grundlegung zur Metaphysik
der Sitten*)』, 臺北: 聯經出版公司, 1990.
③ 『칸트 역사철학 논문집(康德歷史哲學論文集)』, 臺北: 聯經出版公司,
2002.
④ 『학으로 등장할 수 있는 모든 미래의 형이상학에 대한 서론(一切能作爲學問
而出現的未來形上學之序論, *Prolegomena zu einer jeden künftigen Metaphysik,*

die als Wissenschaft wird auftreten können)』, 臺北: 聯經出版公司, 2008.

⑤『도덕형이상학(道德底形上學, *Metaphysik der Sitten*)』, 臺北: 聯經出版公司, 출간 예정.

이 가운데 『칸트 역사철학 논문집』에 수록된 칸트의 논문들은 다음과 같다.

① 「세계 시민적 관점에서 본 보편사의 이념(在世界公民底觀點下的普遍歷史 之理念)」, 1784.

② 「계몽이란 무엇인가?'에 대한 답변(答'何謂啓蒙?'之問題)」, 1784.

③ 「헤르더의 『인류사의 철학에 대한 이념』 1, 2부에 대한 논평(評赫德爾『人 類史底哲學之理念』第一, 二卷)」, 1785.

④ 「추측해본 인류 역사의 기원(人類史之臆測的開端)」, 1786.

⑤ 「'이론에서는 옳을지 모르지만, 실천에 대해서는 쓸모없다'는 속설에 대 하여(論俗語所謂: 這在理論上可能是正確的, 但不適於實踐)」, 1793.

⑥ 「만물의 종말(萬物之終結)」, 1794.

⑦ 「다시 제기된 문제: 인류는 더 나은 상태를 향해 계속해서 진보하고 있 는가?(重提的問題: 人類是否不斷地趨向於更佳的境地)」, 이 글은 1797년에 저술 된 것으로, 이듬해에 출판된 『학부 간의 논쟁』에 수록됨.

⑧ 「영구평화론: 하나의 철학적 기획(論永久和平: 一項哲學性規畫)」, 1795.

위에서 열거한 다섯 권의 번역서 가운데 뒤의 세 권은 국가과학위원회 (國家科學委員會)에서 추진한 '인문사회과학 경전역주 연구계획(人文及社會科 學經典譯注研究計畫)'의 성과에 속한다. 이들 번역서는 「역자해설」, 주석, 참고문헌 등을 포함하고 있으며, 앞의 두 권도 「역자해설」과 주석을 포함하고 있다.

다음으로 칸트 관련 2차 문헌의 번역은 아래와 같은 책들을 포함하고 있다.

① 바움가르트너(Baumgartner, Hans Michael), 이명휘(李明輝) 역, 『칸트《순수이성비판》읽기(康德『純粹理性批判』導讀)』, 臺北: 聯經出版公司, 1988.

② 카시러(Cassirer, Ernst), 맹상삼(孟祥森) 역, 『루소, 칸트, 괴테(盧梭, 康德與歌德)』, 臺北: 龍田出版社, 1978.

③ 가드너(Gardner, Sebastian), 유육조(劉育兆) 역, 『칸트와 순수이성비판(康德與純粹理性批判)』, 臺北: 五南圖書公司, 2009.

④ 헨리히(Henrich, Dieter), 팽문본(彭文本) 역, 『칸트와 헤겔 사이: 독일관념론 강연록(康德與黑格爾之間: 德意志觀念論講演錄)』, 臺北: 商周出版, 2006.

⑤ 야스퍼스(Jaspers, Karl), 뢰현방(賴顯邦) 역, 『칸트(康德)』, 臺北: 自華書店, 1986.

⑥ 쾨르너(Körner, S.), 채영문(蔡英文) 역, 『칸트(康德)』, 臺北: 長橋出版社, 1978.

⑦ 크로너(Kroner, Richard), 관자윤(關子尹) 역, 『칸트와 헤겔 연구(論康德與黑格爾)』, 臺北: 聯經出版公司, 1985.

⑧ 쿠엔(Kuehn, Manfred), 황첨성(黃添盛) 역, 『칸트: 한 철학자의 전기(康德: 一個哲學家的傳記)』, 臺北: 商周出版, 2005.

⑨ 스크러튼(Scruton, Roger), 척국웅(戚國雄) 편역, 『철학의 종소리: 칸트(哲學之鐘: 康德)』, 臺北: 時報出版公司, 1983.

⑩ 스크러튼(Scruton, Roger), 채영문(蔡英文) 역, 『칸트(康德)』, 臺北: 聯經出版公司, 1984.

⑪ 워커(Walker, Ralph), 하서린(賀瑞麟) 역, 『칸트(康德)』, 臺北: 麥田出版社, 2011.

⑫ 벤첼(Wenzel, Helmut Christian), 이순령(李淳玲) 역, 『칸트미학(康德美學)』, 臺北: 聯經出版公司, 2011.

위의 문헌들 중에 로저 스크러튼의 책 두 권은 모두 그의 영문 저서 *Kant*(Oxford: Oxford University Press, 1982)를 번역한 것으로, 역자만 다르다. 다만 척국웅은 부록으로 『순수이성비판』, 『도덕형이상학의 기초』, 『판단력비판』 가운데 일부를 발췌하여 번역해 실었다. 또한 『칸트미학』은 독일 출신 학자인 벤첼(중문 이름 文哲)의 영문 저서 *An Introduction to Kant's Aesthetics: Core Concepts and Problems*(Oxford: Blackwell, 2005)를 번역한 것이다. 벤첼은 오랜 기간 대만에서 교편을 잡고 있으며, 현재는 국립대만대학 철학과 교수로 있다. 그의 저술로는 이 밖에 1999년 독일의 부퍼탈(Wuppertal) 대학에 제출한 박사 논문을 바탕으로 한 독일어 저서 *Das Problem der subjektiven Allgemeingültigkeit des Geschmacksurteils bei Kant*(『칸트의 취미판단에 대한 주관적 보편타당성의 문제』)(Berlin: Walter de Gruyter, 2000)가 있다. 그는 중국어로 논문을 작성할 수 없는 관계로 주로 독일어나 영어로 논문을 작성하여 서양의 철학 저널에 발표하고 있다.

마지막으로, 칸트철학에 관한 연구서는 다음과 같다. 필자가 수집한 바에 따르면, 앞에서 언급한 책을 제외하면 총 18종이다.

① 주고정(朱高正), 『칸트사론(康德四論)』, 臺北: 臺灣學生書局, 2001.

② 오강(吳康), 『칸트철학(康德哲學)』, 臺北: 中華文化出版事業委員會, 1955; 臺北: 臺灣商務印書館, 1973.

③ 오강(吳康), 『칸트철학간편(康德哲學簡篇)』, 臺北: 臺灣商務印書館, 1967.

④ 이순령(李淳玲), 『칸트철학 문제의 현대적 사색(康德哲學問題的當代思索)』, 嘉義縣: 南華大學社會學研究所, 2004.

⑤ 임현영(林顯榮), 『칸트의 법률철학(康德法律哲學)』, 개인인쇄, 1969.

⑥ 손진청(孫振靑), 『칸트의 비판철학(康德的批判哲學)』, 臺北: 黎明文化事業有限公司, 1984.

⑦ 고광부(高廣孚), 『칸트 교육사상 연구(康德敎育思想的研究)』, 臺北: 臺灣商務印書館, 1968.

⑧ 장설주(張雪珠), 『도덕원리의 탐구: 1785년까지의 칸트 윤리학의 발전(道德原理的探討: 康德倫理學至1785年的發展)』, 臺北: 文史哲出版社, 1997.

⑨ 노사광(勞思光), 『칸트인식론 요의(康德知識論要義)』, 香港: 友聯出版社, 1957; 『칸트인식론 요의 신편(康德知識論要義新編)』, 香港: 中文大學出 版社, 2001.

⑩ 정기량(鄭基良), 『왕양명과 칸트의 도덕철학 비교 연구(王陽明與康德道德哲學的比較研究)』, 臺北: 文史哲出版社, 2013.

⑪ 노설곤(盧雪崑), 『의지와 자유: 칸트 도덕철학 연구(意志與自由: 康德道德哲學研究)』, 臺北: 文史哲出版社, 1997.

⑫ 노설곤(盧雪崑), 『실천주체와 도덕법칙: 칸트 실천철학 연구(實踐主體與道德法則: 康德實踐哲學研究)』, 香港: 志蓮淨苑出版部, 2000.

⑬ 노설곤(盧雪崑), 『칸트의 자유학설(康德的自由學說)』, 臺北: 里仁書局, 2009.

⑭ 노설곤(盧雪崑), 『물자체와 예지체(物自身與智思物)』, 臺北: 里仁書局, 2010.

⑮ 뢰현종(賴賢宗), 『칸트와 피히테, 그리고 청년 헤겔의 윤리신학(康德,費希特和靑年黑格爾論倫理神學)』, 臺北: 桂冠書局, 1998.

⑯ 광지인(鄺芷人), 『칸트윤리학 원리(康德倫理學原理)』, 臺北: 文津出版社, 1992.

⑰ 장설주(張雪珠), 『철학자들의 신론: 아리스토텔레스, 토마스 아퀴나스, 칸트, 헤겔의 신에 관한 논증(哲學家論上帝: 亞里斯多德, 多瑪斯, 康德, 黑格爾論證上帝)』, 臺北: 文史哲出版社, 1997.

⑱ 장설주(張雪珠, Chang, Hsüeh-chu Maria), *Die Einheit der Wirklichkeit. Kants Gotteslehre in metaphysischer Perspektive*(『현실성의 통일: 형이상학의 시각에서 본 칸트의 신론』), Frankfurt/M.: Peter Lang, 1996.

5. 대만에서의 칸트철학의 발전

지면이 한정되어 위에서 소개한 연구서의 내용을 일일이 소개할 수는 없으므로, 여기서는 노사광(1927~2012)과 이순령의 저서만을 간략히 설명하겠다. 노사광의 『칸트인식론 요의』를 특별히 언급하는 이유는 그의 논리가 명료하여 지금까지도 중화권 독자들이 칸트의 인식론을 이해할 때 이 책을 중요한 참고 자료로 사용하고 있을 뿐 아니라, 노사광 스스로가 창조적인 철학자로서 칸트 연구가 그의 사상 발전에도 깊은 영향을 미쳤기 때문이다.[17] 노사광은 이 책의 「서문」에서 '기원 문제 연구법(基源問題的研究法)', 즉 '한 체계의 기원 문제에서 그 전체를 파악하는 방법'을 제시하였다. 그의 관점에 의하면, 칸트 인식론의 기원 문제는 '본체 (Noumena)에 대한 인식은 가능한가?'이다. 나중에 『중국철학사(中國哲學 史)』(전 3권)를 저술하면서 그는 1권의 「서문」에서 '기원 문제 연구법'에 대 해 더욱 상세하게 설명했고, 이를 중국철학사 연구에 응용하였다.[18] 이 밖에도 노사광이 칸트에게 받은 영향은 그의 『중국철학사』 곳곳에서 드 러난다. 예컨대 그는 2권에서 『중용(中庸)』과 『역전(易傳)』을 한대(漢代)의 철 학으로 귀속시키고, 한대 유학의 발전을 '심성론 중심의 철학'에서 '우주 론 중심의 철학'으로 잘못 빗나간 것으로 간주했다.[19] 이는 분명 칸트가 '도덕신학(Moraltheologie)'과 '신학적 도덕학(theologische Moral)'을 구분하 고 주체철학의 관점에서 후자를 배척한 것에 영향을 받은 것이다.[20] 심지 어 노사광은 이러한 관점을 송명 유학 연구에도 관철시켰다. 그의 입장 은 다음과 같다.

송대(宋代) 유학자들은 비록 공맹(孔孟)으로 되돌아가는 것을 종지(宗旨)로 삼았지만, 공맹의 학설에 대한 송대 유학자들의 이해에는 매우 커다란 착오가

∙∙
17) 노사광의 『칸트인식론 요의 신편(康德知識論要義新編)』(香港: 中文大學出版社, 2001)은 관자 윤(關子尹)이 재편집한 것으로, 말미에 「노사광 교수의 칸트철학 관련 초기저작 일람표(勞思 光教授早年論及康德哲學著作一覽表)」(pp. 211~212)가 부록으로 실려 있다. 이를 통해 노사광 이 칸트철학을 수용한 과정을 이해할 수 있다.
18) 다음을 참고. 林麗眞 등, 「노사광 『중국철학사』에 대한 검토(勞思光『中國哲學史』的檢討)」, 『中國 文哲研究通訊』 제1권 2기(1991. 6), pp. 103~131.
19) 다음을 참고. 勞思光, 『신편중국철학사(新編中國哲學史)』(臺北: 三民書局, 1987, 增訂再版), 第 2卷, pp. 7~9. [참고로 한국어 번역본의 해당 부분은 다음과 같다: 정인재 역, 『중국철학사 (漢唐篇)』(서울: 탐구당, 1987, 초판), pp. 2~5].
20) Kant, *Kritik der reinen Vernunft*(이하 *KrV*로 약칭), hrsg. von Raymund Schmidt (Hamburg: Felix Meiner, 1976), A632/B660 Anm.(A=1781년 제1판, B=1787년 제2판).

있었다. 즉 '심성론(心性論)'의 특성을 깊이 가려내지 못했고, 형이상학과 우주론을 한데 뭉뚱그려 동일하게 취급했다. 결국 북송(北宋) 유학자들은 매우 이른 시기부터 형이상학이나 우주론 체계(또는 이 두 가지를 혼합한 체계)를 구축하는 데 힘을 쏟았으며, 공맹이 말하는 '심성(心性) 문제'도 이러한 체계 속에 놓고 설명하려고 했다. 이로 말미암아 송명 유학의 이론은 애초부터 공맹이 건립한 학설의 본래 취지와 근본적으로 거리를 갖게 되었다.[21]

이순령은 모종삼의 제자로서, 모종삼의 지도로 국립대만대학 철학연구소에서 석사학위를 취득한 후, 미국으로 건너가 의학을 공부하여 정식 침구의사(針灸醫師)가 되었다. 그의 저서 『칸트철학 문제의 현대적 사색(康德哲學問題的當代思索)』에 수록된 「칸트인식론을 통해 21세기 전통중국의학의 활로를 모색함(從康德的認識論探討傳統中醫在二十一世紀可能的走向)」과 「칸트철학을 통해 '전통중국의학'을 '철학'과 '과학'의 두 측면에서 바라봄(從康德哲學看'傳統中醫'作爲'哲學'與作爲'科學'的兩面向)」 두 논문은 칸트의 인식론에 입각하여 전통중국의학을 자리매김한 것으로, 그 관점이 매우 독특하다. 칸트는 순수이성의 '구성적 원리(konstitutives Prinzip)'와 '규

---

21) 勞思光, 『新編中國哲學史』, 第3卷上, p. 76. [참고로 한국어 번역본의 해당 부분은 다음과 같다: 정인재 역, 『중국철학사(宋明篇)』(서울: 탐구당, 1987), p. 89.] 이러한 관점에서 노사광과 모종삼의 관점은 서로 다르다. 모종삼의 관점에 의하면, 『중용』과 『역전』, 그리고 송명 유학자들의 형이상학 및 우주론은 '우주론 중심의 철학'이 아니다. 그 때문에 그들의 체계는 결코 칸트가 말하는 '신학적 도덕학'에 속하지 않으며, 오히려 일종의 '도덕형이상학(moral metaphysics)'에 속한다. 바꾸어 말하면, 『중용』과 『역전』의 저자와 송명 유학자들은 도덕심성론(道德心性論)의 기초 위에 형이상학과 우주론을 건립한 것이지, 천인상응설(天人相應說)과 같은 특정한 형이상학이나 우주론을 근거로 인간의 도덕을 규정한 것이 아니다. 모종삼의 관점은 『심체와 성체(心體與性體)』(一), 『모종삼선생전집』(臺北: 聯經出版公司, 2003), 第5册, pp. 34~38을 참고.

제적 원리(regulatives Prinzip)'를 구분했다.[22] 이순령은 이러한 칸트의 구분을 근거로 다음과 같이 평가했다: 전통중국의학이 음양오행에 의거하여 건립한 학설은 '유비(類比)'의 원리를 통해 발전한 것으로 이 '유비'의 원리는 '규제적 원리'일 뿐 '구성적 원리'가 아니다.[23] 반면, 현대의 서양의학은 기본적으로 "수학, 물리학, 화학 등의 직관과 기계적 인과성을 따르는 구성적 원리에 의해 발전한 것으로, 경험실재적인 물질적 기초를 갖추고 있다."[24] 또한 이순령은 다음과 같이 주장한다: 전통적 중국의학은 반드시 '철학적 중국의학(哲學中醫)'에서 '과학적 중국의학(科學中醫)'으로 전환되어야 하며, 이 경우 그것이 근거로 삼는 원리는 더 이상 음양오행론(陰陽五行論)이어서는 안 되고, 반드시 '정성(定性)·정량(定量)' 분석의 범주화 과정이어야 한다.[25] 더 나아가 그는 주장한다: 전통중국의학의 경험적 실천은 이미 정성·정량 분석의 경험지식을 상당히 축적했다. 침구학(針灸學)에서 경혈을 측정할 때 사용하는 인체의 치수, 약제학에서 약의 용량을 측량하는 단위(錢兩分毫), 심지어 음양오행 자체의 수량화 등을 예로 들 수 있다. 전통중국의학에서 이렇게 경험과학에 속하는 부분은 미래의 '과학적 중국의학'을 개척하는 토대가 될 수 있고, 아울러 보편적인 의학의 일부분이 될 수 있을 것이다.[26] 그러나 한편으로 그는 다음과 같이 지적한다: 만약에 우리들이 '총체성'과 '생명 전체'의 관점에서 육체와 정신의 관계라는 특수한 학문을 토론하려 한다면, 이는 단지 '철학적 중국의학'의

••

22) *KrV*, A508ff./B536ff.

23) 李淳玲, 『칸트철학 문제의 현대적 사색(康德哲學問題的當代思索)』, p. 201.

24) 같은 책, p. 214.

25) 같은 책, p. 257.

26) 같은 책, pp. 257~258.

영역에 속하며 단지 규제적 원리의 작용만을 가질 수 있을 뿐, 결코 과학적 의학 또는 병리학으로 취급될 수 없다.[27] 최종적으로 그는 다음과 같이 결론을 내린다.

전통중국의학에는 '변증(辨症: 병의 증상을 바탕으로 병의 성질과 진행 상황을 진단하는 방법)'이라는 방법이 있지만 이를 '병리학'으로 발전시키지는 못했다. 솔직하게 말하면, 이는 종래의 중국의학이 아직 과학의 범위에 진입하지 못했기 때문이지, 중국에 별도의 과학적 의학이 있어서 전통중국의학이 과학화될 필요가 없었던 것은 아니다.[28]

2004년 9월 칸트 서거 200주년을 기념하여 국립정치대학 철학과에서 '칸트철학회의'를 개최했다. 이 자리에서는 총 32명의 서양 학자와 대만 학자가 참석하여 강연을 하거나 논문을 발표했다. 그중에는 바움(Manfred Baum), 회페(Otfried Höffe), 뵈메(Gernot Böhme), 노사광 등의 저명한 학자도 포함되어 있었다. 이 학술회의는 비록 논문집을 따로 출간하지는 않았지만 『국립정치대학철학학보(國立政治大學哲學學報)』 제13기(2005) 이래로 일부 논문이 잇따라 게재되었다.

이상으로 전후 대만의 칸트 연구를 간략하게 회고해보았다. 여기에서 우리는 몇 가지 결론을 도출할 수 있다. 청말(淸末) 이래로 중국의 학술계가 칸트철학을 흡수했던 일련의 과정을 살펴보면,[29] 전후 대만의 칸트 연

••
27) 같은 책, p. 258.
28) 같은 책, p. 258.

구는 의심의 여지없이 이러한 과정의 연속선상에 있다. 대부분의 작업은 칸트 저작의 번역과 소개에 집중되었으며, 이러한 번역과 소개는 주로 칸트의 3비판서와 『도덕형이상학의 기초』에 집중되었을 뿐, 상대적으로 칸트의 초기 사상이나 만년의 법철학, 정치철학, 역사철학 및 교육철학에 대해서는 소홀했다. 장년풍(蔣年豊, 1955~1996)은 「모종삼과 하이데거의 칸트 연구(牟宗三與海德格的康德研究)」[30]와 「칸트와 롤스: 정의감과 현대사회(康德與羅爾斯: 公道感與現代社會)」[31] 두 편의 논문을 발표했다. 또한 그는 이른바 '해양문화(海洋文化)의 유학'을 구상했다.[32] 이 구상에 따르면, 그는 현대 신유가에서 제시한 "유학을 통해 민주를 연다(儒學開出民主)"는 주장을 긍정하면서도 비판적 입장을 견지했다. 즉 그가 보기에 신유가는 칸트 법정철학(法政哲學, legal and political philosophy)의 자원을 충분히 활용하지 못했으며, '법정주체(法政主體)'를 건립하는 측면에서 여전히 미흡하다. 이런 맥락에서 장년풍은 '칸트에서 롤스에 이르는' 발전을 통해 이상의 문제를 해결하고자 시도했다.[33] 그러나 안타깝게도 1996년에 세상

∴

29) 각주 12에서 소개한 李明輝, 「현대 중국에서의 칸트철학(康德哲學在現代中國)」, 黃俊傑 編, 앞의 책, pp. 89~134를 참조할 것. 또한 李明輝, 「왕국유와 칸트철학(王國維與康德哲學)」, 『中山大學學報(社會科學版)』(2009) 第6期, pp. 115~126을 참조할 것.

30) 『서양철학과의 대화(與西方哲學對話)』(臺北: 桂冠圖書公司, 2005), pp. 45~64에 수록.

31) 『텍스트와 해석(2): 서양해석학의 관점(文本與詮釋(二): 西方解釋學觀點)』(臺北: 桂冠圖書公司, 2000), pp. 33~58에 수록.

32) 다음을 참고: 「해양문화의 유학은 어떻게 가능한가?(海洋文化的儒學如何可能?)」, 『해양유학과 법정주체(海洋儒學與法政主體)』(臺北: 桂冠圖書公司, 2005), pp. 241~254.

33) 다음을 참고: 李明輝, 「해양유학'과 '법정주체'에 대한 반성(海洋文化'與'法政主體'的省思)」, 中山大學西學東漸文獻館 主編: 『서학동점연구(西學東漸研究)』, 第一輯(北京: 商務印書館, 2008), pp. 200~215; 林維杰 編: 『텍스트해석과 사회실천: 장년풍 교수 서거 10주년 기념논문집(文本解釋與社會實踐: 蔣年豊教授逝世十週年紀念論文集)』(臺北: 臺灣學生書局, 2008), pp. 1~25.

을 떠나는 바람에 자신의 구상을 완성하지 못했다. 필자의 근래 칸트 연구의 방향도 말하자면 그가 제시한 방향으로 발전하는 중이다.

그 밖에 다음의 사실에 주목할 수 있다. 1970년대 이전에 대만의 학자들은 주로 영역본을 통해 칸트철학을 접했다. 그러나 황진화의 영향으로 1980년대부터 대만의 학생들이 독일로 건너가 칸트철학을 공부하기 시작하면서, 독일어는 마침내 대만 학계에서 칸트철학을 받아들이는 기본적인 매개체가 되었다. 필자의 경우 1977년부터 1981년까지 국립대만대학 철학연구소에서 공부할 때, 황진화 선생의 지도로 석사 과정을 마쳤다. 황진화 선생은 필자에게 독일어 문헌을 가지고 연구할 것을 엄격하게 요구했다. 그러나 오늘날 중국 대륙의 상황을 살펴보면, 적지 않은 칸트철학 관련 논문들이, 심지어 박사 논문까지도 여전히 수준이 들쭉날쭉한 중국어 번역서에 의지하고 있는 실정이다.

이론의 발전 측면을 보면, 모종삼, 황진화, 노사광의 영향 아래에서 칸트철학은 중국의 철학과 문화를 해석할 때 참고하는 중요한 이론체계로 자리 잡았으며, 동시에 현대 신유학의 중요한 사상적 자원이 되었다. 이는 바로 칸트철학 분야의 선배 연구자인 정흔(鄭昕, 1905~1974)의 다음과 같은 말을 증명한다고 하겠다. "칸트철학을 능가하는 새로운 철학이 나올 수도 있으리라. 그러나 칸트를 거치지 않고서는 한갓 조잡한 철학만이 나올 것이다."[34](김혜수·정종모 공역)

⁞

34) 鄭昕, 『칸트학술(康德學述)』(臺北: 先知出版社, 1974), 「弁言」, p. 1.

3

일본의 칸트철학 수용과 연구

일본 칸트 연구의 역사와
오늘날의 과제 1862~1945

마키노 에이지(牧野英二)

호세이대학 대학원 교수(法政大學大學院敎授)

1. 글을 시작하며: 이 글의 목적과 고찰 범위

우선 본 고찰의 주요 의도 내지 목적을 간단히 설명해두고자 한다. 일찍이 후나야마 신이치(船山信一)는 『메이지철학사연구〔明治哲學史硏究〕』의 서두에서 다음과 같은 견해를 제시했다: "일본 근대 철학사의 시작은 니시 아마네(西周)와 츠다 마미치(津田眞道)가 네덜란드에 건너간 분큐(文久) 2년(1862)에 둔다."[1] 이 견해가 틀리지 않다면, 일본의 근대 철학사는

----

1) 船山信一, 『明治哲學史硏究』(ミネルヴァ書房, 1959), p. 2. 또한 후나야마 학설의 전거가 되는 아소 요시테루(麻生義輝)의 『근세일본철학사〔近世日本哲學史〕』(近藤書店, 1942)는 이 시기의 상세한 자료에 근거하여 실증적 연구를 바탕으로 다음과 같이 논하였다: "이와 같이 분큐 2년에 니시 아마네에 의해 철학 연구가 시작되었다"(p. 45), "니시 아마네가 철학 연구의 선구자 중 한 사람이었다는 것에는 의심의 여지가 없다"(p. 45), "츠다 마미치야말로 철학 연구의 탄생에 관여한 사람이라고 보지 않으면 안 될 것이다."(p. 46) 게다가 그는 두 사람의 친밀한 개인적 관계까지 깊이 파고들어 논하였다. 현재 이러한 아소 요시테루와 후나야마 신이치의

2012년으로 150년의 역사를 경과한 것이 된다. 그렇다면 '일본의 칸트철학 연구사의 시작'은 언제쯤이 될까? 또한 '일본의 칸트철학 연구사'는 어떠한 특징과 의미가 있으며, 어떠한 과제를 발굴해왔을까?

　본 논고에서는 우선 일본에서 칸트철학 문헌이 번역되고, 수용 연구된 역사적 경위를 밝힌다. 둘째로, 메이지(明治) 초기에 근대화를 추진한 이래 오늘날에 이르기까지 칸트철학의 수용사 및 연구사의 특징을 해명한다. 단, 본고에서는 고찰의 범위를 1862년부터 1945년까지로 한정하고, 속편에서 1946년부터 2013년까지의 칸트 수용사 및 연구사를 고찰하기로 한다. 마지막으로, 일본의 서양철학 연구사에서 가장 긴 역사와 가장 많은 성과를 보유하고 있는 칸트철학 연구의 의의와 과제를 밝힌다.

　다음으로, 본고에서 필자가 채용한 고찰 방법을 설명하겠다. 필자는 일본의 칸트 연구 경향 및 그 사회적·사상적 배경에 주목함으로써 칸트 수용사의 역사적·사회적 의의를 밝히고자 한다.

　결론부터 말하자면, 첫째, 일본 칸트 연구의 역사는 당시 일본 사회나 학술계의 강력한 영향하에 있었고, 그와의 상호작용이자 저항의 역사이기도 했다. 메이지 시기의 군국주의에 대한 비판적 논조가 칸트의 『영원평화론』을 고찰하게 된 계기가 되었다거나, 다이쇼(大正) 시대의 인격주의적 칸트 해석을 낳은 것이 그 예이다. 한편, 제2차 세계대전 이후 민주화의 흐름에 따라 많은 민주적 성향의 지식인들이 마르크스주의 철학 연구로 방향을 바꾸고, 그 영향으로 칸트철학이 관심에서 멀어지게 된 경위도 같은 맥락에서 볼 수 있다.

둘째, 일본 칸트 연구의 특징은 다음과 같이 정리할 수 있다. 처음에는 이론철학의 인식론적 해석에서 시작되었고, 이후 다이쇼 교양주의의 영향으로 실천철학, 특히 자유 및 인격성을 중시하는 방향으로 향했으며, 러시아혁명의 영향으로 마르크스주의와의 관련성 측면에서 칸트와 사회주의의 관계를 고찰하는 연구나 관련 번역물의 간행도 시도되었다. 또한 제2차 세계대전 이후, 『판단력비판』이나 『영원평화론』, 역사철학 연구가 급속히 고조되고, 전(前) 비판기부터 만년의 유고 연구까지 포함하는 칸트철학의 전체상을 파악하는 연구 경향이 강해졌다. 게다가 흄(David Hume), 루소(Jean-J. Rousseau), 볼프(Christian Wolff) 학파와 칸트의 관계에 대해 원전에 의거하여 영향사를 연구하는 움직임도 활발해졌다. 근년에는 포스트모더니즘의 칸트 미학이나 숭고론 연구에서 촉발된 논고가 증가하였고, 영미 철학의 영향으로 정치철학이나 정의론과의 관련성 측면에서 칸트철학을 연구하는 학자도 적지 않다.[2] 그러나 칸트의 종교론에 대한 연구는 다른 연구 분야에 비해, 일본 칸트 연구의 긴 역사에서

··

2) 칸트와 포스트모더니즘의 관계, 그리고 필자가 칸트주의 입장에서 포스트모더니즘에 대해 비판한 부분은 마키노 에이지, 『칸트 읽기: 포스트모더니즘 이후의 비판철학〔カントを讀む: ポストモダニズム以後の批判哲學〕』(岩波書店, 2003) 참고. 20세기 서양철학 전반에 대한 칸트 철학의 영향에 관해서는 다음의 일본어 자료 참고. Tom Rockmore, 사이토 모토키(齋藤元紀) 외 공역, 마키노 에이지 감수, 『칸트의 항적 안에서: 20세기의 철학〔カントの航跡のなかで: 二十世紀の哲學〕』(法政大學出版局, 2008; In Kant's Wake: Philosophy in the Twentieth Century, Blackwell 2006).

가장 취약한 영역으로 남아 있다. 한마디로 말하자면, 일본의 칸트 연구와 해석의 동향과 특징은 항상 국내외 학술계의 정세, 특히 정치적 상황 및 서양 여러 학문의 발전에 따른 영향하에 있었다. 150년에 달하는 일본의 칸트 수용사는 이상과 같이 간략하게 정리할 수 있다.

셋째, 필자가 보기에 일본의 칸트철학 연구 방법에는 다음의 네 가지 주요 특징이 있다. 첫째 특징은 칸트철학의 정확한 이해와 충실한 텍스트 해석을 꾀하는 내재적 연구이다. 둘째 특징은 칸트철학에 대해 비판적인 철학의 입장에서 접근하는 외재적 연구 내지 해석이다. 예를 들면, 발전사적 측면에서 헤겔과 연계하여 연구하거나, 칸트철학을 보수적 개인주의라고 비판하는 마르크스주의 진영의 연구를 들 수 있겠다. 셋째 특징은 일본 전통 사상이나 철학자, 사상가와 칸트철학을 비교 연구하는 것이다. 예를 들면, 불교나 니시다 키타로(西田幾多郞) 철학과의 비교 연구가 있다. 넷째 특징으로, 오로지 서양의 칸트 연구 문헌을 번역하고 소개하는 데 힘쓰는 연구자도 여전히 적지 않다. 이 네 가지 주요한 특징은 메이지 이후 오늘날에 이르기까지 칸트철학의 연구나 번역의 정확성 측면에서 수준 차이가 있기는 하지만, 기본적으로 큰 변화는 없다고 말할 수 있다.

마지막으로, 일본의 칸트철학 수용사에서 볼 수 있는 두드러진 특징으로, 다이쇼 시기까지 일본의 철학 연구는 칸트철학 연구가 지배적이었다는 점을 들 수 있다. 그러나 일본의 칸트철학 연구는 신칸트학파의 영향하에서 칸트를 수용하고 해석했다는 점에서 철학 연구 및 칸트철학 연구에 한계와 과제를 남겼다. 더구나 이러한 칸트 연구의 특징이나 철학 연구의 과제 등은 오늘날까지도 일본의 철학 연구나 칸트철학 연구에서 여전히 볼 수 있는 보편적인 현상이다.

필자는 이상의 인식에 기초하여, 아래에서는 칸트철학 관련 문헌을 구체적으로 고찰하고자 한다. 위에서 밝혔듯이 본고에서는 '일본 칸트 연구의 역사와 오늘날의 과제'라는 주제로, 메이지 시대, 다이쇼 시대, 그리고 쇼와(昭和) 전반기에 해당하는 제2차 세계대전 패전까지로 논의 범위를 한정하겠다.

2. 메이지 시기 전반(1863~1886)까지의 칸트 수용사

필자는 먼저 에도막부(江戶幕府) 말기부터 메이지 20년대 전반까지의 칸트철학 수용사를 회고해보고자 한다. 아래에서 설명하겠지만, 일본의 본격적인 칸트 연구는 메이지 중기에 간행된 키요노 츠토무(淸野勉)의 저서 『주해: 칸트 순리비판 해설〔標註: 韓圖純理批判解說〕』(東京: 哲學書院, 1896. 6, 362면)로 시작된다. 따라서 그 이전까지의 칸트철학 연구는 칸트철학을 철학사적 관점에서 번역하고 소개하는 데 머물렀다. 결국 메이지 전반기는 순전히 서양철학사적 관점에서 칸트철학을 들여와 소개한 시기라고 봐도 무방하다. 또한 일본에서는 철학 연구가 철학사 연구에서 시작되었다는 점에 유의해야 한다. 여기에는 모종의 역사적 필연성이 있는데, 이에 대해 어떤 연구자는 다음과 같이 말했다: "철학사 연구의 필요성은 일찍이 페놀로사(Ernest Fenollosa, 1853~1908)가 강조하였고, 부세(Ludwig Busse, 1862~1907)도 철학사 연구의 필요성을 역설하였다. 그 결과 철학에 뜻을 둔 사람은 먼저 철학사 연구에서 착수하는 것이 관례가 되었다."[3]

다음으로 가장 기본적인 역사적 사실의 확인에서 논의를 시작하고자 한다. 일본인은 언제쯤 칸트의 이름과 그의 철학을 알게 된 것일까? 사실 칸트의 이름이나 그의 철학이 일본에 소개된 시기에 대해서는, 지금도 그다지 알려진 바가 없다. 현재의 문헌학적 연구에 따르면, 에도막부 말기 분큐 3년(1863)에 독일의 상인인 뵈딩하우스(E. Boedinghaus)가 『실용적 관점에서 본 인간학(*Anthropologie in pragmatischer Hinsicht*)』(1798)을 나가사키(長崎)에 가지고 왔다고 전해지고 있다.[4] 이것이 일본의 칸트 철학 문헌 수용과 관련하여 현재 확인된 가장 이른 기록이다. 그러나 그후 이 책이 언제쯤 번역되었는지, 또 그것이 일본에서 어떻게 소개되었는지, 나아가 이 책이 일본의 칸트 수용사에 어떠한 영향을 미쳤는지는 확실하지 않다. 아소 요시테루(麻生義輝)는 다음과 같이 설명한다: "에도막부 말기부터 메이지 초기에 걸쳐, 칸트의 이름이 점차 학자들의 입에 오르내렸고 일본 서적에도 등장했지만, 칸트를 루소, 몽테스키외(Baron de Montesquieu) 등과 나란히 놓고 자유주의, 민권주의, 반유물론(半唯物論), 공리주의에 다름 아닌 것으로 이해하였다. 예를 들면, 카토 코조(加藤弘藏)

---

3) 오츠카 미나오(大塚三七雄), 『메이지유신과 독일사상〔明治維新と獨逸思想〕』(1943, 구판; 長崎出版, 1977, 신판, p. 174.)

4) 오츠카, 앞의 책, p. 149. 이 책은 칸트의 『인간학』이 나가사키에 전해진 경위와 일본 학자가 독일인 원소유자에게서 넘겨받았다는 사실을 기술하고 있다. 또한 다음의 문헌도 참고할 수 있다: 코마키 오사무(小牧治), 『국가의 근대화와 철학: 독일과 일본에서의 칸트철학의 의의와 한계〔國家の近代化と哲學: ドイツ·日本におけるカント哲學の意義と限界〕』, 御茶の水書房, 1978, p. 293f.

[카토 히로유키(加藤弘之)]의 초기 저작 같은 경우가 이에 속한다(1868 작 「立憲政體略」 및 기타 저술).”[5] 그러나 필자가 보기에, 이상의 칸트 이해에 관한 자료는 연구되지 않고 있다.

칸트 및 칸트철학의 수용과 소개는 메이지 시대에 들어 급속도로 전개되었다. 다만, 메이지 초기 이래 한동안은 영국과 프랑스의 철학이 활발히 유입되었고, 독일철학의 수용과 소개는 뒤처졌다. 예를 들면, 메이지 8년(1875) 6월에 간행된 《명육잡지(明六雜誌)》(제38호)에 수록된 니시 아마네의 논문 「인세삼보설(1)〔人世三寶說(一)〕」에는 칸트, 피히테(Fichte), 셸링(Schelling), 헤겔(Hegel) 등의 독일 고전철학 사상이 소개되어 있다. 니시 아마네는 글의 서두에서 “유럽 철학에서 도덕론은 자고로 각종 변화를 거쳐 오늘날에 이르렀고, 시종 단선적으로 전개되지 않았다. 그중에서도 이전의 학설[왕산(王山; 쾨니히스베르크, Königsberg) 학파 칸트(韓圖)의 초묘순연영지(超妙純然靈智, transzendentale reine Vernunft) 학설]이 여전히 성행했다”고 소개하였다.[6] 이 논문에서 니시 아마네는 칸트의 초월론 철학에서 시작된 관념론 철학보다도 오귀스트 콩트(Auguste Comte)의 ‘실리학(實理學, positivisme)’이나 벤담(Jeremy Bentham)의 ‘이학(利學, utilitarianism)’쪽이 새로운 시대의 철학에 걸맞다고 보고 있다. 참고로, 그의 설명에 따르면, ‘인간 세상의 세 가지 보물(三寶)’이란 ‘건강’, ‘지식’, ‘부유(富有)’이며, 이것들이 “인간에게 제일이자 최대의 주안점”인 “일반 복지에 이르는 방

5) 아소 요시테루의 『근세일본철학사〔近世日本哲學史〕』(近藤書店, 1942)의 설명(p. 68)에 따르면, 니시 아마네와 그의 친구인 츠다 마미치의 칸트 이해는 상술한 바와 같은 수준이었다. 또한 카토 코조(히로유키)의 문헌에 대해서는 자세한 내용은 알려져 있지 않다.

6) 《明六雜誌(下)》(岩波文庫), p. 249.

략"이라고 주장하고 있다. 한편, 《명육잡지》(제40호, 1875. 8)에 수록된 「인세삼보설(3)」에서는, 문화의 진전에 따라 인간의 사교적 관계의 영역도 확대될 것이라고 지적하고, "칸트의 이른바 무궁한 평화(無窮和平)[eternal peace]와 사해공화(四海共和)[worldly republic]는 잠시 철학자의 몽상에 부친다"고 논평하며, 칸트의 영원평화론에 관심을 보이고 있다.[7] 니시 아마네의 칸트 이해가 어느 정도 정확한지는 분명하지 않지만, 그가 『영원평화론』에 흥미를 보였다는 점은 이 시기의 다른 연구자들에게서는 볼 수 없는 측면이므로 주의할 만하다.

9년 후, 타케코시 요사부로(竹越與三郎)가 강술한 『독일철학의 영화〔獨逸哲學英華〕』(報告堂, 1884, 133면)에서도 칸트의 비판철학부터 피히테, 셸링, 헤겔에 이르는 관념론 철학을 소개했는데, '임마누엘 칸트 선생(イマヌエル・カント子)'에 관한 논술이 이 책의 절반에 가까운 분량을 차지하고 있다.[8] 덧붙여 말하자면, 사이구사 히로토(三枝博音)는 이 책을 "일본에 처음으로 독일관념론을 들여온 책으로서 높이 평가되어야 한다"고 평했다.[9] 이렇게 칸트를 중시하는 경향은 학술계를 중심으로 점차 강해졌다. 또한 철학관(哲學館, 이후의 東洋大學)의 창설자인 이노우에 엔료(井上円了)는 창설 2년 전인 1885년에 일본 최초의 칸트 초상화로 추정되는 '사성상(四聖像)'을 화가 와타나베 분자부로(渡邊文三郎)에게 위탁하여 제작했다. '사성상'은 인

7) 《明六雜誌(下)》(岩波文庫), p. 300.
8) 타케코시 요사부로 강술, 유이 세이노신(由井正之進) 기록, 『독일철학의 영화〔獨逸哲學英華〕』(報告堂, 1884), pp. 1~57.
9) 『사이구사 히로토 저작집〔三枝博音著作集〕』 第三卷, 「근대 일본철학사〔近代日本哲學史〕」(中央公論社, 1972), p. 180.

도의 석가모니, 중국의 공자, 서양 고대의 소크라테스, 그리고 칸트, 이렇게 네 사람의 인물상이다.[10] 철학 연구자인 이노우에 엔료가 칸트를 석가나 공자와 나란히 놓고 '성인'으로 이해했다는 사실은 일본의 칸트 수용사에서 단순한 에피소드 이상의 의미를 가지고 있다고 생각한다. 이에 대해서는 추후에 설명할 예정이다. 다만, 이 시기까지 보자면, 칸트철학이 일본의 서양철학 연구에서 주류가 되었는지는 의문이다.

이노우에 테츠지로(井上哲次郎)는 「메이지 철학계의 회고〔明治哲學界の回顧〕」에서, 메이지 사상의 조류를 세 단계, 즉 제1기는 메이지 초기부터 23년(1890)까지, 제2기는 메이지 23년부터 러일전쟁이 끝나는 메이지 38년(1905)까지, 제3기는 이후 메이지 45년(1912)까지로 구분하고, 다음과 같이 주장했다: "제3기의 사상 조류는 다이쇼 연간까지(즉 제1차 세계대전까지) 지속되었다."[11] 또한 제1기의 주요 사상 조류는 "대체로 계몽의 시대(Aufklaerungszeit)로서, 영국·미국·프랑스 사상이 우세를 점하고 있었다"고 회고한다. 한편, 제2기에 대해서는 다음과 같이 말하였다: "당시까지 영미 철학을 본위로 했던 것과는 달리, 상황이 크게 변했다. 특히 대학과 기타 강단의 측면에서 그러했다. 따라서 메이지 23년은 다양한 측면에서

---

10) 타카미네 이치구(高峯一愚), 『칸트 순수이성비판 입문〔カント純粹理性批判入門〕』 첫머리의 그림과 「머리말」 참고(論創社, 1979, v~vi). 필자는 전 대북제국대학(臺北帝國大學, 현 국립대만대학) 조교수 타카미네 이치구의 중개로, 이노우에 엔료의 집에 보관되어 있던 '사성상' 족자를 직접 본 적이 있다. 참고로, 카메야 세이케이(龜谷聖馨)의 『부처의 최고철학과 칸트철학〔佛陀の最高哲學とカントの哲學〕』(東京: 東京寶文館, 1924, 124면)에서, 저자는 "부처의 최고철학, 즉 화엄철학과 칸트철학이 만나는 접점"(pp. 108~114)을 주창하며, 부처, 공자, 소크라테스와 함께 칸트를 높이 칭송하고 있다(「서문」, p. 7).

11) 井上哲次郎, 「明治哲學界の回顧」(岩波講座, 《哲學》, 1932), pp. 6~7.

철학사에 한 획을 그은 시대라고 생각한다."[12] 필자 역시 대체로 이노우에 테츠지로의 주장에 따라 시대를 구분하고 있다. 다만, 다음에서 기술하고 있듯이, 이노우에 테츠지로의 주장은 자신이 귀국했던 해를 중심으로, 그 자신의 개인적 체험과 교육칙어(敎育勅語, 1890)를 중시하는 견해를 다소 강하게 일반화했다는 느낌을 지울 수 없다. 따라서 필자는 아래에서 서술하고 있는 이유를 근거로, 메이지 시대의 칸트 수용사와 연구사를 1887년(메이지 20) 이전과 이후 두 시기로 구분한다. 요점만 말하자면, 메이지 전반기에 지도적 역할을 했던 자유민권운동과 국체론(國體論)의 전거(典據)는 영국 사상가 밀(John S. Mill), 스펜서(Herbert Spencer)와 프랑스 사상가 루소, 몽테스키외이다. 후쿠자와 유키치(福澤諭吉)는 영국 사상을 중심으로 유입하고자 주력했고, 나카에 쵸민(中江兆民)은 프랑스 사상을 소개하고 수용하는 데 주력했다. 이 단계에서는 칸트철학의 정확한 이해나 역사적·사회적 영향력은 미흡했다.

마지막으로 일본의 철학 연구 발전사에서 등한시할 수 없는 사건을 꼽자면, 1884년 도쿄제국대학에 '철학회(哲學會)'가 창설된 것과 1887년에 《철학회잡지〔哲學會雜誌〕》(5년 후 《철학잡지〔哲學雜誌〕》로 개명)가 창간된 것이다. 이 학회지는, 다음에 논의하겠지만, 일본 칸트 연구의 발전에 지대한 공헌을 하게 된다.

••
12) 井上哲次郎, 앞의 글, p. 8.

3. 메이지 후반기(1888~1912) 칸트 연구의 주요 동향

메이지 20년대에 들어서면, 일본의 칸트 연구는 철학사 측면에서 칸트를 번역하고 소개했던 수준에서 '칸트 연구'의 영역으로 진입하기 시작한다. 그 이유 중의 하나로, 외국인 강사의 교체라는 외부적 요인을 들 수 있다. 물론 그 배경에는 일본 정부의 독일 헌법 및 정치체제 흡수, 그리고 문화를 중시하는 정책으로의 전환이 있었다는 것을 잊어서는 안 된다. 당초 1879년(메이지 11)에 미국에서 페놀로사(Ernest F. Fenollosa)가 철학 교사로 초빙되었고, 뒤이어 영국에서 쿠퍼(Charles J. Cooper)가 초빙되었다. 아소 요시테루에 따르면, "외국인 철학 교수 쿠퍼가 영역본을 사용해서 칸트의 제1비판『순수이성비판(*Kritik der reinen Vernunft*)』(1781/87)]을 강독한 것 등은 우리나라 칸트철학 연구의 진정한 맹아였다."[13] 그리고 그들이 떠나자 독일인 철학 교수가 뒤이어 일본에 들어왔고, 독일철학을 강의하게 되었다. 우선, 그 영향력을 논의해보자. 1887년에 부세(Ludwig Busse)가 도쿄제국대학 철학과 강사로 일본에 왔다. 부세는 베를린 대학 교수가 된 로체(Rudolph H. Lotze, 1817~1881)의 영향으로 비판적 실재론을 표방하는 철학자였다. 그는 5년의 체류기간 동안 칸트의『순수이성비판』을 강의 텍스트로 사용하고, 주로 독일 고전철학을 강의했다. 참고로, 부세는 귀국 후에 칸트의 고향 쾨니히스베르크 대학 교단에 섰다. 메이지 26년(1893)에 쾨베르(Raphael Koeber, 1848~1923)가 그의 후임자로 부임했다. 쾨베르는 러시아 태생의 독일인 철학자였는데, 모스크바 음악원에서 작곡가 차이콥스키에게 피아노를 배웠으며, 독일 예나와 하이델베르

---

13) 麻生義輝,『近世日本哲學史』, pp. 68~69.

크에서 철학과 문학을 배운, 교양이 풍부한 인물이었다. 그는 도쿄제국대학에서 고전철학, 독일철학, 독일문학 등을 강의했고, 도쿄음악학교에서 음악도 가르쳤다. 그의 서양 고전에 대한 풍부한 교양과 고결한 인격은 당시 일본 학생들과 지식인들에게 큰 영향을 주었다.[14]

또한 이 시기의 중요한 사건으로서, 메이지 23년에, 제국대학 제1회 졸업생이자 독일 유학에서 돌아온 이노우에 테츠지로가 철학과 주임교수에 부임한 것을 들 수 있다. 그는 메이지 정부의 국가관과 독일관념론철학을 적극적으로 결합하여, 보수주의적 입장에서 칸트철학을 비롯한 서양철학과 동양철학을 통합하고자 했다. 참고로, 이 시기의 도쿄제국대학 철학과 학생으로는 오니시 하지메(大西祝), 니시다 키타로, 토모나가 산쥬로(朝永三十郎), 쿠와키 겐요쿠(桑木嚴翼), 키히라 타다요시(紀平正美), 하타노 세이이치(波多野精一) 등이 있었다. 그들은 모두 독일관념론의 영향하에 철학을 배우고, 사색하고, 소개하면서, 자기 철학을 만들고자 노력했다.

••
14) 쾨베르의 경력과 인물, 주요 업적은 그의 사후에 《사상: 쾨베르 선생 추모호〔思想: ケーベル 先生追悼號〕》(岩波書店, 1923. 8. 1, pp. 775~1008)에 상세하게 소개되었다. 덧붙이자면, 이 특집호에는 니시다 키타로, 쿠와키 겐요쿠(桑木嚴翼), 하타노 세이이치(波多野精一), 후카다 야스카즈(深田康算), 키히라 타다요시(紀平正美), 니시 신이치로(西晉一郎), 토쿠노 분(得能文), 아베 요시시게(安倍能成), 이토 키치노스케(伊藤吉之助), 아네사키 마사하루(姉崎正治), 와츠지 테츠로(和辻哲郎), 타카하시 사토미(高橋里美), 그리고 쾨베르의 마지막 해의 강의를 들었던 이데 타카시(出隆) 등, 메이지, 다이쇼, 쇼와에 걸쳐 일본 철학계에서 활약했던 20명 이상의 철학자들이 기고하였다. 이를 통해서도 쾨베르의 영향력이 얼마나 컸는지 엿볼 수 있다. 지금은 그의 애제자로서 함께 기거했던 쿠보 마사루(久保勉)가 편역한 다음의 문헌을 통해 당시 상황을 엿볼 수 있다. 쿠보 마사루 편역, 『쾨베르수필집〔ケーベル隨筆集〕』(岩波文庫, 개정판, 1957)의 「해설」 참고.

이 시기의 주요 문헌으로는, 미야케 유지로(三宅雄二郎)의 『철학연적〔哲學涓滴〕』(文海堂, 1889)과 키요자와 만시(淸澤滿之)의 『서양철학사강의〔西洋哲學史講義〕』(1889~93)를 들 수 있다. 미야케 유지로(미야케 세츠레이, 三宅雪嶺)는 『철학연적』에서 칸트, 피히테, 셸링, 헤겔의 이름을 나열하고, 칸트 철학을 '비판법의 철학(批判法の哲學)'이라고 불렀다. 또한 이 책은 제1편 「초절적〔超絶的〕」을 칸트에 할애하여 3비판서의 내용을 해설했는데, 그 구성은 다음과 같다: 1장 「칸트」, 2장 「순수도리비판〔純粹道理批判〕」, 3장 「실천도리비판〔實踐道理批判〕」, 4장 「단정비판〔斷定批判〕」. 그의 설명은 주로 프리드리히 슈베글러(Friedrich Karl Schwegler)의 『서양철학사(*Geschichte der Philosophie im Umriss*)』(1848)와 쿠노 피셔(Kuno Fischer)의 『근세철학사(*Geschichte der neueren Philosophie*)』(1852~93)에 의거하고 있다.

또한 개별적인 '칸트 연구 논문'이 집필된 것도 이 시기부터이다. 나카지마 리키조(中島力造)의 「칸트비평철학〔カント氏批評哲學〕」(1891~92), 하타노 세이이치의 「칸트 삼단논법에 관한 의견〔カントの三段論法に就いての意見〕」(1897), 「칸트 윤리학설 대요〔カント倫理學說大要〕」(1898), 카니에 요시마루(蟹江義丸)의 「칸트 도덕순리학의 기초개론〔韓圖の道德純理學の基礎梗槩〕」(1897), 「칸트철학〔カントの哲學〕」(1898) 등이 있다. 특히 나카지마 리키조의 「칸트비평철학」은 이 시기 연구 논문 중에서 우수한 대표작이라고 할 수 있다. 「칸트비평철학」은 『순수이성비판』을 「분석론」까지 해설한 것인데, 미완성 논문이기는 하지만, 《철학회잡지》에 네 차례 나누어 연재되었다. 연재된 논문 중 넷째 논고에서 나카지마는 자신이 미국 예일 대학에 유학할 때 제출한 학위 논문 「칸트의 물자체론(Kant's Doctrine of the "Thing-in-Itself")」(1889)의 연구 성과를 언급하였다. 그는 도쿄제국대학

에서 윤리학을 담당했는데, 이상주의적 윤리학 입장을 주장하며 기존의 공리주의적·유물론적 윤리학을 비판했다.

이 시기에 '칸트 연구 논문'은 아직 소수였다. 하타노 세이이치의「흄이 칸트에 미친 영향〔ヒュームがカントに及ぼせる影響〕」(1900), 모토라 유지로(元良勇次郎)의「심리학과 인식론의 관계: 특히 칸트의 공간론에 대한 평가를 중심으로〔心理學と認識論との關係: 特にカントの空間論を評す〕」(1907), 미야모토 와키치(宮本和吉)의「칸트 전 비판기 철학의 발전〔カント批評前哲學の發達〕」(1909) 등을 포함하더라도 총 열 편 정도일 것이다. 부언하자면, 하타노 세이이치의 논문은 흄이 칸트에게 미친 영향을 소극적, 부정적으로 해석했다는 점에서 특징적이다. 또한 모토라 유지로의 논문은 칸트의 공간이론을 다루고 있는데, 제목이 시사하듯이 심리학적 측면에서 공간의식의 생성과 프로세스에 대한 고찰을 시도하였다. 이 논문들은 오늘날의 칸트 연구 입장에서 보면 내용상 미흡하기는 하지만, 당시 칸트 해석의 상황과 수준을 보여주는 논고로서 매우 흥미롭다.

또한 일본 최초의 본격적인 칸트 연구서로는 앞서 언급한 키요노 츠토무의 저서『주해: 칸트 순리비판 해설』을 들 수 있다. 우선 간단히 이 책의 주요 특징부터 살펴보자. 먼저 이 책이 메이지 시대에 출판된 유일한『순수이성비판』관련 단행본 연구서라는 사실에 유의해야 한다. 또한 저자인 키요노 츠토무가 칸트를 높이 평가했다는 점에도 주목하고 싶다. 키요노는 칸트에 대해 다음과 같이 찬사를 보내고 있다: "칸트의 걸작『순리비판』은 근세 철학의 중심 기축으로서 철학사에서 매우 위대하며, 오늘날의 살아 있는 철학으로서도 매우 위대하다"(「自序」, p. 1). 키요노는

이 책을 집필할 때 에르트만(Benno Erdmann)판 독일어 텍스트뿐만 아니라 두 종의 영역본(Michael John, Max Mueller 번역본)을 참고했다(「자서」, pp. 2~3). 그는 번역어의 선택에 수고를 아끼지 않았고, 그 과정에서 막스 밀러의 오역도 지적하는 등, 비범한 재능을 발휘하였다. 이 책은 주로 『순수이성비판』 제2판에 의거하고 있으며, 두 개의 서문에 대한 해설과 해석으로 시작하여, 칸트의 논술에 충실하게 논의를 전개하고 있다. 마지막 장인 「유심주의에서의 칸트의 입각 지반〔唯心主義に於ける韓圖の立脚地盤〕」까지 총 14장, 63절로 구성되어 있다. 키요노는 원래 이 책을 두 권짜리 책의 전반부로 구상하여, 1권에서는 원칙의 분석론까지 다루고, 그 이후의 고찰은 후반부에서 논의할 생각이었다. 그러나 1896년에 뇌질환을 얻어 재기 불능이 되자, 일체의 저작 활동을 멈출 수밖에 없었다. 이로 인해 그의 저작 『주해: 칸트 순리비판 해설』은 미완성으로 끝났다. 그럼에도 이 책은 칸트 『순수이성비판』에 대한 일본 최초의 연구서로서, 주체적 해석을 시도했다는 데 큰 의의가 있다. 덧붙이자면, 키요노의 저작이 간행된 해에, 칸트의 나라 독일에서는 학술지 《칸트연구(Kant-Studien)》 (1896ff.)가 간행되어, 서양과 일본에 큰 영향을 끼치게 되었다.

다음으로, 칸트의 실천철학, 특히 윤리사상과 관련된 연구 성과로 눈을 돌려보자. 우선 이 분야의 업적으로는, 『윤리학서해설〔倫理學書解說〕』 제8권으로 간행된 카니에 요시마루의 『칸트윤리학〔カント氏倫理學〕』(東京: 育成會, 1901, 172면)을 들 수 있다. 이 책은 칸트 윤리학의 해설서로서, 『인륜 형이상학의 기초 놓기(Grundlegung zur Metaphysik der Sitten)』(1785), 『실천이성비판(Kritik der praktischen Vernunft)』(1788), 『인륜 형이상학 (Metaphysik der Sitten)』(1797)의 「덕론의 형이상학적 기초(Metaphysische

Anfangsgruende der Tugendlehre)」에 대해, 각각 한 챕터씩 할애하고 있다. 그에 더하여, 저자는 칸트 윤리학에 대해 비판적 논의를 전개하고 있다. 그 주요 논점은 칸트의 형식주의, 엄숙주의, 개인주의, 아프리오리즘 등에 대한 비판이다. 카니에는 "칸트는 성벽(性癖)과 욕망을 부정했고, 이것들을 부도덕의 연원으로 보았기 때문에 도덕의 '내용'은 소멸되어버렸다. 따라서 부득이하게 그것을 '형식'으로부터 연역했다"며 칸트의 형식주의를 비판했다. 또 칸트의 엄숙주의에 대해서는 "만일 의무이기 때문에 의무를 행하는 것 이외에는 진정한 선이 아니라면, 그러한 행위를 할 수 있는 사람은 세상에 한 명도 없다"고 비판했다. 이러한 칸트 비판은, 칸트 생전부터 제기되었던 것인데, 칸트 윤리사상에 대한 카니에의 이해와 비판이 아직 부족하다는 점에서 그의 시대적 제약을 엿볼 수 있다.

칸트철학에 대한 적극적 평가는, 프랑스 철학을 번역하고 소개하는 데 힘쓴, 동양의 루소라고도 불렸던 나카에 쵸민의 저작에서 엿볼 수 있다. 나카에는 『일년유반〔一年有半〕』(1900)에서 "우리 일본에는 자고이래로 오늘날에 이르기까지 철학이란 없다"고 단정하고, 기존의 일본 사상이 모두 철학이라는 이름에 걸맞지 않으며, 에도시대의 모토오리 노리나가(本居宣長)나 히라타 아츠타네(平田篤胤)의 국학, 이토 진사이(伊藤仁齊)의 고의학(古義學), 오규 소라이(荻生徂徠)의 고문사학(古文辭學), 게다가 불교도나 유학자들의 사상도 모두 철학이라는 이름에 걸맞지 않다고 주장했다. 또한 그는 당시 학술계에서 활약하던 저명한 학자 카토 히로유키(도쿄제국대학 초대 총장)나 이노우에 테츠지로 등 도쿄제국대학 철학과 교수진의 이름을 거론하면서 "철학자라고 부르기엔 부족하다"며, 일본 철학계를 호되게 비판했다. 한편, "칸트나 데카르트는 실로 독일과 프랑스의 자랑이다"[15]라고 서술하고 있다. 요컨대, 나카에는 유럽의 경우 프랑스와 독일에는 데카르트나 칸트 같이 나라를 대표하는 철학자가 있지만, 일본에는 철학자라고 부를 만한 독창적인 인물이 아직 존재하지 않는다고 개탄하였다. 나카에 쵸민의 이러한 평가는 자유민권운동을 추진한 나카에가 칸트의 계몽사상, 특히 도덕적 자유 이론에 공명을 표명한 것으로서 매우 흥미로운 논의이다. 그렇다면 일본에는 우수한 '독창적인 칸트 철학자'는 존재하지 않았던 것일까? 위에서 언급한 나카에의 비판은 이러한 질문의 전제와 관련된 비판까지 포함하는 것일까?

4. 다이쇼 시대(1912~1926) 칸트 연구의 융성

다이쇼 시대의 칸트 연구는 메이지 시기에 비하면 비약적인 발전을 이루었다. 그 이유로 첫째, 칸트 주요 저작의 번역서 간행, 둘째, 신칸트학파 연구나 번역물 출판의 축적, 셋째, 칸트 탄생 200년(1924)을 기념하는 특집과 일본 최초의 『칸트저작집』 간행의 시작을 들 수 있다. 또한 사회적·사상적 배경으로서 다이쇼 교양주의의 영향도 간과할 수 없을 것이다. 칸트의 자유사상이 당시 일본 사회에 영향을 주었을 뿐만 아니라, 동시에 칸트 연구 자체가 사회상의 반영이기도 했다고 해석할 수 있다.

우선, 일본에서 최초로 간행된 칸트 저작의 번역서는, 1914년에 쿠와키 겐요쿠, 아마노 테이유(天野貞祐)가 공역한 『프롤레고메나(*Prolegomena*

15) 中江兆民, 『一年有半』(岩波文庫), p. 31.

zu einer jeden kuenfigen Metaphysik, die als Wissenschaft wird auftreten koennen)』(1783)이며, 번역서 제목은『철학서설〔哲學序說〕』(東亞堂)이다. 1918년에는 하타노 세이이치와 미야모토 와키치가 번역한『실천이성비판』(岩波書店)이 간행되었다. 또한 1919년에는 아베 요시시게(安倍能成)와 후지와라 타다시(藤原正)가 공역한『도덕철학원론(*Grundlegung zur Metaphysik der Sitten)*』이 이와나미 서점(岩波書店)에서 잇따라 간행되었다. 이 책들은 모두 이후에 이와나미판『칸트저작집〔カント著作集〕』이 출판될 때 편입되었다. 참고로 칸트 저작집이나 전집류는 이와나미판『칸트저작집』(전 18권, 1923~1939)이 최초였던 만큼, 일본의 철학계나 사상계에 큰 임팩트를 주었다. 둘째 전집류는 제2차 세계대전 이후에 기획 편집된 리소사(理想社)판『칸트전집〔カント全集〕』(전 18권, 1965~1988)이다. 셋째 전집은 필자가 기획하고 편집 책임자의 일원으로 참여한 이와나미판『칸트전집〔カント全集〕』(전 22권＋별권1, 1999~2006)이다. 이들 저작집이나 전집은 각기 그 시대의 요청에 응하여 간행된 것으로, 큰 영향을 주었다.

다음으로 다이쇼 시대의 대표적인 칸트 연구서를 소개하겠다. 쿠와키 겐요쿠의『칸트와 현대 철학〔カントと現代の哲學〕』(岩波書店, 1917, 467면)이 그것이다. 이 책은 저자가 도쿄제국대학에서 했던 공개 강연의 내용을 수정, 보완하여 새롭게 편집한 것으로, 칸트 해석에 대한 저자 자신의 입장을 바탕으로 현대 철학의 진수에 접근한 저작이다. 그 주요 구성은 다음과 같다.

편장의 제목에서도 저자 쿠와키의 칸트관과 철학관이 뚜렷하게 드러난다. 간단히 말하자면, 서양철학은 칸트로 흘러들었고, 현대 철학, 특히 신칸트학파의 철학은 칸트에게서 흘러나왔다는 주장으로 요약할 수 있다. 쿠와키는 칸트철학을 "이처럼 물자체의 학문은 가치현상으로서의 문화의 철학이다"라고 결론짓는다. 요컨대, 이 책은 신칸트학파의 문화철학의 영향하에서 칸트의 물자체를 적극적으로 평가했다. 게다가 그는 빈델반트 및 리케르트(Heinrich Rickert) 등 서남학파의 문화과학적 기초 놓기의 영향하에서 칸트를 이해하였다. 이 점에서도 이 책은 일본 칸트 연구의 전형적인 특징을 보여준다고 말할 수 있다.

다이쇼 시대 칸트 연구의 큰 특징으로서, 칸트와 마르크스 및 마르크스주의의 관계에 관한 논문이나 저작 및 번역의 간행을 들 수 있다. 1917년 러시아혁명의 발발은 일본의 칸트 연구에도 사상적 영향을 미쳤다. 슐츠-개버니츠(Schulze-Gaevernitz)의 『마르크스인가 칸트인가(*Marx oder Kant?*)』(1909)(大灯閣, 佐野學 역, 1920), 데보린(Abram M. Deborin)의 『칸트의 변증법(*Die Dialektik bei Kant*)』(1926)(弘文堂, 宮川實 역, 1926), 츠치다 쿄손(土田杏村)의 「칸트철학과 유물사관〔カント哲學と唯物史觀〕」(『中央公論』, 1924. 12)이 간행되었다. 또한 쇼와 시대에 들어서도 막스 아들러(Max Adler)의 『칸트와 마르크스주의(*Kant und Marxismus*)』(1925)(春秋社, 井原糺 역, 1931), 칼 포어랜더(Karl Vorländer)의 『칸트와 마르크스(*Kant und Marx*)』(2 Aufl. 1926)(岩波書店, 井原糺 역, 上: 1937, 下: 1938) 등이 간행되었다. 쿠와키 겐요쿠의 「칸트철학과 공산주의 이론〔カント哲學と共産主義の理論〕」(『丁酉倫理會講演集』 第275輯, 大日本圖書株式會社, 1925), 유자와 무츠오(湯澤睦雄)의 『마르크스인가 칸트인가〔マルクス乎カント乎〕』(湯澤睦雄刊, 1933)

등의 논고에서도 볼 수 있듯이, 당시 사회적 상황의 요청도 있고 하여, 칸트철학이나 신칸트학파의 철학은 마르크스나 마르크스주의와의 연대 혹은 대결을 피할 수 없었다.

당시의 시대 상황과 관련하여, 칸트의 평화론『영원한 평화를 위하여 (Zum ewigen Frieden)』(1795)에 대한 연구도 언급해야 할 것이다. 흥미로운 것은 칸트의 영원평화론에 대한 평가가 대조적이라는 점이다. 한 예로, 토모나가 산쥬로의『칸트의 평화론〔カントの平和論〕』(東京 : 改造社, 1922)에서는 저자의 자유롭고 온후한 성격이 잘 드러난 호의적 평가를 볼 수 있다. 이 책은 제2차 세계대전 이후에도 재판되었고(東京 : 人文書林, 1950), 지금도 일본 '칸트 영원평화론 연구'의 출발점이라는 위치를 점하고 있다. 다른 한편, 칸트 평화론에 대한 부정적이고도 소극적인 평가를 내린 예로는, 카노코기 카즈노부(鹿子木員信)의 「칸트의 '영원평화'를 논함〔カントの'永遠平和'を論ず〕」(《哲學雜誌》 제353호, 1916. 7)을 들 수 있다. 카노코기는 칸트의 예비 조항과 확정 조항 등을 부정적으로 평가하면서, "이리하여 영원한 평화는 영원히 불가능할 수밖에 없다"(pp. 48~49), "칸트의 책『영원평화론』은 사실상 확립되거나 증명되지 않은 공허한 이상, 즉 공상 위에 세워진 이른바 공중누각에 다름 아니라고 생각할 수밖에 없다"(p. 69)며 칸트의 평화사상을 혹독하게 비판했다. 카노코기에 따르면, 칸트는 영원한 평화가 의무인 이유를 전혀 확립하지 못했을 뿐만 아니라, 영원한 전쟁을 부정하지도 못했다. 카노코기의 주장은 칸트에 대한 기본적인 이해에 문제가 있기는 하지만, 그의 칸트 비판은 쇼와 시대에 일본 군국주의의 적극적인 사상가가 된 카노코기가 이른 시기부터 이미 영원평화론에 대한 부정적 평가를 표명했다는 것을 보여주는 자료이기도 하다.

그렇지만 카노코기의 주장 중에서, 칸트의 평화사상을 검토할 때 『판단력비판(Kritik der Urteilskraft)』(1790)에 유의해야 한다고 보았다는 점은 타당하다. 이러한 카노코기의 주장과 여러 가지 측면에서 대조적으로 평화론을 해석한 것이 토모나가 산쥬로의 『칸트의 평화론』이다. 토모나가는 제1차 세계대전 이후의 국제 정세와 일본 국내 정세라는 두 측면에서의 정치적 영향을 염두에 두면서 이 책을 출판했다. 독자들은 이 점에 대해 충분히 유의해야 한다. 또한 토모나가의 칸트 해석에서 기본적인 관점은, 『영원한 평화를 위하여』를 『실천이성비판』 및 『인륜 형이상학(법론)』과 관련하여 해석하는 것이 중요하다고 보았다는 데 있다(pp. 9~10). 또 저자는 『영원평화론』를 이해하는 방식을 세 단계, 즉 첫째 '평화주의 자체의 윤리적 기초 놓기', 둘째 '영원한 평화는 어떠한 제약하에 가능한가', 셋째 '영원한 평화는 과연 또 어떻게 역사 속에서 실현될 수 있는가'로 구분하는데, 이 책에서는 1단계가 가장 기본적 물음으로 간주되고 있다.[16]

토모나가처럼 칸트의 평화론을 상술한 기타 저작들과의 관련성 속에서 적극적으로 해석하는 것은 타당한 견해이며, 오늘날에는 이미 칸트 해석의 상식에 속하지만, 당시로서는 선구적인 의의를 갖는 일이었다.[17]

••

16) 朝永三十郎, 『カントの平和論』(東京 : 改造社, 1922), 236면.

17) 카메야 세이케이의 『부처의 최고철학과 칸트철학』의 칸트 평화론에 대한 평가는 카노코기와 토모나가의 중간에 속한다. 카메야는 『영원의 평화(永遠の平和)』(東京 : 名教大學設立所, 1918)를 간행했으며, 그 부록으로 영역본에서 중역한 『영원한 평화를 위하여』의 일본어 번역본을 실었다. 참고로, 이 번역은 『영원한 평화를 위하여』의 최초 일본어 번역이다. 이후 독일어에서 직접 번역한 것은 다이쇼 시대에 3종, 제2차 세계대전 패전 후 8종으로 총 11종이 간행되었고, 1980년 이후의 번역본만 따져도 5종이 있다. 이로써 다이쇼 시기와 냉전 전후 시기에 일본이 칸트의 평화론에 특히 관심을 가졌다는 것을 알 수 있다.

이처럼 칸트 영원평화론을 둘러싼 대조적인 평가는 당시 일본 사회의 풍조를 명확하게 드러내고 있다. 다이쇼 시기부터 쇼와 초기에 걸친 칸트 해석과 그 배경을 살펴보면, 이는 평화론을 포함한 일본의 칸트 연구에 대한 평가의 변천과 군국주의적 동향을 반영하는 거울과 같은 역할을 했다고 볼 수 있다. 부언하자면, 나카에 쵸민은 『삼취인경륜문답[三醉人經綸問答]』(1887. 5, 138면)에서 칸트 영원평화론의 의의를 다음과 같이 칭송하였다: "생 피에르(Abbé de Saint-Pierre)가 세계평화론을 제창한 이래로, 루소가 이를 기리고, 칸트가 더 발전시켰다. 이리하여 철학에 걸맞은 순리(純理)적 성격을 가질 수 있게 된 것이다."[18] 이는 일본에서 칸트 평화론의 의의를 높이 평가한 가장 이른 문헌으로 추정된다. 나카에 쵸민은 재야 사상가였기 때문에 칸트에 대한 그의 평가는 토모나가 산쥬로 등 학술계의 전문 칸트 연구자에게 영향을 미치지는 못했다. 이 점에서도 일본의 칸트 수용과 연구상의 과제를 남겼다.

다음으로, 칸트 탄생 200주년 기념 특집호로 간행된 두 권의 잡지 내용을 개관하고자 한다. 첫째, 《강좌[講座]》의 《칸트호: 탄생 200주년 기념[カント號: 生誕二百年記念]》이다.[19] 이 잡지에는 다음과 같은 여섯 편의 논고가 실려 있다: 코다마 타츠도(兒玉達童)의 「칸트의 생애[カントの生涯]」, 사타케 테츠오(佐竹哲雄)의 『『순수이성비판』 해설[『純粹理性批判』解說]』, 아베 요시시게의 『『실천이성비판』 해설[『實踐理性批判』解說]』, 오니시 요시노리(大

18) 中江兆民, 『三醉人經綸問答』(東京集成社, 1887. 5), 岩波文庫版(桑原武夫·島田虔次 譯·校注, 1965), p. 52.
19) 《講座: カント號, 生誕二百年記念》(大村書店), 第15號(1924. 4. 1), 510면.

西克禮)의 「『판단력비판』 해설〔『判斷力批判』解說〕」, 사토 카츠야(佐野勝也)의 「『단순한 이성의 한계 내에서의 종교』 해설〔『單なる理性の限界內に於ける宗敎』解說〕」, 토쿠노 분(得能文)의 「신칸트학파〔新カント派〕」. 이 특집호는 전체가 510면에 달하므로 글 한 편이 평균 85면 분량의 논고인데, 「해설」이라는 제목이 붙어 있지만 논의 내용으로 본다면 3비판서와 종교론에 관해서는 연구 논문이라고 부를 수 있을 정도로 모두 역작이다. 이 점에 당시 일본 칸트 수용사의 특징이 잘 드러나 있다.

이어서 소개할 잡지는 《사상〔思想〕》의 《칸트 기념호〔カント記念號〕》이다.[20] 이 특집호는 게재 논문이 열 편으로, 총 190면이다. 저자와 논문 제목은 다음과 같다: 쿠와키 겐요쿠의 「칸트의 자연관〔カントの自然觀〕」, 타나베 하지메(田邊元)의 「선험연역론에서의 직관과 사유의 관계〔先驗演繹論に於ける直觀と思惟との關係〕」, 에른스트 호프만(Ernst Hoffmann)의 「플라톤과 칸트〔プラトンとカント〕」, 키히라 타다요시의 「소크라테스의 다이모니온과 칸트의 무조건적 명법〔ソークラテースのダイモニオンとカントの無條件的命法〕」, 토모나가 산쥬로의 「계몽사상과 칸트철학의 중심문제〔啓蒙思想とカント哲學の中心問題〕」, 오니시 요시노리의 「칸트 『판단력비판』의 성립에 관한 고찰(上)〔カント『判斷力批判』の成立に關する考察(上)〕」, 소다 키이치로(左右田喜一郎)의 「칸트학설에 대한 작은 의문〔カント學說に對する一小疑問〕」, 쿠와키 아야오(桑木彧雄)의 「칸트의 최초 논문에 관하여〔カントの最初の論文に就いて〕」, 아베 요시시게의 「칸트철학에서의 자유 개념〔カント哲學に於ける自由の概念〕」, 이토 키치노스케(伊藤吉之助)의 「헤르만 코헨(Hermann Cohen)

20) 《思想: カント記念呼》(岩波書店, 第30號, 1924. 4. 1), 190면.

의 칸트 해석의 발전(上)[ヘルマン・コヘンに於けるカント解釋の發展(上)]」. 이들 논문 중 두 편은 연재물이다. 오니시 요시노리와 아베 요시시게 두 사람은 위의 특집호 두 권에 모두 글을 게재했지만, 나머지 집필자는 다르다. 이 특집호에는 칸트를 소크라테스나 플라톤 등 고대 그리스 철학자와 비교 연구한 글이 게재되어 있을 뿐만 아니라, 칸트의 초기 사상 연구도 진행되고 있었다는 것을 엿볼 수 있다는 점에서, 매우 흥미로운 논문집이다.

여기서 《강좌: 칸트호(탄생 200주년 기념)》와 《사상: 칸트 기념호》의 편집 양식을 간략하게 비교해보자. 전자는 칸트 비판철학 3비판서 및 종교론(종교론이 제4비판이라는 해석을 의도했을 가능성이 있다)을 개관하고 핵심을 정리했다는 점에서, 편집 방향에 대한 집필자들의 공통된 이해가 있었다고 볼 수 있다. 따라서 일반 독자를 대상으로 한, 계몽적 요소가 강한 편집 방침을 엿볼 수 있다. 반면에 《사상: 칸트 기념호》에 수록된 논문은 모두 개별 주제를 다룬 연구 논문 형식을 취하고 있고, 명백히 철학 연구자, 칸트 연구자를 대상으로 하는 전문적인 논고의 특집이라는 편집 방침을 채택하고 있다.

또한 위에서 말했듯이 이와나미판 『칸트저작집』이 간행되기 시작했다는 점도 매우 중요하다. 이들 기념 출판물을 정리해보면, 칸트철학 연구에 대한 일본의 관심과 연구 수준의 향상은 말 그대로 일목요연하다. 게다가 이러한 특집의 간행은, 철학 연구자나 칸트 연구자뿐만 아니라 당시 일본의 지식인들이나 널리 대중에게도 칸트철학과 비판철학의 정신이 다양한 측면에서 수용되고 있었다는 사실을 증명한다고 볼 수 있다. 참

고로, 《사상: 칸트 기념호》의 권말에는 「칸트 탄생 200년 기념 출판 예고 [カント誕生二百年記念出版豫告]」라는 제목의 짧은 글이 첨부되어 있는데, 칸트 탄생 200년이라는 "이때에 《사상: 칸트 기념호》를 내고 칸트 저작집의 간행을 기획하는 것은, 우리 사상계에 칸트에 대한 전면적인 이해를 촉구하고 동시에 사상과 문화 자체에 대한 이해를 심화함으로써, 칸트 탄생 200주년을 가장 의미 있게 기념하고자 하는 소박한 뜻에 다름 아니다"[21]라며 이와나미 서점의 의도를 강조하고 있다. 이러한 견해는 이와나미 서점의 단순한 광고나 선전문에 그치는 것이 아니라, 당시 일본의 철학자, 특히 칸트 연구자들의 공통된 인식이기도 했다.

요컨대 이 공통된 인식이라는 것은, 철학을 연구하려면 칸트를 배우지 않으면 안 되고, 칸트철학을 배움으로써 다른 서양 각국 철학자의 사상도 정확하게 배울 수 있게 되며, 동시에 일본 및 동양철학에 대한 이해도 깊어질 수 있다는 것이다. 이러한 생각은 오늘날에도 여전히 정곡을 찌르는 중요한 지적이다. 그러나 이후 일본에서의 실제적인 철학 연구와 칸트 연구가 이러한 철학의 길을 갈 수 있었는지에 대해 말하자면, 필자가 보

21) 《사상: 칸트 기념호》 권말에는 이와나미 서점 간행물의 광고와 선전뿐만 아니라, 필자가 재직 중인 호세이대학 문학부의 광고도 게재되어 있다. 그중 "호세이대학은 […⋯] 2년 전부터 훌륭한 문학부를 설치하였고, 문학부 철학과를 따로 만들었으며, […⋯] 철학과에는 철학, 윤리학, 심리학의 주요 과목을 배정했다"고 선전하면서, "문화사, 철학특수연구, 철학연습(와츠지 테츠로), 심리학, 윤리학사, 윤리학연습(高橋穰, 타카하시 유타카), 윤리학, 서양철학사, 철학개론(아베 요시시게), 인식론, 윤리학(山內得立, 야마우치 토쿠류), 철학연습(이데 타카시)" 등 쟁쟁한 교수진을 소개하고 있다. 이들 철학자는 대부분 당대 일류의 칸트 연구자로서, 도쿄제국대학 교수진과 비교해도 손색없는 수준이었다. 이 광고 문구는 당시 호세이대학과 이와나미 서점, 그리고 나츠메 소세키(夏目漱石)와 호세이대학 문학부의 깊은 관계를 보여주는 자료로서, 오늘날에도 의미 있는 유익한 글이다.

기에 긍정적인 대답을 얻기는 힘들 것 같다. 그 이유는 본고의 논의에서 밝혀질 것이다.

실제로, 일본의 칸트 연구는 처음부터 신칸트학파의 영향하에 진행되고 발전되었다. 따라서 서양철학에서 신칸트학파에 대한 평가와 그 영향력이 저하됨에 따라, 일본의 칸트 연구도 서서히 수그러들었다. 또한 이론철학에서 실천철학, 평화론, 종교론 등에 이르기까지 칸트철학의 다양한 사상이 다이쇼 교양주의, 인격주의와 결합하여 일본에 뿌리내리기도 전에, 이미 칸트철학은 확실히 영향력을 잃기 시작했다. 이러한 경향은 쇼와 시대를 맞이할 무렵에는 더욱 현저해졌다. 한편으로는 칸트철학에 대한 뛰어난 평가나 해석이 어느 정도 있었는데도 이들이 '칸트 연구'의 주류가 되지 못했다는 점에서, 쇠퇴 원인의 일단을 지적할 수 있다. 이러한 상황은 『판단력비판』에 대한 연구 문헌에서도 엿볼 수 있다. 특히 타나베 하지메의 『칸트의 목적론〔カントの目的論〕』(東京: 岩波書店, 1924, 155면)의 「칸트해석〔カント解釋〕」[22]의 경우에도, 이러한 지적은 타당하다.

22) 『타나베 하지메 전집〔田邊元全集〕』 제3권, 『칸트의 목적론〔カントの目的論〕』(築摩書房, 1963). 다이쇼 말기에서 쇼와 초기에 걸쳐 『판단력비판』 연구서 몇 종이 출판되었다. 여기에는 카와무라 토요로(川村豊郎)의 『『판단력비판』 연구〔『判斷力批判』の硏究〕』(同文館, 1928), 오니시 요시노리의 『칸트 『판단력비판』 연구〔カント『判斷力批判』の硏究〕』(岩波書店, 1931) 등의 역작이 포함되어 있다.

5. 쇼와 전반기(1926~1945)의 번역어 논쟁으로 보는 칸트 해석사의 한 단면

쇼와 시대에는, 엄밀히 말하면 제2차 세계대전 패전을 전후로 큰 차이를 보인다. 칸트 연구는 쇼와 전반기, 즉 패전 이전에 신칸트학파의 영향에서 벗어났지만, 철학 연구 자체는 현상학, 헤겔학파, 마르크스주의의 유행과 군국주의화 동향에 따라 쇠퇴의 길을 걷게 되었다. 그래도 칸트 연구의 전통이 끊긴 것은 아니었다. 아래에서는 칸트 성숙기의 비판철학을 상징하는 키워드에 초점을 맞추고, 일본 칸트 수용사 및 해석사의 특징과 철학적 사색이라는 과제를 논의하고자 한다. 그 다음으로, 일본 칸트 수용사와 연구사에서 논쟁점 중 하나였던 'transcendental' 개념의 번역사를 통해 해석의 차이를 검토하겠다.

주지하듯이, 칸트는 자신의 성숙기 철학을 "transcendentale Philosophie"라고 불렀다. 현재 일본에서 이 독일어는 대개 '초월론(적) 철학'이라고 번역된다. 즉 'transcendental'은 '초월론적'이 표준 번역이다. 그러나 일본의 기나긴 칸트 수용사 과정 속에서 '초월론적'이라는 번역어가 정착된 것은 그리 오래된 일이 아니다. 여기에는 번역상의 기나긴 논쟁의 역사가 있었고, 당연한 일이지만 칸트철학에 대한 해석상의 대립이 있었다. 그럼 다음의 논의에서는 본고의 고찰을 중간 정리하면서, 오늘날까지 지속되고 있는 칸트 해석사의 한 단면에 초점을 맞추기로 한다.

이미 언급했듯이, 니시 아마네는 《명육잡지》(제38호)에 수록된 논문 「인세삼보설(1)」에서 칸트의 'transcendental'을 '초묘(超妙)'라고 번역했다. 또한 타케코시 요사부로는 『독일철학의 영화』에서 '초절철학(超絶哲學)'이라고 번역했고, 그 후 'transcendental'을 '초절'이라고 번역하는 것이 정착된 것으로 보인다. 실제로 미야케 유지로나 나카지마 리키조도 '초절'이라는 번역어를 채용했다. 그에 반기를 든 것이 키요노 츠토무의 저작 『주해: 칸트 순리비판 해설』의 번역어이다. 그는 이 책에서 'transcendental'에 '탁절(卓絕)'이라는 번역어를 부여했다. 키요노는 이 번역어에 대해 의문이 일 것을 예상하고, 이 책에서 '초절'이라는 번역어를 버리고 '탁절'이라는 용어를 선택한 적절한 이유를 설명하면서, "칸트의 이른바 Transcendentale Erkenntnis는 선험적 인식 중에서 가장 탁월하고(卓絕), 다른 선험적 인식의 유래에 관해 밝은 탁견을 가지고 있으니"라고 서술하고 있다. 즉 '초절'이라는 번역어로는 칸트가 transcendent와 구별한 transcendental의 고유한 의미가 명확히 드러날 수 없다는 것이다. 확실히 키요노가 지적하듯이, 'transcendental'을 '초절'로 번역하는 것은 적절하지 않다. 실제로 일본어의 '초절'이라는 말에는, 다른 것과 비교가 안 될 정도로 월등히 뛰어나다는 의미가 있다. 그러나 이 단어에는 다른 것과는 무관하게 높은 차원에 있다는 의미도 담겨 있다. 따라서 칸트 자신이 설명하듯이, 경험 내지 경험적 인식의 내용을 넘어서면서, 이것을 제약하고 정초한다는 'transcendental' 고유의 의미가 '초절'이라는 번역어로는 표현되지 않고, 오히려 'transcendent'와 혼동될 위험이 있다. 이 두 가지 술어의 번역어 선택 문제는 단지 번역어 선택 차원의 문제뿐만 아니라, 비판철학과 독단론 철학을 명확하게 구별하고 이해하는 데 관련된 근본적인 과제이기도 했다.

그러나 키요노 츠토무의 '탁절'이라는 번역어 역시, 칸트의 'transcendental'

의 함의를 명확히 표현할 수 있는 것은 아니다. '탁절'이라는 말에는, 월 등하여 달리 비교할 만한 것이 없다는 의미가 있으면서, 동시에 다른 것과 관계가 없다는 의미는 담겨 있지 않기 때문에, 'transcendent'와 혼동될 위험성이 적다고 해석했던 것으로 추측된다. 따라서 이러한 번역어의 선택과 타당성을 둘러싸고, 제2차 세계대전 종결 후까지 기나긴 논쟁이 계속되었다. 그 과정에서 'transcendental'은 '선험적(先驗的)'으로, 'transcendent'는 '초월적(超越的)'으로, 그리고 'a priori'는 '선천적(先天的)'으로 번역하는 것이 대세를 차지하게 되었다.

번역어 논쟁의 큰 전환점이 된 것은, 쿠키 슈조(九鬼周造)의 주장이다. 쿠키 슈조는《철학잡지》1929년 5월호에 수록된 논문「시간의 문제[時間の問題]」에서, "번역어로서 '초월적'과 '선험적'을 대립시키는 것은 숙고하지 않은 채 너무 값싼 명석함을 추구한다는 혐의가 있다"고 비판했다. 그의 논의는 이 개념의 어원에서 출발하여 칸트의 독자적인 용법을 검토하는 방향으로 전개되었고, 더 나아가 칸트의 'transzendental'과 후설 현상학에서의 'transzendental'의 관련성을 지적한 후, 칸트철학에서는 'transzendental'이 동시에 'a priori'이지만, 후설 현상학에서는 이들 개념이 칸트와는 다르며, 'transzendental'은 '경험적'이기도 하기 때문에, 이 술어를 '선험적'이라고 번역하면 이해 불가능한 것이 된다고 주장했다.[23] 필자가 보기에, 그의 이러한 비판에서 칸트 해석상의 중대한 전환점을 지

..
23)『쿠키 슈조 전집[九鬼周造全集]』第三卷,「(논고) 시간의 문제: 베르그손과 하이데거[(論考)時間の問題: ベルクソンとハイデッガ]」(岩波書店), pp.336~337. 'transzendental(초월론적)' 개념과 함께 칸트철학의 근본적 이해에 관련된 중요 개념인 '물자체(Ding an sich, Dinge an sich selbst)'에 관해서는 지면의 제약상 후속 논문에서 논할 예정이다.

적할 수 있다. 여기에는 신칸트학파의 칸트 해석에 대한 비판, 그리고 하이데거의 현상학적 존재론에 의거한 칸트 해석을 바탕으로 하는 주장이 담겨 있다는 사실을 간과해서는 안 된다. 실제로 쿠키는 위의 논문에서 『순수이성비판』의 「초월론적 원리론」에 대한 하이데거의 해석에 대해 주석을 달았는데, 이 주석에서 앞의 주장과 함께 다음과 같이 서술하고 있다: "나는 transzendental을 '초월론적(超越論的)'이라고 번역하고 싶다.[24]" 그 이유에 대해, 쿠키는 "'선험적'이라고 번역하는 것은 지나치게 신칸트파의 색채를 띠고 있다. 지금 [……] 특히 신칸트파의 학설을 상기시키는 번역어를 여전히 고집한다면 일종의 시대착오를 면할 수 없다"[25]라며, 신칸트학파 영향하에서 전개된 일본의 칸트 해석 전통을 시대에 뒤떨어진 것이라고 비판했다. 이 논문은 '시간론: 베르그손과 하이데거'라는 제목으로 이 두 철학자의 시간과 실존, 존재의 문제를 논했기 때문에, 오늘날까지도 일반적으로 칸트를 해석한 논문으로 간주되지 않았다. 그러나 필자는 위에서 말한 이유로 인해 이러한 시각은 바뀔 필요가 있다고 생각한다.

또한 필자는 와츠지 테츠로가 칸트철학을 다룬 두 편의 논고에서도 같은 견해를 표명했다는 사실을 지적하고 싶다. 와츠지 테츠로는 『칸트 실천이성비판〔カント實踐理性批判〕』(1935)의 '서문'에서 "번역어에 관해서는 의도적으로 기존의 관례를 따르지 않은 부분이 있다. a priori는 '선

---

24) 『九鬼周造全集』 第七卷(p.44)에서, 쿠키는 이 번역어에 대한 찬성자를 소개하면서 와츠지 테츠로, 오카노 토메지로(岡野留次郎)뿐만 아니라 아마노 테이유가 번역한 『순수이성비판』 하권도 예로 들고 있다. 이는 필자가 본문에서 지적했듯이 사실과 다르다. 쿠키의 오해 또는 기억의 착오일 것이다.
25) 『九鬼周造全集』(第三卷, p. 336).

험적'으로, transzendental은 '초월론적'으로 [……] 번역했다"고 서술했다.[26] 게다가 『인격과 인류성〔人格と人類性〕』(1938)에서는, 쿠키 슈조의 이름을 거론하고 그에게 동의를 표명하며 다음과 같이 논하였다: "칸트의 transzendental을 '초월론적'이라고 번역한 것은 쿠키 슈조의 제안에 따른 것이다. 이 말의 번역어로서 보통 사용되는 '선험적'은 일본어의 의미상 '경험에 앞선다'는 것 외에는 아무런 의미도 담고 있지 않다. 따라서 이는 a priori의 의미와 겹친다. a priori의 번역어로 사용되는 '선천적'은 본래 '태어나기 전부터', 즉 '태어나기에 앞서'라는 의미이며, 이는 칸트의 이른바 angeboren에 상응하는 것이지 a priori에는 맞지 않다. 따라서 transzendental을 '선험적'으로 번역할 경우 한편으로는 a priori에 적절한 번역어를 빼앗는 것이고, 다른 한편으로는 transzendental의 의미를 너무 협애하게 해석하게 된다."[27] 또한 와츠지는 하이데거의 존재론적 입장을 인용하면서 상세한 설명을 덧붙이고, 쿠키의 주장을 지지했다.[28] 와츠지의 견해는 오늘날에도 그대로 통용되는 타당한 설명이라

26) 『와츠지 테츠로 전집〔和辻哲郎全集〕』第九卷, 『實踐理性批判』(岩波書店), p. 195.

27) 앞의 책, 『人格と人類性』, p.339.

28) "'초월적'과 '초월론적'의 구별"에 관련하여, 쿠키 슈조는 "하이데거의 ontisch와 ontologisch의 구별도 '본체적'과 '본체론적'으로 차이를 두고 번역하는 것이 적당하지 않을까 생각한다"는 설명을 덧붙였다(『九鬼周造全集』第三卷, p. 337). 와츠지 테츠로 역시 앞의 책 『인격과 인류성』의 긴 주석에서 다음과 같이 말하였다: "'초월'을 철학의 중심 문제로 삼는 하이데거가 해석하듯이, 칸트의 Sein(有)은 '지각되어서 있는 것(Wahrgenommenheit)'과 '인식되어서 있는 것(Erkanntheit)'에 다름 아니다. [……] 이러한 대상의 피인식성 및 그 가능성의 학문을 '유(有)의 학문', 즉 Ontologie라고 부른다. [……] 이러한 학문을 transzendental이라고 부르는 것도 무엇인가 '초월'의 의의를 살리려는 의도가 있다. [……] 어쨌든 transzendental에는 경험에 앞선다는 의미 이상으로 '초월'에 관한 어떤 견해가 잠재해 있다는 것을 표현하기 위해, 여기서는 쿠키 슈조의 주장에 동의하여 '초월론적'이라고 번역한 것이다."(pp. 339~340) 쿠키와 와츠지 모두 하이데거의 『존재와 시간』의 사상을 단서로 삼았고, 또한 독

고 생각한다. 그러나 쿠키의 문제 제기 이후에도, 그의 친구인 아마노 테이유는 자신의 번역서 『순수이성비판(下)』(1931)에서 'transzendental'을 일관되게 '선험적'으로 번역하고, 'a priori'에는 '초험적(超驗的)'이라는 번역어를 사용하였다. 이렇듯 쿠키 슈조나 와츠지 테츠로처럼 자신의 철학적 사색을 적극적으로 개진하고, 후에 '쿠키 철학', '와츠지 윤리학'이라 불리게 된 연구자에 비해, 평생 칸트 저작의 번역과 내재적 해석의 연구에 몰두한 '칸트학자'였던 아마노 테이유는 칸트 번역어 선택과 관련하여 보수적이었고, 동시에 칸트의 비판철학 정신도 약했던 것 같다.

실제로, 쿠키나 와츠지의 문제 제기로 일본에서도 서서히 존재론적 칸트 해석이 수용되기 시작했다. 그러나 이는 하이데거에게서 직접적으로 영향을 받은 것은 아니다. 일본의 칸트 연구는 '칸트 연구자'인 하임죄트 (Heinz Heimsoeth, 1886~1975)의 '존재론적 칸트 해석'의 영향에 기인하는 바가 크다.[29] 『판단력비판』이나 『종교철학』에 관한 본격적인 연구는 위에서 언급한 연구보다 늦게 출현했다.[30] 여기에서도 일본 칸트 연구의

∙∙

자적 관점을 바탕으로 같은 번역어를 선택했다는 사실은, 일본의 칸트 연구사와 하이데거 연구사 측면에서 볼 때 매우 흥미로운 일이다.

29) 하임죄트의 '존재론적 칸트 해석'은 일찍이 하이데거가 『존재와 시간』의 주석에서 소개하였다(Heidegger, *Sein und Zeit*, 1927. 5. Aufl., Tübingen 1967. S. 320. Anm. 1). 그러나 일본의 칸트 연구자는 그동안 이 지적에는 유의하지 않았고, 제2차 세계대전 후에 하임죄트의 여러 논문들을 통해서 영향을 받기 시작했다.

30) 『판단력비판』에 대한 본격적인 연구로는 카와무라 토요로, 『『판단력비판』 연구: 칸트철학에서 문화의 문제(『判斷力批判』の研究: カントに於ける文化の問題)』(東京: 同文館, 1928, 193면), 오니시 요시노리, 『칸트 『판단력비판』 연구(カント『判斷力批判』の研究)』(東京: 岩波書店, 1931, 610면)가 있다. 또한 칸트 종교론과 관련하여 잘 정리된 연구서로는 사토 카츠야의 『칸트의 종교론(カントの宗教論)』(東京: 理想社, 1929, 307면)이 있다. 기타 분야에 관해서는, 코다마 타츠도, 『칸트 수학론의 범위에서(외 5편)(カントの數學論の範圍に於いて(外五篇)』(東京: 甲子社書房, 1926, 418면)가 있다. 또한 인간학적 관점에서 칸트철학에 대한 체

특징과 과제가 드러난다.

어쨌든, 이러한 견해의 차이나 논쟁을 거쳐, 오늘날 일본의 칸트 연구자는 'transzendental'은 '초월론적'으로, 'transzendent'는 '초월적'으로 구분하여 번역하는 것에 대해 거의 공통의 이해가 형성되어 있다. 또한 'a priori'에는 'アプリオリ'라는 가타카나 표기가 일반화되어 있다. 이에 관해, 필자도 편집위원으로 참여한 바 있는 『칸트사전』은 일본의 칸트 철학 번역어의 통일에 큰 역할을 했고, 이러한 논쟁에 종지부를 찍었다고 할 수 있다.[31]

6. 결론: 이후의 전개 개관

제2차 세계대전 패전 이전의 칸트 연구의 성과는 코사카 마사아키(高坂正顯)의 『칸트[カント]』(弘文堂書房, 1939)로 결실을 맺는다. 코사카는 칸트의 입장이 "초월적 인간학의 입장이다"라고 주장한다. 그가 보기에, "칸트는 계몽주의를 완성함으로써 계몽주의를 초월한 것이다."[32] 그의 해석에 따

••

계적 해석을 시도한 우수한 '칸트 연구' 서적으로는, 코사카 마사아키(高坂正顯)의 『칸트[カント]』(東京: 弘文堂書房, 1939, 422면; 『高坂正顯著作集2』, 東京: 理想社, 1965)를 꼽아야 할 것이다. 그리고 하타노 세이이치는 그의 논문 「칸트의 종교론에 관하여[カントの宗敎論について]」(1913. 4, 도쿄철학회 강연)에서 "이렇게 칸트는 그의 철학의 새로운 정신을 바탕으로 종교철학에서도 새로운 길을 개척하고 새로운 시대를 이끌게 되었다. [……] 종교철학은 칸트에게서 시작된 것이다"라며, 칸트 종교철학의 의의를 높이 평가하였다.(『波多野精一全集』 第五卷, 東京: 岩波書店, 1969, 423면).

31) 『カント事典』(坂部·有福 監修, 牧野·石川·黑崎·中島·福谷 編集, 弘文堂, 1996).

르면, 칸트는 계몽주의 시대와 독일관념론 시대라는 두 시대에 걸쳐서 이를 매개하는 위치에 있다. "전자는 유한하고, 후자는 무한하며, 칸트는 유한적 무한이다. 마찬가지로, 전자는 인간학적이고, 후자는 초월론적이며, 칸트는 초월적 인간학의 입장이다."(p. 44) 이 책은 3비판서 및 『실용적 관점에서 본 인간학』의 논의를 근거로 삼아 체계적 관점에서 자신의 해석을 전개했다. 이러한 칸트 해석은 내재적 연구 방법을 바탕으로 하면서, 동시에 자신의 독자적인 견해를 견실하게 전개한 우수한 연구 성과이다. 저자는 "이 책에서 칸트를 하나의 체계로서 이해하려고 시도했고, 또한 하나의 체계 자체로서 보아야만 그 진리성이 온전한 모습으로 드러나리라는 것을 실증하고자 했"지만(p. 398), 필자가 판단하기에는, 그 목적이 이루어졌다고 말할 수는 없다. 이 책에서는 『종교론』이나 『인륜 형이상학』에 대해서는 고찰하지 않았기 때문이다. "칸트를 하나의 체계로서 이해하려고" 하는 것이라면 이들 저작에 대한 고찰은 불가피하기 때문이다. 이는 모두 이후 칸트 연구의 과제가 되었다.

그러나 이러한 우수한 연구 성과는 이후 발전적으로 계승되지 못했다. 제2차 세계대전 패전 후, 즉 쇼와 20년 이래, 주로 마르크스주의 철학, 실존주의 철학, 그리고 언어분석철학이라는 세 가지 조류의 영향 아래 철학 연구가 전개되었고, 칸트 연구는 일본 철학 연구의 주변으로 밀려났으

32) 본문의 인용문은 모두 전후에 간행된 『高坂正顯著作集』 第2卷(理想社, 1954)에 의거하고 있다. 부언하자면, 코사카 마사아키의 칸트 관련 논고에는 앞에서 언급한 책 외에도 『칸트 해석의 문제[カント解釋の問題]』(弘文堂書房, 1939) 등의 수작이 있다. 이 책은 『(속편)칸트 해석의 문제: 법과 역사의 제 이념[續カント解釋の問題: 法と歷史の諸理念]』(弘文堂書房, 1949), 기타 칸트 연구 논문과 함께 『高坂正顯著作集』 第3卷(理想社, 1965)에 수록되어 있다.

며, 칸트 연구 활동도 쇠퇴했다. 그 이후 서양 칸트 연구의 영향이 서서히 드러나고, 1976년에 '일본칸트협회(Japanische Kant-Gesellschaft)'가 설립되어 매년 한 차례씩 전국대회가 개최되고 있다. 일본칸트협회는 2015년에 창립 40주년을 맞는다. 리소샤판 『칸트전집』, 이와나미판 『칸트전집』의 간행과 더불어, 일본칸트협회의 《일본칸트연구》는 현재까지 열네 권, '칸트연구회'의 《현대칸트연구》도 열두 권 간행되었다. 이러한 지속적인 연구 활동과 연구 성과의 간행에 따라, 칸트 연구도 다시금 활발해졌다. 이와 관련하여 학술계에서의 칸트 교육과 철학 연구의 자리매김 등에 관해서는 모두 후속 논문에서 고찰하겠다.[33]

마지막으로 본고의 주제인 '일본의 칸트 수용사의 특징과 오늘날의 과제'에 대해서, 필자의 잠정적인 결론을 밝혀두고 싶다. 사이구사 히로토는 일찍이 "일본에서 칸트는 있는 그대로의 모습으로 수용되는 운명을 갖지 못했다"고 일본의 칸트 수용사를 개괄했다.[34] 또한 칸트 연구자인 타케무라 야스오(武村泰男)는 "일본의 칸트 연구를 보자면, 나는 메이지 이래로 그야말로 일본적이라 할 수 있는 적극적인 특징을 찾아볼 수 없다. 〔……〕 굳이 말하자면, 특징이 없다는 것이 특징일 것이다"[35]라고 말했다. 그러나 본고의 고찰은 사이구사와 타케무라의 주장이 적절한 칸트

33) 본고에서 본격적으로 다루지 않은 제2차 세계대전 패전(1945, 쇼와 20) 이후 일본의 칸트 연구와 수용사의 주요 동향에 관해서는, 본고의 후속 논문 및 별지자료 『일본의 칸트 문헌 목록(단행본편): 1896~2013년〔日本におけるカント文獻目錄(單行本編): 1896~2013年〕』(牧野 英二 編)을 참고하기 바란다.
34) 『三枝博音著作集』第三卷, 「近代日本哲學史」(中央公論社, 1972), p. 186.
35) 武村泰男, 「일본에서의 『순수이성비판』 연구〔本における『純粹理性批判』研究〕」, 《理想》第582號 (理想社, 1981. 11), pp. 154~155.

해석이 아니라는 것을 밝혔다. 칸트철학과 그의 텍스트는 그것이 수용된 역사적·사회적 현실의 콘텍스트 안에서 살아가는 사람들에 의해 다양한 방식으로 읽혀왔고, 바로 여기에 가장 큰 특징과 의의가 있다. 일본이라는 풍토에서 다양하게 독해되는 바로 그 지점에서 일본적인 칸트 수용의 특징과 과제가 생겨나기 때문이다.(박경숙 역)

일본 칸트 연구의 의의와 과제
1946~2013

마키노 에이지(牧野英二)

호세이대학 대학원 교수(法政大學大學院教授)

1. 글을 시작하며: 이 글의 목적

본고의 주제는 제2차 세계대전 종결 후 1946년부터 2013년까지 '일본의 칸트철학 연구사'를 고찰하는 것이다. 여기서 말하는 '칸트철학 연구사'란 '칸트철학 문헌의 번역사 및 칸트철학의 수용사'를 포함한다. 따라서 본고에서 필자는 20세기 후반부터 21세기 초까지 68년에 걸친 일본 칸트 연구의 의의와 과제를 해명하고자 한다.

이 글은 「일본 칸트 연구의 역사와 오늘날의 과제: 1862~1945」의 속편이다. 글을 시작하기에 앞서 전편에서 고찰한 내용을 간단히 회고하자면, 그 주요 성과는 다음과 같다. 첫째, 일본에서 칸트철학 문헌이 번역되고, 칸트철학이 수용·연구된 역사적 경위를 밝혔다. 둘째, 일본이 메이지(明治) 초기부터 근대화를 추진한 이래 1945년까지의 칸트철학 수용사 및 연구사의 특징을 해명했다. 셋째, 일본의 서양철학 연구사에서 가장 긴 역사와 가장 많은 연구 성과를 보유하고 있는 칸트철학 연구의 의의와 과제의 일단을 밝혔다. 다만, 부제에 명기되어 있듯이, 고찰의 범위가 제2차 세계대전 패전까지의 칸트 연구사에 한정되어 있다. 따라서 본고에서는 그 이후 일본 칸트 연구사의 의의와 과제를 고찰함으로써, 에도막부 말기부터 오늘날에 이르는 일본 칸트 연구사의 전체상을 부각시키고자 한다.

다음으로, 필자가 본고에서 채용한 고찰 방법을 설명하겠다. 필자는 전편의 고찰 방법과 마찬가지로 일본 칸트 연구의 경향 및 그 사회적·사상적 배경에 주목함으로써, 칸트 수용사의 역사적·사회적 의의를 밝힐 것이다. 그러나 본고에서는 전편의 경우와 달리, 본고만의 곤란한 상황에 직면해 있다. 그 이유로는 주로 다음의 세 가지를 지적하지 않을 수 없다. 첫째, 제2차 세계대전 이후의 일본에서는, 칸트 연구가 예전처럼 철학 연구의 중심적 위치를 차지할 수 없게 되었다. 둘째, 일본의 철학 연구의 다양화와 함께 칸트철학 연구도 다양화되고 복잡해졌다. 셋째, 지식의 글로벌화가 철학 사상 영역에도 영향을 주고, 이는 칸트철학 연구에도 영향을 미쳐왔다. 따라서 필자는 이러한 상황을 충분히 고려하면서 칸트 연구사의 의의와 과제를 고찰해야 한다고 생각한다.

마지막으로 독자의 편의를 위해 본고의 결론을 미리 요약하고자 한다. 본고의 주요 결론은 다음의 네 가지로 정리할 수 있다.

첫째, 일본 칸트 연구의 역사는 당시 일본 사회나 학술계의 강한 영향

202

하에 있었고, 이들과의 상호작용과 저항의 역사이기도 하다. 메이지 시기의 군국주의에 대한 비판적 논조가 칸트의 『영원평화론』을 고찰하는 계기가 되었다거나, 다이쇼(大正) 시대의 인격주의적 칸트 해석을 낳은 것이 그 예이다. 한편, 제2차 세계대전 이후에는, 전쟁 전이나 전쟁 중의 군국주의에 대한 반성과 민주화의 흐름에 따라 많은 민주적 성향의 지식인들이 마르크스주의 철학 연구로 방향을 바꾸고, 그 영향으로 칸트철학은 관심에서 멀어지게 되었다. 이 경위 역시 칸트 연구와 사회적 배경 간의 영향 관계에 따른 것이다. 또한 실존철학이나 그 이후의 포스트모더니즘도 칸트철학에 영향을 미쳤고, 21세기 전후에는 세계화에 따른 다양한 철학이나 사상 및 방법론이 칸트철학 연구에 영향을 주었다.

둘째, 일본 칸트 연구의 특징을 일별하자면, 먼저 이론철학의 인식론적 해석에서 시작되어, 다음으로 다이쇼 교양주의의 영향으로 실천철학, 특히 자유 및 인격성을 중시하는 방향으로 향했으며, 러시아혁명의 영향으로 마르크스주의와의 관련성 측면에서 칸트와 사회주의의 관계를 고찰하는 연구나 번역의 간행도 시도되었다. 또한 제2차 세계대전 이후, 특히 1980년대 이후에는 『판단력비판』이나 『영원평화론』, 역사철학이나 사회철학 연구가 급속히 고조되었고, 전 비판기부터 만년의 『유고(Opus postumum)』 연구를 망라하는 칸트철학의 전체상을 파악하는 연구 경향이 강해졌다. 흄(David Hume), 루소(Jean-J. Rousseau), 볼프(Christian Wolff) 학파, 크루지우스(Christian August Crusius) 등과 칸트의 관계에 관해서는, 이들에 대한 칸트의 평가나 비판 이외에도, 이들 철학자의 원전에 의거하여 칸트에 대한 영향사적 관점에서 연구하는 움직임도 활발해졌다. 근래에는 프랑크푸르트 학파(Frankfurter Schule) 2세대 이후의 칸

트 비판이나 평가, 또는 그 후의 포스트모더니즘의 칸트 미학이나 숭고
론 연구 등에 촉발된 논고가 증가하였고, 영미 철학의 영향으로 환경윤
리학(environmental ethics)이나 생명윤리학(bioethics), 정치철학이나 정의
론과의 관련성 측면에서 칸트철학을 연구하는 학자들도 적지 않다. 다
만 칸트의 종교론에 대한 연구는 다른 연구 분야에 비해, 일본 칸트 연
구의 긴 역사에서 가장 취약한 영역으로 남아 있다. 마지막으로, 서양의
환경윤리학이나 생명윤리학을 수용하고, 영미 언어분석철학, 심리철학
(philosophy of mind), 의식연구(consciousness studies), 최근에는 뇌신경
윤리학(neuroethics)의 영향을 받아서, 이러한 연구 성과와의 관련성 측면
에서 칸트철학의 현실성(actuality)을 탐구하는 연구도 보인다. 요컨대, 일
본의 칸트 연구 및 해석의 동향과 특징은 항상 국내외 학술계 정세, 특히
정치 사회적 상황 및 서양 학문의 발전 등의 영향하에 있었다. 약 150년
에 달하는 일본의 칸트 수용사 및 연구사는 이상과 같이 개관할 수 있다.

  셋째로, 일본의 칸트철학 연구 방법에는 다음과 같은 다섯 가지 주요
특징이 있다. 첫째 특징은 칸트철학의 정확한 이해와 충실한 텍스트 해
석을 꾀하는 내재적 연구에 있다. 이러한 연구는 메이지 시기 이래 칸트
의 견해를 충실하고 정확하게 이해하는 데 힘썼다. 이는 많은 칸트철학
주해서와 해설서를 낳았고, 칸트철학의 보급에 기여했다. 둘째 특징은
칸트철학에 대해 비판적인 철학의 입장에 의거하는 외재적 연구 내지 해
석이다. 예를 들면, 발전사적 측면에서 헤겔 등 독일관념론 철학자와의
비교 연구나, 정치적·사회적 관점에서 칸트철학을 보수적 개인주의로 간
주하는 마르크스주의 진영의 비판적 연구를 들 수 있다. 이러한 입장은
발전사관에 의거하여 칸트의 비판철학을 극복하려 했던 헤겔이나 마르

크스의 견해를 정착시켰다. 셋째 특징은, 일본 전통 사상이나 철학자, 사상가와 칸트철학의 비교 연구이다. 예를 들면, 칸트를 불교나 니시다 키타로(西田幾多郎) 철학, 와츠지 테츠로(和辻哲郎) 윤리학 등과 비교 연구하는 것이다. 이러한 연구는 제2차 세계대전 이전부터 지속되던 서양철학에 대한 대항 원리의 의의를 밝히는 동시에, 일본 철학의 입장을 구축하는 데 기여하였다.[1] 넷째 특징으로, 오늘날에도 여전히 적지 않은 연구자들이 오로지 서양의 칸트철학 연구 문헌을 번역하고 소개하는 데 힘쓰고 있다. 이러한 유형의 연구자는 서양 연구자들의 주장을 긍정적으로 받아들이고, 그러한 주장을 소개하고 수용하는 데서 학문적 사명을 발견한다. 다섯째 특징으로, 최근에는 응용철학, 응용윤리학의 관점에서 칸트철학의 의의와 한계를 연구하는 경향도 활발하다. 이상의 다섯 가지 특징 중에서 앞의 네 가지는 메이지 이래 칸트철학의 연구나 번역의 정확성 측면에서 다소 수준 차이가 있기는 하지만, 큰 변화는 없다.

넷째, 일본의 칸트철학 수용사 전체에서 두드러진 특징으로는, 메이지 20년대부터 다이쇼 시기까지 일본의 철학 연구는 칸트철학 연구가 지배적이었다는 점을 들 수 있다. 당시에 철학이란 서양철학을 의미했고, 철학을 배우기 위해서는 먼저 칸트철학을 배워야 했다. 게다가 일본의 칸트철학 연구사는 신칸트학파의 영향하에서 칸트를 수용하고 해석한 역

1) 그 전형적인 예로서, 마츠나가 모토키(松永材)의 칸트 연구와 일본주의 사상을 들 수 있다. 마츠나가의 칸트 연구서로는 『칸트철학〔カントの哲學〕』(尚文堂, 1924), 『칸트의 도덕철학〔カントの道德哲學〕』(帝國敎育會出版部, 1924) 등이 있고, 동시에 『일본주의 철학〔日本主義の哲學〕』(尚文堂, 1929; 개정판, 思索の道舍, 1988) 등의 출판물도 제2차 세계대전 이후까지 계속 간행되었다. 참고로, 최근 '일본철학'을 표방하는 철학 연구자 중에는 마츠나가의 주장과 관련 있는 사람도 있다.

사였다. 이러한 점에서, 일본의 철학 연구 및 칸트철학 연구는 독일철학 편중이라는 과제를 남겼다. 더구나 이러한 칸트 연구의 특징이나 철학 연구의 과제는 오늘날까지도 일본의 철학 연구나 칸트철학 연구 방면에서 여전히 볼 수 있는 보편적인 현상이다. 그렇기는 하지만, 최근의 칸트 연구는 신칸트학파의 영향에서 벗어나, 독일어권의 칸트 연구보다도 영어권 칸트 연구의 수용이나 유입, 소개가 증가하고 있다는 점에서 큰 특징을 찾을 수 있다.[2]

마지막으로, 이러한 칸트 관련 번역서를 간행할 때 발생하는 번역 용어의 문제점을 언급하고자 한다. 일본은 번역대국이라고 불린다. 제2차 세계대전 기간을 제외하면, 칸트철학뿐만 아니라, 철학, 사상 분야의 번역 출판은 일본 문화의 큰 특징으로 자리 잡아 왔다. 물론, 번역 대상은 대부분이 서양 책이다. 근현대 독일철학, 특히 칸트철학의 번역 문제에 관해서는, 본고의 전편인 「일본 칸트 연구의 역사와 오늘날의 과제」에서 'transzendental(초월론적)'의 번역사에 대해 깊이 논의한 바 있다. 이 용어와 밀접히 관련된 중요한 개념으로 'a priori', 'a posteriori'가 있다. 이들 개념은 일찍이 각기 '선천적', '후천적'으로 번역되던 시기도 있었지만, 이 말의 생리학적 의미와 혼동될 위험도 있고 하여, 지금은 대

: :
2) 20세기 서양철학 전반에 대한 칸트의 영향에 관해, 일본어 참고 자료는 다음과 같다: Tom Rockmore, 마키노 에이지 감수, 齋藤元紀·相原博·平井雅人·松井賢太郎·近堂秀 역, 『칸트의 항적 안에서: 20세기의 철학〔カントの航跡のなかで: 二十世紀の哲学〕』(法政大學出版局, 2008; Tom Rockmore, *In Kant's Wake: Philosophy in the Twentieth Century*, Blackwell, 2006). 이 책은 글로벌화된 현대 철학의 주류를 네 가지, 즉 프래그머티즘, 마르크스주의, 대륙 현상학, 앵글로-아메리카 분석철학으로 구분하고, 이들 각각에 대해 주로 이론철학의 관점에서 칸트의 영향을 고찰하고 있다.

부분 '아프리오리', '아포스테리오리'의 가타카나 표기(アプリオリ, アポス テリオリ, 혹은 ア・プリオリ, ア・ポステリオリ)로 통일되었다. 또한 실천철 학에서 중요한 개념인 'Gesinnung'은 '심근(心根)'이라는 번역어도 보이 기는 하지만, '심술(心術)'로 번역하는 것이 일반적이다. 특히 중요한 술 어인 'Autonomie des Willens'는 '의지의 자율'이 표준 번역이고, 의미 상 대립되는 'Heteronomie der Willkür'는 '선택 의사의 타율' 또는 '선 택 의지의 타율'로 번역한다. 그리고 『판단력비판』에서 중요한 개념인 'Heautonomie der Urteilskraft'는 '판단력의 자기자율'로 번역하는 것이 일반적이다. 또한 'ästhetisch'는 이론철학이나 인식론의 맥락에서는 '감 성적'이라고 번역하고, 『판단력비판』 제1편의 미학론, 취미판단론 맥락에 서는 '미감적', '미학적', '정감적' 등의 번역어가 사용되고 있으니, 반드시 통일된 번역어가 정착되어 있는 것은 아니다. 칸트 문헌에서 자주 사용 되는 'Gemüt'라는 술어도 '마음(心)', '심성(心性)', '심정(心情)', '기질(氣質)', '심의식(心意識)' 등 다양한 번역어가 사용되고 있다. 한편, 이 술어와 관련 된 'Seele', 'Geist'는 각기 '혼(魂)', '정신(精神)'이라는 번역어가 일반적이다.[3] 종교론에서 중요한 술어인 'das radikale Böse'는 '근원악(根源惡)', '근원 악(根元惡)', '근본악'이라는 번역어가 사용되고 있다. 이들 번역어의 다양 성은 칸트 술어의 해석과 해당 일본어 번역의 이해라는 이중의 언어 해석 문제가 배후에 놓여 있다는 데 유의할 필요가 있다.

이 점에 대해, 필자는 전편 논문에서 예고했듯이, 'Ding an sich' 번역

3) 위에서 언급한 번역어의 변천이나 다양성, 용어 선택의 타당성에 관해서는, 『판단력비판(上)』, 『칸트전집』(제8권, 岩波書店, 1999) 마키노 에이지 역, pp. 269ff., p. 278 참고.

어의 변천이라는 측면에서 칸트 해석의 다양성을 검증해보고자 한다. 이 개념은 번역사에서 채용된 일본어 번역어가 다양한데, 여기에서 이 개념과 그 기초에 있는 칸트철학 자체를 긍정적으로 파악하느냐 부정적으로 해석하느냐의 논쟁 상황, 이른바 '형이상학의 싸움터'의 양상을 띠게 되었다. 요점만 지적하자면, 메이지 시대의 칸트 수용 초기 단계에서는, 'Ding an sich'에 대해 '실체(實體)'라는 번역어가 지배적이었다. 이 번역어를 가장 처음 채용한 것은 이노우에 테츠지로(井上哲次郎)의 『윤리신설[倫理新説]』(1883)이다. 이노우에는 자신이 '현상즉실재론(現象卽實在論)'이라고 칭하는 철학적 입장에서, 다음과 같이 말했다: "물여(物如)는 'Ding an sich'인데, [……] 물여는 실체이다." 즉 '물자체'가 실재 '물(物)'일 수는 없고, 언어의 제약에 따른 표현에 지나지 않는다고 단정했다. 참고로, 불교 철학에서 '실체'는 '진여(眞如)'(우주 만물의 있는 그대로의 모습. 존재의 궁극적인 모습인, 절대불변의 진리)를 의미하는데, 이노우에 테츠지로가 양자 간의 차이를 어느 정도 자각하고 있었는지는 확실하지 않다. 이노우에 엔료(井上円了)도 『철학요령[哲學要領]』(1886)에서 '물자체' 개념을 "마음 바깥에 물질의 실재, 즉 물자체를 정하는" 유물론적 견해라고 단정하는 오류를 범했다. 한편, 쿠와키 겐요쿠(桑木嚴翼)는 『칸트와 현대 철학[カントと現代の哲學]』(1917)에서, 칸트의 주장을 긍정적으로 평가하는 입장에서 "물자체에 관한 칸트의 의견을 확인하고자 했다." 쿠와키는 릴(Alois Riehl, 1844~1924)이나 파울젠(Friedrich Paulsen, 1846~1908)처럼 '물자체'와 '현상'의 관계를 '원인-결과'의 범주에 따르는 시간의 계기 관계에서 이해한 것이 아니라, '이유와 귀결'의 논리적 관계에 입각하여 해석하는 견해를 채용했다.[4] '물자체' 및 칸트에 대한 이러한 해석 방법은 그 후 일본 칸트 철학 연구의 기본 모델이 되었다.

어쨌든 'Ding an sich'라는 독일어에는 '물자체'라는 번역어가 채용되어 오늘날에 이르고 있다. 다만 '현상'과 '물자체'에 관한 칸트의 설명의 타당성이나 양자의 관계에 대한 이해 문제는, 오늘날에도 여전히 칸트 연구의 논쟁점으로 남아 있다. 이 과제는 대상에 의한 촉발에 관한 해석, 물자체와 현상의 관계를 인과관계로 해석해야 할지 이유와 귀결의 관계로 해석해야 할지 등의 문제를 둘러싼 종래의 논쟁뿐만 아니라, 근래에는 심신 문제와 관련된 현대 철학의 난제와도 결부된다. 데이빗슨(Donald Davidson)의 심신이론이 그 한 예인데, 그는 '무법칙적 일원론(anomalous monism)' 관점에서 칸트철학의 심신 문제에 대해 정합적 해석을 시도하였다(Donald Davidson, *Problems of Rationality*, Oxford University Press, 2004). 아펠(Karl-Otto Apel)은 그가 미국의 칸트라고 부르는 퍼스(Charles Sanders Peirce)의 '물자체'에 대한 비판과 재해석을 "야코비(Friedrich Heinrich Jacobi) 이래 칸트에 대해 제기된 가장 강력한 논거 중 하나이다"라고 평가했다(*Transformation der Philosophie*. 1973). 주지하듯이, 야코비는 칸트의 '물자체' 개념이 내포하고 있는 모순을 다음과 같이 간파했다: "물자체를 전제하지 않고서는 그 [칸트철학의] 체계로 들어가는 것이 불가

⠒

4) 이노우에 테츠지로부터 쿠와키 겐요쿠까지의 '물자체' 해석사에 관해서는 타카미네 이치구(高峯一愚), 『일본의 칸트 '물자체' 수용[日本におけるカント'物自體'の受容]』(論創社, 1986, 비매품, pp. 2~13)을 참조. 이후의 논의에 관해서는 마키노 에이지·아리후쿠 코가쿠(有福孝岳) 편저, 『칸트를 공부하는 사람을 위하여[カントを學ぶ人のために]』(世界思想社, 2012, pp. 100~116), 마키노 에이지, 「물자체·대상·실재[物自體·對象·實在]」 및 『칸트사전[カント事典]』(弘文堂, 1997, pp. 507~510)의 필자 집필 항목 「물자체」를 참조. 덧붙여 말하자면, 칸트의 '물자체'와 관련된 제 문제를 고찰할 때 아디케스의 물자체 연구는 필독서이다: Erich Adickes, *Kant und das Ding an sich*, Pan Verlag Rolf Heise, Berlin, 1924. 이 책에서 그가 전개하고 있는 '이중촉발론(Lehre von der doppelten Affektion), 즉 경험 대상에 의한 촉발과 물자체에 의한 촉발이라는 독특한 해석에 대해 본고에서는 깊이 논의하지 않겠다.

능하고, 물자체를 전제하면 그 체계 안에 머무는 것이 불가능하다. 나는 이에 대해 줄곧 혼란스러웠다."(Friedrich Heinrich Jacobi, *Jacobis Werke*, Nachdruck der Ausgabe Leipzig, Darmstadt 1976, Bd. 2, S. 304) 최근에는 리처드 로티(Richard Rorty)처럼 '물자체'를 이른바 의사문제(pseudo-problem)로 간주하고 '실재 문제의 해소'를 꾀하는 시도도 적지 않다 (Richard Rorty, *Consequences of Pragmatism*. University of Minesota Press, 1982). 일본의 칸트 연구사에서도 상술한 관점은 무시할 수 없는 논점이 되었다. 한편, 필자처럼 이 개념을 타자 이해의 문맥까지 확대하여, 칸트 철학 새로 읽기를 시도하는 연구도 등장하게 되었다.

요컨대, 번역어의 선택은 역자의 호오나 취향의 문제가 아니라 칸트 해석의 문제와 불가분의 관계에 있는, 칸트 수용사에서 중요한 과제 중의 하나이다.

2. 제2차 세계대전 패전 이후 민주주의 시대까지

2절에서는 먼저 쇼와(昭和) 시대의 전후(戰後) 칸트 연구 재구축이라는 동향에서 고찰해보고자 한다. 패전 후 1945년(昭和 20)부터 1960년대까지는 승전국인 미국의 민주화 정책의 영향이나 국민의 주체성 자각, 그리고 세계적 규모의 사회주의 및 공산주의 국가 설립의 영향 등으로 일본의 철학이나 사상도 글로벌한 조류 안에서 성립되고 발전하였다. 구체적으로 말하자면, 일본의 철학 연구는 약 20년간 주로 마르크스주의 철학, 실존주의 철학, 언어분석철학이라는 세 가지 주요 사조의 영향하에서 발전하

였다. 그 결과 전통적인 칸트철학 연구는 일본에서도 철학 연구의 주변으로 쫓겨났다. 이러한 사상계의 상황 속에서, 1954년 4월에 철학 전문잡지 《이상[理想]》(理想社刊)은 칸트 서거 150년 기념 특집호인 《칸트의 현대적 의의[カントの現代的意義]》를 간행했다. 수록 논문 8편의 필자와 제목은 다음과 같다: 야마자키 마사카즈(山崎正一)의 「칸트의 '비판정신'에 관하여[カントの'批判精神'について]」, 미야지마 타카시(宮島肇)의 「칸트와 현대[カントと現代]」, 카시야마 킨시로(樫山欽四郎)의 「칸트의 휴머니즘[カントのヒューマニズム]」, 키시모토 마사오(岸本昌雄)의 「칸트 판단력비판의 의미[カント判断力批判の意味]」, 호리 노부오(堀伸夫)의 「칸트와 현대물리학[カントと現代物理學]」, 사이토 기이치(齋藤義一)의 「칸트의 역사관[カントの歷史觀]」, 스가야 쇼칸(菅谷正貫)의 「칸트의 종교철학[カントの宗敎哲學]」, 하라 타스쿠(原佑)의 「칸트의 인간성을 둘러싸고[カントの人間性をめぐって]」. 이 특집호에는 당시의 시대적 상황을 반영하는 특징적인 논고가 몇 편 수록되어 있다. 우선 야마자키의 논문은 칸트 연구에서 신칸트학파가 이룬 성과에 대한 긍정적 평가와 부정적 평가를 지적하고, 신칸트학파를 중심으로 한 일본의 칸트철학 수용의 문제점을 극복해야 한다고 주장하고 있다. 그 이유는 다음과 같다: "신칸트파 운동 자체는 일정한 역사적·사회적 제약하에서 일어난 운동이었다. [……] 적어도 그러한 점에서, 신칸트파의 한계는 또한 칸트 연구의 한계가 되고 있다. [……] 우리나라에 이식된 신칸트파는 독일 본토의 신칸트파 자체일 수는 없기 때문에, 한계가 더욱 이중화되고 있다."(p. 2) 그렇다면 일본에 이식된 신칸트학파와 칸트 연구의 이중적 한계에 직면하여, 해결해야 할 과제는 무엇인가? 야마자키의 결론에 따르면, 다음과 같은 두 가지 점을 지적할 수 있다: "첫째는, 신칸트파 철학이 자라난 정신사적 기반, 즉 종교적 배경이나 세계관·인생관 배경과, 물질적 기반, 즉 신칸트[파]가 자라나고 거기에서 역할을 수행한 사회적·정치적 배경의 의의 등이 거의 무시되어 문제시되지 않고 사상되었다"(p. 2)는 점이다. "둘째는, 신칸트파의 철학이 오로지 학설의 짜임새가 갖는 체계적·논리적 정합성 측면에서만 규명되고 이식되었다"(p. 2)는 점이다. 야마자키의 주장에 따르면, 이러한 사회적·정치적 관점이 고의로 사상됨으로써, 일본의 신칸트학파 및 그 필터를 통한 칸트 연구는 왜곡되었고, 그 이후의 현상학파 철학 연구도 마찬가지 문제에 빠져서 편향된 수용 경향을 드러내고 있다. 이러한 편향은 오늘날에도 여전히 볼 수 있는 문제이다. 이러한 연구 방법으로 인해 일본에서는 칸트의 '비판정신'을 정확히 파악할 수 없게 되었다. 야마자키는 기존의 칸트 연구에 대한 비판을 매개로 오늘날의 '비판정신'을 건립하는 것을 목표로 하였는데, 이에 대해 다음과 같이 설명하였다: "칸트가 자신의 사상적 전통이나 외래의 영국 및 프랑스 사상에 맞선 '비판'의 정신은 18세기 독일의 먼 과거의 것만이 아니라, 실로 오늘날—동양인으로서의—우리의 정신에도 없어서는 안 된다."(p. 17) 그의 이러한 주장은 수년 후에 간행된 그의 저서 『칸트의 철학: 후진국의 우위〔カントの哲學: 後進國の優位〕』(1957, 211면)로 결실을 맺는다.

다음으로 미야지마의 논문은 당시의 리버럴한 사상 경향을 강하게 반영하는 내용으로 구성되어 있는데, 그는 마르크스주의 철학의 현대적 사명과 비교하여 오늘날 칸트철학은 중요한 의의를 갖지 않는다며, 칸트철학의 의의를 부정적으로 평가했다. 미야지마에 따르면, "칸트가 고뇌하고 해결하고자 했던 이성비판의 과제는 프로이센의 절대주의 시대에서 근세 시민사회로 넘어가는 세계사적 전환기의 모순 항쟁 속에서 이해해야 하며, 이로부터 그의 비판주의와 개인적 인격주의 등의 입장이 도출된다."(p. 27) 반면 오늘날의 세계사적 상황은 칸트의 이성비판의 과제를 넘어서 "한 걸음 더 나아간 시대적 과제와 철학에 몰두하지 않으면 안 된다"(같은 곳)고 주장하며, "그[칸트]의 선천주의는 고전적인 의미밖에 지닐 수 없다는 것이 학계의 상식이다"(같은 곳)라고 단정하였다. 이러한 주장은 당시 일본의 마르크스주의 철학의 추세를 보여주는 단적인 예라고 할 수 있다. 이러한 칸트 비판이나 칸트철학에 대한 부정적인 평가는 한동안 거의 '학계의 상식'이었지만, 머지않아 이러한 견해도 서서히 수정되었다.

흥미롭게도, 호리 노부오의 논문은 칸트 연구사 측면에서 볼 때, 자연과학자의 입장에서 칸트를 고찰한 몇 안 되는 칸트론이다. 게다가 이 논문은 당시 과학주의나 마르크스주의적 과학관에 의거하여 칸트의 시간공간론을 과학적으로 의미 없는 케케묵은 견해로 배척한 것이 아니라, 현대물리학의 시각에서 보더라도 충분한 역사적·현대적 의의를 갖는다고 해석한다. 그에 따르면 "칸트의 순수이성비판은 오늘날의 물리학 측면에서 보더라도 그 근본정신에 조금도 수정을 가할 필요가 없다고 생각한다. 칸트 제1비판은 물리학에 대한 철학적 반성으로서 오늘날에도 충분히 살아 있다."(p. 55) 이 주장의 주요 근거로서, 호리 노부오는 '물자체'의 의의에 주목한다. "양자역학적 기술(記述)은 인식의 가능성에 대한 기술인데, 이 가능성의 총체(總體)가 물자체인 것이다. 우리의 구체적 감각의 가능적 총화(總和)가 물자체이다."(p. 56) 오늘날 칸트 물자체를 해석하는 방식에서 보자면, 물자체에 대한 그의 이해 방식은 큰 문제가 있고, 그 자체로는 타당성을 갖지 않는다. 그러나 당시 일본 사상계의 상황에서 보면, 이러한 시각에서 칸트를 평가하는 것은 매우 흥미로운 것이다. 만일 호리 노부오의 논문이 한층 더 발전되고 칸트 연구자에 대해 영향력을 발휘했다면, 그 이후의 일본 칸트 연구사도 지금과는 다소 다른 방향으로 전개될 수 있었으리라 추측해본다. 실제로 호리의 논문은 칸트의 도덕론에 대해, 특히 정신의 자유에 관해서, 생리학자이자 뇌과학자인 존 에클스(John C. Eccles, 1903~1997)의 논고 등을 활용하여, 정신의 자유와 물질 법칙의 교섭 가능성을 주장하고 있다. 또한 호리는 『판단력비판』의 자연의 합목적성에 대해서도 슈뢰딩거(Erwin Schroedinger, 1887~1961)의 논고 「생명이란 무엇인가」를 단서로 삼아, "철학은 과학을 등지고 반대 방향으로 나아갈 것이 아니라, 과학을 포용하고, 나아가 과학을 넘어서는 것의 본질을 구명하여, 과학의 성과와 조화를 이루고 과학과 함께 나아가면서, 과학과 초과학의 통합을 지향하는 것이어야 한다"(p. 63)라고 정확하게 지적하고 있다. 그의 논문은 "칸트의 본심도 여기에 있었던 것이 아닐까"(같은 곳)라는 말로 마무르고 있다. 필자가 보기에, 철학과 과학의 관계에 대한 이러한 지적은 오늘날에도 칸트 연구에서 중요한 문제 제기로서 타당하다.

기타 수록 논문은 전통적인 내재적 연구 방법을 채용하고 있어서 본 특집호의 주제 '칸트의 현대적 의의'에 상응하지 않으므로, 본고에서는 이들 논문의 내용은 깊이 논의하지 않겠다. 그건 그렇다 하더라도 이 칸트 특집은 칸트 서거 150년 기념 특집호로서는 부족하다는 인상을 받는다. 그 주된 이유는, 제2차 세계대전 이전의 칸트철학 및 그 연구 방법에 대한 반성을 뚜렷하게 담고 있는 논문이 있는가 하면, 이러한 방법적 자각이나 문제의식을 결여한 채 구태의연한 연구 방법이나 태도를 견지하는 논문도 적지 않기 때문이다. 어쨌든 이러한 현상은 전후 9년째가 되던 당시, 학문 연구를 재건하는 과정에서의 사유의 시행착오를 반영한다고 보아야 할 것이다.

그 후 일본 최고의 전통을 지닌 철학 전문잡지인 《철학잡지》는 도쿄대학 교수진을 중심으로 하여 전후 처음으로 칸트 특집호 《철학잡지: 칸트철학 연구〔哲學雜誌: カント哲學の研究〕》(제81권 753호, 有斐閣, 1966. 10)를 간행하였다.[5]

이 특집호는 1965년 이와사키 타케오(岩崎武雄)의 『칸트『순수이성비판』연구〔カント『純粹理性批判』の研究〕』(勁草書房)의 출판이 계기가 되었다. 이 특집호에는 연구논문과 토론을 포함하여 일곱 편의 글이 실려 있다. 연구논문으로는 하라 타스쿠의 『판단력비판』의 위치에 관한 문제〔『判斷力批判』の位置に關する問題〕, 쿠로다 와타루(黑田亘)의 「경험의 가능성〔經驗の可能性〕」, 우츠노미야 요시아키(宇都宮芳明)의 「'철학자'와 '지혜': 칸트의 '지혜' 사랑〔'哲學者'と'知惠': カントの'知惠'の愛〕」, 사카베 메구미(坂部惠)의 「계몽철학과 비합리주의 사이: 멘델스존, 야코비, 칸트〔啓蒙哲學と非合理主義の間: メンデルスゾーン・ヤコービ・カント〕」, 야마모토 야코토(山本信)의 「칸트철학에서 무한과 유한〔カント哲學における無限と有限〕」이 있고, 토론으로는 이와사키 타케오의 「인과율과 결정론〔因果律と決定論〕」, 오모리 쇼조(大森莊藏)의

:
5) 《철학잡지》는 1887년 2월에 '철학회'의 기관지 《철학회잡지〔哲學會雜誌〕》로 창간되었고, 1892년 6월에 현행 명칭으로 변경되었다. 1945년 1월까지는 월간지로 간행되다가, 패전을 거쳐 1946년 5월에 재간되었다. 재간 이래 부정기로 간행되다가, 1962년부터 현재까지 연간지로 꾸준히 간행되고 있다.

「결정론과 인과율: 이와사키 타케오 「인과율과 결정론」의 경우〔決定論と 因果律: 岩崎武雄氏「因果律と決定論」の場合〕」가 있다. 이 특집호는 당시 일본 을 대표하는 칸트 및 독일철학 연구자인 이와사키 타케오와 하라 타스쿠, 중견 연구자 야마모토 야코토와 오모리 쇼조(이 두 사람은 大修館版 『비트겐 슈타인 전집』의 편집을 맡음), 쿠로다 와타루(비트겐슈타인 연구자), 우츠노미 야 요시아키(후에 『실천이성비판』, 『판단력비판』, 『영원한 평화를 위하여』 등의 개 인 번역서를 정력적으로 간행), 젊은 연구자 사카베 메구미 등 쟁쟁한 멤버 들의 기고로 구성되었다. 여기에는 하라 타스쿠의 논문처럼 칸트철학을 내재적으로 연구한 논문도 있고, 쿠로다 와타루의 논문처럼 라이프니츠 (Gottfried W. Leibniz)와의 대비를 통해 칸트의 '경험 가능성'의 고유성을 밝힌 논문도 있다. 또한 우츠노미야의 논문처럼, 칸트 계몽사상의 중요 성, 그리고 칸트 계몽사상과 전후 일본의 밝은 민주적 분위기의 관련성에 착안한 논고도 있는 한편, 사카베 메구미의 글처럼 18세기 계몽사상의 숨 겨진 측면이나 그 그림자를 지적하는 동시에, 현대의 사상적 상황을 칸 트 시대의 맥락에 놓고 재검토를 시도한 이색적인 논고도 있다. 사카베 메구미의 논문은 멘델스존(Moses Mendelssohn), 야코비(Friedrich Jacobi), 칸트의 논쟁으로부터 "칸트의 도덕률은 [……] 인류의 어두운 미래에 대해 투영된 것이며, [……] 그 주위에 모여든 여러 조류가 만들어낸 상황을 보 노라면 이미 저 칸트의 시대가 얼마나 오늘날의 사상 풍경과 유사한가" (p. 81f.)라며 일본의 사상계에서 짙은 어둠의 세계를 찾아내고 있다. 또 한 당시 철학 연구에서 쟁점화되었던 인과율과 결정론의 관계를 둘러싸 고, 이와사키 타케오는 칸트적인 해결 방법을 사용하여 "인과율과 결정 론이 긴밀히 연결되어 있다고 생각하는 것은 완전히 착오이다"(p. 131)라 고 주장했다. 이에 대해 오모리 쇼조는 "통상적인 의미에서의 인과율이

곧 결정론이라고 생각해선 안 된다"(p. 152)며, 인과율과 결정론은 긴밀히 연결되어 있지 않다고 주장하면서, 한편 결정론이 옳다고 보는 견해에 동참한다. 이들 논고는 당시 일본의 칸트 연구 및 칸트와 현대 철학과의 관련성을 논의한 연구 중 높은 수준을 보여주는 성과라고 할 수 있다.

3년 후, 일본윤리학회에서는 1년 전 학술대회의 공통 과제였던 주제를 중심으로 『칸트』(理想社, 1969. 10, 320면)를 간행했다. 이 논문집에 수록된 논문은 열네 편인데, 내용 면에서는 모두 칸트 윤리학 및 종교론에 관련된 논고이며, 이론철학이나 자연철학에 관한 논고는 게재되지 않았다. 집필자와 논문 제목을 게재 순으로 소개하면 다음과 같다: 사카베 메구미의 「칸트와 루소〔カントとルソ-〕」, 하마다 요시후미(浜田義文)의 「초기 칸트와 영국 도덕철학〔初期カントとイギリス道德哲學〕」, 스즈키 후미타카(鈴木文孝)의 「정언명법의 여러 방식들〔定言命法の諸方式〕」, 코니시 쿠니오(小西國夫)의 「칸트의 도덕법칙〔カントの道德法則〕」, 코도 이사오(近藤功)의 「칸트의 인간 문제〔カントにおける人間の問題〕」, 오다 유키오(尾田幸雄)의 「인격과 사회의 접점〔人格と社會の接點〕」, 사토 아키오(佐藤明雄)의 「칸트의 자유와 실천〔カントにおける自由と實踐〕」, 미토 요시오(三登義雄)의 「칸트의 역사와 도덕〔カントにおける歷史と道德〕」, 이가라시 아키라(五十嵐明)의 「칸트 종교론에서 이성의 한계〔カントの宗敎論における理性の限界〕」, 하나다 노부히사(花田伸久)의 「칸트의 도덕법칙과 이성신앙에 관하여〔カントにおける道德法則と理性信仰について〕」, 미야마 세츠요(觀山雪陽)의 「칸트 윤리학의 존재론적 기초〔カント倫理學の存在論的基礎〕」, 오구라 유키요시(小倉志祥)의 「『순수이성비판』의 변증론 고찰〔『純粹理性批判』の辨證論の考察〕」, 카도와키 타쿠지(門脇卓爾)의 「현대의 칸트 연구〔現代のカント研究〕」, 후카사쿠 모리부미(深

作守文)의 「칸트 만년의 초월론적 철학의 구상〔カントの晩年における超越論的哲學の構想〕」, 책 말미에는 〈공동토론〉이 실려 있는데, 이 토론에서는 저자들이 다음의 주제들을 둘러싸고 토론을 진행했다. 칸트의 '사상사, 형성사' 관점에서 칸트와 루소, 칸트와 영국 도덕철학과의 관계가 논의되었고, '윤리학의 원칙'에 관해서는 정언명법의 여러 방식들의 해석이 논의되었으며, '인격, 사회'에 관해서는 칸트의 네 가지 물음(나는 무엇을 알 수 있나, 나는 무엇을 해야 하나, 나는 무엇을 희망할 수 있나, 인간이란 무엇인가)이나 초월론적 인격성, 도덕적 인격성, 종교적 인격성의 관계가 토론 주제가 되었다. 마지막으로 '윤리와 종교'의 관계를 논의하며 토론이 마무리되었다. 이 논문집은 《철학잡지》 칸트 특집호의 논문들과 비교하면, 논문 수가 많고 연구 내용이 다방면에 걸쳐 있다는 점을 큰 특징으로 꼽을 수 있다. 당시로서는, 칸트의 실천철학, 특히 윤리학 관련 분야의 연구 성과로서는 역작도 있지만, 대부분이 텍스트 자체의 내재적 해석이나 칸트 옹호로 일관한 탓에 논문 내용의 수준과 참신성, 독창성 면에서는 분명히 《철학잡지》에 뒤떨어진다. 일본윤리학회에서는 매년 한 차례 《일본윤리학회논집》을 간행했고, 이 칸트 특집호는 제4집에 해당한다.[6] 참고로, 《일본윤리학회논집》(전 31권)은 '성' 특별호(『性』, 1996. 10)를 마지막으로 종간

..

6) 1950년에 출범한 일본윤리학회에서는 《윤리학회논집〔倫理學會論集〕》과는 별도로, 《윤리학연보〔倫理學年報〕》(第62集, 2013. 3 刊)를 간행하고 있다. 이 연간지는 심사를 통과한 젊은 학자들의 논문만 게재하는 편집 방침을 오랫동안 유지해왔다. 본고의 주요 취지는 중요한 논고를 다루는 데 있으므로 《윤리학연보》에 게재된 논문은 모두 생략했다. 참고로, 최근 응용윤리학에 대한 연구는 일본에서도 눈부신 진전을 이루었고, 그에 따라 주변 영역과 관련된 전국 규모의 학회도 다수 활동하고 있다. 예를 들면, 일본생명윤리학회, 일본간호윤리학회, 일본임상윤리학회, 일본의학철학·윤리학회, 일본종교윤리학회, 지구시스템·윤리학회, 일본경영윤리학회 등과 같은 학회들이 활동하고 있다. 그러나 이들 학회 활동 및 학회지는 학회 활동의 취지에서 보자면, 칸트철학 및 윤리학 연구와 직접적 영향 관계는 없다고 말할 수 있다.

되었는데, 칸트에 관한 특집호는 위에서 언급한 특집호 한 권뿐이다.

일본윤리학회가 출범하고 2년 후인 1952년에 '일본철학회'가 결성되었다. 일본철학회는 철학, 윤리학, 미학, 사상사 관련 연구자들로 이루어진 전국 최대 규모의 학회로, 회원 수가 일본윤리학회의 두 배에 달한다. 이 학회는 1952년에 창립된 이래, 기관지《철학》을 일 년에 한 차례씩 간행하고 있다.[7] 일본철학회는 고대 그리스철학, 중세 기독교 철학, 근대 철학, 현대 철학 여러 조류의 연구자뿐만 아니라 이슬람 철학이나 불교 사상, 일본 사상 방면의 연구자도 폭넓게 망라하는 학회이다. 이러한 이유로, 기관지《철학》에 게재되는 학술대회 기획, 보고, 투고 논문의 연구 영역도 다방면에 걸쳐 있다. 요컨대 일본철학회의 활동 기록은 일본의 철학 연구 전체의 활동 내용과 연구 수준을 보여주고 있다고 말할 수 있다. 따라서 아래에서는《철학》에 게재된 칸트철학 관련 논문으로 범위를 좁혀서, 일본철학회의 60년 발자취를 간단히 회고하고자 한다.

일본철학회의 학술대회 프로그램 기획 측면에서 살펴볼 때, 칸트철학은 어떻게 평가되었을까? 우선 이 문제에 대답해보고자 한다. 이 학회의 〈특별보고〉는 제19회 대회(《철학》제10호에 수록, 1960)부터 시행되었고, 마찬가지로 10호부터 〈공모논문〉 섹션이 채용되어 지금에 이르고 있다. 〈공모논문〉에는 신진 학자 및 중견 학자의 기고 논문 중 심사를 통과한

••

7) 《철학》은 1952년 창간호부터 2007년 제58호까지는 호세이대학 출판부에서 간행되었고, 2008년 제59호부터 현재까지 치센서관(知泉書館)으로 발행처가 바뀌어 간행되고 있다. 그러나 편집 방침은 기본적으로 변동 사항이 없다.

논문이 게재되는데, 이 논문들은 일본윤리학회가 편찬하는《윤리학연보》에 게재되는 논문들과 마찬가지로, 일본 최고의 연구 성과라고는 말할 수 없으므로 본고에서는 언급하지 않기로 한다.

일본철학회는 제28회 대회(1968)부터 〈특별보고〉와 〈심포지엄〉 두 꼭지로 기획하였고, 제53회 대회부터 〈공동토론〉과 〈심포지엄〉 두 꼭지의 프로그램으로 바꾸어 지금에 이르고 있다.[8] 덧붙여 말하자면, 제19회 대회의 〈특별보고I〉은 '윤리학·과학론'을 다루었고, 〈특별보고II〉에서는 '인간·역사·세계'를 주제로 삼아 각 섹션별로 3명씩 발표했지만, 칸트철학과는 무관한 내용을 논의하였다. 일본철학회는 제33회 대회(1973)에서 처음으로 〈심포지엄: 현대에서 칸트철학의 의의〉를 기획했다. 보고자와 개별 발표 주제는 다음과 같다.

마츠모토 마사오(松本正夫)의 「칸트철학의 이론적 전제〔カント哲學の理論的前提〕」, 카도와키 타쿠지의 「현대에서 칸트철학의 의의〔現代におけるカント哲學の意義〕」, 야마모토 야코토의 「이원론에 관하여〔二元論について〕」 세 편이다. 이 논고들은《철학》제24호(1974)에 수록되었다. 마츠모토의 논문은 "칸트가 존경하면서도 적대했던 볼프로 이어지는 스콜라학의 전통 안에, 비판철학의 안내자가 될 수 있는 몇 가지 경향이 이미 존재하고 있었다는 것을 지적하고 싶다"(p. 48)며 자신의 논문의 목적을 서술하고 있다. 논문 제목은 바로 이 '칸트의 무의식적인 이론적 전제'를 의미한다. 요컨

8) 다만, 엄밀히 말하면, 제21회(1971)에서만 예외적으로 〈심포지엄1: 힘과 이성〔力と理性〕〉, 〈심포지엄2: 구조주의철학의 의미〉를 다루었는데, 당시 기획자의 문제의식을 엿볼 수 있다.

대, 칸트에게는 "궁극적, 선험적으로 일체의 모든 것을 자신의 양태로 내재화할 수 있는, 자기충족적인 의식관이 전제되어 있다"(p. 57)는 것이다. 이 전제는 스콜라학의 존재론 전통에 근거를 두고 있다. 마츠모토의 주장에 의하면, 칸트는 한편으로는 전통 사상의 전제에 제약받으면서도, "순전한 인간 이성의 입장에서 순수이성비판이 가능하다고 주장했다는 점에 근대 특유의 인간중심주의가 있다"(p. 62). 카도와키의 논문은 "일본철학회에도 과학철학, 특히 논리실증주의적 입장에 서 있는 사람과 형이상학에 관심을 갖는 사람 간에는 거의 대화가 불가능하다고 여겨질 정도로 단절이 존재하는 상황이다"(p. 64)라고 우려를 표하며, 과학과 형이상학의 양립 가능성이라는 관점에서 도덕론과 종교론을 포함하여 전 비판기에서 비판기까지 칸트철학에 대한 정합적 해석을 시도했다. 마지막으로 야마모토의 논문은 칸트철학의 특징이라고도 할 수 있는 '이원론'을 옹호하고자 한다. 그의 논문은 단순히 칸트의 이원론에 한정되지 않고 현대의 철학적 사고법에까지 논의 범위를 확대하여 칸트에 대한 비판에 응답함으로써 "그[칸트]의 철학은 아직 극복되지 않았다. 이 이원론은 극복될 수도 없고, 극복되어서도 안 되는 것을 담고 있다"(p. 84)라고 주장한다. 마츠모토의 논문은, 당시 일본에서는 미개척지라고 할 수 있는 칸트와 스콜라철학의 관계를 고찰했다. 마츠모토 논문은 칸트에 대해 비판적인 반면, 카도와키 논문은 칸트철학에 대한 내재적 해석으로 일관했다는 점에서 양자의 칸트 연구법은 대조적이다. 그러나 두 논문 모두 '칸트철학의 현대적 의의'라는 물음에 해답을 주지는 않는다. 한편, 야마모토의 논문은 현대 철학과의 관련성 측면에서 칸트의 보편적 의의를 주장했다는 점이 특징적이다.

이보다 4년 전에 간행된《철학》제20호(1970)는 '헤겔 탄생 200년, 니시다 키타로 탄생 100년 기념호'로 간행되었지만, 이 특집호에는 칸트와 헤겔, 칸트와 니시다 키타로(西田幾多郞)의 관계를 다룬 논문은 한 편도 없다. 그 후 제47회 대회(1987)에서 카도와키 타쿠지의 「칸트의 도덕철학〔カントの道德哲學〕」이, 제52회 대회(1992)에서 쿠로즈미 토시오(黑積俊夫)의 「칸트해석의 문제〔カント解釋の問題〕」가 〈특별보고〉 형태로 발표되었다. 제64회 대회(2004)에서는 칸트 서거 200년 기념기획 〈공동토론I: 칸트철학의 핵심―서거 200년을 기념하여〉가 열렸는데, 두 명의 보고자와 발표 주제는 다음과 같다: 마키노 에이지의 「이성의 필요의 감정과 생의 지평〔理性の必要の感情と生の地平〕」, 후쿠타니 시게루(福谷茂)의 「형이상학으로서의 칸트철학: 전 비판기부터『유고』까지〔形而上學としてのカント哲學: 前批判期から『遺稿』へ〕」.[9] 그 이후로는 〈공동토론〉이나 〈심포지엄〉에서 칸트특집은 기획되지 않았다. 〈심포지엄〉은 2000년 전후부터 현대 철학의 주제나 현대사회와 관련이 깊은 철학적 주제에 초점을 맞추었고, 〈공동토론〉은 이 시기부터 두 꼭지로 기획되었는데, 하나는 현대적 주제를 선택하고 다른 하나는 철학사적 다시 묻기를 시도하는 방식으로 프로그램을 짜는 경우가 많았다. 어쨌든 심사를 거쳐 〈공모논문〉에 실린 젊은 연구자 중심의 논문을 제외하면, 칸트철학 연구는 일본철학회의 프로그램에 등장하지 않게 된 것이 현 실정이다.[10] 일본철학회의 그간 학회 활동만 보더라

9) 일본철학회 편《철학》에 수록된 논문 참조(마키노 에이지, pp. 41~55, 후쿠타니 시게루, pp. 56~73). 참고로 〈공동토론II〉의 주제는 '진화론과 철학'이었는데, 이 섹션의 발표에서는 칸트는 전혀 언급되지 않았다.

10) 일본철학회 편《철학》의 공모논문은 기타 철학이나, 윤리학, 미학, 사상사 관련 학회들 중에서 심사조건이 가장 엄격하다. 따라서《철학》에 응모논문이 게재되는 것은, 연구 업적으로서 높은 평가를 받게 되므로 신진 연구자나 중견 연구자에게 중요한 목표가 되었다.

도, 칸트철학 연구가 다른 근대 철학자 연구와 마찬가지로 영향력을 잃고 있다는 것을 알 수 있다.

일본의 철학 연구의 전반적 발전이라는 관점에서 말하자면, 교토철학회의 기관지인《철학연구》의 연구 성과에 대해서도 언급하지 않을 수 없다. 그러나 제2차 세계대전 이후의 일본 칸트 연구에 대한 영향이라는 관점에서 보면 언급할 만한 것이 적다. 다음과 같은 이유에서다: 첫째, 《철학연구》는 편집 방침의 일환으로 오랫동안 서양 고전 철학, 중세 철학, 근대 및 현대 철학에 대한 소개, 번역, 연구에 힘써왔는데, 그 범위는 일본 사상, 불교 사상, 중국 철학, 인도·티베트학, 심리학, 사회학 등의 분야에 널리 걸쳐 있다. 그 결과, 본고의 주제인 칸트철학 관련 논문 게재 수는 상대적으로 적을 수밖에 없고, 이러한 상황은 현재도 마찬가지다. 둘째, 서양철학 분야의 게재 논문에는 우수한 논문이 다수 보이지만, 칸트 특집호는 간행되지 않았다. 셋째, 게재 논문의 다수가 신진 연구자의 우수 논문인데, 당시 젊은 연구자들의 칸트 연구 수준을 엿볼 수 있기는 하지만, 칸트 전문 연구자의 논문으로 평가하기에는 무리가 있는 논고도 일부 보이기 때문이다. 넷째, 이들 논고의 집필자는 대부분 추후에 가필과 수정을 거쳐 단행본으로 간행했고, 본고에서는 이를 연구서 파트에서 소개할 예정이므로 여기서는 생략한다.[11]

11) 1916년 창립된 '교토철학회'는 창설과 동시에 기관지《철학연구》를 창간했다.《철학연구》
   는 니시다 키타로, 타나베 하지메(田邊元) 등의 활발한 집필과 투고로 일본 철학 연구의 정점
   에 달했다. 그러나 제2차 세계대전 후의 침체기를 거친 후 요즘에는 매년 2회 간행되는 반
   연간지로 바뀌었는데, 500호(1966. 9)와 550호(1984. 10)의 기념특집호까지 포함해서 보더라
   도 칸트철학 연구논문은 게재되지 않았다. 참고로, 필자가 조사한 바로는, 1966년 9월 간행된
   500호부터 595호까지의 47년 동안, 칸트철학을 다룬 논문의 총수는 24편에 불과하며, 그

전통적으로 독일철학과의 영향 관계를 강화해왔던 일본의 철학계에서, 칸트 연구는 1970년대에 서서히 부활하기 시작했다. 여기에는 상술한 연구 성과의 영향도 있고, 또한 제2차 세계대전 이후 현상학의 유행에 따라 후설(Edmund Husserl), 하이데거(Martin Heidegger), 야스퍼스(Karl Jaspers) 등의 칸트 해석 및 비판을 매개로 하여 독일에서 칸트철학이 복권된 것과 때를 같이한다.[12] 일본에서 칸트철학 연구의 부활에 결정적인 계기를 제공한 것은 리소사(理想社)판『칸트전집(전 18권)』(1965~88)의 간행이었다.[13] 또한 주목할 만한 현상으로서, 같은 출판사(理想社)가 제2차 세계대전 발발 이전부터 꾸준히 간행해온 철학 전문잡지《이상〔理想〕》에서 1970년대부터 1980년대 사이에 칸트 특집호를 다섯 차례 간행한 사실을 들 수 있다. 자세한 사항은 다음과 같다: 《칸트와 현대〔カントと現代〕》(1974. 11), 《칸트》(1980. 5), 《순수이성비판 200년〔純粋理性批判200年〕》(1981. 11), 《새로운 칸트 읽기〔新しいカントの讀み方〕》(1987. 여름), 《신칸트파〔新カント派〕》(1989. 여름).

《칸트와 현대》에는 다음과 같은 연구논문이 수록되어 있다: 하마다 요시후미의 「칸트철학에서의 인간의 자각〔カントにおける人間の自覺〕」, 카

∴

대부분이 젊은 연구자의 기고이다. 2006년부터 현재까지 7년 동안, 칸트 연구논문은 한 편도 게재되지 않았다. 이러한 사실은 현재 '교토철학회'의 연구 상황을 이해하는 데 매우 흥미로운 점이다.

12) 1951년에 창설된 '일본야스퍼스협회'는 현재 기관지《코무니카치온(Kommunikation)》을 격년으로 간행하고 있다. 이 학술지에도 야스퍼스와 칸트의 관계를 다루는 논문이 가끔 보이는데, 이들 논문은 기본적으로 야스퍼스 해석의 일환으로서 칸트를 매개적으로 고찰하는 방법을 택하고 있으므로 본고에서는 다루지 않겠다.

13) 『理想社版カント全集』(全 18卷, 1965~88). 제13권 『역사철학논집』을 제외하고 나머지는 모두 1977년까지 간행이 마무리되었다.

도와키 타쿠지의 「도덕과 형이상학[道德と形而上學]」, 미네시마 히데오(峰島旭雄)의 「칸트의 역사와 종교: 그 비판철학적 구조[カントにおける歷史と宗敎: その批判哲學的構造]」, 사카이 히데히사(坂井秀壽)의 「칸트와 비트겐슈타인: 철학 체계에 대하여[カントとヴィトゲンシュタイン: 哲學の体系について]」, 아리후쿠 코가쿠(有福孝岳)의 「칸트와 하이데거: 공간과 시간의 문제를 실마리로[カントとハイデッガー: 空間と時間の問題に事寄せて]」, 사카베 메구미의 「만년의 '이행': opus postumum I Convolut의 세계[最晚年の'移行': opus postumum I Convolutの世界]」 등이다.

이들 논문 중 하마다, 카도와키, 미네시마의 논문은 칸트에 대한 내재적 해석 방법에 따라 이론철학, 실천철학, 종교론을 중심으로 고찰한 것이다. 한편, 사카이의 논문은 일본에서는 최초로 칸트와 비트겐슈타인(Ludwig Wittgenstein)의 사상을 비교 연구한 것으로, 주목할 만한 논고이다. 이 논문에서 저자는 『순수이성비판』과 『논리철학논고(*Tractatus Logico-Philosophicus*)』(1921)에 담겨 있는 두 철학자의 사상을 "주어진 언어의 분석과 그 체계적인 종합"[14]이라는 관점에서 고찰하였다. 칸트에 대한 이 신진기예의 비트겐슈타인 연구자의 평가는 의외로 호의적이다. 그는 다음과 같이 설명한다: "내가 칸트를 높이 평가하는 이유는 그[칸트]가 이러한 [인간의 생(生)의 표현으로서의 언어를, 인간의 기본적인 생활양식으로부터의 친소에 따라 정리하여, 이른바 언어의 계단을 구성하는] 관점에서, 즉 인간의 입장에서 언어를 보았고, 자아의 아이덴티티, 즉 초월론적 통각을 체계 건설의 이론으로 삼고 있다"(p. 46)는 점 때문이다. 또한 아리후쿠의

··
14) 『칸트와 현대』(1974. 11), p. 44.

논문은 "칸트와 하이데거의 철학 사상이 서로 어떠한 관련이 있는지를 규명하는 것"을 목적으로 한다고 표명했지만, 실제로는 『순수이성비판』과 『존재와 시간(*Sein und Zeit*)』(1926)에서의 시간·공간론을 병렬적으로 서술하는 데 그쳤고, 저자의 독창적인 해석의 관점은 명확하지 않다. 독창적 해석의 측면에서 보자면, 사카베의 논문이 일본의 칸트 연구사에 독특한 해석의 입장을 도입했다는 점에서 특별히 언급할 만하다. 그는 이 논문에서, 한스 파이힝거(Hans Vaihinger)의 주요 저서인 『마치 ……인 것처럼의 철학(*Philosophie des Als Ob*)』은 칸트의 유고 『오푸스 포스투뭄』을 단서로 "최후 만년의 칸트와 니체(Friedrich Nietzsche)를 함께 읽고자 했는데, 이러한 파이힝거의 방식에는, 오늘날에도 간과할 수 없는 것이 포함되어 있다고 생각한다."(p. 65)고 지적했는데, 이 점에서 탁월함을 엿볼 수 있다.

《이상》의 둘째 칸트 특집호인 《칸트》(1980. 5)에는 일곱 편의 칸트 연구 논문 이외에 한 편의 입선 논문까지 총 여덟 편의 논문이 게재되어 있다. 저자와 논문 제목을 게재 순서에 따라 간단하게 소개하면 다음과 같다: 게롤드 프라우스(Gerold Prauss)의 「칸트의 진리 문제〔カントにおける眞理問題〕」, 루이스 화이트 벡(Lewis White Beck)의 「쾨니히스베르크의 철인은 꿈을 꾸지 않았는가〔ケーニヒスベルクの哲人は夢を見なかったのか〕」, 타카하시 쇼지(高橋昭二)의 「칸트의 형이상학〔カントの形而上學〕」, 미야마 세츠요의 「초월론적 관념론과 물자체 문제〔超越論的觀念論と物自體の問題〕」, 카도와키 타쿠지의 「칸트의 자유〔カントにおける自由〕」, 아리후쿠 코가쿠의 「칸트철학에서 형이상학의 문제〔カントにおける形而上學の問題〕」, 코즈마 타다시(上妻精)의 「칸트의 초월론적 사유의 구조〔カントにおける超越論的思惟の構

造〕, 그리고 〈입선논문〉으로 게재된 신진 연구자 우에무라 츠네이치로(植村恒一郎)의 「칸트의 공간론〔カントの空間論〕」.

이 칸트 특집호에는 기존 칸트 특집호에서는 볼 수 없는 몇 가지 특징이 있다. 첫째, 여덟 편의 논문 중에 두 편이 외국의 칸트 연구자가 기고한 것이다. 둘째, 리소사가 신진 연구자를 대상으로 기획한 '칸트 입선 논문' 한 편이 게재되었다. 셋째, 나머지 다섯 편의 논문은 모두 칸트에 대한 내재적 해석을 담은 연구논문이다. 넷째, 게재 논문이 이론철학 영역에 치우쳐 있어서, 실천철학, 자유론에 관한 논문은 한 편에 불과하고, 『판단력비판』이나 종교론, 역사철학, 법철학, 정치철학, 평화론에 관한 논고는 전혀 실리지 않았다. 따라서 이 특집호는 '칸트'라는 제목으로 간행되었지만, 독자가 기대하는 것처럼 칸트철학 전체, 적어도 3비판서를 아우르는 내용은 아니다. 오히려 이 특집호는 '칸트의 이론철학'으로 제목을 붙이는 것이 더 적절할 것이다. 참고로, 게롤드 프라우스는 당시 독일 쾰른 대학의 교수로, 스승인 고트프리트 마틴(Gottfried Martin)과 영국의 피터 스트로슨(Peter F. Strawson)의 영향하에 분석철학 방법론에 따라 칸트철학의 재구성을 시도하였다. 그는 『순수이성비판』의 초월론적 논리학에 대한 전통적 해석과는 달리, "초월론적 논리학은 따라서 '진리의 논리학'으로서, 진리 차이의 논리학이다"(p. 22)라고 해석하였다. 이 논문도 그러한 시도의 성과이다. 또한 루이스 화이트 벡은 당시 미국을 대표하는 칸트 연구자이다. 그는 위의 논문에서, 개념의 객관적 타당성에 대한 칸트의 이론에 기초하는 한 "꿈이나 환상은 실재하는 것이라고 생각할 수 없다"(p. 30)는 C. I. 루이스(Clarence Irving Lewis)의 의문이나 N. 켐프 스미스(Norman Kemp Smith) 류의 과격한 결론을 비판하고, 칸트의 이론

철학을 옹호하고 있다.[15] 이 논문은 일본에서 그다지 주목을 받지는 못했다. 일본 칸트 연구에 대한 벡의 영향은, 이 논문보다는 오히려 그의 책 『칸트 『실천이성비판』 주해』가 끼친 영향이 훨씬 크다.[16]

《이상》의 그 다음 칸트 특집호인 《순수이성비판 200년》(1981. 11)에는 열두 편의 칸트 연구논문이 게재되어 있다. 게재 순서에 따라 저자와 논문 제목을 소개하면 다음과 같다: 하마다 요시후미의 「『순수이성비판』으로 가는 길〔『純粹理性批判』への道〕」, 아리후쿠 코가쿠의 「현재 독일의 『순수이성비판』 연구 현황과 의미〔現在ドイツにおける『純粹理性批判』研究の狀況と意味〕」, 사와다 노부시게(澤田允茂)의 「만일 『순수이성비판』이 현대에 쓰였다면〔もし現代『純粹理性批判』が書かれたとしたら〕」, 카도와키 타쿠지의 「칸트의 필연성과 자유〔カントにおける必然性と自由〕」, 쿠보 모토히코(久保元彦)의 「내적 경험(二): '관념론 논박'을 둘러싸고〔內的經驗(二): '觀念論論駁'をめぐって〕」, 쿠루베 테루오(訓覇曄雄)의 「비판과 형이상학: '초월론적 변증론'의 의미〔批判と形而上學: '超越論的辨證論'の意味〕」, 반 히로시(伴博)의 「칸트의 '비판적' 이해: 이성비판의 성격과 의의〔カントの'批判的'理解: 理性批判の性格と意義〕」, 쿠로즈미 토시오의 「표상으로서의 현상〔表象としての現象〕」, 이노우에 마사카즈(井上昌計)의 「『순수이성비판』에서의 형이상학 인증: 카울바흐(Friedrich Kaulbach)를 단서로〔『純粹理性批判』における形而上學の認證: カウル

15) Cf. C. I. Lewis, *Mind and the World Order*, New York, pp. 221ff. Norman Kemp Smith, *A Commentary to Kant's Critique of Pure Reason*, London, 1918, 2nd. 1923, pp. 222ff.

16) Cf. Lewis White Beck, *A Commentary on Kant's Critique of Practical Reason*, Chicago, 1960.

バッハを手がかりに〕」, 미노 타다시(美濃正)의 「'초월론적 연역'에 관하여〔'超越論的演繹'について〕」, 타케무라 야스오(武村泰男)의 「일본에서의 『순수이성비판』연구〔日本における『純粋理性批判』研究〕」.

　이 특집호는 앞의 둘째 특집호와 달리 모두 일본인이 쓴 논문이며, 한 편을 제외한 나머지 열한 편의 논문은 모두 『순수이성비판』에 관한 논고이다. 이는 일본의 칸트 연구, 특히 『순수이성비판』에 대한 연구의 진전을 보여준다. 또한 이들 논문의 대부분은 독일철학을 소개하거나, 그 영향 하에서 칸트를 해석하고 연구한 성과이다. 이 점에서 일본 칸트 연구자의 연구 태도가 갖는 특징과 함께 한계를 지적하지 않을 수 없다. 일본의 철학, 사상 연구 상황을 보자면, 1980년대에 구조주의나 영미 언어분석철학에 대한 소개와 연구에 진척이 있었지만, 이러한 새로운 동향에 대해 칸트 연구자는 거의 관심을 보이지 않았고, 그 영향도 받지 않았다. 또한 이를 칸트철학 연구의 방법론에 이용하려는 태도도 보이지 않았다. 이러한 전통적인 칸트 연구 태도에 변화가 일게 된 것은 1990년 전후의 일이다.

　《이상》의 넷째 칸트 특집호는 《새로운 칸트 읽기〔新しいカントの讀み方〕》(1987. 여름)이다. 이 특집호의 특징은 다음과 같다. 첫째, 기존의 칸트 특집호와 비교할 때, 집필진이 크게 젊어졌다는 점을 지적할 수 있다. 둘째 특징은 칸트철학을 해석하는 방법이 당시까지의 방법과는 상이한 논고가 다수 차지하고 있다는 점이다. 구조주의나 영미 언어분석철학의 영향을 받아서, 독자적 방법론에 따라 칸트를 연구하려는 논고가 몇 편 보인다. 이 특집호에는 총 아홉 편의 칸트철학 연구논문이 게재되어 있는데, 게재 순서에 따라 저자와 논문 제목을 나열하면 다음과 같다: 이시카와 후미야스(石川文康)의 「이성비판의 법정 모델[理性批判の法廷モデル]」, 마키노 에이지의 「철학적 대화의 토포스로서의 초월론적 장소론: 『순수이성비판』에 대한 한 가지 해석 시도하기[哲學的對話のトポスとしての超越論的場所論: 『純粹理性批判』に對する一解釋の試み]」, 오하시 요이치로(大橋容一郎)의 「방법으로서의 순수이성비판: 현대 초월론적 문제와의 접점을 찾아서[方法としての純粹理性批判: 現代の超越論的問題への接合を求めて]」, 나카지마 요시미치(中島義道)의 「과거의 구성[過去の構成]」, 후쿠타니 시게루의 「존재론으로서의 '선천적 종합판단'[存在論としての'先天的綜合判斷']」, 카토 야스시(加藤泰史)의 「초월론적 통각과 신체[超越論的統覺と身體]」, 호소야 아키오(細谷章夫)의 「이율배반에서 통제의 원리[アンチノミ−における統制的原理]」, 하마다 요시후미의 「칸트의 영원평화론[カントの永遠平和論]」, 카도와키 타쿠지의 「'자기의식'과 '자각'[自己意識'と'自覺']」. 이들 논고 중에서 베테랑 집필자인 호소야, 하마다, 카도와키의 논문은 기존의 내재적 칸트 해석의 경향이 강하여, 젊은 세대 집필자의 논고와는 차이가 있다. 이 특집호의 주된 취지는, 종래의 전통적인 내재적 해석과는 다른 새로운 시각에서 칸트철학의 가능성을 독해하는 데 목적이 있었다. 게재된 논문 중에 이러한 의도에 어느 정도 상응하는 내용을 담고 있는 논고는 이시카와, 마키노, 오하시, 나카지마, 후쿠타니, 카토의 논문에 한정된다.

《이상》의 다섯째 칸트 특집호는 《신칸트파》(1989. 여름)이다. 이 특집호에는 우선, 전후 일본의 독창적인 철학자인 히로마츠 와타루(廣松渉)와 제자 다이코쿠 타케히코(大黑岳彦)의 대담 「신칸트파가 남긴 것[新カント派が遺したもの]」이 서두에 실려 있고, 이어서 열 편의 관련 논문이 게재되어 있다. 오하시 요이치로의 「'순수 로고스 비판' 논리: 에밀 라스크(Emil

Lask)의 타당 철학[『純粹ロゴス批判』の論理: エミール·ラスクの妥当哲學]」, 쿠키 카즈토(九鬼一人)의 「인식과 가치: 리케르트(Heinrich Rickert)의 문제영역과 그 주변[認識と価値: リッカートの問題圏とその周價]」, 아사히로 켄지로(朝廣謙次郎)의 「목적론적 비판주의: 빈델반트(Wilhelm Windelband)의 철학 과제와 방법[目的論的批判主義: ヴィンデルバントにおける哲學の課題と方法]」, 히라타 토시히로(平田俊博)의 「유연한 합리주의: 의사소통적 이성과 신칸트주의[柔らかい合理主義: コミュニケーション的理性と新カント主義]」, 카도와키 타쿠지의 「일본에서의 신칸트파 수용[日本における新カント派の受容]」, 하마이 오사무(濱井修)의 「'신칸트주의자' 베버(Max Weber)에 관하여[‘新カント主義者’ウェーバーについて]」, 나가오 류이치(長尾龍一)의 「신칸트주의와 현대[新カント主義と現代]」, 이시카와 후미야스의 「코헨(Hermann Cohen)의 비존재론[コーヘンの非存在論]」, 쿠츠나 케이조(忽那敬三)의 「문제학에 대한 전망[問題學への展望]」, 나카지마 요시미치의 「허구를 지탱하는 것: 파이힝거 vs. 아디케스(Erich Adickes)[虛構を支えるもの: ファイヒンガ vs.アディッケス]」이다.

상술한 대담과 논고의 제목에서 알 수 있듯이, 이 특집호에는 과거 신칸트학파의 유산을 개괄하고, 그 역사적 의의와 한계를 재검토하려는 의도가 담겨 있다.[17] 그러나 대담의 편집 방침이나 수록 논문에는 신칸트학파 전체를 현대적 관점에서 개괄하고, 그 의의를 재평가하려는 명확한 의

··
17) 'Neukantianismus'는 기존에는 '신칸트학파', '신칸트파', '신칸트주의'라고 번역되었다. 본고에서 필자는 『이와나미 철학·사상사전[岩波哲學·思想事典]』(岩波書店, 廣松涉編集代表, 牧野英二 등 編集協力, 1998. 3, pp. 809f.)과 『철학사전[哲學事典]』(平凡社, 1971. 4, pp. 736f.)의 번역어에 따라 '신칸트학파'라는 표기를 채용했다.

도는 보이지 않는다. 우선 서두의 대담은 신칸트학파에 대한 새로운 재평가가 중점적으로 논의되지 않았다. 히로마츠의 철학이 신칸트학파, 특히 에른스트 카시러(Ernst Cassirer)의 재탕이 아니냐는 항간의 해석이나 비판에 대해, 자기변호의 기회로 이용하려 한 것이 이 대담의 진의였다. 또한 수록 논문 역시 일관된 편집 방침이나 그에 대한 집필진의 이해가 있었다고는 볼 수 없다. 오히려 신칸트학파에 관한 저자들의 개인적 관심에 기초하여 개별 논문을 그러모았다는 인상을 부정할 수 없다. 그렇다고 해도, 신칸트학파에 대한 재평가의 기운을 고조시킴으로써 칸트철학을 재평가하는 계기로 삼으려 한 저자들의 의도는 어느 정도 엿볼 수 있다. 이 점에서 본 특집호는 존재의의를 갖는다고 말할 수 있다.

다음으로 이 시기의 주요 칸트 연구서로 눈을 돌려서, 1945년 이래 1970년까지의 간행 상황을 살펴보자. 아래의 목록에서 볼 수 있듯이, 1947년부터 1950년까지 여덟 권, 1951년부터 1960년 사이에는 네 권, 1961년부터 1970년까지는 여덟 권이 출판되었다(입문서나 해설서 종류는 생략). 요컨대, 제2차 세계대전 이후 25년 동안 단행본으로 간행된 칸트철학 분야의 전문 연구서는 스무 권 정도다. 이는 당시 칸트 연구의 쇠퇴 상황을 단적으로 보여준다.

《주요 칸트 연구서: 1945〜1970》

하라 타스쿠(原佑), 『칸트철학의 체계적 해석〔カント哲學の體系的解釋〕』, 東海書房, 1947, 295면.

아카마츠 모토미치(赤松元通), 『칸트 미학과 목적론〔カント美學と目的論〕』, 大丸出版印刷, 1948, 209면.

코즈카 신이치로(小塚新一郎), 『칸트 인식론 연구〔カント認識論の研究〕』, 創元社, 1948, 154면.

키시모토 마사오(岸本昌雄), 『칸트 판단력비판: 칸트 연구의 기초 놓기를 위하여〔カント判斷力批判: カント研究の基礎づけのために〕』, 夏目書店, 1948, 253면.

코사카 마사아키(高坂正顯), 『칸트 해석의 문제: 법과 역사의 제이념(속편)〔カント解釋の問題: 法と歷史の諸理念〕(續)』, 弘文堂, 1949, 177면.

키시모토 마사오(岸本昌雄), 『칸트의 세계관〔カントの世界觀〕』, 理想社, 1949, 207면.

타케다 스에오(竹田壽惠雄), 『칸트 연구: 아날로기아 문제를 중심으로〔カント研究: アナロギアの問題を中心として〕』, 刀江書院, 1950, 285면.

타치 키도(舘熙道), 『이성의 운명: 칸트의 비판철학에서 이성의 한계와 신의 문제〔理性の運命: カントの批判哲學に於ける理性の限界と神の問題〕』, 日本學術振興會, 1950, 312면.

야마자키 마사카즈(山崎正一), 『칸트의 철학: 후진국의 우위〔カントの哲學: 後進國の優位〕』, 東京大學出版會, 1957, 211면.

미와타리 유키오(三渡幸雄), 『칸트 비판철학의 구조〔カント批判哲學の構造〕』, 日本學術振興會, 1957, 504면.

코마키 오사무(小牧治), 『사회와 윤리: 칸트 윤리사상의 사회사적 고찰〔社會と倫理: カント倫理思想の社會史的考察〕』, 有信堂, 1959, 389면.

미와타리 유키오(三渡幸雄), 『칸트 비판철학의 구조(속편)〔カント批判哲學の構造(續編)〕』, 日本學術振興會, 1960, 1161면.

이마타니 이츠노스케(今谷逸之助), 『칸트 순수이성비판 연구〔カント純粹理性批判研究〕』, 三和書房, 1962, 245면; 1964 (개정증보판), 271면.

오구라 사다히데(小倉貞秀), 『칸트 윤리학 연구: 인격성 개념을 중심으로〔カン
ト倫理學研究: 人格性概念を中心として〕』, 理想社, 1965, 344면.

이와사키 타케오(岩崎武雄), 『칸트『순수이성비판』 연구〔カント『純粹理性批判』の
研究〕』, 勁草書房, 1965, 513면.

야지마 요키치(矢島羊吉), 『칸트의 자유 개념〔カントの自由の概念〕』, 創文社,
1965, 253면; 福村出版, 1986 (증보판), 276면.

하마다 요시후미(浜田義文), 『젊은 칸트의 사상 형성〔若きカントの思想形成〕』,
勁草書房, 1967, 421면.

미와타리 유키오(三渡幸雄), 『칸트 역사철학 연구〔カント歷史哲學の研究〕』, 日本
學術振興會, 1967, 663면.

타카하시 쇼지(高橋昭二), 『칸트의 변증론〔カントの辨證論〕』, 創文社, 1969,
331면.

미와타리 유키오(三渡幸雄), 『칸트의 시간 공간 연구〔カントにおける時間空間の
研究〕』, 協同出版, 1969, 623면.

이상의 주요 연구서의 연구 경향은, 제2차 세계대전 이전에는 볼 수
없었던 몇 가지 특징이 있다. 첫째, 칸트의 이론철학, 실천철학, 특히 자
유론 연구, 그리고 미학·목적론, 종교론, 법철학·정치철학적 관점에서
의 연구 성과가 출현하기 시작했다. 요컨대, 비판기 철학의 주요 저작 중
에서 주로 3비판서를 중심으로 하는 연구 경향이 점차 강해졌다. 이와사
키 타케오의 『칸트『순수이성비판』 연구』는 칸트의 입장을 인식론적 주관
주의로 간주하고, 칸트에 대해 비판적 관점에서 상세히 음미하고 검토한
묵직한 연구서이다. 야지마 요키치의 『칸트의 자유 개념』 역시 칸트의 자
유 개념에 잠재해 있는 문제점이나 모순을 예리하게 비판했다는 점에서,

당시로서는 이색적인 연구서이다. 키시모토 마사오의『칸트 판단력비판: 칸트 연구의 기초 놓기를 위하여』는『판단력비판』에 대한 몇 안 되는 뛰어난 연구 성과에 속한다. 타치 키도의『이성의 운명: 칸트의 비판철학에서 이성의 한계와 신의 문제』는 몇 안 되는 종교철학 연구서이다. 둘째, 이 시기 약 20년간의 칸트 연구는, 특히 사회철학적 관점에서 칸트철학을 평가하는 경향이 강해졌다. 코마키 오사무의『사회와 윤리: 칸트 윤리사상의 사회사적 고찰』은 당시 프로이센의 후진성과 칸트철학의 관계라는 측면에서 칸트철학의 보수적 측면을 비판적으로 평가하는 전형적인 책이다. 셋째, 체계적 관점에서 칸트철학을 해석하는 경향도 출현했다. 하라 타스쿠의『칸트철학의 체계적 해석』이 그 대표적인 예이다. 넷째, 비판기 이전의 젊은 칸트의 사상 형성에 관한 연구도 활발해졌다. 하마다 요시후미의『젊은 칸트의 사상 형성』은 그 좋은 예이다. 다섯째, 이러한 경향은 특정 소수의 칸트 연구자들에게만 한정되어, 칸트 연구의 저변은 그다지 확대되지 않았다. 그러나 이후 일본의 칸트 연구는 급속히 발전하게 된다.

3. 일본칸트협회의 설립과《일본칸트연구》창간 이후

이미 지적했듯이, 패전 이래로 일본의 철학 사상계는 주로 세 가지 주요 사조, 즉 마르크스주의철학, 실존주의철학, 언어분석철학의 영향하에 연구가 진행되었고, 그 결과 칸트 연구는 일본에서 철학 연구의 주변으로 밀려났다. 그러나 그 후, 서양 칸트 연구의 영향이 서서히 드러나서, 1976년에 '일본칸트협회(Japanische Kant-Gesellschaft)'가 설립되어 매년

한 차례 전국대회가 개최되고 있다. 전국대회에서는 심포지엄과 공동 토론, 개인 연구 발표가 진행된다. 2015년에 일본칸트협회는 창설 40주년을 맞게 된다. 『리소사판 칸트전집[理想社版カント全集]』, 『이와나미판 칸트전집[岩波版カント全集]』의 간행과 함께, 일본칸트협회 편《일본칸트연구[日本カント研究]》, 그리고 필자도 창립 이래 꾸준히 멤버로 참여하고 있는 '칸트연구회'의《현대칸트연구[現代カント研究]》도 열두 권 간행되었다. 이러한 지속적인 연구 활동과 연구 성과의 간행에 힘입어, 칸트 연구도 다시 활발해졌다. 일본칸트협회는 일본의 학회 활동 중에서 피히테(Johann G. Fichte)나 셸링(Friedrich Schelling), 헤겔(Georg W. Hegel) 학회 등에 비해, 가장 엄밀한 의미에서의 철학 연구 활동이 왕성한 학회이다.[18]

본고에서는 우선 일본칸트협회의 활동과 일본칸트협회의《일본칸트연구》수록 논문을 단서로, 이 시기 칸트 연구의 의의와 과제를 고찰해보겠다. 이로써 1970년대 이래 일본 칸트 연구의 일반적 동향도 분명해질 것이다.

일본칸트협회는 1976년 창설 이래, 매년 한 차례 개최하는 대회에서 심포지엄을 주요 프로그램으로 진행해왔다. 필자는 창설기부터 참가한 회원이자 유일하게 생존해 있는 전(前) 회장이기도 하므로, 산 증인으로서 2013년도까지의 심포지엄 주제를 다음과 같이 기록해둔다.

••
18) 일본에서는 마르크스(Karl Marx) 학회는 끝내 설립되지 않았다. 여기에는 제2차 세계대전 이후의 일본의 정치적 당파의 대립, 그리고 오늘날까지 지속되고 있는 마르크스 연구자 사이의 비화해적 상황이라는 요소가 잠재해 있다.

제1회 칸트의 이성〔カントにおける理性〕

제2회 칸트의 물자체〔カントの物自體〕

제3회 칸트의 자율〔カントにおける自律〕

제4회 칸트와 형이상학〔カントと形而上學〕

제5회 칸트와 루소〔カントとルソー〕

제6회 순수이성비판(1981, 『순수이성비판』 간행 200년 기념 기획)

제7회 칸트의 인간학〔カントの人間學〕

제8회 칸트의 자유 문제〔カントにおける自由の問題〕

제9회 선천적 종합 판단에 관하여〔先天的綜合判斷について〕

제10회 일본의 칸트 연구〔日本におけるカント研究〕

제11회 칸트의 평화론〔カントの平和論〕(피폭지 히로시마대학에서의 개최를 기념
    하는 기획)

제12회 칸트와 현대 철학〔カントと現代哲學〕

제13회 실천이성비판(1988, 『실천이성비판』 간행 200년 기념 기획)

제14회 칸트와 하이데거〔カントとハイデガー〕(1989, 하이데거 탄생 100년 기념 기획)

제15회 판단력비판(1990, 『판단력비판』 간행 200년 기념 기획)

제16회 칸트의 역사철학〔カントの歷史哲學〕

제17회 독일계몽사상과 칸트〔ドイツ啓蒙思想とカント〕

제18회 칸트의 종교론〔カントの宗敎論〕(1993, 『단순한 이성의 한계 내에서의 종교』
    간행 200년 기념 기획)

제19회 칸트와 생명윤리〔カントと生命倫理〕(피폭지 나가사키대학에서의 개최를
    기념하는 기획)

제20회 칸트와 평화의 문제〔カントと平和の問題〕(일본칸트협회 창립 20년 기념
    기획)[19]

제21회 칸트철학의 자리매김〔カント哲學の位置づけ〕

제22회 칸트의 대학·교육론〔カントの大學·敎育論〕

제23회 칸트의 '세계' 개념〔カントにおける'世界'の槪念〕

제24회 칸트와 현대문명〔カントと現代文明〕

제25회 칸트와 일본문화〔カントと日本文化〕

제26회 칸트의 목적론〔カントの目的論〕

제27회 칸트철학과 과학〔カント哲學と科學〕

제28회 칸트와 책임론〔カントと責任論〕

제29회 오늘날 비판철학의 사정거리〔批判哲學の今日的射程〕

제30회 독일철학의 의의와 전망〔ドイツ哲學の意義と展望〕

제31회 칸트와 마음의 철학〔カントと心の哲學〕

제32회 칸트와 악의 문제〔カントと惡の問題〕

제33회 칸트와 행복론〔カントと幸福論〕

제34회 칸트와 인권 문제〔カントと人權の問題〕

제35회 칸트와 일본철학〔カントと日本の哲學〕

제36회 칸트와 형이상학〔カントと形而上學〕

제37회 칸트와 정치철학의 가능성〔カントと政治哲學の可能性〕

제38회 칸트와 일본 헌법〔カントと日本國憲法〕[20]

∴

19) 일본칸트학회는 창립 20주년을 기념하여 1995년 12월 2, 3일 이틀에 걸쳐 기념대회를 열고, 그 성과를 『칸트와 현대: 일본칸트협회 기념논집〔カントと現代: 日本カント協會記念論集〕』 (晃洋書房, 1996. 12)으로 간행했다. 제20회 심포지엄에서 '칸트와 평화의 문제'를 다룬 이유 는 1995년이 『영원한 평화를 위하여』가 출판된 지 200년이 되는 해였고, 동시에 제2차 세계 대전 및 태평양전쟁 종결 50주년을 맞이한 해였기 때문이다. 공동 토론 파트에서는 '진리론 과 언어론' 및 '이성비판과 공통감각론'이 논의되었다. 필자는 둘째 주제의 발표자 중 한 사 람이었다.

참고로 1999년 11월 27일 개최된 제24회 대회부터 심포지엄의 주제를 학회기관지인《일본칸트연구》해당 권호의 타이틀로 사용하기 시작했다. 한편, 38년에 걸친 일본칸트협회의 심포지엄 내용을 회고해보면, 다음과 같은 몇 가지 흥미로운 사실을 알게 된다. 첫째, 학회가 창립된 이래 약 20년 동안은 칸트의 주요 저작이나 개념 등 칸트철학을 내재적으로 해석하는 과제가 심포지엄의 주제로 선택되었다. 둘째, 그 이후에는 칸트와 다른 철학자의 칸트 해석 간의 대비나 관련에 주목하게 되었다. 셋째, 최근에는, 칸트철학과 현대사회의 여러 문제나 현대 철학과의 관련성 및 비교 연구가 주제로 선택되고 있다. 예를 들면, 제37회 대회의 심포지엄은 마이클 샌델(Micheal Sandel)의 정의론 및 법철학의 붐에 대해 칸트 연구자의 입장에서 일종의 응답을 시도한 것이며, 제38회 대회는 정권 교체에 따른 일본 헌법의 개정 논의에 대해 칸트철학 연구자의 입장에서 문제를 제기한 것이다. 넷째, 그러나 실제 발표 내용은 많은 경우 이른바 속 빈 강정에 그쳤다. 예를 들면〈칸트와 행복론〉심포지엄에서는 모든 발표가 '칸트의 행복론'으로 일관하여, '칸트와 행복론의 관계', 특히 '현대사회에서 칸트의 행복론과 도덕론의 의의 및 한계'를 언급한 논고는 보이지 않았다. 게다가 2012년 제37회〈칸트와 정치철학의 가능성〉심포지엄에서 어느 비회원 발표자는 오로지 '헤겔의 국가와 종교'에 관해서 논의했을 뿐, '칸트와 정치철학의 가능성'에 관해서는 본격적인 논의를 전개하지 못한 상황도 발생했다. 여기에는 오늘날의 칸트 연구자 및 헤겔 연구자가 직면한 중대 과제, 그리고 칸트 연구의 한계 및 문제점이

20) 2014년 제39회 심포지엄 제목은 '칸트와 최고선[カントと最高善]'으로 결정되었다. 참고로, 필자도 심포지엄에서 발표를 맡게 되었다.

존재한다. 일본의 일부 칸트 연구자들은 칸트철학의 현대적 의의와 한계를 정면으로 다루고, 이러한 과제에 응답하려는 의지와 능력이 결여되어 있다.

한편 제30회 대회의 30주년 기념 심포지엄 이래, 비회원 게스트의 발표는 상술한 예외적 상황을 제외하면 대부분 회원들의 기대에 부응하는 도전적이고 참신한 문제를 제기해왔다. 예를 들면, 〈칸트와 마음의 철학〉 심포지엄에서 토다야마 카즈히사(戸田山和久)는 「칸트를 자연화하기〔カントを自然化する〕」라는 논문을 발표했는데, 그는 현대 과학철학 전문가의 입장에서 '프로토(proto) 인지과학자로서의 칸트'라는 독자의 의표를 찌르는 새로운 해석에 의거하여, "의식의 문제를 우선 철저히 하여, 의식의 기능, 시스템의 사양(architecture) 문제로서 고찰하는 것, 이 방법론적 선택이야말로 의식에 관해 우리가 칸트에게서 배워야 할 가장 중대한 논점이라고 생각한다"(p. 58)고 주장했다. 필자는 의식을 모두 자연화하는 토다야마의 견해에는 이론이 있지만, 칸트에 대한 참신한 평가에는 공명하는 바가 적지 않았다. 또한 〈칸트와 형이상학〉 심포지엄에서 비회원인 카시와바타 타츠야(柏端達也)가 발표한 「일원론을 둘러싼 현대 논의에서 몇 가지 '칸트적'인 관념에 관하여〔一元論をめぐる現代の議論における若干の'カント的'な觀念について〕」도 도전적인 내용을 담은 논문이었다. 그는 분석철학 연구자의 입장에서 칸트철학의 영향에 응답하는 고찰 방법을 전개하여, 분석철학에서의 현대 형이상학적 과제를 깊이 논의하였다. 그뿐만 아니라 2013년 제38회의 〈공동토론 I〉에서는 '도구적 실천이성'에 관한 회원과 비회원의 보고가 있었는데, 이들 발표 역시 '이성이란 무엇인가', '순수이성은 가능한가'라는 칸트철학 연구뿐만 아니라, 현대 철학의 근본 문제

에 다가가기 위한 방법론으로서 '합법성' 개념의 재검토를 촉구하는 의욕적인 시도였다. 이러한 시도는 모두 향후 칸트 연구의 발전 가능성을 여는 것으로서 매우 흥미로운 내용이라고 할 수 있다. 참고로, 최근의 개인 연구 발표 중에는, 2011년 3월 11일에 일어난 동일본대지진을 계기로 칸트 지진론의 의의를 되묻는 시도도 보인다.

상술한 바와 같이, 일본칸트협회 편, 《일본칸트연구》는 2000년 6월에 창간되어 제1호『칸트와 현대문명』, 제2호『칸트와 일본문화』, 제3호『칸트의 목적론』, 제4호『칸트철학과 과학』, 제5호『칸트와 책임론』, 제6호『오늘날 비판철학의 사정거리』, 제7호『독일철학의 의의와 전망』, 제8호『칸트와 마음의 철학』, 제9호『칸트와 악의 문제』, 제10호『칸트와 행복론』, 제11호『칸트와 인권 문제』, 제12호『칸트와 일본철학』, 제13호『칸트와 형이상학』, 제14호『칸트와 정치철학의 가능성』[21] 등 매년 한 차례 간행되고 있다.

또한 칸트연구회는 《현대칸트연구》를 간행하고 있는데 각 권의 제목은 다음과 같다: 제1권『초월론 철학이란 무엇인가〔超越論哲學とはなにか〕』, 제2권『비판적 형이상학이란 무엇인가〔批判的形而上學とはなにか〕』, 제3권『실천철학과 그 사정거리〔實踐哲學とその射程〕』, 제4권『자연철학과 그 사정거리〔自然哲學とその射程〕』, 제5권『사회철학의 영역〔社會哲學の領野〕』,

---

21) 제14호부터 《일본칸트연구》의 출판사가 리소사(理想社)에서 치센서관(知泉書館)으로 변경되었다. 또한 일본칸트협회는 학회 창설 20주년을 기념하여 『칸트와 현대: 일본칸트협회 기념 논집〔カントと現代: 日本カント協會記念論集〕』(晃洋書房, 1996)을 간행했다.

제6권 『자유와 행위[自由と行爲]』, 제7권 『초월론적 비판 이론[超越論的批 判の理論]』, 제8권 『자아의 탐구[自我の探究]』, 제9권 『근대로부터의 물음 [近代からの問いかけ]』, 제10권 『이성에 대한 물음[理性への問い]』, 제11권 『판단력의 문제영역[判斷力の問題圈]』, 제12권 『세계시민의 철학[世界市民の 哲學]』[22] 이 논문집들은 각 권마다 통일된 편집 방침이 확정되어 있는 것은 아니며, 수록 논문의 양이나 질도 상당한 격차가 있다. 실제로, 각 권의 수 록 논문 편수도 여섯 편에서 아홉 편까지 차이가 있으며, 제1권부터 제5 권까지는 수록 논문 대부분이 해당 권호의 서명과 관련된 분야의 논고이 지만, 제7권부터는 이러한 점도 명확하지 않고, 서명의 메시지도 애매해 졌다. 그러나 중견 학자 및 신진 학자들의 의욕적인 연구 성과 중에는 전 비판기의 처녀작이나 자연철학, 『시령자의 꿈』에 관한 논고, 칸트의 초월 론적 관념론과 데이빗슨(Donald Davidson)의 무법칙적 일원론 사이의 관 련성을 고찰하는 논고 등 도전적인 논의도 더러 보인다.

여기서 칸트 연구 문헌의 번역과 수용, 그리고 일본에서의 영향 문제 로 눈을 돌려보자. 서양의 칸트 연구서는 1980년 전후부터 다수 일본어 로 번역, 소개되었다. 이론철학 분야에서는 디터 헨리히(Dieter Henrich)

---

22) 이 논문집들은 전체적으로 통일된 편집 방침이 있는 것이 아니라, 매번 각 권의 편집자로 입 후보하여 연구회의 승인을 받은 회원이 논문을 응모한 회원들의 연구회 발표 내용을 음미 하고 검토한 후 간행하는 식으로 작업해왔다. 필자는 제2권 『비판적 형이상학이란 무엇인 가』의 편자를 맡고, 제5권 『사회철학의 영역』에 투고한 입장에서 보자면, 대체로 논문의 질 이 해마다 떨어지고 있다는 사실을 부정할 수 없다. 참고로, 제1권 『초월론 철학이란 무엇 인가』(1989) 및 제2권 『비판적 형이상학이란 무엇인가』(1990) 두 권은 처음에 리소사에서 간 행되었다. 그러나 발행처 사정으로 출판사가 코요서방(晃洋書房)으로 바뀌면서 1권과 2권을 재간행하여, 제1권 이후 현재까지(2014. 3. 기준) 전 12권을 꾸준히 간행하고 있다.

가 자신의 논문 다섯 편을 편집하여 구성한『칸트철학의 체계형식〔カント 哲學の體系形式〕』(Die systematische Form der Philosophie Kants. 1978; 理想 社. 1979. 1)이 뛰어나다. 또한 존재론적 칸트 해석의 대표자인 하임죄트 (Heinz Heimsoeth)의 논문 세 편을 수록한 논문집의 번역서『칸트와 형이 상학〔カントと形而上學〕』(以文社, 1981. 9), 칸트의 전체상에 다가가고자 하 는 고전적 문헌으로는 카울바흐의『임마누엘 칸트〔イマヌエル・カント〕』 (Immanuel Kant. Berlin, 1969; 理想社. 1978. 1), 슈바르트랜더(Johannes Schwartlaender)의『칸트의 인간론: 인간은 인격이다〔カントの人間論: 人間 は人格である〕』(Der Mensch ist Person: Kants Lehre vom Menschen, Stuttgart, 1968; 成文堂, 1986. 7)가 간행되었다. 특히 피터 스트로슨(Peter Frederick Strawson)의『의미의 한계:《순수이성비판》 논고(The Bounds of Sense: An Essay on Kant's Critique of Pure Reason)』(Methuen & Co Ltd., London, 1966)의 간행과 일본어 번역본의 출판(『意味の限界:『純粹理性批判』論考』, 勁草 書房, 1987년 9월)은 일본 칸트 연구자에게 일정한 영향을 주었다. 그 밖에 이후 일본의 칸트 연구에 큰 영향을 미친 유럽 문헌으로는, 에른스트 카 시러의『칸트의 생애와 학설〔カントの生涯と學說〕』(Kants Leben und Lehre, 1918; みすず書房, 1987. 3)의 일본어 번역본 간행이 주목할 만하다. 이색적 인 번역서로는 러시아의 칸트 연구자인 아르세니 굴리가(Arsenij Gulyga) 의 저서를 직접 러시아어에서 일본어로 번역한『칸트: 그 생애와 사상 〔カント: その生涯と思想〕』(러시아 원저, 1977; 法政大學出版局, 1983. 12. 참고 로 이 책의 독일어 번역은 1981년에 간행: Immanuel Kant. Frankfurt a. M.) 이 있다. 또한 주요한 칸트 관련 번역서만 보더라도 회페(Otfried Hoeffe) 의『임마누엘 칸트〔イマヌエル・カント〕』(München, 1983; 法政大學出版局, 1991. 2), 포스트모던 사상가 질 들뢰즈(Gilles Deleuze)의『칸트의 비판

철학: 능력들에 관한 이론〔カントの批判哲學: 諸能力の理說〕』(*La Philosophie critique de Kant*. 1963; 法政大學出版局, 1984. 12), 장 프랑수아 리오타르 (Jean-François Lyotard)의 『열광: 칸트의 역사 비판〔熱狂: カントの歷史批判〕』(*L'Enthousiasme: La critique Kantienne de I'histoire*. 1986: 法政大學出版局, 1990. 5) 등이 있다. 필자는 이들 칸트 문헌의 번역이 대부분 1980년대에 집중되어 있다는 사실에 주의를 환기하고 싶다. 이는 이 시기가 제2차 세계대전 이후, 서양 칸트 문헌을 번역하고 소개하는 과정에서 하나의 정점을 의미하기 때문이다. 이들 문헌이 일본의 칸트 연구에 어떠한 영향과 자극을 주었는지를 정확히 파악하는 것은 어려운 일이다. 그러나 헨리히의 번역서와 연구논문은 일본의 칸트 연구에서도 '초월론적 연역론의 증명 구조'를 둘러싼 논쟁을 일으켰고, '범주론' 및 '이성의 사실'에 관한 연구에 자극을 주었다. 또한 초월론적 관념론과 경험의 기초 놓기에 관해서, 전자를 버리는(捨象) 스트로슨의 견해는 일본의 연구자들에게 자극을 주었고, 하임죄트가 이율배반론에 대한 관심이나 '실천적·정설적 형이상학(praktisch-dogmatische Metaphysik)' 개념에 의한 칸트 해석을 촉진한 것은 부정할 수 없다. 또한 '초월론적 논증'에 관해서도, 서양의 연구 문헌은 다른 많은 연구 영역이나 연구 방법과 함께 일본의 칸트 연구자들에게 다양한 자극을 주었다. 이러한 사실을 바탕으로, 아래의 논의에서도 그 영향을 어느 정도 추측할 수 있을 것이다.

참고로, 일본의 칸트 연구논문이나 칸트철학 입문서, 연구서 등은 매년 각 대학의 학부 및 연구소의 간행물(紀要)이나 연간지, 기타 잡지에 게재되는 것을 더하면 방대한 수에 이른다. 그러나 대부분은 추후에 가필, 수정을 거쳐 앞서 언급한 《일본칸트연구》나 《현대칸트연구》, 기타 논문집이나 단행본으로 출판되고 있으므로, 본고에서는 이들 개별 논문은 언급하지 않겠다.

다음으로, 패전 이후 일본 칸트 연구의 최대 성과이자 이후의 칸트 연구에 큰 영향을 준『이와나미판 칸트전집』(전 23권, 1999~2006)의 편집 및 번역 방침에 관해, 기존에 간행된『리소사판 칸트전집』과 비교하여 설명하고자 한다.『이와나미판 칸트전집』은 신진 연구자, 중견 연구자, 베테랑 연구자를 망라하여 당시 일본의 칸트 연구자들이 총력을 기울여 착수한 기획이다.『이와나미판 칸트전집』과『리소사판 칸트전집』의 주된 차이는 다음과 같다. 첫째, 이와나미판은 리소사판에는 수록되지 않은 칸트 초기의 논고인「지구는 노쇠하는가의 문제에 대한 자연학적 고찰(Die Frage, ob die Erde veralte, physikalisch erwogen)」(1754),「지진에서 주목해야 할 사건의 자연사적 기술(Geschichte und Naturbeschreibung der merkwuerdigsten Vorfalle des Erdbebens)」(1756),「(지진론 속편)최근 인지된 지진에 관한 임마누엘 칸트의 재고찰(M. Immanuel Kants fortgesetzte Betrachtung der seit einiger Zeit wahrgenommenen Erderschuetterungen)」(1756) 등 일본에서 최초로 번역된 논고를 수록했다는 점이다. 요컨대, 이와나미판의 특징은 칸트의 저작을 망라하여 수록했다는 데 있다. 둘째, 리소사판에는 번역이 누락되거나 틀린 부분, 일본어 문장으로는 자연스럽지 않은 직역투 문장 등이 다수 보인다. 이와나미판에서는 이러한 오류를 수정하고, 평이하면서도 명쾌하게 번역하려고 노력했으며, 철학이나 문화에 널리 관심을 갖는 독자가 칸트의 사색에 친밀하게 접근할 수 있도록 배려했다. 셋째, 이와나미판의 편자와 역자는 최신 문헌 비평의 성과에 기초하여 편집하고 번역했다. 학술원판(Akademie Ausgabe), 포

어랜더판(Vorlaender Ausgabe), 카시러판(Cassirer Ausgabe), 바이셰델판(Weischedel Ausgabe) 등 독일어판 전집과 저작집을 참조하고, 각 판본의 면수를 본문에 달아 이용자의 편의를 도모했다. 넷째, 다른 철학 분야의 연구자나 일반 독자의 칸트 이해에 도움이 되도록, 최근 눈부신 진전을 보이고 있는 일본 칸트 연구의 최신 성과를 반영한 역주, 교정주, 해설을 첨부했다. 다섯째, 특히 서간, 강의록에도 충실하기 위해, 『칸트 포르슝겐(Kant-Forschungen)』(Hamburg 1987ff.) 등에 게재된 새로 발견된 서간이나 중요한 강의록도 수록함으로써, 칸트 사상의 전체상을 제시하려고 노력했다. 여섯째, 이와나미판에는 기존의 『이와나미판 칸트저작집〔岩波版カント著作集〕』이나 『리소사판 칸트전집』에는 없는 『별권』을 덧붙여서, 칸트에 입문하는 데 도움이 되는 논문이나 칸트 전기, 오늘날 칸트 철학의 위치나 범위·의의를 보여주는 논고, 그리고 칸트 관련 자료 등을 실었다.[23]

이어서 『별권』의 구성과 수록 논문을 소개함으로써 이 시기의 칸트 연구의 경향을 알아보는 단서를 제공하고자 한다. 『별권: 칸트철학 안내〔別卷: カント哲學案內〕』는 1부와 2부, 그리고 자료, 부록, 연보로 구성되어 있다. 제1부 〈칸트입문〔カント入門〕〉에는 다음과 같은 논문이 수록되어 있다: 1. 사카베 메구미, 「칸트의 생애〔カントの生涯〕」, 2. 아리후쿠 코가쿠, 「서간으로 보는 『순수이성비판』(및 '비판철학') 성립사〔書簡に見る『純粹理性批

••
23) 『이와나미판 칸트전집』의 특색과 주요 편집방침에 관해서는, 필자가 다음의 독일어 논문에서 상세히 논했다. Vgl. Eiji Makino/Kazuhiko Uzawa, Bericht ueber die japanische Edition von Kants Gesammelten Schriften, in: *Kant-Studien* 2013; 104(3): Walter de Gruyter. Berlin·New York. S. 386~394.

判』(ならびに『批判哲學』成立史〕」, 3. 야마모토 미치오(山本道雄), 「칸트와 18세기 계몽철학: '내 머리 위의 별이 빛나는 하늘과 내 안의 도덕법칙'〔カントと18世紀啓蒙哲學: 'わが上なる星しげき空とわが内なる道德法則'〕」, 4. 야마와키 나오시(山脇直司), 「'포스트 칸트' 철학으로서의 독일관념론〔'ポスト・カント'哲學としてのドイツ觀念論〕」, 5. 쿠키 카즈토, 「신칸트학파와 칸트〔新カント學派とカント〕」, 6. 스미 시노부(角忍), 「형이상학적 칸트해석: 하임죄트, 야스퍼스, 하이데거〔形而上學的カント解釋: ハイムゼート, ヤスパース, ハイデッガー〕」, 7. 미노 타다시, 「칸트와 분석철학〔カントと分析哲學〕」, 8. 시미즈 타로(清水太郎), 「일본의 철학자는 칸트를 어떻게 보았나〔日本の哲學者はカントをどう見たか〕」, 9. 타카하시 카츠야(高橋克也), 「칸트와 현대사상: 합리성의 재평가를 위하여〔カントと現代思想: 合理性の再評價に向けて〕」. 제2부 〈칸트철학〉에 수록된 논문은 다음과 같다: 1. 타야마 레이시(田山令史), 「공간과 시간: 주관성을 둘러싸고〔空間と時間: 主觀性をめぐって〕」, 2. 이와쿠마 사토시(岩隈敏), 「'나'의 현존재 분석론으로서의 연역론〔'私'の現存在の分析論としての演繹論〕」, 3. 닛타 타카히코(新田孝彦), 「자유와 도덕법칙〔自由と道德法則〕」, 4. 오하시 요이치로, 「이율배반〔アンチノミー〕」, 5. 마루이 마사요시(樽井正義), 「국민과 세계시민의 권리와 의무: 칸트 사회철학의 사정거리〔國民と世界市民の權利と義務: カント社會哲學の射程〕」, 6. 마키노 에이지, 「칸트의 미학과 목적론 사상: 『판단력비판』에서 '자연의 기교'의 사정거리〔カントの美學と目的論の思想: 『判斷力批判』における「自然の技巧」の射程〕」, 7. 모치즈키 토시타카(望月俊孝), 「비판적 계몽의 역사철학〔批判的啓蒙の歷史哲學〕」, 8. 이누타케 마사유키(犬竹正幸), 「자연과학과 자연철학〔自然科學と自然哲學〕」, 9. 히미 키요시(氷見潔), 「칸트의 종교철학 사상〔カントの宗敎哲學思想〕」. 제3부 〈자료〉에는 a. 카토 야스시, 「『오푸스 포스투뭄』과 비판철학 사이〔『オプス・ポスト

ゥムム』と批判哲學の間]」, b. 미코시바 요시유키(御子柴善之), 「칸트 강의록[カ
ントの講義錄]」이 게재되어 있고, 〈부록〉에는 사토 츠토무(佐藤勞)가 편집한
「일본의 칸트 문헌 목록(단행본편): 1896~2005년[日本におけるカント文獻目
錄(單行本編): 1896~2005年]」, 그리고 카도야 슈이치(門屋秀一)가 편집한 「연
보」가 수록되어 있다.

이 『별권』에는 다양한 관점이나 방법에서 접근한 각 저자들의 독자적
인 논고가 수록되어 있다. 따라서 결코 단순한 '아마추어 대상의 칸트 입
문서'가 아니며, 대부분 높은 수준의 논의를 전개하고 있다. 예를 들면,
1부 〈칸트입문〉에 수록된 미노 타다시의 「칸트와 분석철학」에서는 분석
철학에 관해 "어쩌면 사상 처음으로 칸트의 난해한 철학 텍스트를 충분
히 정확하게 독해하고, 이로써 그의 철학적 주장이 갖는 학문적 의의에
관해 치우침 없는 입장에서 매우 정확하게 평가할 수 있는 가능성이 열
렸다"(p. 118)고 논하고 있다. 요컨대, 칸트와 분석철학의 여러 조류의 관
계가 종래의 해석과는 달리, 칸트를 평가하는 바람직한 자세로 이해되고
있다. 또한 2부 〈칸트철학〉에 수록된 논문 역시, 마키노 에이지의 「칸트
의 미학과 목적론 사상」에서도 알 수 있듯이, 기존의 내재적 칸트 해석과
는 달리, 해석학적 관점에서 『판단력비판』의 두 가지 부문(미학론과 목적
론)과 역사철학까지 통일적·정합적으로 이해하는 참신한 시도가 적지 않
다. 또한 3부 〈자료〉의 경우, 카토 야스시의 『『오푸스 포스투뭄』과 비판철
학 사이」처럼, 『오푸스 포스투뭄』의 편집 및 학술원판 전집에 수록된 경
위를 설명하고, 이 유고를 하나의 정리된 칸트 사상(思想群)으로 파악하는
대담한 해석을 시도한 논고도 있다.[24] 이러한 의미에서 『별권』은 일본 칸
트 연구의 최첨단의 연구 성과이자 그 집대성이라고 볼 수 있다.[25]

마지막으로, 이 시기(1971~1990)의 주요 칸트 연구서로 눈을 돌려 보자. 주목할 만한 현상은, 1971년부터 1980년까지는 열 권 정도 간행되었는데, 1981년부터 1990년까지 10년 동안에는 주요 칸트 연구서의 간행이 23권으로 급증했다는 점이다.[26]

《주요 칸트 연구서: 1971~1980》

사이토 기이치(齋藤義一), 『독일관념론에서의 실천철학〔ドイツ觀念論における實踐哲學〕』, 創文社, 1971, 364면.

오구라 유키요시(小倉志祥), 『칸트의 윤리사상〔カントの倫理思想〕』, 東京大學出版會, 1972, 449면.

카와무라 미치오(川村三千雄), 『칸트의 종교철학〔カントの宗敎哲學〕』, 小樽商科大學人文科學硏究會, 1974, 257면.

미와타리 유키오(三渡幸雄), 『칸트철학 연구〔カント哲學硏究〕』, 協同出版, 1974, 1377면.

⁚⁚

24) 아쉽게도 『오푸스 포스투뭄』(학술원판, XXI~XXII)은 이와나미판 칸트전집에도 수록되어 있지 않다. 따라서 현시점에서 『오푸스 포스투뭄』의 일본어 번역은 아직 간행되지 않은 상태이다.

25) 참고로 이와나미판 전집은 발행처인 이와나미 서점의 편집부 담당자에 따르면, 당초 예상 매출의 두 배 가량이 팔렸다고 한다. 이 점에서 보더라도, 일본에서 칸트철학이 널리 확산되고 확고한 지지를 받고 있다는 것이 입증되었다고 말할 수 있다.

26) 1970년대부터 일본의 칸트 연구서와 입문서, 칸트 관련 번역서의 출판이 확실히 증가했고, 1990년대 이후에는 젊은 학자들이 학위 논문 실적 만들기를 위해 실질적으로 자비를 들여 출판한 것까지 더하면 방대한 수가 된다. 본고에서는 이들 칸트 입문서나 젊은 학자들의 학위 논문, 교과서 성격의 서적까지 다룰 수는 없으므로, 이 부분에 관해서는 별도 자료로 『일본의 칸트 문헌 목록(단행본편): 1896~2013년〔日本におけるカント文献目録(單行本編): 1896~2013年〕』(牧野英二編)을 참고하기 바란다.

타카다 테츠로(高田鐵郎), 『(칸트 연구)수학적 자유의지론: 연속체 공리의 증명〔(カント研究)數學的自由意志論: 連續體公理の證明〕』, 以文社, 1975, 341면.

하라다 코(原田鋼), 『칸트의 정치철학: 독일 근대 정치사상의 '성격학' 서설〔カントの政治哲學: ドイツ近代政治思想の'性格學'序說〕』, 有斐閣, 1975, 259면.

사카베 메구미(坂部惠), 『이성의 불안: 칸트철학의 생성과 구조〔理性の不安: カント哲學の生成と構造〕』, 勁草書房, 1976, 244면.

코마키 오사무(小牧治), 『국가의 근대화와 철학: 독일·일본 칸트철학의 의의와 한계〔國家の近代化と哲學: ドイツ·日本におけるカント哲學の意義と限界〕』, 御茶の水書房, 1978, 382면.

모리구치 미츠오(森口美都男), 『'세계'의 의미를 찾아서: 모리구치 미츠오 철학논집(1)〔'世界'の意味を求めて: 森口美都男哲學論集(一)〕』, 晃洋書房, 1979, 404면.

카타기 키요시(片木淸), 『칸트의 윤리·법·국가의 문제: 『윤리형이상학(법론)』 연구〔カントにおける倫理·法·國家の問題: 『倫理形而上學(法論)』の研究〕』, 法律文化社, 1980, 411면.

《주요 칸트 연구서: 1981~1990》

코니시 쿠니오(小西國夫), 『칸트의 실천철학: 그 기반과 구조〔カントの實踐哲學: その基盤と構造〕』, 創文社, 1981, 649면.

치넨 히데유키(知念英行), 『칸트의 사회사상: 소유, 국가, 사회〔カントの社會思想: 所有·國家·社會〕』, 新評論, 1981, 201면.

하마다 요시후미(浜田義文), 『칸트 윤리학의 성립: 영국 도덕철학 및 루소 사

상과의 관계[カント倫理學の成立: イギリス道德哲學及びルソ-思想との關係]』, 勁草書房, 1981, 281면.

미와타리 유키오(三渡幸雄), 『칸트 실천철학 연구[カント實踐哲學の研究]』, 京都女子大學, 1981, 718면.

이나바 미노루(稻葉稔), 『칸트 『도덕형이상학 기초 놓기』 연구 서설[カント『道德形而上學の基礎づけ』研究序說]』, 創文社, 1983, 200면.

타카하시 쇼지(高橋昭二), 『칸트와 헤겔[カントとヘーゲル]』, 晃洋書房, 1984, 224면.

치넨 히데유키(知念英行), 『칸트 윤리의 사회학적 연구[カント倫理の社會學的研究]』, 未來社, 1984, 234면.

하카리 요시하루(量義治), 『칸트와 형이상학의 검증[カントと形而上學の檢證]』, 法政大學出版局, 1984, 512면.

스즈키 후미타카(鈴木文孝), 『칸트 연구: 비판철학의 윤리학적 구도[カント研究: 批判哲學の倫理學的構圖]』, 以文社, 1985, 314면.

하카리 요시하루(量義治), 『칸트철학과 그 주변[カント哲學とその周邊]』, 勁草書房, 1986, 229면.

야마사키 요스케(山崎庸佑), 『칸트 초월론 철학의 재검토[カント超越論哲學の再檢討]』, 北樹出版, 1987, 192면.

쿠보 모토히코(久保元彦), 『칸트 연구[カント研究]』, 創文社, 1987, 429면.

코바 타케오(木場猛夫), 『칸트 도덕사상 형성(전 비판기) 연구[カント道德思想形成(前批判期)の研究]』, 風間書房, 1987, 525면.

스즈키 후미타카(鈴木文孝), 『칸트 비판: 장의 윤리학으로 가는 길[カント批判: 場の倫理學への道]』, 以文社, 1987, 327면.

나카지마 요시미치(中島義道), 『칸트의 시간구성 이론[カントの時間構成の理論]』, 理想社, 1987, 216면.

미와타리 유키오(三渡幸雄), 『칸트철학의 기본문제〔カント哲學の基本問題〕』, 同朋舍出版, 1987, 1381면.

카와시마 히데카즈(川島秀一), 『칸트 비판윤리학: 그 발전사적·체계적 연구〔カント批判倫理學: その發展史的·體系的研究〕』, 晃洋書房, 1988, 463면.

치넨 히데유키(知念英行), 『칸트의 사회철학: 공통감각론을 중심으로〔カントの社會哲學: 共通感覺論を中心に〕』, 未來社, 1988, 240면.

카가와 유타카(香川豊), 『초월론적인 물음과 비판〔超越論的な問いと批判〕』, 行路社, 1989, 278면.

마키노 에이지(牧野英二), 『칸트 순수이성비판 연구〔カント純粹理性批判の研究〕』, 法政大學出版局, 1989, 305면.

히로마츠 와타루(廣松渉)·카토 히사타케(加藤尙武)·사카베 메구미(坂部惠) 편집, 『칸트철학의 현대성〔カント哲學の現代性〕』, 講座ドイツ觀念論, 弘文堂, 1990, 338면.

아리후쿠 코가쿠(有福孝岳), 『칸트의 초월론적 주체성의 철학〔カントの超越論的主體性の哲學〕』, 理想社, 1990, 325면.

이노우에 요시히코(井上義彦), 『칸트철학의 인간학적 지평〔カント哲學の人間學的地平〕』, 理想社, 1990, 265면.

사토 마사히코(佐藤全弘), 『칸트 역사철학 연구〔カント歷史哲學の研究〕』, 晃洋書房, 1990, 352면.

하카리 요시하루(量義治), 『종교철학으로서의 칸트철학〔宗敎哲學としてのカント哲學〕』, 勁草書房, 1990, 299면.

이 시기의 주요 칸트 연구 문헌의 특징은 다음과 같이 정리할 수 있다. 첫째, 칸트의 전 비판기에 대한 독특한 해석서로는 사카베 메구미의 『이

성의 불안: 칸트철학의 생성과 구조』가 뛰어나다. 18세기의 전통적인 계몽적 이성관을 근본에서부터 의문에 부치고, 전 비판기의『시령자의 꿈』을 고찰의 중심에 놓았다는 점은 다른 책에서는 볼 수 없는 칸트 해석이다. 필자가 보기에, 이 칸트 해석에는 프랑스 정신분석 방법이 활용되었다. 둘째로, 이 시기 석학들의 묵직한 연구서로는, 오구라 유키요시의『칸트의 윤리사상』이 중요하다. 이 책은 칸트의 3비판서를 면밀히 고찰하면서, 칸트의 '이성의 심연(Abgrund fuer die menschliche Vernunft, KrV, B409)'이라는 개념을 단서로 삼고 윤리학을 기초로 하여, 실천이성 우위의 사상을 내재적으로 최대한 평가하고자 한 우수한 칸트 연구서이다. 따라서 이 책은 기존 칸트 윤리학 연구서의 카테고리를 뛰어넘는 광범위하고도 다양한 연구를 시도했다는 점에서『칸트의 윤리사상』이라고 이름 붙여진 것이다. 셋째, 특히 저자는 "자유의지의 자유란 선택의지의 자유와 자율의 자유의 통일태라는 것을 보여주었다." 저자는 이러한 고찰을 통해 "칸트는 자신의 종교철학에 윤리적 실천론으로서의 성격을 부여하고 있다"는 해석을 제시했다. 이러한 칸트 해석의 성과는 당시 일본의 칸트 윤리학 연구의 정점에 위치한다고 말할 수 있다.

4. 포스트모더니즘 및 영미 철학의 영향

일본에서는 1990년대부터 포스트모더니즘이 유행하고 언어분석철학에 대한 적극적 수용과 연구가 진행되었으며, 동시에 철학적 지식의 분산화 현상이 드러나기 시작했다. 이 시기에는 《현대사상[現代思想]》(靑土社刊)이 서양의 최신 철학, 사상, 정치, 경제뿐만 아니라 자연과학 관련 동향

을 번역하고 소개하여, 일본의 '유행사상' 형성에 큰 역할을 했다. 당연한 일이지만, 이 잡지에는 오랫동안 칸트철학에 관한 논의가 보이지 않았는데, 이러한 지적 상황 속에서 《현대사상: 칸트 특집호[現代思想: カント特集號]》가 간행된 것이다(靑土社, 1994. 3, 22~24호, 398면).

이 칸트 특집호의 간행은 하나의 사건이었다. 이는 일본에서 '칸트철학이 현대 사상에 속한다'는 인식이 자리잡았다는 것을 의미하기 때문이다. 이 특집호에 수록된 논문을 게재순으로 소개하면 다음과 같다: 카라타니 코진(柄谷行人)의 「칸트적 전회[カント的轉回]」, 슬라보예 지젝(Slavoj Zizek)의 「생각하는 나, 생각하는 그, 생각하는 그것(사물)[考えるわたし, 考える彼, 考えるそれ(もの)]」, 미나토미치 타카시(港道隆)의 「칸트: 그렇다[カント: 然り]」, 와카모리 요시키(若森榮樹)의 「칸트의 '근대': 「계몽이란 무엇인가?」 읽기[カントの'近代': 「啓蒙とは何か?」を讀む]」, 나가쿠라 세이이치(長倉誠一)의 「게티어 문제(Gettierlogy)와의 대화[ゲディアロジ-との對話]」, 헨리히(Dieter Henrich)의 「초월론적 연역이란 무엇인가: 방법론적 배경에서 접근[超越論的演繹とは何か: 方法論的背景からのアプロ-チ]」, 스트라우드(Barry Stroud)의 「초월론적 논의[超越論的議論]」, 타키 코지(多木浩二)의 「지리학의 시대[地理學の時代]」, 누마노 미츠요시(沼野充義)의 「역사와 민족이 교차하는 장소에서: 칸트와 리투아니아, 러시아 문화[歷史と民族の交差する場所で: カントとリトアニア・ロシア文化]」, 미야지마 미츠시(宮島光志)의 「'이성의 지리학' 재고찰: '항해의 메타포'를 안내자로 삼아[理性の地理學'再考: '航海メタファ-'を導きとして]」, 나카지마 요시미치의 「칸트의 여성관[カントの女性觀]」, 이시카와 후미야스의 「논쟁가로서의 칸트: '관념론 논박'을 둘러싸고[論爭家としてのカント: '觀念論論駁'をめぐって]」, 옹프레(Michel

Onfray)의 「칸트, 혹은 윤리적 알코올 중독〔カント, あるいは倫理的アルコ
ール中毒〕」, 우카이 사토시(鵜飼哲)의 「법의 사막: 칸트와 국제법의 '토포
스'〔法の砂漠: カントと國際法の'トポス'〕」, 로젠츠바이크(Franz Rosenzweig)
의 「교체된 전선〔取り替えられた前線〕」, 무라오카 신이치(村岡晉一)의 「헤르
만 코헨(Hermann Cohen, 1842~1918): 어느 칸트주의자의 유대주의〔ヘ
ルマン・コーエン: あるカント主義者のユダヤ主義〕」, 후쿠타니 시게루의 「비
판철학으로서의 영원평화론: 칸트 영원평화론 연구 서설〔批判哲學として
の永遠平和論: カント永遠平和論研究序說〕」, 시미즈 타로의 「칸트학파 철학
과 다이쇼 시기 일본의 철학: 니시다 키타로와 소다 키이치로〔カント學派
哲學と大正期日本の哲學: 西田幾多郎と左右田喜一郎〕」, 사카베 메구미와 쿠로
사마 마사오(黑崎政男)의 대담: 「파괴하는 칸트〔破壞するカント〕」, 타니가
와 아츠시(谷川渥)의 「숭고와 예술〔崇高と藝術〕」, 라쿠-라바르트(Philippe
Lacoue-Labarthe)의 「숭고한 진리〔崇高な眞理〕」, 호소미 카즈유키(細見和之)
의 「아도르노의 칸트론: 혹은 메타크리틱의 크리틱〔アドルノのカント論:
あるいはメタクリティークのクリティーク〕」, 마키노 에이지의 「칸트의 대학
론: 『학부들의 다툼』의 현대적 사정거리〔カントの大學論: 『諸學部の爭い』の
現代的射程〕」, 마루이 마사요시의 「환경윤리와 칸트철학〔環境倫理とカント
の哲學〕」, 스즈키 아키코(鈴木晶子)의 「칸트의 교육학〔カントの敎育學〕」, 카
토 야스시의 「보편화 논리와 상호승인의 윤리〔普遍化の論理と相互承認の倫
理〕」, 암브루스터(Ludwig Armbruster)의 「칸트의 '근본악'〔カントにおける
'根源惡'〕」 등의 논고가 실려 있고, 「칸트: 운동 정지론〔カント: 運動靜止論〕」
(Immanuel Kant, Neuer Lehrbegriff der Bewegung und Ruhe und der damit
verknuepften Folgerungen in den ersten Gruenden der Naturwissenschaft,
wodurch zugleich seine Vorlesungen in diesem halben Jahre angekuendet

werden. Den 1sten April, 1758. II. S. 13~25)에 대한 일본어 초역과 「칸트 연보」가 자료로 첨부되어 있다. 대담이나 독일, 영미 학자 논문의 번역문을 제외하면, 일본 학자의 칸트 관련 논고는 20편에 달한다. 이 특집호는 칸트 연구자뿐만 아니라 교육학자, 미학자, 일본 사상 연구자, 평론가들이 참여하였고, 포스트모더니즘의 영향을 받은 칸트 연구를 포함하는, 폭넓은 관점의 다양한 논문이 실린 보기 드문 논문집이다. 이 특집호로 말미암아, 일본에서 칸트철학을 읽는 방법이 일반 독자를 중심으로 더욱 다양하고 풍부해졌을 것이다.

한편, 전쟁 전부터 오랫동안 일본의 철학, 사상의 보급과 발전에 견인차 역할을 해온 학술잡지 《사상〔思想〕》(岩波書店)은, 전후 어느 시기부터 사회과학 관련 논문으로 중심을 옮기게 되었다. 또한 《현대사상》이 일반 대중이나 학생 대상으로 매출을 늘린 것에 비해, 소박하면서도 전문적인 학문성을 유지하고자 했던 《사상》은 독자층이 서서히 사회과학 관련 연구자로 한정되었다. 그 결과, 대학이나 연구기관의 간행물인 《기요〔紀要〕》나 《연구소보〔硏究所報〕》 등에서는 칸트철학에 관한 논문이 다수 집필, 게재되면서도, 오히려 칸트 연구가 사회적으로 널리 영향을 미치는 현상은 보이지 않게 되었다. 게다가 칸트철학의 연구 성과가 다른 철학이나 학문 분야에 영향을 주는 기회도 확실히 줄어들었다. 실제로 전쟁 전의 《사상》에는 다수의 칸트 연구 문헌이 게재되었고, 일본의 철학계와 칸트 연구 분야에 큰 자극을 주었지만, 전후에는 약간의 칸트 연구논문이 게재되었을 뿐이다. 이 점에 관해서는 뒤에서 다시 설명하겠다.

상술한 《현대사상: 칸트 특집호》의 간행과 같은 시기에, 칸트철학 연

구에 일정한 자극을 준 논문집이 간행되었다. 필자가 중심이 되어 기획하고 편집한 『칸트: 현대사상으로서의 비판철학〔カント: 現代思想としての批判哲學〕』(情況出版, 1994. 4)의 간행이 그것이다. 이 논문집은 편집 방침이 참신하고, 집필진이 다양하며, 당시 철학·사상·과학 제 분야에서 일본을 대표하는 다수 학자들이 기고했다는 점에서, 전례 없이 화려한 칸트 연구서였다. "현대사상으로서 칸트를 다시 읽기: 칸트 연구의 최첨단을 결집한 주목할 만한 책"이라는 출판사의 광고 문구는 결코 과장이 아니다. 여기에서는 간단히 목차만 소개해둔다. 서두에는 편자의 「머리말」이 실려 있고, 이후의 구성은 다음과 같다. 1. 〈칸트의 기본사상〔カントの基本思想〕〉에는 마키노 에이지, 나카지마 요시미치, 오하시 요이치로, 히로마츠 와타루의 「칸트: 인간상, 기본 사상과 그 영향〔カント: 人間像·基本思想とその影響〕」이 실려 있는데, 이것은 히로마츠 와타루의 사회로 진행된 좌담회를 기록한 것이다. 2. 〈현대 과학과 비판철학〔現代科學と批判哲學〕〉에는 다음과 같은 논고가 수록되어 있다: 오모리 쇼조의 「칸트의 기하학〔カントの幾何學〕」, 카와모토 히데오(河本英夫)의 「생명과학과 칸트의 자연목적론〔生命科學とカントの自然目的論〕」, 히다카 토시타카(日高敏隆)의 「동물행동학과 칸트철학〔動物行動學とカントの哲學〕」, 야스기 류이치(八杉龍一)의 「현대생물학과 칸트의 목적론〔現代生物學とカントの目的論〕」, 후지이 마사미(藤井正美)의 「현대지리학과 칸트의 자연지리학〔現代地理學とカントの自然地理學〕」, 타카오 토시카즈(高尾利數)의 「칸트 종교철학과 현대〔カント宗敎哲學と現代〕」, 나가오 류이치의 「칸트 윤리학과 일본〔カント倫理學と日本〕」, 이마미치 토모노부(今道友信)의 「현대미학과 칸트〔現代美學とカント〕」, 미네시마 히데오의 「일본사상과 칸트의 사상〔日本思想とカントの思想〕」. 3. 〈현대 철학과 칸트〔現代哲學とカント〕〉에 수록된 논문은 다음과 같다: 노모토 카즈유키(野本和幸)의 「프레게와 칸트〔フレ-ゲとカント〕」, 와타나베 지로(渡邊二郎)의 「후설과 칸트〔フッサ-ルとカント〕」, 아리후쿠 코가쿠의 「하이데거와 칸트〔ハイデッガ-とカント〕」, 쿠로사키 히로시(黑崎宏)의 「비트겐슈타인과 칸트〔ウィトゲンシュタインとカント〕」, 쿠와타 노리아키(桑田禮彰)의 「푸코, 데리다, 들뢰즈와 칸트〔フ-コ-, デリダ, ドゥル-ズとカント〕」, 카토 야스시의 「하버마스와 칸트〔ハ-バ-マスとカント〕」, 토미다 야스히코(富田恭彦)의 「로티와 칸트〔ロ-ティとカント〕」, 이이다 타카시(飯田隆)의 「논리실증주의와 칸트철학〔論理實證主義とカント哲學〕」. 4. 〈현대 사상으로서의 비판철학〔現代思想としての批判哲學〕〉은 칸트 연구자의 입장에서 3부 〈현대 철학과 칸트〉에 응답하는 성격을 띠며, 수록 내용은 다음과 같다: 쿠로사마 마사오의 「칸트와 언어철학〔カントと言語哲學〕」, 오하시 요이치로의 「칸트의 행위론〔カントの行爲論〕」, 나카지마 요시미치의 「나의 시간, 타자의 시간〔私の時間, 他者の時間〕」, 타야마 레이시의 「과학의 한 가지 기초〔科學の一つの基礎〕」, 마키노 에이지의 「토포스론의 시도〔トポス論の試み〕」, 마루이 마사요시의 「생명윤리와 칸트 윤리학〔バイオエシックスとカント倫理學〕」, 우에무라 츠네이치로의 「'무한'의 앞에 선 칸트〔'無限'の前に立つカント〕」, 하카리 요시하루의 「현대 종교철학과 칸트철학〔現代宗敎哲學とカント哲學〕」. 5. 〈칸트 연구 현황〔カント硏究の現狀〕〉에는 이시카와 후미야스의 「칸트 해석에서의 소원 지향〔カント解釋における遡源志向〕」이 수록되어 있다. 이 논문집은 20세기 말의 일본 칸트 연구의 수준, 그리고 사회과학, 자연과학과 칸트철학의 관계를 해명했다는 점에서 보기 드문 칸트 연구 문헌이다.

그 다음 해에는 일본에서 처음으로 『칸트사전〔カント事典〕』(弘文堂, 1997. 12, 700면)이 간행되었다.[27] 이 책은 기존의 서양 사전을 번역한 것이 아니

라, 일본인 칸트 연구자들이 편집, 집필을 맡은 방대한 철학사전이다. 본 사전은 칸트 연구자뿐만 아니라 철학·사상 연구자의 칸트 이해, 칸트철학 전문용어에 대한 번역어 확정, 그리고 칸트 주변의 마이너 철학자들의 인명 표기 확정 등의 측면에서, 18세기 이래의 서양철학과 사상을 연구하는 데 없어서는 안 되는 기초문헌으로서, 그 후의 칸트철학 및 관련 분야의 발전에 기여했다. 이 문헌은, 이 시기부터 시작된 『이와나미판 칸트전집』의 기획에도 영향을 주었다. 『칸트전집』은 번역어를 선택하고 확정하는 과정에서 『칸트사전』의 도움을 많이 받았다. 참고로 이 사전의 한국어판은 2009년에 출판되었다.

1990년대 이후 일본의 칸트 연구에 포스트모더니즘은 거의 영향을 주지 않았다. 포스트모더니즘에 대한 칸트 연구 진영의 응답이라고 할 수 있는 연구서로는 마키노 에이지의 『칸트 읽기: 포스트모더니즘 이후의 비판철학〔カントを讀む: ポストモダニズム以降の批判哲學〕』(岩波書店, 2003; 한국어판, 2009)이 있고, 포스트모더니즘이 중시한 『판단력비판』의 숭고론에 대한 응답은 마키노 에이지의 『숭고의 철학〔崇高の哲學〕』(法政大學出版局, 2007)이 있는데, 이 주제는 극히 소수의 연구서에 한정되어 있다. 이에 비해, 영미권 언어분석철학은 칸트의 이론철학이나 실천철학 연구에 일정

27) 『칸트사전』(弘文堂, 1997): 편집고문-아리후쿠 코가쿠, 사카베 메구미, 편집위원-이시카와 후미야스, 오하시 요이치로, 쿠로사마 마사오, 나카지마 요시미치, 후쿠타니 시게루, 마키노 에이지. 이 사전은 일본 최초의 칸트사전으로, 당시 일본의 칸트 연구자 대부분이 집필진으로 참여했고, 영미권, 독일어권, 이탈리아어권, 러시아어권의 칸트 연구 현황과 과제도 소개하는 의욕적이고 참신한 편집 방침에 의거하여 편집되었다. 필자는 편집위원의 한 사람으로서, 칸트의 생애, 고향 쾨니히스베르크의 지도, 러시아어권의 칸트 연구 현황과 과제를 기술하는 작업에 참여했다.

한 영향을 끼쳐왔다. 이와 관련된 연구 문헌으로는 아래와 같은 논고를
예로 들 수 있다. 이 연구서들은 주로 이론철학 측면에서는 논리학이나
기호학·의미론, 자아론과 심리학 연구 분야에서 현저하고, 실천철학 측
면에서는 자유의지와 행위론, 지향성과 도덕법칙 등에, 그리고 정치철학
측면에서는 영원평화론이나 세계시민주의, 계몽의 역사적·현대적 해석
에 집중되어 있다.

《주요 칸트 연구서: 1991～2000》

이와쿠마 사토시(岩隈敏),『칸트 이원론 철학의 재검토〔カント二元論哲學の再檢
　　討〕』, 九州大學出版會, 1992, 292면.

오구마 세이키(小熊勢記),『칸트의 비판철학: 인식과 행위〔カントの批判哲學:
　　認識と行爲〕』, 京都女子大學硏究叢刊, 1992, 283면.

쿠로즈미 토시오(黑積俊夫),『칸트 비판철학 연구: 통각 중심 해석으로부터의
　　전환〔カント批判哲學の硏究: 統覺中心的解釋からの轉換〕』, 名古屋大學出
　　版會, 1992, 359면.

나카지마 요시미치(中島義道),『모럴리스트로서의 칸트 I〔モラリストとしてのカ
　　ント I〕』, 北樹出版, 1992, 204면.

타케이치 아키히로(竹市明弘)·아리후쿠 코가쿠(有福孝岳)·사카베 메구미(坂部
　　惠) 편,『칸트철학의 현재〔カント哲學の現在〕』, 世界思想社, 1993, 295면.

하마다 요시후미(浜田義文)·마키노 에이지(牧野英二) 편,『근세 독일철학 논고:
　　칸트와 헤겔〔近世ドイツ哲學論考: カントとヘーゲル〕』, 法政大學出版局,
　　1993, 375면.

닛타 타카히코(新田孝彦),『칸트와 자유의 문제〔カントと自由の問題〕』, 北海道大
　　學圖書刊行會, 1993, 363면.

미야지 마사타카(宮地正卓), 『칸트 공간론의 현대적 고찰[カント空間論の現代的 考察]』, 北樹出版, 1993, 302면.

마키노 에이지(牧野英二), 『칸트 순수이성비판 연구[カント純粹理性批判の研 究]』, 法政大學出版局, 1993(第二版), 305면.

칸트연구회(カント研究會) 편, 『사회철학의 영역[社會哲學の領野]』, 現代カント 研究5, 晃洋書房, 1994, 247면.

마키노 에이지(牧野英二)·오하시 요이치로(大橋容一郎)·나카지마 요시미치(中 島義道) 편, 『칸트: 현대사상으로서의 비판철학[カント: 現代思想として の批判哲學]』, 情況出版, 1994, 299면.

미와타리 유키오(三渡幸雄), 『칸트 종교철학 연구: 그리스도교와 정토불교의 접점[カント宗敎哲學の硏究: キリスト敎と淨土佛敎との接點]』, 同朋舍出版, 1994, 1119면.

나카지마 요시미치(中島義道), 『시간과 자유: 칸트 해석의 모험[時間と自由: カ ント解釋の冒險]』, 晃洋書房, 1994, 270면.

하마다 요시후미(浜田義文), 『칸트철학의 제 양상[カント哲學の諸相]』, 法政大 學出版局, 1994, 367면.

카와시마 히데카즈(川島秀一), 『칸트 윤리학 연구: 내재적 초극의 시도[カント 倫理學硏究: 內在的超克の試み]』, 晃洋書房, 1995, 327면.

나카무라 히로오(中村博雄), 『칸트『판단력비판』연구[カント『判斷力批判』の硏 究]』, 東海大學出版會, 1995, 466면.

보나치 안드레아(Bonazzi Andrea), 『칸트의 이성신앙과 비교종교철학: 종교 간의 대화를 향한 철학적 기초 놓기[カントの理性信仰と比較宗敎哲學: 諸 宗敎の對話への哲學的基礎付け]』, 近代文藝社, 1995, 268면.

무라카미 요시타카(村上嘉隆), 『칸트의 변증론[カントの辨證論]』, 村田書店,

1995, 152면.

츠치야마 히데오(土山秀夫)·이노우에 요시히코(井上義彦)·히라타 토시히로
(平田俊博) 편, 『칸트와 생명윤리[カントと生命倫理]』, 晃洋書房, 1996,
262면.

이시카와 후미야스(石川文康), 『칸트의 제3의 사고: 법정 모델과 무한판단
[カント第三の思考: 法廷モデルと無限判斷]』, 名古屋大學出版會, 1996,
314면.

히미 키요시(氷見潔), 『칸트철학과 그리스도교[カント哲學とキリスト敎]』, 近代
文芸社, 1996, 288면.

히라타 토시히로(平田俊博), 『유연한 칸트철학[柔らかなカント哲學]』, 晃洋書房,
1996, 296면; 1999(增補版), 310면; 2001(增補改訂版), 320면.

마키노 에이지(牧野英二), 『원근법주의 철학: 칸트의 공통감각론과 이성비판
사이[遠近法主義の哲學: カントの共通感覺論と理性批判の間]』, 弘文堂,
1996; オンデマンド出版, 2013, 251면.

야마구치 마사히로(山口祐弘), 『칸트 인간관 탐구[カントにおける人間觀の探
究]』, 勁草書房, 1996, 221면.

하카리 요시하루(量義治), 『비판철학의 형성과 전개[批判哲學の形成と展開]』, 理
想社, 1997, 368면.

마츠야마 쥬이치(松山壽一), 『뉴턴과 칸트: 힘과 물질의 자연철학[ニュートンと
カント: 力と物質の自然哲學]』, 晃洋書房, 1997, 336면.

나가쿠라 세이이치(長倉誠一), 『칸트 지식론의 구조[カント知識論の構制]』, 晃洋
書房, 1997, 185면.

우츠노미야 요시아키(宇都宮芳明), 『칸트와 신: 이성신앙, 도덕, 종교[カントと
神: 理性信仰·道德·宗敎]』, 岩波書店, 1998, 389면.

카가와 유타카(香川豊), 『칸트 『순수이성비판』의 재검토〔カント「純粹理性批判」 の再檢討〕』, 九州大學出版會, 1998, 303면.

히가키 요시시게(檜垣良成), 『칸트 이론철학 형성 연구: '실재성' 개념을 중심으로〔カント理論哲學形成の硏究: '實在性'槪念を中心として〕』, 溪水社, 1998, 426면.

호소야 마사시(細谷昌志), 『칸트: 표상과 구상력〔カント: 表象と構想力〕』, 創文社, 1998, 265면.

미시마 요시오미(三島淑臣), 『이성법 사상의 성립: 칸트 법철학과 그 주변〔理性法思想の成立: カント法哲學とその周邊〕』, 成文堂, 1998, 313면.

나카지마 요시미치(中島義道), 『시간과 자유: 칸트 해석의 모험〔時間と自由: カント解釋の冒險〕』, 講談社, 1999, 339면.

나카무라 히로오(中村博雄), 『칸트 정치철학 서설〔カント政治哲學序說〕』, 成文堂, 2000, 276면.

이와타 준지(岩田淳二), 『칸트의 외재적 촉발론: 외재적 촉발론에 대한 유형학적·체계적 연구〔カントの外的觸發論: 外的觸發論の類型學的·體系的硏究〕』, 晃洋書房, 2000, 443면.

나카지마 요시미치(中島義道), 『공간과 신체: 칸트 해석의 모험(속편)〔空間と身体: 續カント解釋の冒險〕』, 晃洋書房, 2000, 282면.

이상의 칸트 연구서의 특징은 다음과 같이 정리할 수 있다. 첫째, 선배 연구자의 연구서와 함께 당시 30대 젊은 세대의 칸트 연구서의 대두가 현저해졌다는 점이다. 둘째 특징으로는, 연구 대상이 다양해졌다는 점에 주목할 수 있다. 예를 들면, 이 시기에는 시간과 자유의 관계나 공간과 신체의 관계를 다룬 논고, 원근법주의나 공통감각에 관한 칸트의 새로운 측면에 주목한 연구서, 법철학이나 정치철학을 다룬 저작, 칸트의 도덕신앙의 의의에 대한 재고찰 등 기존의 일본 연구서에서는 볼 수 없었던 참신한 관점에서 칸트를 연구한 책들이 많이 간행되었다. 셋째, 칸트의 자연철학이나 촉발론 연구 등 특정 주제의 연구서 간행도 이 시기 칸트 연구의 경향을 보여준다.

5. 칸트 사후 200년 이후의 전개

2004년은 칸트 서거 200년을 기념하는 해였다. 칸트의 모국인 독일에서는 다양한 프로그램이 진행되었고, 세계 각지에서도 많은 행사가 열렸다. 일본에서는 상술한 바와 같이 일본철학회나 일본칸트협회가 기념 프로그램을 진행했다. 한편 대형 잡지인 《현대사상》이나 《사상》에서는 칸트 서거 200년 기념 특집호가 끝내 간행되지 않았다. 필자는 일찌감치 이와나미 서점에 《사상》의 칸트 특집호 간행을 제안했지만, 그 결과는 뜻대로 되지 않았다. 아래에서 설명하겠지만, 《정황[情況]》(情況出版)에 칸트 특집호 기획을 건의하여 간행하게 되었다. 실제로, 2000년 이후 《사상》에 게재된 일본인 연구자의 칸트 연구논문은 세 편에 불과한데, 마키노 에이지의 「이성비판의 두 가지 기능: 포스트모더니즘 이후의 비판철학의 가능성[理性批判の二つの機能: ポストモダニズム以後の批判哲學の可能性]」, 데구치 야스오(出口康夫)의 「칸트와 대수학: 칸트 수학론에 숨겨진 모티브[カントと代數學: カント數學論の埋もれたモチ-フ-]」(두 편 모두 《사상》 2002. 3에 수록), 마키노 에이지의 「칸트와 숭고의 철학[カントと崇高の哲學]」(『사상』 2006. 10)뿐이었다.

일본인 칸트 연구자의 집필로 구성된 《사상》의 칸트 특집호는 실현되지 못했지만, 내용 면에서 보자면 2006년 4월호『칸트 영원평화론과 현대[カント永遠平和論と現代]』가 《사상》의 칸트 특집호에 해당한다고 볼 수있다. 무엇보다도 수록 논문 일곱 편 중에 상기의 주제와 관련된 논문이 네 편인데, 모두 서양 연구자가 집필한 논문을 번역, 소개한 것이다. 다른 논문들은 모두 칸트철학과 직접적인 관련성이 약한 국제정치 관련 논문이기 때문에, 정확하게는 국제정치 특집이라고 표현해야 할 것이다. 이점에서도 현재 《사상》 편집자의 관심의 특징과 문제점이 선명하게 드러난다고 말할 수 있다.

이어서『칸트 영원평화론과 현대』에 실린 칸트 관련 논문을 게재 순으로 소개하겠다: 마르티 코스케니에미(Martti Koskenniemi)의「세계시민적 목적을 갖는 보편사의 이념과 실천[世界市民的な目的をもつ普遍史の理念と實踐]」, 하우케 브룬크호르스트(Hauke Brunkhorst)의「민주주의에 의한 입헌주의: 정의의 전쟁을 부정하는 칸트의 대안[デモクラシ-による立憲主義: 正義の戰爭を否定するカントの對案]」, 클라우스 귄터(Klaus Guenter)의「자유인가 안전인가: 갈림길에 선 세계시민[自由か, 安全か: はざまに立つ世界市民]」, 앤드류 보위(Andrew Bowie)의「칸트의 평화론: 낭만주의와 실용주의로부터의 반성적 회고[カントの平和論: ロマン主義とプラグマティズムからの逆照射]」. 이 논문들 중에서 가장 마지막 논문을 제외한 나머지 논문들은 헌법, 국제법, 형법 등을 다루는 법철학이나 정치철학 분야의 전문가가 쓴 논문이다. 앤드류 보위도 독일철학을 폭넓게 연구하는 인문과학, 예술학 분야의 전문가인데, 칸트 연구자로서의 연구 실적이 있는 학자는 아니다.

또한 학회 프로그램으로서는, 이미 언급한 바와 같이 일본에서 철학, 윤리학, 사상 관련 최대 규모의 학회인 '일본철학회'가 〈공동토론〉 프로그램에서 칸트 특집을 기획하였고, 필자도 발표를 맡은 바 있다. 일본칸트협회도 2004년 학회에서 칸트 특집 프로그램을 기획했고, 마찬가지로 필자도 발표자로 참여하였다.

2004년 간행된 칸트 특집호는 마키노 에이지 주편, 『특집: 칸트 서거 200년〔特集: カント沒後200年〕』(別冊情況, 情況出版, 2004. 12) 한 권뿐이다. 게재 순으로 집필자와 제목을 소개하면 다음과 같다: 마키노 에이지의 「칸트 서거 200년을 맞이하여〔カント沒後200年を迎えて〕」, 이시카와 모토무(石川求)의 「이성은 빛인가〔理性は光か〕」, 나카지마 요시미치의 「'통각'과 '나' 사이〔'統覺'と'私'のあいだ〕」, 우에무라 츠네이치로의 「칸트의 시간론: 세계분절 규칙의 이중성〔カントの時間論: 世界分節の規則の二重性〕」, 이누타케 마사유키의 「칸트의 자연관〔カントの自然觀〕」, 야마네 유이치로(山根雄一郎)의 「숨겨진 아프리오리〔埋もれたア·プリオリ〕」, 히가키 요시시게의 「칸트와 리얼리티의 문제〔カントとリアリティの問題〕」, 닛타 타카히코의 「나침판으로서의 정언명법: 칸트 도덕철학의 의의〔羅針盤としての定言命法: カント道德哲學の意義〕」, 키사카 타카유키(木阪貴行)의 「규범으로서의 '자연'〔規範としての'自然'〕」, 타카하시 카츠야의 「행위주체로서의 부자유〔行爲主體であることの不自由〕」, 미코시바 요시유키의 「칸트와 환경윤리〔カントと環境倫理〕」, 후쿠다 토시아키(福田俊章)의 「'인격'의 존엄과 '살 가치가 없는' 생명: 칸트와 생명 혹은 의료윤리〔'人格'の尊嚴と'生きるに値しない'生: カントと生命あるいは醫療の倫理〕」, 미야지마 미츠시의 「칸트의 에고이즘 비판: 철학자가 교단에서 계속 고집하는 것〔カントのエゴイズム批判: 哲學者が敎壇でこだわりつ

づけたこと〕」, 오하시 요이치로의 「초중학생도 아는 칸트 『영원한 평화를 위하여』〔小中學生にもわかるカント『永遠平和のために』〕(2004년도판), 테라다 토시로(寺田俊郎)의 「칸트의 코스모폴리타니즘: 세계시민이란 누구인가〔カントのコスモポリタニズム: 世界市民とは誰か〕」, 카토 야스시의 「계몽, 타자, 공공성: '글로벌한 공공성'의 구축을 위해〔啓蒙, 他者, 公共性: 'グローバルな公共性'の構築に向けて〕」, 후나바 야스유키(舟場保之)의 「칸트 실천철학의 의사소통론적 전회를 향하여〔カント實踐哲學のコミュニケーション論的轉回へ向けて〕」, 오노하라 마사오(小野原雅夫)의 「자유를 향한 교육: 칸트 교육론의 아포리아〔自由への敎育: カント敎育論のアポリア〕」, 카츠니시 요시노리(勝西良典)의 「존재와 의미를 둘러싼 두 가지 태도: 젊은 벤야민과 칸트의 분기점〔存在と意味をめぐる二つの態度: 若きベンヤミンとカントの分かれる場所〕」, 아이하라 히로시(相原博)・히라이 마사토(平井雅人)의 「칸트: 연보와 문헌〔カント: 年譜と文獻〕」. 이상 열아홉 편의 논문과 보충자료가 실려 있다.

마지막으로, 특별히 덧붙이고 싶은 것이 있다. 일본딜타이협회(Japanische Dilthey-Gesellschaft)가 지원하는 『딜타이전집〔ディルタイ全集〕』(法政大學出版局, 편집대표: 牧野英二・西村皓, 전 12권, 2003ff.)이 간행되기 시작하여, 이를 계기로 일본에서 칸트와 딜타이를 연구하는 기운이 차츰 높아졌다. 딜타이(Wilhelm Dilthey)는 『학술원판 칸트전집』의 편집위원회 위원장을 맡아서, 이 전집의 4부 구성, 즉 제1부 저작, 논문(I~IX), 제2부 왕복서간집(X~XIII), 제3부 유고집(XIV~XXIII), 제4부 강의록(XXI~XXIX)의 편집방침을 결정한 인물이다. 그런데도 일본에서는 칸트 연구의 가장 기초적인 문헌인 『학술원판 칸트전집』의 편자인 딜타이와 칸트의 관계가 오랫동안 연구되지 않았다. 일본칸트협회나 칸트연구회, 일본철학회 등에서

도 칸트와 딜타이를 다룬 논고는 개인 연구 발표를 포함해서 오랫동안 전무하였다. 이는 칸트 연구의 시야가 협소하고 연구 영역이 편향되어 있는 일본의 현실을 보여준다.

일본딜타이협회에서 편찬하는 《딜타이연구〔ディルタイ研究〕》(Dilthey-Forschung, 1987ff.) 제8호(1995)에, 일본 최초로 칸트와 딜타이의 관계를 본격적으로 고찰한 논문이 게재되었다. 마키노 에이지의 「칸트와 딜타이: 초월론적 철학과 해석학〔カントとディルタイ: 超越論的哲學と解釋學〕」이 그것이다. 다음으로 제15호(2004)에는 〈심포지엄 보고〉 꼭지에 〈딜타이와 칸트: 딜타이의 칸트 이해와 비판을 둘러싸고〔ディルタイとカント: ディルタイのカント理解と批判をめぐって〕〉라는 제목으로 다음 세 편의 논문이 게재되었다: 마키노 에이지의 「딜타이의 칸트 평가를 둘러싸고〔ディルタイによるカント評價をめぐって〕」, 마츠야마 쥬이치의 「딜타이와 칸트의 자연철학: 칸트 자연철학의 발전사적 이해와 개념사적 이해〔ディルタイとカントの自然哲學: カント自然哲學の發展史的理解と概念史的理解〕」, 카토 야스시의 「딜타이와 칸트의 실천철학: '타자 이해' 혹은 'Uebertragung'을 둘러싸고〔ディルタイとカントの實踐哲學: '他者理解'あるいは'Uebertragung'をめぐるカントとディルタイ〕」. 또한 제17호(2006)에는 〈공동토론 보고〉의 〈도덕론의 제 양상과 나아갈 길: 칸트, 쇼펜하우어, 딜타이〔道德論の諸相と行方: カント, ショーペンハウア, ディルタイ〕〉라는 주제와 관련된 논문으로 야마모토 히로시(山本博史)의 「칸트의 유통기한과 윤리학이 나아갈 길〔カントの賞味期限と倫理學の行方〕」이 실려 있다. 이 밖에『딜타이전집』제1권(法政大學出版局, 牧野英二 편집·교열·번역, 2006) 권말에 첨부된 장문의 「해설」(pp. 799~852)에서, 필자는 칸트의 순수이성비판, 실천이성비판, 판단력비판

과 딜타이의 역사적 이성비판 프로젝트의 관련성에 천착하여 설명을 덧붙였다. 이렇듯 딜타이 연구 측면에서 칸트철학을 재평가하거나 철학사안에서 칸트철학의 위치를 재검토하는 작업이 진행되고 있지만, 여전히 칸트 연구자의 딜타이 이해는 극히 부족하며, 이는 이후 칸트철학 연구가 보충해야 할 과제이다.

이 시기의 주요한 칸트 연구서 및 칸트철학을 중심으로 다룬 연구 문헌은 다음과 같다.

《주요 칸트 연구서: 2001~2013》

키타오카 타케시(北岡武司), 『칸트와 형이상학: 물자체와 자유를 둘러싸고〔カントと形而上學: 物自體と自由をめぐって〕』, 世界思想社, 2001, 250면.

카라타니 코진(柄谷行人), 『트랜스크리틱: 칸트와 마르크스〔トランスクリティーク: カントとマルクス〕』, 批評空間, 2001, 452면.

세토 카즈오(瀨戶一夫), 『코페르니쿠스적 전회의 철학〔コペルニクス的轉回の哲學〕』, 勁草書房, 2001, 236면.

이시하마 히로미치(石浜弘道), 『칸트 종교사상 연구: 신과 아날로기아〔カント宗敎思想の研究: 神とアナロギア〕』, 北樹出版, 2002, 255면.

츠부라야 유지(円谷裕二), 『경험과 존재: 칸트 초월론적 철학의 귀추〔經驗と存在: カントの超越論的哲學の歸趨〕』, 東京大學出版會, 2002, 303면.

마키노 에이지(牧野英二), 『칸트 읽기: 포스트모더니즘 이후의 비판철학〔カントを讀む: ポストモダニズム以降の批判哲學〕』, 岩波書店, 2003, 335면.

무라카미 요시타카(村上嘉隆), 『칸트의 신과 무신론〔カントの神と無神論〕』, 敎育報道社, 2003, 415면.

쿠로즈미 토시오(黑積俊夫),『독일관념론과의 대결: 칸트 옹호를 위하여〔ドイ
ツ觀念論との對決: カント擁護のために〕』, 九州大學出版會, 2003, 313면.

유아사 마사히코(湯淺正彦),『존재와 자아: 칸트 초월론적 철학으로부터의 메
시지〔存在と自我: カント超越論的哲學からのメッセージ〕』, 勁草書房, 2003,
285면.

마키노 에이지(牧野英二) 주편,『칸트 서거 200년(특집)〔カント沒後二〇〇年(特
集)〕』, 情況出版, 2004, 259면.

나카지마 요시미치(中島義道),『칸트의 자아론〔カントの自我論〕』, 日本評論社,
2004, 346면.

마츠야마 쥬이치(松山壽一),『뉴턴에서 칸트로: 힘과 물질의 개념사〔ニュートン
からカントへ: 力と物質の槪念史〕』, 晃洋書房, 2004, 215면.

카네다 치아키(金田千秋),『칸트 미학의 근본개념〔カント美學の根本槪念〕』, 中央
公論美術出版, 2005, 434면.

키쿠치 켄조(菊地健三),『칸트와 두 개의 시점: '3비판서'를 중심으로〔カントと
二つの視點: '三批判書'を中心に〕』, 專修大學出版局, 2005, 121면.

사토 야스쿠니(佐藤康邦),『칸트『판단력비판』과 현대: 목적론의 새로운 가능
성을 찾아서〔カント『判斷力批判』と現代: 目的論の新たな可能性を求めて〕』,
岩波書店, 2005, 331면.

마츠이 후미오(松井富美男),『칸트 윤리학 연구: 의무론 체계로서의『도덕형이
상학』재해석〔カント倫理學の研究: 義務論體系としての『道德形而上學』の再
解釋〕』, 溪水社, 2005, 311면.

이와키 켄이치(岩城見一),『'오류'론: 칸트『순수이성비판』에 다가가기〔'誤謬'論:
カント『純粹理性批判』へのアプローチ〕』, 萌書房, 2006, 4, 318면.

우츠노미야 요시아키(宇都宮芳明),『칸트의 계몽정신: 인류 계몽과 영원한 평

화를 향하여〔カントの啓蒙精神: 人類の啓蒙と永遠平和にむけて〕』, 岩波書店, 2006. 10, 284면.

사카베 메구미(坂部惠)), 『(사카베 메구미 전집1) 생성하는 칸트상〔坂部惠集1)生成するカント像〕』, 岩波書店, 2006. 11, 394면.

스즈키 아키코(鈴木晶子), 『임마누엘 칸트의 장례 행렬: 교육적 시선의 저쪽으로〔イマヌエル・カントの葬列: 教育的眼差しの彼方へ〕』, 春秋社, 2006. 6, 278면.

나카지마 요시미치(中島義道), 『칸트의 법론〔カントの法論〕』, 筑摩書房, 2006. 9, 259면.

마츠야마 쥬이치(松山壽一), 『뉴턴과 칸트: 자연철학에서 실증과 사변〔ニュートンとカント: 自然哲學における實證と思辨〕』, 晃洋書房, 2006. 1(改訂版), 279면.

히로마츠 와타루(廣松涉)・마키노 에이지(牧野英二)・노에 케이이치(野家啓一)・마츠이 켄타로(松井賢太郎), 『칸트의 '선험적 연역론'〔カントの'先驗的演繹論'〕』, 世界書院, 2007. 5, 298면.

마키노 에이지(牧野英二), 『숭고의 철학: 정감이 풍부한 이성의 구축을 위하여〔崇高の哲學: 情感豊かな理性の構築に向けて〕』, 法政大學出版局, 2007. 9, 223면.

나카지마 요시미치(中島義道), 『칸트의 자아론〔カントの自我論〕』, 岩波書店, 2007. 10, 357면.

야마모토 미치오(山本道雄), 『칸트와 그의 시대: 독일 계몽사상의 한 조류〔カントとその時代: ドイツ啓蒙思想の一潮流〕』, 晃洋書房, 2008. 2(改訂版), 400면.

스미 시노부(角忍), 『칸트철학과 최고선〔カント哲學と最高善〕』, 創文社, 2008. 10, 317면.

나카무라 히로오(中村博雄), 『칸트 비판철학을 통해 '개인의 존중'(일본헌법 13조)과 '평화주의'(헌법서문)의 형이상학적 기초 놓기〔カント批判哲學による'個人の尊重'(日本國憲法13條)と'平和主義'(前文)の形而上學的基礎づけ〕』, 成文堂, 2008. 12, 399면.

요네자와 아리츠네(米澤有恒), 『칸트의 상자〔カントの函〕』, 萌書房, 2009. 9, 316면.

시바사키 아츠시(芝崎厚士), 『근대 일본의 국제관계 인식: 토모나가 산쥬로와 『칸트의 평화론』〔近代日本の國際關係認識: 朝永三十郎と『カントの平和論』〕』, 創文社, 2009. 11, 314면.

후쿠타니 시게루(福谷茂), 『칸트철학 시론〔カント哲學試論〕』, 知泉書館, 2009. 12, 352면.

이시이 켄키치(石井健吉), 『칸트 영구평화론 연구(1~4권)〔カントの永久平和論の研究(第1~4卷)〕』, 松風書房, 2009. 12, 162·197·204·131면.

야마모토 미치오(山本道雄), 『(개정증보판) 칸트와 그의 시대〔(改訂增補版)カントとその時代〕』, 晃洋書房, 2010. 7, 464면.

이누타케 마사유키(犬竹正幸), 『칸트의 비판철학과 자연과학: 『자연과학의 형이상학적 원리』 연구〔カントの批判哲學と自然科學: 『自然科學の形而上學的原理』の研究〕』, 創文社, 2011. 9, 249면.

스기타 사토시(杉田聰), 『칸트철학과 현대: 소외·계몽·정의·환경·젠더〔カント哲學と現代: 疎外·啓蒙·正義·環境·ジェンダ〕』, 行路社, 2012. 4, 350면.

마키노 에이지(牧野英二)·아리후쿠 코가쿠(有福孝岳) 편, 『칸트를 공부하는 사람을 위하여〔カントを學ぶ人のために〕』, 世界思想社, 2012. 5, 411면.

모치즈키 토시타카(望月俊孝), 『나츠메 소세키와 칸트의 반전광학: 행인·도초·명암쌍쌍〔漱石とカントの反轉光學: 行人·道草·明暗雙雙〕』, 九州大學

出版會, 2012. 9, 430면.

마키노 에이지(牧野英二), 『지속가능성의 철학으로 가는 길: 포스트식민주의
　　이성비판과 생의 지평〔持續可能性の哲學への道: ポストコロニアル理性批
　　判と生の地平〕』, 法政大學出版局, 2013. 4, 330면.

　　이상의 주요 칸트 연구서에는 몇 가지 특징이 있다. 첫째, 일본에서 처
음으로 『자연과학의 형이상학적 원리』에 대한 본격적인 연구서가 간행되
었다. 둘째, 칸트 초기부터 만년의 『유고』에 이르기까지 자아론과 실재론
의 사정거리를 조망하는 연구 경향이 강해졌다. 셋째, 칸트 시대의 계몽
사상가나 주변 철학자에 관한 상세한 연구 성과, 그리고 칸트와 뉴턴, 라
이프니츠와의 비교 고찰 등을 들 수 있다. 넷째, 칸트 연구자나 국제정치
학 전문가가 현대적 관심을 바탕으로 칸트 평화론을 연구하거나, 소외·
계몽·정의·환경·젠더 등의 키워드를 단서로 삼아 연구한 서적들이 간행
되었다. 다섯째, 미학이나 교육철학 등의 분야에서 칸트를 평가하고 비
판한 연구서도 보인다. 이를 통해 일본 칸트 연구 수준의 향상과, 다양한
관점에서 이루어진 연구 성과의 축적을 엿볼 수 있다.

6. 결론: 이후의 전개 개관

　　제2차 세계대전 패전 후 일본에서의 칸트철학 연구의 주요 성과는 대
략 상술한 바와 같다. 이 시기의 연구 업적 및 논쟁점에 관해, 필자는 다
음과 같은 주요 논점을 밝혔다.[28] 첫째, 쇼와 시대의 전후(戰後) 칸트 연구
재구축의 동향에 관한 논의이다. 둘째, 헤이세이(平成) 시대 칸트 연구의

다양화 현상을 밝혔다. 셋째, 칸트 연구와 포스트모던의 유행 현상이나 언어분석철학과의 영향 관계를 논했다. 특히 1990년대 이래의 영미 철학 및 철학적 지식의 분산화가 칸트 연구에 미친 방법론적 측면의 영향에 대해 일별했다. 넷째, 21세기 칸트 연구의 과제로 눈을 돌려, 유럽 철학에서 영미 철학 중심의 '마음의 철학'으로 영향 관계가 이동한 것이나, 칸트철학과 일본 사상의 관계, 정의론 및 정치철학과의 관련성, 응용윤리학과 환경윤리가 중시되는 상황, 지속가능성 철학의 등장, 철학 교육 및 철학 연구가 학술계에서 차지하는 위치 등의 논점도 언급했다.

글을 마무리하면서, 본고에서 소개한 일본 칸트철학의 연구 상황을 칸트철학의 체계 및 3비판서의 체계적 구분에 입각하여 정리해보고자 한다.

우선, 이론철학의 영역에서는, 칸트의 전 비판기와 비판기 간의 사상적 비연속성과 연속성에 관한 문제를 지적할 수 있다. 초기 칸트의 공간론과 시간론에 대한 뉴턴과 라이프니츠의 영향을 둘러싼 평가의 차이, 칸트에 대해 흄과 루소가 끼친 영향의 내용, '1769년의 커다란 빛(grosses Licht vom 1769)'을 둘러싼 논쟁, 그리고 1770년 교수취임논문 이후『순수이성비판』의 성립에 이르는 과정에서 초월론적 연역의 사상의 성립을 둘러싼 해석 등, 이 과제들은 비판기의 주요 저서인『순수이성비판』이나『프롤레고메나』등을 중심으로 칸트의 시간·공간론, 순수오성개념 연역의

28) 칸트와 포스트모더니즘의 관계, 그리고 포스트모더니즘에 대한 칸트주의적 입장에서의 비판에 관해서는 필자의『칸트 읽기: 포스트모더니즘 이후의 비판철학』참조.

타당성, 변증론에서의 오류추론이나 이율배반론, 특히 현상과 물자체의 관계, 제3이율배반에서 자유와 필연성의 양립 가능성, 신 존재증명에 대한 칸트의 비판의 타당성 등의 문제로 이어지며, 이들 문제는 반복적으로 논의되어왔다. 최근에는 영어권 칸트철학의 영향으로, 물리적 영향설의 옳고 그름이나 제3추론과의 관계, 자아론과 마음의 자연화 간의 관계, 칸트의 초월론 철학과 환원주의의 관계 등을 심신 문제의 맥락에서 논의하는 경향이 활발해졌다.

실천철학 영역에서는, 『인륜 형이상학 기초 놓기〔人倫の形而上學の基礎づけ〕』 및 『실천이성비판』, 그리고 이에 드러나는 '비판적 윤리학'의 입장과 『인륜 형이상학』 사이에서 비판기 윤리사상의 연속성과 비연속성의 문제가 논의되어왔다. 또한 이들 저작에서 정언명법과 가언명법의 구분 및 정합성 관계, 자유의 실재성이나 그 증명의 타당성, 자유의지와 선택의지의 관계, 도덕과 법, 불완전의무와 완전의무의 관계, 최고선의 다양성 등을 둘러싼 문제로 논점이 집중되는 경향이 지속되었다. 근래 일본에서는 하버마스나 아펠의 '담론윤리학(Diskursethik)'의 유행이 지나가고, 다른 한편으로 쇤리히(Gerhard Schönrich) 등의 '담론윤리학 비판'이 소개되어 영향을 미치고 있다. 최근에는 생명윤리나 환경윤리의 측면에서 인권이나 동물권, 자연환경과 인간 행복의 관계를 고찰하는 연구도 활발하다. 그뿐만 아니라 도덕적 진화론과 정언명법의 관계도 논의되고 있다. 최첨단 학문 중 하나인 뇌신경과학은 자각적이고 합리적인 주체, 자율적 의지의 주체라는 전통적인 인간관에 대해 부정적인 견해를 던지고 있다. 뇌신경과학이 제기하는 물음에 대해, 칸트의 실천철학, 윤리학은 어떠한 응답이 가능할까.

또한 미학, 자연목적론, 역사철학, 법철학, 정치철학, 종교론 등의 영역에서는[29] 취미판단 연역의 타당성, 취미 및 자연목적론의 이율배반 문제, 자연목적론과 도덕목적론의 관계, 도덕과 이성신앙의 관계, 역사에서 자유와 필연의 관계, 영원평화론과 세계시민주의의 타당성 등이 오늘날에도 중요한 논쟁점이 되고 있다. 근년에는 푸코(Michel Foucault)의 '계몽' 개념이나 『인간학』 강의를 둘러싼 논쟁, 슈타르크(Werner Stark)와 브란트(Reinhard Brandt)의 『인간학』과 도덕론의 관계를 둘러싼 대립적인 견해도 보이며, 정치철학과의 관련성 측면에서 공공영역 및 공동체론, '롤즈(John Rawls) 이후의 정의론'을 둘러싼 논의도 활발하다. 또한 칸트와 한나 아렌트(Hannah Arendt)의 공통감각론 관련 문제도 논의되고 있다. 토머스 포게(Thomas Pogge)의 정의론이나 아마르티아 센(Amartya Sen)의 '정의의 이념(The Idea of Justice)'과 칸트철학의 연계성을 제기하는 시도도 등장했다. 이렇듯 칸트철학의 의의와 과제는 그 질문의 범위(사정거리)를 점점 확대하고 있다.

마지막으로 본고의 주제인 '일본 칸트 연구의 의의와 과제'에 관하여, 필자의 결론을 확인하고자 한다. 이미 전편에서도 말했듯이, 사이구사 히로토(三枝博音)는 "일본에서 칸트는 있는 그대로의 모습으로 수용되는 운명을 갖지 못했다"[30]라며 부정적으로 개괄했다. 필자가 보기에, 사이구사의 주장에는 본고에서 고찰한 역사적·사회적인 문맥 안에서 칸트의 텍

⁝

29) 본고에서 깊이 다룰 수 없는 저작들의 칸트철학 연구 동향에 관해서는, 별도의 자료 『일본의 칸트 문헌 목록(단행본편): 1896~2013년』을 참조하기 바란다.

30) 『사이구사 히로토 저작집[三枝博音著作集]』 제3권, 「근대일본철학사[近代日本哲學史]」(中央公論社, 1972), p. 186.

스트를 해석하는 방법론적 의식이 결여되어 있다. 또한 칸트 연구자인 타케무라 야스오는 "일본의 칸트 연구를 보자면, 나는 메이지 이래로 그야말로 일본적이라 할 수 있는 적극적인 특징을 찾아볼 수 없다. […….] 굳이 말하자면, 특징이 없다는 것이 특징일 것이다"[31]라고 말했다. 필자의 견해로는, 타케무라의 주장은 무엇이 '일본적'인가라는 전제에 대한 이해가 결여되어 있고, 게다가 약 150년에 이르는 일본 칸트 연구의 개별적 논의 내용에 얽매인 나머지 전체적인 연구 경향이나 주된 상호 영향 관계 등을 보지 못했다. 이상과 같이, 필자는 전편과 후편 두 논문에 걸친 고찰을 통해 사이구사와 타케무라의 주장이 칸트 연구사에 대한 적절한 해석이 아니라는 사실을 밝혔다.

필자의 견해에 따르면, 첫째, 칸트철학과 그의 텍스트는 그것이 수용된 역사적·사회적 현실의 콘텍스트 안에서 살아가는 사람들에 의해 다양한 방식으로 읽혀왔다. 바로 여기에 칸트철학 및 칸트 연구의 특징과 의의가 있으며, 칸트 문헌이 일본이라는 풍토에서 일본어로 번역되어 다양하게 읽히는 과정에서 일본적인 칸트 수용의 특징과 과제도 생겨나는 것이다. 둘째, 150년에 걸친 수용사를 갖는 일본의 칸트철학 연구의 의의는, 많은 칸트 연구자가 항상 서양 칸트 연구의 최첨단의 성과를 탐욕적으로 섭취하려고 노력해왔다는 점에 있다. 메이지 이래로, 서양철학 연구를 수용하여 소개하고 번역하기 위해 일본 칸트 연구자들이 들인 노력에는 크게 경의를 표해야 한다. 셋째, 필자 이후의 세대는 칸트의 조국인

---

31) 타케무라 야스오, 「일본에서의 『순수이성비판』 연구[本における『純粹理性批判』研究]」(《理想》第582號, 理想社, 1981. 11), pp. 154~155.

독일에 유학하고, 독일을 비롯하여 해외 국제학회에서 발표하는 기회를 활용해왔다. 1970년대 이래, 독일을 중심으로 서양 칸트 연구자들을 일본으로 초빙하는 기회를 적극적으로 이용하였고, 근년에는 유럽으로부터 일방적으로 지식을 받아들이는 데서 벗어나 상호 토론하는 수준으로 심화되었다. 예전에는 독일인이나 한정된 서양 학자들만 연구했던 칸트철학의 성립사나 개념사에 관해서도 일본의 칸트 연구자들이 우수한 업적을 낳게 되었다. 넷째, 오늘날의 칸트 연구는 텍스트의 내재적 해석에 한정되지 않고, 다양한 측면에서의 연구와 비판을 시도하고 있으며, 또한 응용윤리학 방법을 사용하고, 최첨단 과학 지식이나 과학 기술의 성과 등에도 눈을 돌려 칸트철학의 현대적 의의나 존재 이유를 밝히고자 노력하고 있다. 이러한 점에서 보면, 일본 칸트 연구자들의 연구 수준은 본고장 독일의 연구자와 어깨를 견줄 수 있는 수준에 달했다고 말할 수 있을 정도로 향상되었다.

그렇기는 하지만, 필자가 보기에 오늘날의 일본 칸트 연구에는 다음과 같은 연구상의 한계와 과제가 남아 있다. 첫째, 필자보다 젊은 층의 연구자 중에도 아직까지 서양 칸트 연구를 번역하고 소개하는 것이 칸트 연구의 역할이라고 생각하는 사람이 있다. 둘째, 몇몇 연구자들은 철학 연구 및 칸트 연구의 목적이 텍스트의 내재적 해석에 있다고 생각하고 있다. 이들의 생각에는 칸트철학이 철학의 왕이요, 칸트 이전이나 이후의 연구는 부차적인 일에 지나지 않는다는 오해 내지 철학 및 철학사에 대한 몰이해가 잠재해 있다. 셋째, 철학 연구 전체가 고도로 전문화되고, 칸트철학 분야에서도 이론철학, 실천철학, 미학 등 특정 영역 연구의 세분화 경향으로, 칸트철학의 전체상을 배우지 않고서 칸트를 연구하는 중견 연구자나 신진 연구자가 증가하고 있는 것이 현 상황이다.[32] 넷째, 칸트 철학 연구의 본래적 의미나 목적을 충분히 자각하지 못한 채 '연구를 위한 연구'로서 칸트철학을 계속 연구하고, 그 연구 성과를 발표하는 칸트 학자가 여전히 적지 않다. 21세기 일본 사회에서 무엇 때문에 18세기 독일의 칸트철학을 연구하는가? 또한 칸트철학 연구와 그 성과는 일본인이나 아시아인, 그리고 인류에게 어떠한 의의를 갖고 어떠한 역할을 할 수 있는가? 그들은 이러한 본질적인 문제의식이 결여되어 있는 것이다. 그 결과, 일본 사회에 대한 관심이나 현실감각을 결여한 칸트 연구자는 현대 철학 연구자뿐만 아니라 지식인, 일반 생활인으로부터 확실히 '유별난 학문'을 좋아한다는 멸시에 가까운 눈초리를 받고 있다는 사실도 부정할 수 없다. 다섯째, 다수의 일본인 연구자들에게 여전히 '서양 숭배', '아시아 멸시' 식의 사고방식이 뿌리 깊이 남아 있다. 그 영향으로 우수한 일본의 선행 연구를 무시하고, 오로지 서양의 연구 문헌에만 관심을 갖고 이들 자료만 인용하는 연구 태도가 여전히 남아 있다. 이는 연구윤리에 어긋나는 행위이다. 예로부터 "논어를 읽되 논어를 모른다"는 속담에서도 알 수 있듯이, 칸트의 텍스트를 오랫동안 연구하면서도 칸트의 비판 정신을 익히지 않고, 칸트의 양심론을 말하면서 양심에 반하는 행동을 부

---

32) 일본에는 일본철학회, 일본윤리학회, 미학회 등 회원수 1,000명을 넘는 전국 규모의 학회가 있다. 이러한 '철학', '윤리학', '미학' 식의 구분법에 입각한 학회의 편성 자체가 넓은 의미의 철학 연구를 협소하게 만들고, 동시에 칸트 연구의 분야에서도 이론철학, 실천철학, 미학의 '전문가'를 낳게 되었다. 이러한 사실은 일본의 철학 연구 및 칸트철학 연구의 형태를 왜곡하는 결과를 낳았다. 실제로 칸트 이론철학 분야의 연구자는 『순수이성비판』, 『프롤레고메나』만 보고, 칸트 윤리학 분야의 연구자는 『인륜 형이상학 기초 놓기』와 『실천이성비판』, 『인륜 형이상학』만 보며, 칸트 미학 분야의 연구자는 『판단력비판』의 제1부 「미감적 판단력 비판」만 읽고 제2부 「목적론적 판단력 비판」은 읽지 않는다는 일화는 반드시 과거의 이야기인 것만은 아니다.

끄러워하지 않는, 즉 '칸트를 읽되 칸트를 모른다'고 할 수 있는 '칸트 연구자'도, 안타깝게도 끊이지 않고 있다. 오늘날 칸트의 '이성비판'의 시도는 딜타이의 '역사적 이성비판'을 거쳐, 비트겐슈타인의 '언어비판'이나 하이데거의 '언어(logos)의 존재'에 대한 비판적 물음과도 연결되며, 다양한 언어와 문화권 안에서 항상 새로운 관점과 방법으로 읽히고, 새로운 비판적 해석을 바탕으로 수용되고 있다.

21세기 일본 칸트철학 연구가 더욱 발전하고 존재의의를 가지려면 이러한 한계나 과제를 조속히 극복해야 한다. 칸트 자신의 표현을 빌리자면, 철학 및 칸트철학을 배우는 사람은 철학의 '학교개념(Schulbegriff)'뿐만 아니라 철학의 '세계개념(Weltbegriff)'을 체득해야 한다. 바꾸어 말하자면, 칸트의 세계시민주의 사상을 일본 사회에 착근시켜야 한다. 이를 위해 동아시아, 한자 문화권의 칸트 연구자들이 서로 정보를 교환하고 공동 연구의 장을 활용하는 것이 큰 도움이 되리라 필자는 확신한다.
(박경숙 역)

부록

부록 1

칸트철학 주요 용어의 해설 및
한국어 번역어 문제

1. 번역어와 소통의 문제

한·중·일, 동아시아 3국에 칸트철학이 유입된 이래 그 용어 번역을 위한 다수 학자들의 노고가 있었지만, 이 책의 본문에서 본 한자경·이명휘·이추영·마키노 에이지의 논고에서도 여실히 드러난 바처럼, 3국의 칸트철학 번역어는 차이가 적지 않고 세월이 지나면서 변경 또한 이루어지고 있다. 철학의 용어는 철학의 개념을 표현하는 것이고, 철학의 개념은 뭇 개념들 가운데서도 가장 추상적인 것이어서, 서로 다른 언어로 표현될 때 일치하기를 기대하기란 실로 어려운 일이다. 한자어를 공유한다 해도 동아시아 3국의 사회 문화와 어휘 사용법이 사뭇 다르고, 또 같은 한국 내의 학자들이라도 각기 생각하는 바가 다를 경우 철학적 문제에 대한 개념에 차이가 있기 마련이라 칸트 문헌을 옮기는 데 있어서도 사용하는 용어가 다르기 십상이다.

철학적 용어라는 것이 실물을 지칭하는 용어가 아닌 탓에 그 지시하는 바를 가시화하기가 어렵고, 게다가 문화어라는 것이 일반적으로 긴 역사와 함께 다기하고 다양한 함축을 갖는 것이므로, 칸트의 철학 용어들도 대개 다의(多義)적인데다가 일정한 문화 전통 속에서 형성된 것이기 때문에, 그것들에 완벽하게 상응하는 번역어를 찾는다는 것은 애당초부터 쉽지 않은 일일 터이다. 그래서 어떤 번역어를 선택하든 본래 말이 가짐 직한 의미 중 어느 정도의 손실은 감수해야 하는 것이겠으나, 그럼에도 번역함에서는 유사한 말들 가운데 보다 더 근사한 말을 골라내 쓸 수밖에 없는 것이고, 기존의 번역어들도 이러한 노력과 이해의 수준에서 누군가에 의해 제안되고 수용되어 통용되고 있는 것일 터이다. 그러나 원래의 동일한 철학 술어조차도 시대에 따라서 그리고 사용하는 이에 따라서 또는 문맥에 따라서 의미 변화가 일어나는 것이 상례인데, 번역어라고 해서 고정적(또는 고착적)일 수가 없다. 그러다 보니 관련 학자들이 증가함에 따라 다른 번역어가 등장하고, 서로 다른 번역어는 해당 용어의 개념을 서로 다른 측면에서 조명해줌으로써 이해를 돕는 반면에 소통에는 혼란을 초래하는 일이 생긴다. 그래서 번역어 통일에 대한 논의도 끊임없이 필요한 것이다.

한국 칸트 연구 2세대에 속하는 편자는 1992년에 칸트 개설서 한 권 (F. 카울바하, 『칸트 비판철학의 형성과정과 체계』, 서광사)을 번역해내고, 바로 칸트 원전 번역에 착수하여, 2002년 『실천이성비판』을 시작으로 『윤리형이상학 정초』(2005), 『순수이성비판 1·2』(2006), 『판단력비판』(2009), 『이성의 한계 안에서의 종교』(2011), 『윤리형이상학』(2012), 『형이상학 서설』(2012), 『영원한 평화』(2013), 『실용적 관점에서의 인간학』(2014)을 잇따라 역주 발간하여 그를 바탕으로 동료들과 더불어 《한국어 칸트 전집》(아카넷)

의 간행을 개시하기에 이르렀다. 이제 그 과정에서 얻은 이해를 기초에 두고 주요 칸트 용어의 해설을 겸해서 우선 쟁점이 되고 있는 일군의 한국어 번역어의 적실성을 밝힌다.

2. '윤리'와 관련어들

2.1 '윤리'

칸트 도덕철학의 핵심 개념은 두말할 것도 없이 '모랄(Moral)'과 '지텐 (Sitten)'이다. 글쓴이는 전자를 한국어 '도덕'에, 후자를 '윤리'에 대응시키는 것이 무난하다고 본다. 이에 따라서 'moralisch'는 '도덕적', 'Moralität'는 '도덕(성)', 그리고 'sittlich'는 '윤리적', 'Sittlichkeit'는 '윤리(성)'이라고 옮기면 될 것이다. 칸트는 또 간혹 'Ethik'(윤리학)이라는 말도 쓰는데, 이는 정확히 '윤리 이론' 곧 'Sittenlehre'를 의미하는 것인 만큼, 'Sitten'을 '윤리'로 옮기면 그 연관성이 잘 드러날 것이다. 이와 관련해서 'ethisch'는 '윤리(학)적'이라 하면 어울릴 것이다.

칸트가 문맥에 따라 두 낱말 'Moral'과 'Sitten'을 나누어 사용하고 있어서 그렇지, 칸트에서 이 양자는 사실상 의미의 차이는 없다. 후에 헤겔은 'Moralität'와 'Sittlichkeit'를 구별하여 썼고, 이를 다수의 헤겔 연구가들이 각각 '도덕(성)'과 '인륜(성)'으로 번역하고 있지만, 인륜(人倫)을 이야기하고 나면 천륜(天倫) 또한 따져 서로 구별해 말해야 할 것이니 헤겔의 경우도 'Sittlichkeit'는 인륜과 천륜 그리고 시민윤리와 사회윤리 및 국가윤리를 모두 포섭하는 '윤리'로 옮기는 것이 더 좋을 것으로 본다. 'Moral'은 라틴어 'mos'에서 유래했고, 'Ethik'은 그리스어 'ethos'에서 유래했으며,

이 두 낱말과 독일어 고유 낱말 'Sitte(n)'는 모두 다 같이 본디 '풍속'·'습
속'·'습관' 정도를 뜻했다는 것을 감안하면, 칸트의 용어 사용법은 무리
가 없다 할 것이다.

한국어에서 사용되는 '윤리(倫理)'도 본래 한자어로서 일반적으로 "동류
(同類)의 사물적(事物的) 조리(條理)"(『禮記』, 「曲禮」: 擬人必于其倫; 『漢書』, 「甘延
壽傳」: 絕於等倫 참조)를 뜻했지만, 그 '동류의 사물'이 '인간' 또는 '인류'로
국한되어 쓰이게 되면서 오늘날 '윤리'는 "사람이 사람과 함께 살면서 마
땅히 행하여야 할 도리"라는 뜻의 '도덕(道德)'과 동일한 의미를 얻었다.

사람이 사람과 함께 사는 마당을 보통 '사회(社會)'라고 일컬으니, 윤리
나 도덕은 곧 사람이 사회생활하는 데 마땅히 행해야 할 도리라 하겠다.
그런데 사회란 동류의 사람들, 곧 동등한 존엄성을 갖는 사람들의 집합
체이다. 그러니까 윤리나 도덕은 똑같은 존엄성을 갖는 사람들이 더불어
사는 곳에서 사람들의 사람으로서의 도리이다. 이때 그 사람의 사람으로
서의 도리를 '도리(道理)'이게끔 해주는 것을 선(善)이라 일컬으니, 윤리와
도덕은 곧 선의 표현이다.

2.2 '명령'

칸트 도덕철학에서 또 다른 주요 개념들인 'Imperativ'와 'Maxime'도
각각 '명령'과 '준칙'으로 옮기는 편이 한국어 어감에 더 어울릴 것으로 본다.

'Imperativ'를 더러 '명법(命法)'이라고 하는데, 이것은 아마도 '명령법'을
줄인 말이겠지만, 자연스러운 말이라고 보기는 어렵다. 'Imperativ'를 '명
령'으로 옮기기로 하면, 'Gebot'는 'Imperativ'와의 혼동을 피하기 위하여
'지시명령'으로 하고 문맥에 따라서는 '계명'으로 옮기면 무난할 것으로 본다.

'Maxime'는 칸트에서 '객관적 규칙(Regel)'을 뜻하는 'Gesetz'와 대비되

는 '주관적으로 행위의 준거로 삼는 규칙'을 뜻하는 말이니, 'Gesetz'를 '법칙'이라 한다면, 'Maxime'는 '준칙(準則)'이라고 하는 편이 가끔 사용되는 '격률(格率)'이라는 말보다는 적절하다고 본다. 이렇게 정리된 번역어를 사용하여 다시 한 번 말하자면, 칸트에서 '준칙'이란 "행위하는 주관적 원리"로서, "이성이 주관의 조건들에 알맞게 (흔히는 주관의 무지나 경향성들에도 따라) 규정하는 실천 규칙을 포함하며, 그러므로 그것은 그에 따라 주관이 행위하는 원칙"(GMS, B51 = IV421, 주)이고, 반면에 실천 '법칙'이란 "모든 이성적 존재자에게 타당"한 "객관적 원리"로서 "그에 따라 모든 이성적 존재자가 행위해야만 하는 원칙, 다시 말해 명령이다."(같은 곳)

3. '감성적 / 미감적'과 관련어들

3.1 '감성적 / 미감적'

칸트철학 문헌 안에서 문맥에 따라 서로 다른 번역어를 취할 수밖에 없는 주요 용어 중 하나는 'ästhetisch'와 'Ästhetik'이다. 'ästhetisch'를 '지성적(intellektuell)' 또는 '논리적(logisch)'과 짝지어진 곳이나 이것과의 연관성을 드러내야 할 곳에서는 '감성적' 또는 '감성학적'으로, '미'가 주제가 되는 많은 곳에서는 '미감적' 또는 '미학적'으로 옮기되, ─이미 '미감적'이라는 말 속에 '감성적'임이 함유되어 있기는 하지만─번잡스러움을 무릅쓴다면 '미감적 / 감성적' 또는 조금 약화시켜 '미감적[감성적]'이라는 중첩적 표현을 써도 무방하겠다. 사정이 이러하니 자연히 이것의 모어인 'Ästhetik' 역시 『순수이성비판』과 관련해서는 '감성학(感性學)'으로, 『판단력비판』 내에서는 '미학' 또는 '미감학'으로 옮기는 도리밖에는 없겠다.

'감성학(感性學)' 대신에 '감성론'이라는 말도 쓰고 있으나, '미학'과 관련해서도 그렇고, 『순수이성비판』에서 'Ästhetik'과 짝이 되는 'Logik'을 '논리학'으로 번역하는 것에 견주어보아도 '감성학'으로 쓰는 것이 서로 균형을 이루어 좋아 보인다.

칸트에서 '미학(Ästhetik: aisthetike episteme)'은 문자 그대로 '감각지각(aisthesis)의 학(Wissen, Kenntnis von den sinnlich wahrgenommenen Eindrücken und den Empfindungen)'이니, 설령 '미학(美學)'을 '미에 대한 이론(Lehre vom Schönen)'이라고 풀이한다 하더라도, '감각의 학'으로서의 미학은 '미'가 감각의 조화로운 통일성에 기초한다는 사실을 부단히 상기시킨다. 당초부터 '미학'은 '미(kallos, pulchritudo)'라는 열매가 아니라 '감각지각' 내지 '감정'이라는 뿌리에 그 어원을 두고 있고, 칸트는 그 정신을 승계하고 있다. 그러니까 칸트에게 미학은 '미의 본질에 관한 학문'이라기보다는 아름다움의 감정[미감]에 관한 학문 또는 아름다움[미]의 판정 원리에 대한 탐구, 말하자면 '미적인 것을 판정하는 능력 곧 취미의 비판(Kritik des Geschmacks)'이다. 그래서 칸트의 미학은 미감적 판단의 성격을 해명하는 작업을 주 과제로 삼는다. 그렇기에 칸트의 '미학'은 '미감학'이다.

3.2 '흡족'

칸트 미감학 문헌에서 주요한 용어 중 하나가 'Wohlgefallen'인데 많은 사람들이 이를 'Zufriedenheit'와 마찬가지로 '만족'으로 옮기고 있으나, 'Wohlgefallen(complacentia)'은 '흡족(洽足)'으로 옮겨, 'Zufriedenheit'와 구별되게 하는 것이 바람직하다. 'Wohlgefallen' 또한 어휘 자체로만 보면 '만족'으로 옮기는 것이 그를 것은 전혀 없으나, 칸트 실천철학에서 중요한 술어 가운데 하나인 'Zufriedenheit'에 '만족'을 대응시키는 것이 여러모로 좋고, 이를 피하더라도 'Wohlgefallen'에는 그에 못지않게 좋은 한국어 낱말 '흡족'이 있기 때문이다.

'Zufriedenheit'는 『판단력비판』에서는 주제가 되지 않지만, 『실천이성비판』에서는 (예컨대 §3, 분석학 제2장, 실천이성의 이율배반 등) 여러 대목에서 주제로 다루어진다. 왜냐하면 실천이성이란 다름 아닌 욕구능력인데, 'Zufriedenheit'는 대개 욕구(Begehren)나 경향성(Neigung)이 질료적으로 충족(Befriedigung)되어, 그러니까 어떤 결여나 부족함이 채워져 이를테면 마음이 평화(Frieden)를 얻은 상태로서, 그러므로 근본적으로는 욕구능력 곧 의지, 의욕, 기대, 소망 등을 전제로 하는 것이기 때문이다. 그 반면에 기본적으로 '두루 마음에 듦'의 상태인 'Wohlgefallen'은 이러한 경우뿐만 아니라, 어떠한 결여와도 무관한 한낱 관조적인, 또한 순전히 반성적인, 대상의 실존 표상과 전혀 결합되어 있지 않은, 그러니까 대상에 대한 아무런 이해관심이 없는 적의(適意)함도 뜻하며, 이러한 의미의 'Wohlgefallen'이야말로 칸트가 취미비판에서 주제로 삼고 있는 바로 그것이다. 그러하기 때문에 양자는 ―비록 적지 않은 경우에 뜻이 겹치고 (특히 '자기만족', '지성적 만족'에서처럼) 교환하여 사용할 수도 있지만― 더욱이 『판단력비판』 안에서는 (자연미에 대한 흡족에서처럼) 구별하여 쓰는 것이 좋겠고, 원칙적으로도 원어가 서로 다른 만큼 번역어 또한 다르게 쓰는 것이 마땅하다. 그리고 양자를 구별하여 쓴다면, 'Zufriedenheit'를 '만족'으로, 'Wohlgefallen'을 '흡족'으로 옮겨 쓰는 것이 무난하다고 본다.

이와 관련하여 'gefallen'은 기존의 번역어 '만족을 주다/만족하다/만족스럽다' 대신에 '적의(適意)하다'로, 'mißfallen'은 '불만족스럽다' 대신에 '부적의(不適意)하다/적의하지 않다'로 바꿔 쓰는 것이 좋겠다. 이로써 무엇보다도 'Zufriedenheit' · 'Wohlgefallen' · 'gefallen'을 모두 '만족(하다)'라는 한 어족으로 옮기는 데 따른 혼동을 피할 수 있다. 원어가 다르고 다행히 서로 다른 원어에 마땅한 한국어 낱말이 있으면 그에 맞춰 번역어도 다르게 선택하여 사용하는 것이 합당한 일이다. 다만 요즈음 '적의하다'는 말이 일상어로 많이 쓰이지 않고 있기 때문에 다소 생소하다는 느낌을 갖는 이도 있겠으나, 보다 많은 어휘를 두루 사용하는 것은 문화 향상의 길이다. 풍부한 언어생활을 위해서는 어휘를 늘려가야 하는데, 어휘를 늘리는 방법에는 말을 새롭게 만들어가는 것 못지않게 예전에 쓰던 말을 묻어두지 말고 활용하는 법이 있다. '적의하다' 대신에 요즈음 많이 쓰는 '마음에 들다'도 좋은 대안이 되겠으나, 후자는 문맥에 따라서는 쓸 수가 없어서 일관되게 사용할 수 없다는 단점이 있다. 예컨대 "쾌적한 것이란 감각에서 감관들에 적의한 것을 말한다."(*KU*, B7 = V205)에서 "적의한"을 "마음에 드는"으로 바꿔 쓰면 '감관들의 마음에 드는'이 되어 난처해진다.

3.3 '기예'

칸트 미학에서 또 다른 주요 술어인 'Kunst' · 'schöne Kunst' · 'Technik'은 원칙적으로 '기예' · '미적 기예' · '기술'로 구별하여 쓰되, '미적 기예'는 곳에 따라 줄여서 '예술'로, 'Kunst'는 문맥상 명백히 'schöne Kunst'를 지칭할 때는 '예술'로, 'Technik'을 지시할 때는 '기술'로 옮겨 다소 문맥을 고려해 바꿔 쓰는 것이 좋을 성싶다. 결국 'Kunst'의 경우에는 문맥의 이해와 번역에 상당한 해석과 혼란이 따르고, 동일한 칸트의 술어에 대해서 하나의 번역어를 일관되게 사용한다는 원칙을 세울 경우 예외를 두는 셈이 된다.

또한 핵심적인 술어이면서도 한국어에 한글말과 한자말이 갈려 있고,

추상어와 구체어의 차이가 분명하지 않아 일관되게 쓰지 못한 것 중 하나가 'Schönheit': '미'/'아름다움', 'das Schöne': '미적인 것'/'아름다운 것', 'schön': '미적(인)'/'아름다운' 등의 어족이다. '미학', '미감적' 등과의 연관성을 고려하면 '미'·'미적인 것'·'미적(인)'으로 함이 좋겠으나, 이렇게 할 때는 적지 않게 어색한 경우가 있으니, 예컨대 '이 장미는 미적이다'보다는 '이 장미는 아름답다'고 말하는 것이 자연스러울 것이다. 이러한 경우는 두 표현 사이에 의미상의 차이 없이 그때그때 어감에 따라 선택하여 쓸 수도 있는 일이기는 하겠으나, 아무래도 용어 사용의 일관성이 없는 데서 오는 지칭상의 부정확함은 피할 수가 없겠다.

4. '지성'과 관련어들

4.1 '지성'

칸트를 포함한 서양 근대철학 문헌의 초기 번역자들이 적지 않게 쓴 낱말이 '오성(悟性)'이다. 그런데 이것은 '지성(知性)'으로 바꿔 쓰는 것이 한국어 어감에도 맞고, 사태에도 부합하다고 본다. 한자어 '오(悟)'는 '깨닫다[覺]' 또는 '깨우쳐주다[啓發]'를 기본 뜻으로 갖는다. 그런데 많은 사람들은 '오성'을 독일어 'Verstand', 영어 'understanding'의 번역어로 쓰고 있다. 그러면서 기이하게도 이 독일어와 영어 낱말에 대응하는 라틴어 'intellectus'는 대개 '지성'이라고 옮겨 쓰고 있다. 이 서양말들이 지시하는 것은 ─저 라틴어 낱말이 어원적으로는 '통찰(洞察)함[intellegere]'의 뜻을 갖는다 하더라도─ 보통은(스피노자의 경우는 좀 다르지만) 사고[개념화]하고 판단하고 인식하고 이해하는, 요컨대 '앎'의 기능 내지 능력 일반을 지칭하지 '깨닫는' 내지 '대오(大悟) 각성(覺醒)하는' 능력만을 말하지 않는다. 그러니까 이들 저 서양어 낱말에 대응 폭이 더 넓은 한국어 낱말은 '오성'보다는 '지성'이다.

칸트는 독일어 'Verstand'를 라틴어 'intellectus'에 대응시켜 사용한다. 그래서 'Verstand'에 귀속할 형용사는 'intellectus'에서 유래하는 (외래어) 형용사를 그대로 쓴다. 그러므로 우리로서는 이 두 낱말을 똑같이 '지성'이라고 번역하여 쓰는 것이 합당한 일이다. 다만 유념해야 할 것은, 칸트가 'intellegere'에 함께 뿌리를 두고 있는 두 형용사 'intellektuell(intellectualis)'과 'intelligibel(intellegibilis)'를 구별하여 사용하려 한다는 점이다. 칸트의 의도를 살린다면 앞말은 '지성적'으로 뒷말은 '예지(叡智)적' 또는 ―오히려 이 경우에는 적절하다고 볼 수 있는― '오성(悟性)적'으로 옮겨 쓰는 것이 좋겠다.

칸트에서 대개의 경우 '지성적(intellektuell)'이라는 형용사는 '인식'(또는 인식 기능)을 수식해 주는 말로, 따라서 '지성적 인식'이란 '지성에 의한 인식'을 뜻하고, 칸트에게서 모든 경험적 인식은 감각 인상을 재료로 한 지성에 의한 인식이므로, '지성적' 인식은 그러니까 감각 세계에 관한 것이기도 하다. 반면에 '예지적[오성적](intelligibel)'은 '대상' 내지 '세계'를 수식해주는 말이며, 그러므로 예컨대 '예지적 대상'이나 '오성적 세계'란 '지성에 의해서만 표상 가능한 것'으로, 그것은 인간의 감각적 직관을 통해서는 결코 표상될 수 없는 것, 감각을 매개로 하지 않는 직관 능력이 있다면 ―가령 신적(神的)인― 그런 직관에 의해서나 포착될 수 있는 것을 말한다.(*Prol*, §34, 주: A106 = IV316; *MSI*, §3: II, 392 참조) 그런데 우리 인간에게는 그런 직관 능력이 없으므로 '예지[오성]적인 것'은 오로지 지성을 통해 생각 가능한 것일 따름이다.

그래서 칸트의 교수취임논문 "De mundi sensibilis atque intelligibilis forma et principiis"의 독일어 번역은 'Von der Form der Sinnen-und Verstandeswelt und ihren Gründen'이라고 하더라도 우리말 제목으로는 「감성세계와 예지세계[오성세계]의 형식과 그 원리들에 관하여」가 적절할 것이다.

우리가 일단 마음의 인식 능력 내지 기능을 감성(Sinnlichkeit·sensualitas)[또는 감각기능(Sinn·sensus·sense)], 지성(Verstand·intellectus·understanding), 이성(Vernunft·ratio·reason)으로 분간하기로 하면, 이 같은 용어 사용은 비단 칸트에게만 적용할 수 있는 것은 아니다. 그러니까 스피노자의 *Tractatus de intellectus emendatione*는 『지성개선론』으로, 로크의 *An Essay concerning Human Understanding*은 『인간지성론』으로, 그리고 이에 대한 라이프니츠의 비판서 *Nouveaux Essais sur L' Entendement Humain*는 『신 인간지성론』으로 번역하는 것이 합당하다.

4.2 '포착'

종래 『순수이성비판』 연구가들과 『판단력비판』 연구가들이 서로 다르게 사용한 또 하나의 대표적인 낱말이 'Apprehension'인데, 이는 통일적으로 사용하는 것이 좋겠다. 이 말의 한국어 번역어로 더러 사용되고 있는 '각지(覺知)'는 그 의미에서나 어감에서나 알맞은 말이라고 볼 수 없다. 칸트가 "Synthesis der Apprehension"에 의해 '지각(知覺: Wahrnehmung)'이 가능하다고 설명하고 있으니, '지각'을 뒤집어 '각지'라고 말하려는 사람이 있는지는 모르겠으나, 이 말은 그 자체로는 전혀 어감이 잡히지 않고, 그러니까 적절한 한국어라고 볼 수가 없다. 그래서 글쓴이는 이 번역어 대신에 '포착(捕捉)'이라고 함이 적절하다고 본다. 'Apprehension'은 라틴어 동사 'apprehendere'의 전성명사 'apprehensio'에서 유래한 말이고, 'apprehendere'는 우리말 '파악하다', '포착하다'에 상응하는 말인데다, 이 말에 상응하는 본디 독일어 낱말로 『판단력비판』에서 자주 사용되는 'Auffassung'은 이미 '포착'으로 옮겨지고 있으니 말이다.

이런 제안에 대해서 어떤 이는, 기왕 번역 용어를 바꿀 바에야 '포착'보다는 '파악'이 더 적합하고 부드러우니, '파악'으로 하는 편이 좋다고 생각할지도 모르겠다. 글쓴이도 얼핏 그럼직하다고 생각한다. 그러나 칸트는 "Apprehension der Anschauung"(*KrV*, A143 = B182)이라는 표현도 사용하는데, 이 경우에는 '감각의 포착'이라고 하는 것이 제격이다. (그 반면에 이에 상응하는 순수 독일어 낱말 'Auffassung'은 다수의 곳에서는 '포착'으로, 지성의 활동을 지시하는 아주 드문 경우에는 '파악'으로 옮겨도 무방할 것이다.) 그 대신에 '파악(把握)'이라는 말은 여러 곳에 쓰기에 좋은 말이므로 일반적으로는 'Erfassen'의 번역어로 사용하기로 하고, 특히 'Begreifen'에 대응해서는 '개념적 파악'이라는 말을 쓰기로 하는 편이 더 좋다고 생각한다.

4.3 '예취'와 '통각'

기존에 더러 쓰던 번역어 가운데 마땅치 않아 보이는 말 중 하나는 '예료(豫料)' = 'Antizipation'이다. '예료'란 '미리 사료(思料)함' 정도의 뜻일 터이고, 라틴어 'anticipatio'도 그 비슷한 뜻[preconception]을 지닌 말이라고 볼 수 있으니 저 번역어가 틀렸다고 말할 수는 없을 것이다. 그러나 칸트는 이 말을 에피쿠로스가 사용했던 'πρόληψις'에서 차용했다고 밝히고 있고, 'πρόληψις'는 '선취(先取: Vorwegnahme)' 정도를 의미하는 말이니, 'Antizipation'에게 '예취(豫取)'라는 고정된 번역어를 부여하면 무난하지 않을까 싶다. '예취'라는 말이 지나치게 생소하다 싶으면 그냥 '선취'

라고 해도 무방할 것 같기도 하다.

이 밖에도 기존의 번역어 가운데 그 적실성을 검토해보아야 할 말이 많이 있으니, 그중 하나는 'Apperzeption(apperceptio)'의 번역어인 '통각(統覺)'이다. 합성어 'apperceptio[ad + perceptio]'에 포함되어 있는 'perceptio'가 보통 '지각(知覺)'으로 번역되고, 'Apperzeption'은 분명히 '표상들을 통일하는 기능'이니 이를 '통각'이라고 옮겨서 크게 문제 될 것은 없어 보인다. 일종의 의역 용어인 셈이다. 그러나 'Apperzeption'에서 'Perzeption'은 '지각'이라기보다는 '인식[표상] 일반' 또는 '의식'이라 해야 할 것이고, 칸트가 이것을 "모든 표상들에 수반하는" "자기의식(Selbstbewußtsein)"이라고 규정하고 있으니 'Apperzeption'에 대하여 '통각'이라는 말을 쓰더라도 '수반의식(隨伴意識)'이라는 의미를 덧붙여 사용해야 할 것이고, 만약 이 용어를 칸트 문헌에 국한시켜 사용한다면 아예 '수반의식'으로 직역해도 좋다고 본다.

5. '선험적'과 '초월적'

한국 칸트 학계 내에서뿐만 아니라 중국, 일본의 학계를 포함해서도 학자들 사이에 의견 차이가 가장 큰 칸트철학 용어는 '선험적'과 '초월적'이라 할 것이다. 그리고 그것은 무엇보다도 이 낱말의 일상적 사용의 의미와 칸트에서 갖는 특정한 의미 사이에 괴리가 큰 탓이라 하겠다. 그 때문에 이에 대해서는 좀 더 상세한 해설이 필요하다고 본다.

5.1 '선험적[성]'의 개념

칸트철학에서 '아 프리오리(a priori)'는 '선험적'으로 새기는 것이 가장 무난하다.

어의(語義)상으로 볼 때, 라틴어 '아 프리오리(a priori)'는 '(보다) 이전으로부터(의)', '먼저의', '선차적', '선행적' 등으로, 반면에 이것의 켤레 말인 '아 포스테리오리(a posteriori)'는 '(보다) 이후로부터(의)', '나중의', '후차적', '후속적' 등의 뜻을 갖는다 할 것이다. 이와 같은 의미로 '아 프리오리/아 포스테리오리'가 쓰인 예를 우리는 이미 오컴(William of Ockham, 1280~1349)에서 볼 수 있으며,[1] 어형 '아 프리오레(a priore)/아 포스테리오레(a posteriore)'는 이미 둔스 스코투스(Duns Scotus, 1266~1308 경)에서도 등장하고,[2] 이에 상응하는 그리스어 표현 '프로테론/히스테론(proteron/hysteron)'은 훨씬 전의 아리스토텔레스(Aristoteles, 기원전 384~322)에서도 발견된다. 아리스토텔레스에게서 '보다 먼저의 것'이란 다른 것 없이도 있을 수 있는 어떤 것이며, 반면에 '나중의 것'이란 먼저의 것 없이는 있을 수 없는 것을 뜻했다.[3] 그리고 이 말들이 이와 유사한 뜻으로 사용된 예를 우리는 라이프니츠(G. W. Leibniz, 1646~1716)에게서도 여러 곳에서 발견한다.[4]

'아 프리오리'를 '선천적(先天的)'으로 ―그리고 이에 상응해서 '아 포스테리오리'는 '후천적(後天的)'으로― 이해하는 사람들도 있는데, 이는 아마

••

1) *Historisches Wörterbuch der Philosophie*, hrsg. v. J. Ritter u. a., Bd. 1, Basel 1971, Sp. 464 참조.

2) Duns Scotus, *Tractatus de primo principio*, II, 3 참조.

3) Aristoteles, *Metaphysica*, 1018b 9ff. · 1019a 2ff.; *Categoriae*, 14a/b 참조.

4) Leibniz, *Monadologie*, 45 · 50 · 60 · 76 등 참조.

도 데카르트(R. Descrates, 1596~1650)의 '본유 관념(idea innata)'과 이것에 얽힌 애매함을 충분히 살피지 않은 탓으로 보인다.

주지하듯이 데카르트는 우리가 가지고 있는 관념들을 그것의 근원에 따라서 '본유 관념', '획득 관념(idea adventicia)', '나 자신이 만든 관념[상상적 관념](idea a me ipso facta)'으로 구별한다.[5] 그는 이 가운데 '사물', '진리', '의식'과 같은 '본유 관념'에서의 '본유적(innatus)'을 "나 자신의 자연본성으로부터의(ab ipsamet mea natura)"라고 설명함으로써,[6] 이에 대한 로크(J. Locke, 1632~1704)와 라이프니츠의 엇갈린 두 가지 해석이 가능할 수 있는 소지를 남겼다. 이것을 라이프니츠는 데카르트 문맥의 의미를 새겨 이성 혹은 "지성 자체로부터 유래하는"으로 해석한[7] 반면에, 로크는 라틴어 '인나스키(innasci: 태어나다)'의 분사 '인나투스(innatus)'의 낱말 뜻 그대로 ―물론 'natura'의 어원인 'nasci'의 본래 뜻을 생각해도 그럴 수 있지만― '생래적(生來的)' 혹은 '태어나면서부터[의](naturally)'라고 이해했다.[8]

데카르트의 '본유 관념'이 어떤 식으로 해석되든, 그것을 '이데아 인나타(idea innata)'라고 지칭하는 한, 어의상의 애매함은 남는 까닭에 칸트는, 그의 철학에서 중요한 용어인 '아 프리오리'를 '생래적' 또는 '태어나면서부터[의]'로 해석될 수 있는 '안게보렌(angeboren·connatus·innatus)'과 구별하여 사용하려 한다.(MSI, §8: II, 395; *KrV*, A67=B91·A85=B118 참조; ÜE: VIII, 221; *Prol*, §43: A129=IV330)

••

5) Descartes, *Meditationes*, III, 7.
6) 같은 곳 참조.
7) Leibniz, *Nouveax essais*, I, 1, §2 참조.
8) Locke, *Essay*, I, 1, sect, 5 참조.

칸트에서 '아 프리오리'란 "단적으로 모든 경험으로부터 독립적으로" (*KrV*, B3·A2 참조), "모든 현실적인 지각에 앞서"(*KrV*, A42 = B60), "대상에 대한 모든 지각에 앞서"(*KrV*, B41), "모든 감각 인상들로부터도 독립적인"(*KrV*, B2) 등을 의미하며, 반면에 켤레 말 '아 포스테리오리'는 '경험에 근거한', '경험으로부터 얻어진' 혹은 간단히 "경험적(empirisch)"(*KrV*, A2) 을 뜻한다. 그러므로 칸트에서는 어의상 단순히 '보다 먼저(로부터)의', '보다 나중(으로부터)의'를 뜻하는 '아 프리오리', '아 포스테리오리'가 '경험'을 기준 내용으로 가지며, 그러니까 그 충전된 의미로 볼 때, 각각 '경험보다 앞서(의)', '경험보다 나중(의)'을 뜻한다. 그러니까 '아 프리오리'는 '선험적(先驗的)'으로 그리고 '아 포스테리오리'는 ―다소 생소한 표현이기는 하지만― '후험적(後驗的)'으로 옮겨서 사용하는 것이 그 뜻에 가장 알맞다 하겠다.

다만 주의할 것은, '경험(Erfahrung)'이라는 말이 칸트철학 내에서 다의(多義)적으로 쓰이는바, 여기서 '선험적/후험적'의 기준이 되는 경험이란 감관(感覺器官: Sinn)에 의한 대상 수용, 즉 감각경험만을 뜻한다는 점이다. 그렇기에 이때 경험은 '지각(Wahrnehmung)' 혹은 "감각(Empfindung)을 동반하는 표상"(*KrV*, B147)과 동의어이다. 이런 의미에서의 '경험'은 예컨대 칸트철학에서 또 다른 중요한 용어인 경험과학적 인식과의 교환어로서의 '경험'과는 구별되어야 한다. 오늘날, 자료에 의거한 체계적 인식을 경험과학이라고 부르는데, 이 경우의 경험이라는 말은 칸트의 학적 인식으로서의 경험 개념으로부터 유래한다. 이 경험의 내용인 '현상들의 총체'가 칸트에게서는 '자연'이다.(*KrV*, B163 참조) 그러나 칸트가 "우리의 모든 인식이 경험과 함께 시작된다는 것은 전혀 의심할 여지가 없다. [……] 그러므로 시간상으로는 우리에게 어떠한 인식도 경험에 선행하는 것은 없고, 경험과 함께 모든 인식은 시작된다. [/] 그러나 우리의 모든 인식이 경험과 함께 시작된다 할지라도, 그렇다고 해서 우리의 인식 모두가 바로 경험으로부터 생겨나는 것은 아니다."(*KrV*, B1)고 말할 때의 경험은 감각경험—말하자면, 학적 경험과 구별해서 원초적 경험이라고 칭할 수 있겠는—을 의미한다. 이 감각경험에 앞서는 것이 '선험적'인 것이며, 이 감각경험에 의존하는 것이 '후험적'인 것이다.

이 켤레 개념 '선험적/후험적'과 내포 외연이 (부분적으로) 겹치는 칸트의 또 다른 켤레 개념이 '순수한(rein)/경험적(empirisch)'이다. '경험적'이란 "(대상의 실제적 현전을 전제로 하는) 감각을 자기 안에 함유하[는]"을, '순수한'이란 "그 표상에 아무런 감각도 섞여 있지 않[은]"(*KrV*, A50 = B74 · A20 = B34 참조) 내지는 "전혀 아무런 경험적인 것도 섞여 있지 않은"(*KrV*, B3)을 뜻한다. '후험적'이라고 말할 수 있는 것에 대해서는 그래서 어느 것에나 '경험적'이라고 말할 수 있다. 그러나 '선험적'이라고 말할 수 있는 것 모두에 대해 '순수한'이라고 말할 수는 없는데, 그것은 예컨대 명제 "모든 변화는 원인을 갖는다"에서 보듯이, 이 명제 자체는 선험적이나, 이 명제 안에는 '변화'와 같은 경험을 전제로 하는 개념이 포함되어 있어서, 전적으로 '순수한' 명제라고 볼 수는 없기 때문이다.(*KrV*, B3 참조)

그러므로 칸트에서 선험적인 것은 생리-심리적으로, 발생적-시간적으로 앞서는 것이 아니라, 논리적-기능적[정초적]으로 앞서는 것이다. 이 선험적인 것이, 경험적으로 얻어지는 것이 아닌 한에서 경험에 앞서 경험하는 의식에 예비되어 놓여 있는(*KrV*, A66 = B91 참조)것이기는 하지만, 이때 경험에 앞서 예비되어 있다 함은, 모든 (경험적) 인식의 "기초에 놓여 있[다]"(*KrV*, A24 = B38 · A31 = B46 등등)는 것을, 그러니까 이 선험적인 것 없이는 어떠한 (경험적) 인식도 성립할 수 없다는 것을 함의한다. 그런 뜻에서 칸트는, 우리의 모든 인식이 경험 즉 감각적 수용과 더불어 시작되지만, 단지 감각적 수용만으로부터 나오지는 않는다고 말하는 것이다. '경험 인식'이란 칸트에게서는 우리가 감각 인상을 통해 수용한 것과 우리 자신이 스스로 산출해낸 것의 "합성[물]"(*KrV*, B1·A1 참조)인데, 전자를 그는 질료(質料: Materie)라고 부르며, 후자를 형식(形式: Form)이라고 부른다. 이 형식적인 것이 바로 선험적인 것으로, 칸트의 파악에 따르면 공간·시간 표상과 범주로서의 순수 지성개념 등이 그러한 것이다. 이밖에도, 칸트의 이해에 따르면, 동일률·모순율과 같은 순수 형식적 사고의 원리들도 선험적이며, 순수 실천이성의 사실로서의 윤리적인 정언 명령도 선험적인 것이다.

'아 프리오리'는 적지 않은 사람들이 '선천적(先天的)'으로 옮겨 쓰고, 또 일부의 사람은 번역어 선택의 어려움을 모면하고자 그냥 '아 프리오리'라고 발음대로 표기하기도 하고, 어떤 이는 문자적으로 '선행적' 또는 '선차적'이라 번역하여 쓰기도 한다. 라틴어나 그에 상응하는 그리스어의 원뜻대로 한다면 '선차적(先次的)', '선행적(先行的)'이라고 옮겨도 무방하겠지만, 칸트철학이나 칸트철학의 영향 아래에서 전개된 철학적 논의에서는 '아 프리오리'를 '선험적(先驗的)'으로 옮겨 쓰는 것이 한국어로 칸트의 원래 개념을 가장 적실하게 이해한 것이라 하겠다. 그리고 철학사적 의미가 큰 문헌에서 '아 프리오리'라는 말이 중요한 철학적 용어가 된 것은 칸트로부터이니 칸트적 의미를 중심으로 이 용어를 사용하는 것이 합당한 일일 것이다.

5.2 '초월적[성]'의 개념

칸트의 이론철학을 이해하는 데 더욱 관건이 되는 개념은 '트란첸덴탈 (transzendental)'인데, 이는 '초월적'으로 새기는 것이 가장 합당할 것 같다.

어원상으로 볼 때, 독일어 낱말 '트란첸덴탈(transzendental)'과 동근 어(同根語) '트란첸덴트(transzendent)'는 각각 '초월하다' 혹은 '넘어가[서] 다'의 뜻을 갖는 라틴어 동사 '트란첸데레(transcendere)'—독일어 직 역 'hinübersteigen', 'überschreiten'—에서 유래한 중세 라틴어 형용 사 '트란첸덴탈리스(transcendentalis)(초월한, 초월적)'와 분사 '트란첸덴 스(transcendens)(초월하는, 초월해 있는)'의 독일어 형태이다. 이 중 형용 사 '트란첸덴트(transzendent)'는 라틴어 동사 '임마네레(immanere)(안 에 있다, 부착해 있다)'의 분사 '임마넨스(immanens)'의 독일어 형태 '임 마넨트(immanent)(내재하는, 내재적)'와 켤레 말로도 자주 쓰인다.(*KrV*, A296 = B352 참조) 그런데 이러한 어원적 유래는 칸트의 '초월적'이라는 개 념을 이해하는 데 도움이 되는 한편 장애가 되기도 한다.

철학적 문헌에서는 처음 스콜라철학에서 '트란첸덴탈'과 '트란첸덴트' 가 상호 교환 가능한 말로 사용되었으니, 어의상으로나 철학적 관용으로 보나 두 낱말을 굳이 구별할 것 없이 한국어로는 '초월적(超越的)'이라고 옮겨 써도 무방할 성 싶다. 그러나 근대 이후에는 이 두 낱말이 때때로 차이 나게 쓰이고, 또 '트란첸덴트'와 '임마넨트'가 서로 짝됨을 고려하여, '트란첸덴트'는 '감각 경험을 벗어나[넘어서] 있는'이라는 의미에서 '초험적 (超驗的)' 또는 '초재적(超在的)'이라고 새기고, '트란첸덴탈'만을 '초월적'이 라고 옮겨서 양자를 구별해주는 편이 더 나을 것 같다. 이때 '초월적'이란 의당 '초월하는' 기능[작용]과 '초월한[초월해 있는]' 상태 두 가지를 모두 지칭할 것이다.

스콜라철학에서 '초월적인 것' 즉 초월자(transcendentia 또는 transcendentalia)는 모든 범주들 내지는 유개념을 넘어서 모든 존재자에 무제약적으로 타당한 사고 내용(개념), 바꿔 말하면 '모든 개별 존재자들을 넘어서 있으면서도 각 개별자들에게 필연적으로 속하는 규정들'을 지시했다.[9] 용어 '트란첸덴치아(transcendentia)'를 처음 사용한 것으로 알려져 있는 알베르투스 마그누스(Albertus Magnus, 1193/1206~1280)는 이런 것으로 '존재자(ens)' · '하나(unum)' · '참임(verum)' · '선함(bonum)'을 들었는데, 이것들은 본래 신에게만 적용될 수 있는 술어(述語)들로서, 여타의 것들에는 단지 유비적으로만 사용될 수 있다고 보았고, 토마스 아퀴나스(Thomas Aquinas, 1225경~1274)는 여기에 '사물[것](res)'과 '어떤 것(aliquid)'을 추가했다. 둔스 스코투스에 이르러 이것을 '트란첸덴탈리아(transcendentalia)'라고도 일컫기 시작했는데, '존재자'는 가장 보편적인 것이고, 나머지 다섯 가지는 이것의 불가결의 상태로 이해되었다.[10] '존재자'는 그 자체로 '사물[것]'이며, 분할을 거부함으로써 '하나[一者]'이고, 그런 점에서 다른 것과 구별되는 '어떤 것'이며, 인식과 관련해서는 '참[眞]'이고, 의지와 관련해서는 '선(善)'이라는 것이다. 그리고 이 같은 용어 사용은 다소간 변용되어 알스테드(J. H. Alsted, 1588~1638), 샤르프(J. Scharf, 1595~1660), 클라우베르크(J. Clauberg, 1622~1665), 애피누스(F. Aepinus, 1673~1750) 등 17, 18세기 독일 프로테스탄트 스콜라철학자들을 거쳐 볼프(Ch. Wolff, 1679~1754)로 이어졌다.

계몽주의자 칸트는 그의 '모던(modern)' 철학을 개진하는 자리에서 이

··

9) Josef de Vries, *Grundbegriffe der Scholastik* (Darmstadt 1980), S. 90 이하 참조.
10) Duns Scotus, *Tractatus de primo principio*, I, 2 이하 참조.

러한 연원을 가진 개념 '초월적'을 인간의 의식작용 또는 그 작용결과의 성격으로 규정하였다. 그것은 칸트의 이른바 '코페르니쿠스적 전환'(*KrV*, BXVI 참조)에 의해서, 아우구스티누스(Augustinus, 354~430) 이래 신의 세계 창조 원리를 뜻하던 '순수 이성(ratio pura)'이 인간의 의식을 지칭하게 됨으로써 일어난 일이다. 이로부터 '초월적인 것'도 코페르니쿠스적으로 전환된 의미를 갖게 된 것이다.

칸트에게서는, 예컨대 "초월적 의식"(*KrV*, A117), "상상력의 초월적 작용"(*KrV*, B154), "초월적 표상"(*KrV*, A56 = B81)에서 보는 것처럼, '초월적'은 기본적으로는 의식 자체에 대해서 또는 이 의식의 작용[활동]과 표상 내용에 대해서 사용된다. 그러나 그것은 때로는 이로부터 더 나아가 "초월[적] 철학"(*KrV*, A13 = B27 등), "초월적 변증학"(*KrV*, A293 = B349)에서와 같이 초월적인 것에 대해 논설하는 철학(메타 이론)에 대해서도, 심지어는 '초험적'이라고 일컬어야 마땅할 이념이나 대상에 대해서도(*KrV*, A247 = B304 참조) 사용된다.

그런데 예시에서 보듯이 칸트에서 '초월/초월적'이라는 용어는 주로 그의 『순수이성비판』을 중심으로 한 이론철학에서 사용된다. 다른 곳에서도 쓰이기는 하지만, 기타의 용례는 무시해도 좋을 정도이다. 칸트 생전에 출간된 전체 저작(1900~2009년 사이에 편집 발행된 베를린 학술원판 전집[AA] 기준 전 29권 37책 중 I~IX권)에서 '초월적(transzendental)'은 총 948회 사용되는데, 그중 『순수이성비판』의 A판에 318회, B판에 503회─ 그러니까 합해서 821회─, 거기에다 『순수이성비판』의 요약 해설서라 할 수 있는 『형이상학 서설』에 23회 정도가 등장한다. 『실천이성비판』에서 16회, 『판단력비판』에서 36회, 기타에서는 모두 합해 47회 정도만을 볼 수 있다. '초월철학'의 경우는 총 68회 사용되고 있는데 『순수이성비판』

의 A판에 17회, B판에 32회, 기타 저술에 19회 정도 등장한다.[11] 이것들도 기본적으로는 『순수이성비판』에서 사용된 의미에 따라 쓰이고 있는 것인 만큼 『순수이성비판』 이외의 저술에서 쓰이고 있는 경우는 『실천이성비판』에 등장하는 "초월적 자유"(*KpV*, A4 = V3) 외에는 굳이 괘념할 필요가 없는 수준이라 하겠다.

이제 칸트 문헌상에 등장하는 '초월적'이라는 개념의 몇 가지 대표적인 용례를 유심히 살펴보면, 한편으로는 '초월적'이 '초험적'과 구별 없이 쓰이면서, 다른 한편으로는 칸트의 이론철학을 "초월철학"이라고 부를 때 그 의미규정의 핵심적 요소를 이루는, 바로 그 경우의 '초월(적)'의 의미가 다른 맥락에서의 의미와 분명하게 구별되어 또렷하게 드러난다.

[용례 1]

칸트는 '초월적(traszendental)'이 한낱 "[경험의] 한계를 넘어간다"(*KrV*, A296=B353)라는 의미를 갖는 '초험적(transzendent)'과는 "동일한 것이 아니다"(*KrV*, A296=B352)고 말하며, 그렇기 때문에 양자는 구별되어야 한다고 스스로 주장하면서도, 더러 (관행에 따라서 또는 무심코) '초월적'을 '초험적'과 동의어로 사용하는데, 예컨대 "초월적 이념"(*KrV*, A327=B383)과 "초월적 사물"(*KrV*, A682=B710)처럼 특히 「초월적 변증학」의 몇 군데에서 그러하다. 그뿐만 아니라 범주의 경험적 사용과 "초월적"(*KrV*, A139=B178) 사용을 대비시켜 말할 때도 그러하다. 이런 경우들에서 '초월적'과 '초험적'은 의미상의 차이는 없다 하겠으며, 이 두 말이 오랫동안

• •

11) 이 수치는 글쓴이의 칸트 역서들을 토대로 개산(槪算)하여 얻은 것으로서 정확하지 않을 수 있다.

그렇게 사용되어왔듯이 칸트 역시 교환 가능한 말로 쓰고 있는 것이다.

[용례 2]

'초험적'과 완전한 동의어는 아니지만, 거의 그러한 의미 연상 속에서 사용되는 '초월적'의 예도 있다. 가령, 공간·시간 표상이 경험적 실재성과 함께 "초월적 관념성"을 갖는다(*KrV*, A28 = B44·A35 이하 = B52 참조)고 말할 때, 이 말은, 주관적인 표상인 공간·시간은 가능한 경험적 대상 즉 현상과 관련해서 바로 그 대상의 실재성 즉 대상성을 이루지만, 경험의 한계를 벗어나 있는 초험적인 것 즉 사물 자체와 관련해서는 한낱 관념에 불과함, 그러니까 아무것도 아님을 의미한다. 이 경우 '초월적'은 '경험적인 것을 벗어나서' 정도를 의미한다 하겠다.

그러니까 이상의 두 용례들에서 '초월적'은 의식의 선험성을 조건으로 갖지 않으며, 어떤 경험을 가능하게 하는 근거를 이루는 것도 아니다. 그런 한에서 이 같은 '초월적'은 칸트철학을 '초월철학'이라고 일컬을 때의 그 의미와는 거의 상관이 없다.

[용례 3]

그러나 칸트 자신도 그렇게 일컬었고 또 오늘날 칸트 이론철학의 대명사가 된 초월철학에서의 '초월적'의 의미는 어원상으로 친족어인 '초험적'과 충분히 구별될 뿐만 아니라, 스콜라철학에서의 용법이나 내용과도 판이하며, 이후의 대개 철학 문헌에서는 이 칸트적 의미가 차용되고 있다.

칸트는 우선 "대상들이 아니라 대상들에 대한 우리의 인식방식을 이것이 선험적으로 가능하다고 하는 한에서 일반적으로 다루는 모든 인식을 초월적이라 부른다."(*KrV*, B25) 이때 '초월적'이라는 말은 "결코 우리 인식의 사물들과의 관계가 아니라, 단지 인식능력과의 관계만을 의미"(*Prol*, §13, 주 III: A71 = IV293)한다. 그러니까 초월적 인식은 그 자체가 하나의 대상 인식이 아니라, 대상 인식을 가능하게 하는 정초적 인식, 곧 표상이나 개념 또는 원리를 말한다. 칸트는 이를 좀 더 일반화하여 『형이상학 서설』의 부록을 통해 초월철학에서 '초월적'의 충전한 의미를 밝힌다.

> 낱말 '초월적'은 [……] 모든 경험을 넘어가는 어떤 것을 의미하는 것이 아니라, 모든 경험에 선행하면서도(즉 선험적이면서도), 오직 경험 인식을 가능하도록 하는 데에만 쓰이도록 정해져 있는 어떤 것을 의미한다.(*Prol*, 부록, 주: A204 = IV373)

그러니까 '초월적(transzendental)'은 통상 '모든 경험을 넘어가는 어떤 것'을 뜻하는 말이지만, 그러나 칸트에게서는 ① '모든 경험에 앞서는', 즉 '비(감각)경험적'(FM: AA XX, 260 참조)이고 '선험적(a priori)'이면서, 동시에 ② 한낱 '경험을 넘어'가 버리는 것[초경험적]이 아니라, 오히려 '경험 인식을 가능하게 하는(Erfahrungserkenntnis möglich machend)', 요컨대 (① + ②), '선험적으로 경험인식을 규정하는(Erfahrungserkenntnis apriorisch bestimmend)'을 뜻한다. 그러므로 인간 의식이 초월성을 갖는다 함은 인간 의식은 본래 선험적 요소 내지 기능을 갖는데, 이러한 요소가 한낱 주관적임을 뛰어넘어 경험인식의 정초적 기능, 곧 객관적 타당성 내지 경험적 실재성을 갖는다 함을 말한다.

의식 스스로가 산출해낸, 따라서 주관적이며 그런 한에서 선험적인 표상들인 공간·시간이라는 순수 직관과 상상력의 종합작용, 순수 지성개념인 범주들, 통각의 통일작용 등이 그 틀[형식]로서 기능함으로써 경험인식은 가능하게 된다. 그리고 경험적 인식이 성립할 때에만, 그 인식 중에서 인식되는 것 즉 대상[존재자]이 우리에게 나타난다. 그리고 이렇게 우리에게 나타나는 대상[존재자]을 칸트는 문자의 엄밀한 의미에서 '현상'이라고 부른다. 이 같은 내용을, 칸트 초월철학의 핵심적 명제는, "경험 일반을 가능하게 하는 조건들은 동시에 그 경험의 대상들을 가능하게 하는 조건들"(*KrV*, A158 = B197·A111 참조)이라고 표현한다. 바로 이 '조건들'이 초월적인 것이다. 그러니까 당초에 인간 의식의 요소들인, 다시 말해 주관적인 것들인 공간·시간 표상이, 순수 지성개념들이, 생산적 상상력이, 의식일반으로서의 통각이 그 주관성을 넘어 객관으로 초월하며, 그런 의미에서 '초월성'을 갖고, '초월적'이다. 이렇게 초월적으로 기능하는 인식주관을 '초월적 의식'이라고 일컬으며, 이러한 초월적 주관에 의해 대상은 인식되는 것이므로, 인식대상은 초월적 주관에서 하나의 존재자로 규정되는 것이다. 그렇기에 의식의 '초월적' 기능은 단지 인식론적일 뿐만 아니라, "존재론적"(*KU*, BXXIX = V181)인 의미를 갖는 것이다. 이러한 의미 연관에서 초월철학은 대상 인식에 관한 직접적 관심(intentio recta)을 갖는 과학이 아니라, 그런 인식의 가능 원리에 관한 학 곧 인식론이자, 그런 인식에서 인식되는 존재자의 존재 원리에 대해 반성하는 학 곧 존재론이고, 그러니까 철학이다.

'초월적' 내지 '초월(하다)'이 이 같은 칸트적 의미로 사용된 대표적인 또 다른 예를 우리는 셸링(F. W. Schelling, 1775~1854)과 후설(E. Husserl, 1859~1938), 하이데거(M. Heidegger, 1889~1976) 등에서도 볼 수 있다. 셸링은 이른바 그의 '동일 철학'을 전개하면서 '초월철학'을 "제일의 절대적

인 것으로서의 주관적인 것으로부터 출발해서, 이로부터 객관적인 것을 발생시키려는"[12] 철학의 기본학으로 파악한다. 후설의 이른바 '초월적 현상학'의 기본적인 주장은, "나에 대해서 있는 [……] 대상 세계는, 모든 그것의 대상들과 함께, 그것의 전 의미와 그것이 나에 대해서 갖는 존재 타당을 나 자신으로부터, 곧 초월적 자아로부터 얻는다"[13]는 것이다. 하이데거는 "우리가 존재자에 대한 모든 태도를 지향적이라고 표현할 때, 이 지향성은 오직 초월(Transzendenz)의 근거 위에서만 가능하다"[14]고 말한다.

이러한 예들에서 보듯이 '트란첸덴탈'이 주관[주체] 내지 의식의 기능이나 의식 내용을 지칭할 때, 그것은 '선험적'이라는 의식 상태뿐만 아니라, 한낱 의식 내지 주관성 자체이기를 벗어나서 대상을 지향하고, 규정하고, 대상화하고, 즉 대상의 대상성을 부여하며, 대상에 대한 인식을 가능하게 하는 의식의 활동 작용을 의미한다. 그리고 또한 이때 이런 기능을 갖는 주관[주체] 내지 의식은 그것에 의해서 규정된 대상[현상] 세계에 속하지 않는다. 즉 존재자들의 세계에 초월해 있다. —이 때문에 칸트는 때로 '초월적'을 비'초자연적[형이상학적, 초험적]'일 뿐만 아니라 비'자연적[물리적/경험적]'이라고 설명한다.(XXVIII, 556 참조)— 초월적인 것은 존재하는 것을 가능하게 하는 것이기는 하지만 그 자신이 존재하는 것은 아니다. 초월적인 것은 존재적인 것이 아니라, 말하자면 존재론적인 것이다. 그러니까 인간 의식이 초월성을 갖는다 함은, 또는 인간 의식이 초월

12) Schelling, *System des transzendentalen Idealismus*, Einl. §1: SW I /32, 342.

13) Husserl, *Cartesianische Meditationen*, §11: Husserliana I, S. 65.

14) Heidegger, "Vom Wesen des Grundes": GA 9, S. 135.

적이라 함은 이중적 의미에서 '초월적'임을 말한다. 곧, 그것은 한편으로는 인간 의식이 주관적임을 벗어나 객관으로 이월한다 함을, 다른 한편으로는 그러한 인간 의식의 활동 요소들은 존재하는 것이 아니라는 점에서 존재세계를 벗어나 있다 함을 뜻하는 것이다.

이상 간추려본 용례에서와 같이 낱말 '트란첸덴탈'은 여러 가닥의 그리고 중첩적인 뜻으로 쓰인다. 그 때문에 사람들은 한편으로는 상관어인 '아 프리오리'와 차별화하면서 다른 한편으로는 각자 중시하는 쪽의 뜻을 살리려는 의도로 '트란첸덴탈'을 각기 '정험적(定驗的)', '선험적' 또는 '선험론적', '초험적', '초월적', '초월론적' 등으로 새기고, 동족어 '트란첸덴트'는 '초월적', '초험적', '초재적', '초절적(超絕的)' 등으로 옮기고 있다.[15]

이 가운데 사람들이 '트란첸덴탈'의 번역어로 쓰기도 하는 '정험적(定驗的)', '선험적' 또는 '선험론적'은 어원상으로는 '트란첸덴탈'과는 상관이 없는 일종의 의역(意譯)[16]으로, '트란첸덴탈'[용례 3]에서 본 그것의 두 가지

∙∙

15) '트란첸덴탈'이 중국과 일본에서 어떻게 번역되고 어떤 논쟁을 겪고 있는지는 이미 이 책 본문의 논고들에서 볼 수 있었다.

16) '의역(意譯)'으로 채택된 낱말은 으레 문맥에서 그 뜻을 얻는 것이기 때문에 어떤 대목에서는 잘 읽힐 수 있다. 그러나 자주 쓰이고 문맥에 따라 다양한 의미를 갖는, 특히 추상적인 학술어를 의역하면 얻는 것보다 잃는 것이 많은 경우가 허다하다. 그 대목 그 대목에서의 의미전달로 충분한 대중번역에서는 그래서 의역이 오히려 장점을 가질 수 있으나, 낱말 하나로 논쟁이 크게 일어나는 고전적인 학술 문헌에서 용어는, 특히 중심적인 용어는 설령 어떤 대목에서는 다소 부드럽지 못하게 읽히더라도 되도록 원어의 어원상의 의미를 살려 충실하게 직역함으로써 일관성을 유지하게 하는 것이 전체적으로는 더 바람직하다. 정확히 말하면 '의역'은 번역이라기보다는 일종의 '뜻풀이'로서, 해설서에서 사용하는 것은 무방하겠으나 번역서, 특히 학술 번역서에서는 되도록 피하는 것이 좋다고 본다. 번역이란 한 언어로 쓴 글을 또 다른 언어로 바꾸는 일로, 물론 원문에 대한 해석을 기초로 해서 이루어지는 것이기는 하지만, 그럼에도 해설과는 구별되어야 한다.

의미요소, 곧 ① '모든 경험에 앞서는(선험적인)'과 '경험인식을 가능하게 하는' 중에서 '정험적'은 ②의 뜻을, 반면에 '선험적'은 ①의 뜻을 살리고자 한 것이고, '선험론적'은 그 의도에서는 ① + ②를 동시에 뜻하는 말로 새롭게 만들어 쓰자는 제안이라 하겠다. '정험적'이야 지금은 쓰는 사람이 거의 없으니 그렇다 치고, '선험적'은 한때 '트란첸덴탈'의 번역어로 가장 널리 사용되었지만,[17] 앞서 검토해보았듯이, '모든 감각경험으로부터 독립적인', 그런 한에서 '경험에 앞서는[선차적인]'이라는 뜻을 갖는 낱말인 '아 프리오리'의 번역어로 —한때 널리 쓰이던 '선천적'보다도 훨씬 더— 적합한 것이니 그렇게 사용하는 것이 마땅하고, 이미 상당히 많은 이들이 그렇게 바꿔 사용하고 있다.[18] 이런저런 이유로 이제 '선험적'이 '트란첸덴탈'의 번역어로 적합하지 않다면 '선험론적' 또한 당연히 적합하지 않다. '선험론적'은 '선험적'='아 프리오리'와의 의미 연관 속에서만 쓰일 수 있는 말로, '선험론적'에서 '선험론'이란 '선험성에 대한 이론' 또는 '경험에 독립적인 선험적 인식을 주장하는 학설' 곧 독일어로 '아프리오리스무스(Apriorismus)'를 말하는 것이고, 그러니까 '선험론적'에 상응해서는 '아프리오리스티쉬(aprioristisch)'라는 독일어 낱말이 엄연히 있기 때문이다. 게다가 '정험적', '선험적', '선험론적'과 같은 번역어는 [용례 3]에서 보는 '트란첸덴탈'의 뜻을 반영하고 있을 뿐으로, 칸트철학을 '트란첸덴탈철학'이라고 일컬을 때의 바로 그 뜻에 적중하는 것이기는 하지만, 칸트 문헌에서 (더욱이 철학 문헌 일반에서) '트란첸덴탈'이 이러한 사례에 이런 뜻으

17) 주지하듯이 최재희 역, 『純粹理性批判』(박영사, 1972) 발간 이후 이 번역어는 학계에서 통용되었다.
18) 한국칸트학회의 학술지 창간호:《칸트 연구》제1집[칸트와 형이상학](민음사, 1995) 게재 논문 11편을 살펴보면 그 중 7편이 그렇게 사용하고 있다.

로만 쓰이는 것은 아니기 때문에, 이러한 말보다는 가능하다면 어원상의 의미를 보존하면서도 더 많은 용례에 두루 타당한 낱말을 번역어로 찾는 것이 바람직한 일이겠다.

이제 '아 프리오리'와는 내용상으로도 구별되고 어원상으로도 전혀 다른 '트란첸덴탈'에게는 그에 알맞은 번역어를 대응시켜 그 개념의 의미와 철학 사상사적 맥락을 올바로 드러내는 편이 합당한 일이다. 대개가 그러하듯이 이 경우도 서양어 개념을 한국어 개념으로 포착하는 것인 만큼 다소간의 의미 손실은 불가피할 것이나, '트란첸덴탈'은 '초월적'으로, 동근어 '트란첸덴트'는 다시금 이것과 구별하여 '초험적'[='경험 너머의']〔혹은 필요한 경우 '초재적'[='경험 넘어 있는']〕으로 옮기는 것이 그나마 큰 의미 손실 없이 연관 개념들을 살려내는 길이라고 본다. 그렇기는 해도 신학에서 '트란첸덴트'로써 '초월자'의 정적인 상태만이 아니라 동적인 작용까지를 지칭하고자 할 때는 이 역시 '초월적'으로 쓰는 것을 양해해야 할 것이다. (우리가 '초월하다'는 말은 쓰고 있지만, '초험하다'는 말은 사용하지 않으니 말이다.)

다시 말하거니와 '트란첸덴탈' 곧 '초월적'은 칸트 초월철학에서 기본적으로 "모든 경험에 선행하면서도(즉 선험적이면서도), 오직 경험 인식을 가능하도록 하는"을 뜻하며, 그런 만큼 그것은 경험 인식의 주관인 인간 의식의 어떤 기능의 성격을 지칭하는 것이다. 그러니까 '공간·시간 표상의 초월성'이란 인간의 선험적인 공간·시간 표상이 순수 형식으로서 경험적 직관을 가능하게 함을 말하고, '통각의 초월적 통일'은 "직관에 주어진 모든 잡다를 객관이라는 개념에서 합일되게 하는 것"(*KrV*, B139)으로서 그로써 비로소 하나의 경험 대상 인식을 완결하는 의식 작용을 일컫는다. 이렇듯 시간 표상이나 순수 지성개념이, 또는 통각이나 상상력이 '초월적

(transzendental)'이며, '초월하는(transzendierend)'(초월작용을 하는) 것이다. 이러한 기본적인 의미를 확장 변양하면, '초월적 진리'나 '초월적 가상', 또는 '초월적 감성학'이나 '초월적 논리학'에서 '초월적'이 지칭하는 바도 드러난다.

'초월적 진리'란 "모든 경험적 진리에 선행하면서 그것을 가능하게 하는"(*KrV*, A146 = B185) 진리(곧 지성과 사물의 일치[adaequatio rei et intellectus])이다. 그러나 칸트에서 '초월적 가상'이란 "우리를 전적으로 범주들의 경험적 사용 너머로 이끌고, 우리로 하여금 순수 지성의 확장이라는 환영[幻影]으로 희망을 갖게"(*KrV*, A295 = B352) 하는 것이다. 그러니까 초월적 가상은 경험적 가상을 가능하게 하는 선험적 이념은 아니므로, 이 경우 '초월적'은 '경험적인 것을 가능하게 하는' 대신에, 오히려 경험적 질료가 없는 그래서 정당하게 범주를 적용할 수 없는, 말하자면 "한낱 공허한 개념", 즉 '어떤 초험적인 것을 가능하게 하는'의 뜻을 갖는다.

또한 '초월(적) 철학'이라는 말에서도 철학이 초월하거나 초월적인 것은 아니므로, '초월철학'이란 '경험인식의 가능원리인 의식의 초월성을 밝히는 철학' 또는 '경험인식을 가능하게 하는 주관의 초월적 조건을 해명하는 철학'으로 이해해야 할 것이다. 이러한 초월철학을 지칭하기 위해 '초월론 또는 초월주의(Transzendentalismus)'[19]라는 말을 사용한다면, 그것은 주관의 초월성을 해명 내지 주창하는 이론, 또는 그러한 주의주장이라고 이해할 수 있겠으며, 그러므로 만약 누가 '초월론적'—굳이 이에 상

---

19) 문화사적으로는 '초월주의(transzendentalism)'란 19세기 중엽 미국에서 Kant, Schelling, Coleridge의 영향 아래 R. W. Emerson, H. D. Thoreau, M. Fuller 등이 주도한 신이상주의 운동을 일컬을 때 이미 쓰이고 있다. 그러나 이 말을 칸트적 '초월철학'을 지칭하는 말로 새롭게 정의하여 능히 사용할 수도 있겠다.

응하는 독일어를 만든다면 'transzendentalistisch'가 될 터인데―이라는 말을 쓴다면 그것은 '초월론의'를 지칭하기 위한 신조어라 할 것이다.

그런가 하면 초월철학 내에서 '초월적 감성학'이란 "모든 선험적 감성 원리들에 대한 학문"(*KrV*, A21 = B35)을 말하고, 또 '초월(적) 논리학'은 "우리가 대상들을 온전히 선험적으로 사고하는, 순수 지성 인식과 순수 이성 인식의 한 학문 이념을 갖는"바, "그러한 인식들의 근원과 범위와 객관적 타당성을 규정하는 그러한 학문"(*KrV*, A57 = B81)을 일컫는다. 이 '초월 논리학'의 제1부인 '초월적 분석학'은 "우리의 선험적인 전체 인식을 순수 지성 인식의 요소들로 분해하는 작업"(*KrV*, A64 = B89)을 수행하며, 제2부인 '초월적 변증학'은 "자연스럽고 불가피한 순수 이성의 변증성"(*KrV*, A298 = B354), 다시 말해 "초험적 판단들의 가상을 들춰내고, 동시에 그것이 기만하지 않도록 방지하는 것"(*KrV*, A297 = B354)을 과제로 갖는다. 이 경우들에서 '초월(적)'은 일의적으로 사용되고 있다고 볼 수 없다. '초월적 감성학(Ästhetik)'의 경우는 '감성(aisthesis)의 초월성에 관한 이론'으로 새기면 무난할 것이나, '초월(적) 논리학(Logik)'의 경우는 '논리 곧 이성(logos)의 초월성에 관한 이론'으로 짝이 되게 새기면, '초월적 분석학'의 부문에는 맞으나, '초월적 변증학'에서는 다르게 이해되어야 하기 때문이다. 앞의 경우들에는 칸트 초월철학적 의미에서의 '초월(적)', 곧 '선험적인 어떤 것이 경험을 가능하게 함'이 지시되나, 마지막의 경우에 '초월(적)'은 '경험의 한계를 넘어서서, 곧 초험적으로 작동하는 이성의 한 작용방식'을 지시하고 있는 것이다. 그러니까 칸트 자신 '초월(적)'의 개념을 대개는 코페르니쿠스적 전환에 따른 의미로 사용하지만, 때때로는 (부지불식간에 또는 자연스럽게) 코페르니쿠스적 전환 이전의 의미로도 사용하고 있다고 보아야 하겠다. (인공어가 아닌 자연어의 사용에서는 용어 사용이 정의대로만 되지 않는 경우가 허다하다.)

또 하나, 칸트는 "한 개념을, 그로부터 다른 선험적 종합 인식의 가능성이 통찰될 수 있는, 원리로 설명함"(*KrV*, B40)을 '초월적 해설(Erörterung, expositio)'이라 칭하고, "선험적 개념이 대상과 관계 맺을 수 있는가 하는 방식에 대한 설명"(*KrV*, A85 = B117) 또는 "선험적 순수 인식"의 "객관적 타당성을 설명"(*KrV*, A87 = B120)함을 '초월적 연역'이라고 일컫는다. 이 경우 '해설'이나 '연역'이 '초월하는' 것일 수는 없으니, 저 명칭들은 좀 더 내용을 생각해서 풀이해야 할 것인즉, 공간·시간 개념의 '초월적 해설'이란 '선험적 표상인 공간·시간이라는 순수 직관의 초월성에 대한 설명'이겠고, 범주들의 '초월적 연역'이란 '선험적 표상인 순수 지성개념들의 초월성에 대한 설명'이겠다. 또 해석하기에 따라서는 저 '해설'과 '연역'은 심리학적이거나 법학적인 것이 아니고, '초월철학적'인 것이라는 점을 드러내기 위한 수식어로 보아, 이때의 '초월적'은 '초월철학적' 또는 이를테면 '초월론적'이라는 의미로 새길 수도 있겠다.

같은 한자문화권의 번역어 용례를 살펴보면, 일본인들은 과거에는 '트란첸덴탈'을 주로 '先驗的[선험적]'이라고 번역하다가[20] 최근에는 이를 대개 '超越論的[초월론적]'으로 바꿔 쓰고 있는 것 같다.[21] 그 반면에 중국어 번역본에서는 '트란첸덴탈'이 '先驗的[선험적]' 외에도 '超越的[초월적]'이라고 옮겨져 있는 것을 본다.[22] 동일한 한자어라 해서 어디서나 동일한 의미로 사용되는 것은 아닐 것이나 참고할 만은 하다.

••

20) 篠田英雄 譯, 『純粹理性批判』(上)(中)(下)(東京 岩波書店, 1961~1962) 참조.
21) 有福孝岳 譯, 『純粹理性批判』(上)(中)(下)(東京 岩波書店, 2001~2003); 有福孝 岳·久吳高之 譯, 『純粹理性批判』(下), 東京 岩波書店, 2006 / 2007) 참조.
22) 牟宗三 譯, 『純粹理性批判』(上)(下)(臺灣學生書局, 1987) 참조.

지금까지 용례와 관련하여 그 어원을 검토하여 뜻을 새겼음에도 불구하고, 누군가가 '트란첸덴탈'을 한국어로 굳이 (일본인들처럼) '초월론적'으로 옮기고자 한다면,[23] 그것은 '초월적'이라고 할 경우 한국어 '초월적'이라는 낱말의 일상적 의미로 인해 칸트적 '트란첸덴탈'의 의미가 상실될 것 같은 우려가 있어 이를 피하려는 고육지책으로 그렇게 하는 것이라고 여길 수도 있겠다. 그러나 '트란첸덴탈'을 '초월론적'으로 이해할 수 있는 경우는 기껏해야 '초월철학적'을 지칭하는 경우뿐이고, 정확히 말하면 그 가운데서도 아주 일부에 국한되기 때문에, '트란첸덴탈'을 무차별적으로 '초월론적'으로 옮기면 오히려 의미 왜곡이 더 크다. 감성학은 '초월론적'이라 할 수도 있겠지만, 공간·시간 표상은 '초월적'이지 결코 '초월론적'일 수 없으며, 분석학은 '초월론적'이라 할 수도 있겠으나, 순수 지성개념은 '초월하는' 기능을 갖는 것이지, 결코 '초월론적' 기능을 갖는 것은 아니니, '초월적'이라 해야 마땅하다. 통각, 상상력 또한 '초월적'인 것으로서, '초월론적'이라 일컬으면 사태에 맞지 않는다. 더구나 "초월적 이념"(*KrV*, A327 = B383) 같은 경우에는 '초월적'을 '초험적'으로 읽을 수는 있어도, 도저히 '초월론적' (또는 또 다른 신조어인 '선험론적')으로 읽을 수는 없다.

그러므로 이런저런 용례를 고려해 '트란첸덴탈'을 각기 문맥에 따라서 '초월적', '초험적', '초월론적'으로 옮기는 방법도 생각해볼 수는 있겠으나, 칸트 이론철학의 핵심 술어를 흩어버림으로써 입는 손실은 더 크므로, 그래도 '초월(Transzendenz)'—'초월하다(transzendieren)'—'초월적(transzendental : transzendierend, transzendent)'의 어족을 고려할 때 가장

• •

23) 몇 해 전부터 상당히 많은 현상학 연구자들이 이러한 번역어를 사용하고 있는 것으로 관찰된다.

손실이 적은 '초월적'으로 일관되게 옮겨 쓰고,[24] 이 말이 문맥에 따라서는 이러저러한 뜻을 (즉 '초월적'뿐만 아니라 때로는 '초험적', 또 때로는 '초월론적'이라는 뜻도) 갖는다고 설명하는 편이 가장 합당하다고 본다.

일상어나 학술어나 자연언어에서는 어느 정도의 다의성은 있는 것이고, 이러한 다의성은 혼동을 초래하기도 하지만 해석의 다양성을 촉발함으로써 말과 사상을 풍부하게 해주는 요인이기도 하다. 이것은 철학이 자연언어를 사용함으로써 오히려 얻는 매우 큰 장점이다.

일상적인 한국어 사용에서뿐만 아니라 독일어에서도 보통은, '초월(Transzendenz)'이란 '경험과 감각지각의[또는 감각적으로 인식가능한 세계의] 한계를 넘어서 있음(die Grenzen der Erfahrung und des sinnlich Wahrnehmbaren[oder der sinnlich erkennbaren Welt] überschreitend sein)', '경험과 의식의 한계를 넘어섬, 이 세상을 넘어섬(das Berschreiten der Grenzen von Erfahrung und Bewußtsein, des Diesseits)', 심지어는 '저 세상(Jenseits)'을 의미하고, 가령 '초월적 명상', '초월의식' 등은 '육체의 속박을 벗어나' '시공간을 떠나서 불가사의한 신비경으로 들어가는 의식' 같은 의미로 쓰이고 있다. 그러나 '초월하다(transzendieren)'는 단지 '경험세계를 넘어선다'는 뜻뿐만 아니라, 또한 더 일반적으로 '어떤 영역의 한계를 넘어선다(die Grenzen eines Bereiches überschreiten)'를 뜻한다. 그리고 이에서 더 나아가 '초월적(transzendental)'은 '초험적(transzendent)'이라는 일상적인 뜻과 함께, '일체의 주관적 경험 앞에 놓여 있으면서 대상

••

24) 한국칸트학회 창립(1990. 12) 이래 공식적인 학회 모임에서도 회원들 간에 두세 차례 토론을 가졌지만, 학회지 《칸트연구》를 창간할 때(1995. 6)까지도 합의에는 이르지 못하여, 게재 논문 11편 가운데, 손봉호·강영안·백종현·한자경·박채옥의 논문만이 'a priori' = '선험(적)', 'transzendental' = '초월(적)'이라고 일관되게 사용하고 있음을 볼 수 있다.

들의 인식 자체를 비로소 가능하게 하는(vor jeder subjektiven Erfahrung liegend und die Erkenntnis der Gegenstände an sich erst ermöglichend)'이라는 뜻도 갖는다.[25] 독일어 '트란첸덴탈'의 이러한 의미 전환 내지 확장은 사실 '코페르니쿠스적 전환'으로 표현되는 칸트적 세계 인식으로 인한 것인 만큼, 우리가 칸트철학을 한국어로 옮기고 논의하는 자리에서도 한국어 '초월(적)'이 재래의 관용적 의미에서 벗어나는 경우 또한 받아들이는 것이 오히려 칸트철학을 철학사적 맥락에서 더 잘 이해할 수 있는 길이라 할 것이다. 기실 한국어 '초월(적)'의 일상적 의미는 철학사적 관점에서 볼 때는 상식 실재론에 기반한 것이다. 그런데 칸트의 초월철학은 바로 그 상식 실재론을 전복시키는 것이니, 무엇보다도 용어 '초월'부터 전복시켜 읽고 사용하지 않으면 '초월철학'은 제대로 표현될 수도 없다. — 보기에 따라서 철학사상사는 개념 전복의 역사라 할 수 있다. 철학사상사의 줄거리란 동일한 낱말 '이성(理性, logos, ratio)', '주체(subjectum)' 또는 '객관(objectum)', '실체(substantia)' 또는 '실재(realitas, Realität, reality)'로 표현되는 개념의 변천 과정 내지 전복 과정이라고 할 수 있으니 말이다. 그렇기 때문에 뜻이 달라졌다 해서, 또는 정반대의 사태를 지시하게 되었다 해서 낱말 자체를 바꿔 버리면, 오히려 역사적 맥락을 잃게 된다. 고전에 대한 교양과 충분한 지성을 갖춘 어떤 후학이 앞선 이가 그 낱말로써 무엇을 지칭했는지를 몰라서 전혀 다른 의미로 그 낱말을 사용하겠는가! 용어의 의미 전환은 사태 또는 본질에 대한 시각의 전환을 요구하고 있다 할 것이다. 예컨대, 칸트가 스콜라철학을 "옛사람들의 초월철학

25) 『국립국어연구원: 표준국어대사전』(서울 1999, 6086면); *Duden: Das große Wörterbuch der deutschen Sprache*(Bd. 7, Mannheim. Leipzig. Wien. Zürich ²1995, S. 3431) 참조.

(Transzendentalphilosophie der Alten)"(*KrV*, B113)이라고 지칭하고, 거기에서 말하는 이른바 초월자들, 곧 "一(unum)", "眞(verum)", "善(bonum)"을 일러 "잘못 생각된, 사물들의 초월적 술어들(transzendentale Prädikate)" (*KrV*, B113 이하)이라고 지칭하는 대목에서의 '트란첸덴탈'은 '초월적'이라 옮기고, 칸트철학 내에서의 '트란첸덴탈'은 '초월론적' 또는 '선험적' 또는 '선험론적'이라고 옮기면, 이미 그것은 논쟁점을 없애버리는 것으로써, 칸트가 왜 저것에 관해 언급하는지를 알 수 없게 만드는 것이다. 칸트의 '초월철학'은 역사적 맥락 속에서, 즉 '옛사람들의 초월철학'과의 대비 속에서 그 의의가 뚜렷하게 드러난다. 칸트는 동일한 '초월철학'이라는 말로써 전혀 다른 내용을 지칭함으로써 '옛사람들의 초월철학'을 무효화하고 있는 것이다. 칸트의 '초월론철학' 또는 '선험론철학'이 '옛사람의 초월철학'을 타파하는 것이 아니라, 바로 칸트의 그 '초월철학'이 '옛사람의 초월철학'을 지양하는 것이다. ─이제 칸트와 더불어 (그 자체로 있는) 객관은 (순전히 수용적인) 우리를 초월해 있는 것이 아니라, (자기활동적인) 주관인 우리가 객관으로 초월해나가 객관을 규정하는 것이다.

결론적으로 말해 당초에 스콜라철학에서 '모든 범주들 내지는 유개념을 초월하는 규정'들을 '초월적인 것'이라고 일컬었듯이, 칸트에서도 기본적으로 '초월적인 것'은 '규정(Bestimmung)' 곧 '형식(틀, Form)'을 일컫는 것이다. 다만 칸트는 이 형식을 모두 인간 의식에서 선험적인 것, 즉 순수 주관적인 것으로 파악하고, 우리에게 존재자는 모두 현상으로서, 이 현상은 무엇이든 어떻게 있든 순수 주관적인 형식, 곧 공간·시간이라는 직관 형식과 지성개념이라는 사고 형식에서 규정된다고 보기 때문에, '코페르니쿠스적 전환'을 말하는 것이다. 그 때문에 칸트철학은 근본적으로는 관념론이라고 일컫는다. 이런 근본적인 '초월(적)'의 의미를 생각하면,

다시 한 번 말하거니와, 설령 칸트의 용례에서 '초험적' 또는 '초월철학적' 내지 '초월론적'으로 이해하는 것이 합당해 보이는 경우가 없지 않다 하더라도, '트란첸덴탈'은 칸트철학에서 핵심적인 용어인 만큼 일관되게 '초월적'으로 옮겨 쓰고, 이 용어가 오랜 역사를 담고 있는 만큼 사뭇 다의적이어서 칸트 문헌에서도 곳에 따라서는 이러저러한 뜻으로도 사용되고 있다고 해설하는 편이 사태에 적합하다 하겠다.

6. 주요 용어 번역어 정리

이상과 같이 칸트철학을 이해하는 바탕 위에서 칸트의 주요 저술 제목과 용어들의 한국어 번역어를 유사한 것들과 비교하면서 정리하여 표를 만들어보면 아래와 같다.

6.1 칸트 주요 논저 제목[약호] (※수록 베를린 학술원판 전집[AA] 권수)

Kant's gesammelte Schriften[베를린 학술원판 전집: AA], hrsg. v. der
　　Kgl. Preußischen Akademie der Wissenschaft//v. der Deutschen
　　Akademie der Wissenschaft zu Berlin//v. der Akademie der
　　Wissenschaften zu Göttingen//v. der Berlin-Brandenburgischen
　　Akademie der Wissenschaften, Bde. 1~29, Berlin 1900~2009.

『순수이성비판』: *Kritik der reinen Vernunft*[KrV], AA III~IV.
『형이상학 서설』: *Prolegomena zu einer jeden künftigen Metaphysik, die als
　　Wissenschaft wird auftreten können*[Prol], AA IV.

『실천이성비판』: *Kritik der praktischen Vernunft*[*KpV*], AA V.

『윤리형이상학 정초』: *Grundlegung zur Metaphysik der Sitten*[*GMS*], AA IV.

『윤리형이상학』: *Die Metaphysik der Sitten*[*MS*], AA VI.

『법이론의 형이상학적 기초원리』/『법이론』: *Metaphysische Anfangsgründe der Rechtslehre*[*RL*].

『덕이론의 형이상학적 기초원리』/『덕이론』: *Metaphysische Anfangsgründe der Tugendlehre*[*TL*].

『판단력비판』: *Kritik der Urteilskraft*[*KU*], AA V.

「판단력비판 제1서론」: Erste Einleitung in die Kritik der Urteilskraft [EEKU], AA XX.

『(순전한) 이성의 한계(들) 안에서의 종교』: *Die Religion innerhalb der Grenzen der bloßen Vernunft*[*RGV*], AA VI.

『영원한 평화』: *Zum ewigen Frieden*[*ZeF*], AA VIII.

『학부들의 다툼』: *Der Streit der Fakultäten*[*SF*] , AA VII.

『실용적 관점에서의 인간학』: *Anthropologie in pragmatischer Hinsicht*[*Anth*], AA VII.

「거짓말」: Über ein vermeintes Recht aus Menschenliebe zu lügen[VRML], AA VIII.

「이론과 실천」: Über den Gemeinspruch: Das mag in der Theorie richtig sein, taugt aber nicht für die Praxis[TP], AA VIII.

「도덕철학 강의」: [V-Mo], AA XXVII.

「윤리형이상학 강의」: Metaphysik der Sitten Vigilantius[V-MS/Vigil], AA XXVII.

「자연법 강의」: Naturrecht Feyerabend[V-NR/Feyerabend], AA XXVII.

「형이상학 강의」: [V-MP], AA XXVIII.

「종교론 강의」: Philosophische Religionslehre nach Pölitz[V-Phil-Th/ Pölitz], AA XXVIII.

『자연과학의 형이상학적 기초원리』: *Metaphysische Anfangsgründe der Naturwissenschaft*[*MAN*], AA IV.

『교육학』: *Immanuel Kant über Pädagogik*[*Päd*], AA IX.

「인간학 강의」: [V-Anth], AA XXV.

「조각글」: Reflexionen[Refl], AA XIV-XIX.

『자연지리학』: *Immanuel Kants Physische Geographie*[*PG*], AA IX.

『미와 숭고의 감정에 관한 관찰』: *Beobachtungen über das Gefühl des Schönen und Erhabenen*[*GSE*], AA II.

「목적론적 원리들의 사용」: Über den Gebrauch teleologischer Principien in der Philosophie[ÜGTP], AA VIII.

『논리학』: *Immanuel Kant's Logik. Ein Handbuch zu Vorlesungen*[*Log*]. AA IX.

「논리학 강의」: [V-Log], AA XXIV.

「감성세계와 예지세계의 형식과 원리들[교수취임논문]」: De mundi sensibilis atque intelligibilis forma et principiis[MSI], AA II.

「형이상학의 진보」: Welches sind die wirklichen Fortschritte, die die Metaphysik seit Leibnizens und Wolf's Zeiten in Deutschland gemacht hat?[FM], AA XX.

「신의 현존의 유일 가능한 증명근거」: Der einzig mögliche Beweisgrund zu einer Demonstration des Daseins Gottes[BDG], AA II.

「(형이상학적 인식의 제1원리에 대한) 새로운 해명」: Principiorum primorum cognitionis metaphysicae nova dilucidatio[PND], AA I.

『시령자의 꿈』: *Träume eines Geistersehers, erläutert durch die Träume der Metaphysik*[TG], AA II.

「발견」: Über eine Entdeckung, nach der alle neue Kritik der reinen Vernunft durch eine ältere entbehrlich gemacht werden soll[ÜE], AA VIII.

「보편사의 이념」: Idee zu einer allgemeinen Geschichte in weltbürgerlicher Absicht[IaG], AA VIII.

「인간 역사」: Mutmaßlicher Anfang der Menschengeschichte[MAM], AA VIII.

「일반 자연사 및 천체 이론」: Allgemeine Naturgeschichte und Theorie des Himmels[NTH], AA I.

「자연신학과 도덕」: Untersuchung über die Deutlichkeit der Grundsätze der natürlichen Theologie und der Moral[nThM], AA II.

「계몽이란 무엇인가」: Beantwortung der Frage: Was ist Aufklärung?[WA], AA VIII.

「사고에서 올바른 정향」: Was heißt, sich im Denken orientiren?[WDO], AA VIII.

「만물의 종말」: Das Ende aller Dinge[EAD], AA VIII.

「유작」: Opus postumum[OP], AA XXI~XXII.

6.2 칸트철학 중요 용어 한국어 번역어(유사어 및 상관어) 표

Absicht

Absicht : 의도 / 관점 / 견지, Rücksicht : 고려 / 견지, Hinsicht : 관점 / 돌아봄 / 참작, Vorsatz : 고의 / 결의, Entschluß : 결심 / 결정

Achtung

Achtung(observatio / reverentia) : 존경(尊敬 / 敬畏), Hochachtung : 존경 / 경의, Respekt : 존경 / 존경심 / 경의, Ehrfurcht : 외경, Hochschätzung : 존중, Schätzung : 평가 / 존중, Ehre : 명예 / 영광 / 경의 / 숭배, Verehrung(reverentia) : 숭배(崇拜) / 경외(敬畏) / 경배 / 흠숭 / 존숭 / 공경 / 경의를 표함, Ehrerbietung : 숭경, Anbetung : 경배

affizieren

affizieren : 촉발하다 / 영향을 끼치다, Affektion : 촉발 / 자극 / 애착 / 애호, Affekt : 정동[情動] / 격정 / 흥분 / 촉발 / 정서 / 감격 / 정감, affektionell : 격정 적 / 정동적 / 촉발된 / 정서적 / 정감적, ※ (affektieren : ~인 체하다 / 허세부리다, Affektation : 내숭 / 허세 / 허식)

angemessen

angemessen : 알맞은 / 적절한 / 부합하는, füglich : 걸맞은 / 어울리는

angenehm

angenehm : 쾌적한 / 편안한, unangenehm : 불쾌적한 / 불편한 / 불유쾌한, Annehmlichkeit : 쾌적함 / 편안함, behaglich : 편안한 / 유쾌한, Gemächlichkeit : 안락함

Anmut

Anmut : 우미[優美], Eleganz : 우아

Anreizen

anreizen : 자극하다, Reiz : 자극 / 매력, stimulus : 刺戟, rühren : 건드리다 / 손대다 / 마음을 움직이다, Rühren : 감동, Rührung : 감동, berühren : 건드리다 / 접촉하다, Begeisterung : 감격

Apprehension

Apprehension(apprehensio) : 포착(捕捉) / 점취(占取), Auffassung (apprehensio) : 포착(捕捉 : 직관 / 상상력의 작용으로서) / 파악(把握 : 지성의 작용 으로서), Erfassen : 파악, Begreifen : (개념적) 파악 / 개념화 / 이해

a priori

a priori : 선험적, a posteriori : 후험적, angeboren(innatus) : 선천적(本有的) / 생득적 / 생래적 / 천성적 / 타고난, anerschaffen : 타고난 / 천부의

Ästhetik

Ästhetik : 감성학 / 미감학 / 미학, ästhetisch : 감성(학)적 / 미감적 / 미학적

Aufrichtigkeit

Aufrichtigkeit: 정직성[함], Ehrlichkeit: 솔직성[함] / 정직성 / 진실성, Redlichkeit: 진정성, Wahrhaftigkeit: 진실성[함], Rechtschaffenheit: 성실성[함], Freimütigkeit: 공명솔직[함] / 숨김없음, Offenheit: 솔직 / 개방 / 공명정대 / 공공연성, Offenherzigkeit: 솔직담백성[함]

Bedingung

Bedingung: 조건, bedingt: 조건 지어진 / 조건적, das Bedingte: 조건 지어진 것 / 조건적인 것, das Unbedingte: 무조건자[/ 무조건적인 것]

Begehrung

Begehrung / Begehren(appetitus): 욕구(欲求), Begierde(appetitio): 욕망(慾望) / 욕구, Begier: 욕망, Bedürfnis: 필요 / 필요욕구 / 요구, Verlangen: 요구 / 갈망 / 열망 / 바람 / 요망, Konkupiszenz(concupiscentia): 욕정(欲情), Gelüst(en): 갈망 / 정욕, cupiditas: 慾望, libido: 情欲

begreifen

begreifen: (개념적으로) 파악하다 / 개념화하다 / 포괄하다 / (포괄적으로) 이해하다 / 해득하다, Begriff: 개념 / 이해, [Un]begreiflichkeit: 이해[불]가능성 / 해득[불]가능성, verstehen: 이해하다, fassen: 파악하다 / 이해하다, Verstandesvermögen: 지성능력, Fassungskraft: 이해력

beobachten

beobachten : 준수하다 / 지키다 / 관찰하다, Beobachtung : 관찰 / 준수, befolgen : 따르다 / 준수하다, Befolgung : 추종 / 준수

Bereich

Bereich : 영역, Gebiet : 구역, Sphäre : 권역, Kreis : 권역, Feld : 분야, Fach : 분과 / 전문분야, Umfang : 범위, Region : 지역 / 지방 / 영역, territorium : 領土, ditio : 領域

Besitz

Besitz(possessio) : 점유(占有), Besitznehmung(appprehensio) : 점유취득(占取), ※ Eigentum : 소유(물 / 권), ※ Haben : 소유[가지다] / 자산, Zueignung (appropriatio) : 전유[영득](專有), Bemächtigung(occupatio) : 선점(先占) / 점령 (占領)

Bestimmung

Bestimmung : 규정 / 사명 / 본분 / 본령, bestimmen : 규정하다 / 결정하다 / 확정하다, bestimmt : 규정된[/ 적] / 일정한 / 확정된[/ 적] / 명확한 / 한정된, unbestimmt : 무규정적 / 막연한 / 무한정한

Bild

Bild : 상 / 도상[圖像] / 형태 / 그림 / 사진, Schema : 도식[圖式], Figur : 형상 [形象] / 도형, Gestalt : 형태, Urbild : 원형 / 원상, Vorbild : 전형 / 모범 / 원형

böse

böse：악한, das Böse：악, malum：惡/害惡/禍, Übel：화/악/해악/재해/
재화[災禍]/나쁜 것/병환/질환, boshaft：사악한, bösartig：악의적/음흉한,
böslich：악의적/음흉한, schlecht：나쁜, arg：못된/악질적인, tückisch：간악
한/간계의, Arglist：간계

darstellen

darstellen：현시하다/그려내다/서술하다, Darstellung(exhibitio)：현시(現示/
展示)/그려냄/서술, darlegen：명시하다, dartun：밝히다

Denken

Denken：사고(작용), denken：(범주적으로) 사고하다/(일반적으로) 생각하다,
Denkart：사고방식/신념/견해, Gedanke：사유(물)/사상[思想]/사고내용/
상념/생각, Denkung：사고/사유, Denkungsart：사유방식[성향], Sinnesart：
성미/기질

Ding

Ding：사물/일/것, Sache：물건/사상[事象]/사안/실질내용/일, ※ Wesen：
존재자[것/자]/본질

Ding an sich

Ding an sich：사물 자체, Ding an sich selbst：사물 그 자체

Disziplin

Disziplin:훈육, Zucht:훈도

Dogma

Dogma:교의／교조, dogmatisch:교의적／교조(주의)적, Lehre:교리／학설／
이론／가르침, Doktrin:교설, ※ eigenmächtig:독단적

eigen

eigen:자신의／고유한, eigentlich:본래의／원래의, Eigenschaft:속성／특성,
Eigentum:소유, eigentümlich:특유의[／한]／고유의／소유의, Eigentümlichkeit:
특유성／고유성, eigenmächtig:독단적, Beschafenheit:성질, ※ Attribut:
(본질)속성／상징속성

Einbildung

Einbildung:상상, Bildung:형성／교양／교육／도야, Phantasie:공상,
Phantasma:환상

Empfindung

Empfindung:감각／느낌, Empfindlichkeit:예민／민감, Empfindsamkeit:다
감함／감수성, Empfindelei:민감함／감상주의

Erörterung

Erörterung(expositio):해설(解說), Exposition:해설, Aufklärung:해명,
Erläuterung:해명／설명, Erklärung:설명／언명／공언／성명(서)／표시,

Explikation : 해석 / 석명[釋明], Deklaration : 선언 / 천명 / (의사)표시,

Aufschluß : 해결 / 해명, Auslegung : 해석 / 주해, Ausdeutung : 설명 / 해석,

Deutung : 해석 / 설명

Erscheinung

Erscheinung : 현상, Phaenomenon(phaenomenon) : 현상체(現象體),

Sinneswesen : 감성존재자, Sinnenwelt(mundus sensibilis) : 감성[각]세계(感性

[覺]世界)

Feierlichkeit

Feierlichkeit : 장엄 / 엄숙 / 예식 / 의례[儀禮] / 화려, Gebräuche : 의식[儀式] /

풍속 / 관례, Förmlichkeit : 격식 / 의례[儀禮], Zeremonie : 예식 / 격식

Form

Form : 형식, Formel : 정식[定式], (Zahlformel : 수식[數式]), Figur : 형상[形象] /

도형, Gestalt : 형태, ※ Förmlichkeit : 격식 / 의례[儀禮]

Folge

Folge : 잇따름 / 계기[繼起] / 후속[後續] / 결과 / 결론, folgen : 후속하다 /

뒤따르다 / 뒤잇다 / 잇따르다 / 결론으로 나오다, sukzessiv : 순차적 / 점차적 /

연이은, Sukzession : 연이음, Kontinuum : 연속체, Kontinuität : 연속성,

kontinuierlich : 연속적, Fortsetzung : 계속

Freude

Freude:환희/유쾌/기쁨, freudig:유쾌한/기쁜, Frohsein:기쁨, froh:기쁜/
즐거운, Fröhlichkeit:환희/유쾌/명랑, fröhlich:기쁜/유쾌한/쾌활한/명랑
한, erfreulich:즐거운, Lustigkeit:쾌활(함)

Furcht

Furcht:두려움/공포, Furchtsamkeit:겁약(성)/소심(함), Furchtlosigkeit:
대담(성), Schreck:경악/놀람, Schrecken:겁먹음/경악/전율, Erschrecken:
겁먹음/경악/놀람, Erschrockenheit:깜짝 놀람/겁 많음, Grauen:전율/
공포, Grausen:전율, Gäuseln:소름 돋음, Greuel:공포/소름끼침,
Entsetzen:공황[恐慌], Schauer:경외감, Schauern:오싹함/오한

gefallen

gefallen:적의[適意]하다/마음에 들다, Gefälligkeit:호의, Mißfallen:부적
의[不適意]/불만, mißfallen:적의하지 않다/부적의[不適意]하다/마음에 들
지 않다, Wohlgefallen(complacentia):흡족(洽足)/적의함(=Wohlgefälligkeit),
※ Komplazenz:흐뭇함

gemein

gemein:보통의/평범한/공통의/공동의/상호적/일상의/비열한/비루한,
gemeiniglich:보통, gewöhnlich:보통의/흔한/통상적으로, alltäglich:일상
적(으로), alltägig:일상적/매일의

Gemeinschaft

Gemeinschaft : 상호성 / 공통성 / 공동체 / 공동생활 / 공유, gemeines Wesen : 공동체, Gesellschaft : 사회, Gemeinde : 기초단체 / 교구 / 회중[會衆] / 교단

Gemüt

Gemüt(animus) : 마음(心) / 심성(心性), Gemütsart(indoles) : 성품(性品) / 성정(性情), Gemütsanlage : 마음의 소질 / 기질, Gemütsfassung : 마음자세 / 마음의 자제, Gemütsstimmung : 심정 / 기분, Gesinnung : 마음씨, Herzensgesinnung : 진정한 마음씨, Herz : 심 / 진심 / 심정 / 심성 / 마음 / 가슴 / 심장, Seele(anima) : 영혼(靈魂) / 마음 / 심성, Geist(spiritus / mens) : 정신(精神) / 정령 / 성령 / 영(靈), ※ Sinnesänderung : 심성의 변화 / 회심[回心], Herzensänderung : 개심[改心]

Gerechtigkeit

Gerechtigkeit : 정의 / 정의로움, Rechtfertigung : 의[로움] / 의롭게 됨[의로워짐] / 정당화 / 변호, gerecht(iustium) : 정의(正義)로운, ungerecht(iniustium) : 부정의(不正義)한

Gesetz

Gesetz : 법칙 / 법 / 법률 / 율법, Regel : 규칙, regulativ : 규제적, Maxime : 준칙, Konstitution : 헌법 / 기본체제 / 헌정체제 / 기본구성, Grundgesetz : 기본법 / 근본법칙, Verfassung : (기본)체제 / 헌법, Grundsatz : 원칙, Satz : 명제, Satzung : 종규[宗規] / 율법, Statut : 법규, statutarisch : 법규적 / 규약적 / 제정법[制定法]적, Verordnung : 법령, ※ Recht : 법 / 권리 / 정당 / 옳음

Geschmack

Geschmack : 취미 / 미각 / 맛, Schmack : 맛 / 취미

gesetzgebend

gesetzgebend : 법칙수립적 / 입법적, legislativ : 입법적

Gewohnheit

Gewohnheit : 습관 / 관습 / 풍습, Gewohntwerden(consuetudo) : 익숙 / 습관 (習慣), Angewohnheit(assuetudo) : 상습(常習) / 습관(習慣), Fertigkeit : 습성 / 숙련, habitus : 習性, habituell : 습성적

Gleichgültigkeit

Gleichgültigkeit : 무관심 / 아무래도 좋음, Indifferenz : 무차별, ohne Interesse : (이해)관심 없이[는], Interesse : 이해관심 / 관심 / 이해관계, adiaphora : 無關 無見

Glückseligkeit

Glückseligkeit : 행복, Glück : 행(복) / 행운, Seligkeit : 정복[淨福]

Gottseligkeit

Gottseligkeit : 경건, Frömmigkeit : 독실(함) / 경건함

Grund

Grund : 기초 / 근거, Grundlage : 토대, Grundlegung : 정초[定礎], Basis : 기반 /

토대, Anfangsgründe : 기초원리, zum Grunde legen : 기초/근거에 놓다 [두다], unterlegen : 근저에 놓다[두다], Fundament : 토대/기저, ※ Boden : 지반/토대/기반/지역/영토/땅

gründen

gründen : 건설하다/(sich)기초하다, errichten : 건립하다/설치하다, stiften : 설립하다/창설하다/세우다

gut

gut : 선한/좋은, das Gute : 선/좋음, bonum : 善/福, gutartig : 선량한, gütig : 온화한/관대한, gutmütig : 선량한/선의의

Habe

Habe : 소유물/재산, Habe und Gut : 소유재산, Haben : 소유[가지다]/(총) 자산/대변, Inhabung(detentio) : 소지(所持), ※ Vermögen : 재산/재산력, vermögend : 재산력 있는/재산이 많은

Handlung

Handlung : 행위[사람의 경우]/작동[사물의 경우]/작용/행위작용/행사, Tat : 행실/행동/업적/실적/사실, Tatsache : 사실, factum : 行實/事實, Tun : 행함/행동/일/짓, Tun und Lassen : 행동거지/행위, Tätigkeit : 활동, Akt/Aktus : 작용/행동/행위/활동/동작, Wirkung : 결과/작용결과/작용/ 효과, Verhalten : 처신/태도, Benehmen : 행동거지, Lebenswandel : 품행, Betragen : 거동/행동, Gebärde : 거동, Konduite : 범절, Anstand : 몸가짐/

자세, ※ Werk:소행/작품/저작

immer

immer:언제나, jederzeit:항상, immerdar:줄곧, stets:늘, auf immer:영구히, ewig:영원한[히], immerwährend:영구한/영속적인

Imperativ

Imperativ(imperativus):명령(命令), Gebot:지시명령/계명, gebieten:지시명령하다, dictamen:命法, Geheiß:분부/지시, befehlen:명령하다, befehligen:지휘하다, Observanz:계율/준봉[遵奉], ※ Vorschrift:지시규정/지정/규정[規程]/규율/훈계/지침/훈령

intellektuell

intellektuell:지성적, Intellekt:지성, Intellektualität:지성성, intelligibel:예지적, intelligent:지적인, Intelligenz:지적 존재자/예지자, Noumenon[noumenon]:예지체[叡智體], Verstandeswesen:지성존재자/오성존재자, Verstandeswelt(mundus intellegibilis):예지[/오성]세계(叡智[/悟性]世界), Gedankenwesen:사유물, Gedankending:사유물

Kanon

Kanon:규준[規準], Richtschnur:먹줄/기준/표준, Richtmaß:표준(척도), Maß:도량/척도, Maßstab:자[準矩]/척도, Norm(norma):규범(規範)

klar

klar : 명료한 / 명백한, deutlich : 분명한, dunkel : 애매한 / 불명료한 / 흐릿한 / 어슴푸레, verworren : 모호한 / 혼란한, zweideutig : 다의적 / 이의[二義]적 / 애매한 / 애매모호한, doppelsinnig : 이의[二義]적 / 애매한 / 애매모호한, aequivocus : 曖昧한 / 多義的 / 二義的, evident : 명백한 / 자명한, offenbar : 분명히 / 명백히, augenscheinlich : 자명한 / 명백히, einleuchtend : 명료한, klärlich : 뚜렷이, apodiktisch : 명증적, bestimmt : 규정된 / 명확한, hell : 명석한 / 총명한 / 맑은 / 밝은

Körper

Körper : 물체 / 신체, Leib : 몸 / 육체, Fleisch : 육[肉] / 살

Kraft

Kraft : 힘 / 력 / 능력 / 실현력, Vermögen : 능력 / 가능력 / 재산, Fähigkeit : (능)력 / 할 수 있음 / 유능(함) / 성능 / 역량, Macht : 지배력 / 권력 / 권능 / 위력 / 세력 / 힘, Gewalt : 권력 / 강제력 / 통제력 / 지배력 / 지배권 / 통치력 / 폭력, Gewalttätigkeit : 폭력 / 폭행, Stärke : 강함 / 힘셈 / 장점, Befugnis : 권한 / 권능, potentia : 支配力 / 力量, potestas : 權力 / 能力

Krieg

Krieg : 전쟁, Kampf : 투쟁 / 전투 / 싸움, Streit : 항쟁 / 싸움 / 다툼 / 논쟁, Streitigkeit : 싸움거리 / 다툼거리 / 쟁점 / 쟁론 / 분쟁, Zwist : 분쟁, Fehde : 반목, Befehdung : 반목 / 공격, Anfechtung : 시련 / 유혹 / 불복 / 공격, Mißhelligkeit : 불화 / 알력, Zwietracht : 불화, Händel : 분규, Zank : 언쟁 / 말싸움 / 쟁투 / 불화

Kultur

Kultur : 배양 / 개발 / 문화 / 교화 / 개화, kultivieren : 배양하다 / 개발하다 / 교화하다 / 개화하다, ※gesittet : 개명된

Kunst

Kunst : 기예 / 예술 / 기술, künstlich : 기예적 / 예술적 / 기교적, kunstreich : 정교한, Technik : 기술, technisch : 기술적인, Technizism : 기교성 / 기교주의

Legalität

Legalität(legalitas) : 합법성(合法性), Gesetzmäßigkeit : 합법칙성, gesetzmäßig : 합법칙적 / 합법적, Rechtmäßigkeit : 적법성 / 합당성 / 권리 있음, rechtmäßig : 적법한 / 합당한 / 권리 있는, Legitimität(legitimitas) : 정당성(正當性)

Materie

Materie : 질료, Stoff : 재료 / 소재

Mechanismus

Mechanismus : 기계성 / 기제[機制] / 기계조직, Mechanik : 역학 / 기계학 / 기계조직, mechanisch : 역학적 / 기계적, Maschinenwesen : 기계체제

Mensch

Mensch : 인간/사람, man : 사람(들), Mann : 인사/남자/남편/어른

Merkmal

Merkmal(nota): 징표(徵標), Merkzeichen: 표징, Zeichen: 표시 / 기호, Kennzeichen: 표지[標識], Symbol: 상징, Attribut: (본질)속성 / 상징속성

Moral

Moral: 도덕 / 도덕학, moralisch: 도덕적, Moralität: 도덕(성), Sitte: 습속 / 관습, Sitten: 윤리 / 예의 / 예절 / 습속 / 풍속 / 행적, sittlich: 윤리적, Sittlichkeit: 윤리(성), Sittsamkeit(pudicitia): 정숙(貞淑), gesittet: 예의 바른 / 개화된 / 교양 있는 / 품위 있는 / 개명된, Ethik: 윤리학, ethisch: 윤리(학)적, Anstand: 예절, Wohlanständigkeit: 예의범절 / 예절바름

Muster

Muster: 범형 / 범례 / 전형, musterhaft: 범형적 / 범례적 / 전형적, Typus: 범형, Typik: 범형론, exemplarisch: 본보기의 / 견본적, Probe: 견본 / 맛보기, schulgerecht: 모범적, ※ Beispiel: 예 / 실례 / 사례 / 본보기

Natur

Natur: 자연 / 본성 / 자연본성, Welt: 세계 / 세상, physisch: 자연적 / 물리적

Neigung

Neigung: 경향성 / 경향, Zuneigung: 애착, Hang(propensio): 성벽(性癖), Tendenz: 경향 / 추세 / 동향

notwendig

notwendig：필연적, notwendigerweise：반드시, nötig：필수적／필요한, unausbleiblich：불가불, unentbehrlich：불가결한, unerläßlich：필요불가결한, unvermeidlich：불가피하게, unumgänglich：불가피하게

Objekt

Objekt：객관[아주 드물게 객체], Gegenstand：대상

Ordnung

Ordnung：순서／질서, Anordnung：정돈／정치[定置]／배치／서열／질서(규정)／조치／법령(체제), ※ Verordnung：법령／규정

Orignal

Original：원본, original：원본적／독창적, originell：본원적／독창적, originär：완전히 새로운／독자적인, erfinderisch：독창적／발명적

Pathos

Pathos：정념, Pathologie：병리학, pathologisch：정념적／병리학적, Apathie (apatheia)：무정념(無情念), Leidenschaft：열정／정열／욕정／정념／수난, passio：熱情／情念／受難／受動, ※ Konkupiszenz(concupiscentia)：욕정 (欲情), ※Affekt：정동／격정／정감

Pflicht

Pflicht(officium)：의무(義務), Verpflichtung：의무[를] 짐／의무 지움／책임,

Verbindlichkeit(obligatio)：책무(責務)／구속성／구속력, Obligation：책무／임무, Obliegenheit：임무, Verantwortung：책임, ※ Schuld：채무／탓／책임, ※ Schuldigkeit：책임／채무

Position

Position：설정／위치, Setzen：정립

Prädikat

Prädikat：술어, Prädikament：주[主]술어, Prädikabilie：준술어

Problem

Problem：문제, Problematik：문제성, problematisch：미정[未定]적／문제(성) 있는／문제[問題]적, Frage：물음／문제, Quästion：질문, wahrscheinlich：개연적, Wahrscheinlichkeit：개연성／확률, probabel：개연적[蓋然的], Probabilität：개연성／확률, Probabilismus：개연론／개연주의

Qualität

Qualität(qualitas)：질(質), Eigenschaft：속성／특성, Beschaffenheit：성질

Quantität

Quantität(quantitas)：양(量), Größe：크기, Quantum(quantum)：양적(量的)인 것, Menge：분량／많음, Masse：총량／다량

Realität

Realität : 실재(성) / 실질(성) / 실질실재(성), Wirklichkeit : 현실(성), realisieren :
실재화하다, verwirklichen : 현실화하다 / 실현하다

Recht

Recht : 법 / 권리 / 정당함 / 옳음, recht(rectum) : 올바른(正) / 법적 / 정당한 / 옳은,
unrecht(minus rectum) : 그른(不正) / 불법적 / 부당한, rechtlich : 법적인,
※ rechtmäßig : 적법한 / 합당한 / 권리 있는

rein

rein : 순수한, ※bloß : 순전한, einfach : 단순한, lauter : 순정[純正]한 / 숫제,
echt : 진정한 / 진짜의

Rezeptivität

Rezeptivität : 수용성, Empfänglichkeit : 감수성 / 수취(가능)성 / 수취력 / 수용
성 / 얻을 수 있음 / 받을 수 있음, Affektibilität : 감응성, Einnehmung : 수득 /
복용

schaffen

schaffen : 창조하다, erschaffen : 조물하다 / 창작하다, schöpfen : 창조하다,
Schaffer : 창조자, Schöpfer : 창조주, Erschaffer : 조물주, Urheber : 창시자

Schein

Schein : 가상 / 모습 / 외관 / 그럴듯함, Aussehen : 외관 / 외양, Anstrich : 외모 / 외양

Schema

Schema : 도식[圖式], Bild : 도상[圖像] / 상[像] / 형상[形像] / 그림, Figur : 도형 [圖形] / 모양 / 모습 / 형상[形象], Gestalt : 형태

Schöne[das]

Schöne(das) : 미적인 것 / 아름다운 것, Schönheit : 미 / 아름다움, ※ ästhetisch : 감성(학)적 / 미감적 / 미학적

Schuld

Schuld : 빚 / 채무 / 죄과 / 탓 / 책임, Schuldigkeit(debitum) : 책임(責任) / 채무 (債務), Unschuld : 무죄 / 순결무구, Verschuldung(demeritum) : 부채(負債) / 죄책(罪責)

Sein

Sein : 존재 / 임[함] / 있음, Dasein : 현존(재), Existenz : 실존(재) / 생존, Wesen : 존재자[것 / 자] / 본질

Sinn

Sinn : 감(각기)관 / 감각기능 / 감각 / 심성 / 의의 / 의미, sinnlich : 감성적 / 감각적, Sinnlichkeit : 감성, sensibel : 감수적 / 감성적 / 감각적, sensibilitas :

감수성, sensitiv:감수적/감각적, Gefühl:감정, Sensation:선정[煽情]감각,

※ Empfindung:감각/느낌, Leichtsinn:경박/경솔, Tiefsinn:심오/침울,

Frohsinn:쾌활/명랑, Schwachsinn: (정신) 박약

Spontaneität

Spontaneität:자발성, Selbsttätigkeit:자기활동성

Strafe

Strafe:형벌/처벌/징벌/벌, Strafwürdigkeit:형벌성[형벌을 받을 만함],

Strafbarkeit:가벌성[형벌을 받을 수 있음], reatus:罪過/違反, culpa:過失/

欠缺, dolus:犯罪, poena:罰/刑罰/處罰/補贖, punitio:處罰/懲罰

Substanz

Substanz(substantia) : 실체(實體), Subsistenz : 자존[自存]성/자존체,

bleiben : (불변)존속하다/머무르다, bleibend : (불변)존속적[/하는],

bestehen:상존하다/존립하다/성립하다/있다, beständig:항존적, Dauer:

지속, beharrlich:고정(불변)적, Beharrlichkeit:고정(불변)성

Sünde

Sünde:죄/죄악, ※peccatum:罪/罪惡, Sündenschuld:죄책, Sühne:

속죄/보속/보상/처벌, Entsündigung:정죄[淨罪], Genugtuung:속죄/

보상/명예회복, Erlösung:구원/구제, Versöhnung:화해, Expiation:속죄/

보상/죄 갚음, Büßung:참회/속죄/죗값을 치름, bereuen:회개하다/후회

하다, Pönitenz:고행

Synthesis

Synthesis : 종합, Einheit : 통일(성) / 단일(성) / 하나, ※ Vereinigung : 합일 / 통합 / 통일 / 하나 됨 / 결사

Tapferkeit

Tapferkeit(fortitudo) : 용기(勇氣) / 용감함 / 굳셈, Mut : 의기 / 용기, mutig : 의기로운 / 용맹한, brav : 용감한 / 씩씩한, Herzhaftigkeit : 담대함[성], Unerschrockenheit : 대담성[함], ※ Erschrockenheit : 깜짝 놀람 / 겁 많음

Temperament

Temperament : 기질 / 성미, Disposition : 성향 / 기질, Prädisposition(praedis-positio) : 성향(性向), ※Sinnesart : 성미 / 기질, ※ Denkungsart : 사유방식[성향]

transzendental

transzendental : 초월적[아주 드물게 초험적 / 초월론적], transzendent : 초험적 / 초재적, immanent : 내재적, überschwenglich : 초절적 / 과도한, überfliegend : 비월적[飛越的], Transzendenz : 초월

Trieb

Trieb : 추동[推動] / 충동 / 본능, Antrieb : 충동, Instinkt : 본능, Triebfeder : (내적) 동기, Motiv : 동기

Trug

Trug : 속임(수) / 기만, Betrug(fraus) : 기만(欺瞞) / 사기, ※ Täuschung(illusio) :

착각(錯覺) / 속임 / 기만 / 사기, Illusion : 착각 / 환각 / 환상, Blendwerk
(praestigiae) : 환영(幻影) / 현혹 / 기만, Augenverblendnis(fascinatio) :
현혹(眩惑) / 미혹, Vorspiegelung : 현혹 / 꾸며댐, Hirngespinst : 환영[幻影],
Erschleichung : 사취 / 슬쩍 손에 넣음 / 슬며시 끼어듦, Subreption : 절취,
Defraudation(defraudatio) : 편취(騙取)

Tugend

Tugend : 덕 / 미덕, Laster : 패악 / 악덕, Untugend : 부덕, virtus : 德, vitium :
悖惡 / 缺陷 / 缺點, peccatum : 罪 / 罪惡, Verdienst(meritum) : 공적(功德),
※ malum : 惡 / 害惡 / 禍

Übereinstimmung

Übereinstimmung : 합치, Einstimmung : 일치 / 찬동, Stimmung : 조율 /
정조[情調] / 기분 / 분위기 / 기조, Zusammenstimmung : 부합 / 합치 /
화합, Verstimmung : 부조화 / 엇나감, Übereinkommen : 일치,
Angemessenheit : (알)맞음 / 적합 / 부합, Harmonie : 조화, Einhelligkeit :
일치 / 이구동성, Verträglichkeit : 화합 / 조화, Entsprechung : 상응 / 대응,
Konformität : 합치 / 동일형식성, Kongruenz : 합동 / 합치, korrespondieren :
대응하다, adaequat : 일치하는 / 부합하는 / 대응하는 / 부응하는 / 충전한

Übergang

Übergang : 이행[移行], Überschritt : 이월 / 넘어감, Überschreiten : 넘어감 /
위반, ※ Transzendenz : 초월

Ursprung

Ursprung : 근원 / 기원, ursprünglich : 원래 / 근원적으로, Quelle : 원천, Ursache : 원인 / 이유, Kausaltät : 원인(성) / 인과성, Grund : 기초 / 근거 / 이유

Urteil

Urteil : 판단 / 판결, Beurteilung : 판정 / 평가 / 비평 / 가치판단 / 판단, richten : 바로잡다 / 재판하다 / 심판하다

Veränderung

Veränderung : 변화, Abänderung : 변이[變移] / 변경 / 수정 / 개혁, Änderung : 변경, Umänderung : 변혁, Wechsel : 바뀜 / 변전[變轉] / 교체, Abwechselung : 교체, Wandeln : 변모 / 전변[轉變], Umwandlung : 전환 / 변이, Verwandlung : 변환, Umwälzung : 변혁 / 전복, Reform : 개혁, Revolution : 혁명

Verbindung

Verbindung(conjunctio) : 결합(結合) / 관련 / 구속 / 결사[結社], Verknüpfung (nexus) : 연결(連結) / 결부, Anknüpfung : 결부 / 연결 / 유대, Knüpfung : 결부 / 매듭짓기

Vereinigung

Vereinigung : 통합[체] / 통일[체] / 합일 / 조화 / 규합 / 결사, Vereinbarung : 합의 / 협정 / 합일 / 화합, Vereinbarkeit : 합의가능성 / 화합가능성

Vergnügen

Vergnügen：즐거움/쾌락/기뻐함, Unterhaltung：즐거움/오락, Kurzweil：재미있음/즐거움, Wo[h]llust：희열/환락/쾌락/음탕, Komplazenz：흐뭇함, Ergötzlichkeit：오락/열락/흥겨움/기쁨을 누림, ergötzen：기쁨을 누리다/흥겨워하다/즐거워하다, ergötzend：흥겨운/즐겁게 하는

Verstand

Verstand：지성[아주 드물게 오성], verständig：지성적/오성적, Unverstand：비지성/무지/어리석음, ※ intellektuell：지성적, intelligibel：예지[叡智]적, Intellektualität：지성성

vollkommen

vollkommen：완전한, vollständig：완벽한, völlig：온전히, vollendet：완결된/완성된, ganz/gänzlich：전적으로

wahr

wahr：참인[된]/진리의, Wahrheit：진리/참임, wahrhaftig：진실한, Wahrhaftigkeit：진실성

Widerspruch

Widerspruch：모순, Widerstreit：상충, Widerspiel：대항(자), Widerstand：저항

Wille

Wille : 의지, Wollen : 의욕(함), Willkür(arbitrium) : 의사(意思) / 자의 (恣意), willkürlich : 자의적인 / 의사에 따른 / 의사대로 / 수의적[隨意的], unwillkürlich : 본의 아닌 / 의사 없이 / 비자의적인 / 비수의적, Willensmeinung : 의향, beliebig : 임의적, Unwille : 억지 / 본의 아님 / 불쾌, unwillig : 억지로 / 마지못해, Widerwille : 꺼림 / 반감, freiwillig : 자유의지로 / 자원해서 / 자의[自意] 적인 / 자발적

Wirkung

Wirkung : 작용-결과 / 결과, Folge : 결과, Erfolg : 성과, Ausgang : 결말

Wissen

Wissen : 앎 / 지[知] / 지식, Wissenschaft : 학문 / 학[學] / 지식, Erkenntnis : 인식, Kenntnis : 지식 / 인지 / 앎

Wohl

Wohl : 복 / 복리 / 안녕 / 편안 / 평안 / 건전, Wohlsein : 복됨 / 평안함 / 안녕함 / 건강 / 잘함, Wohlleben : 유족[裕足]한 삶 / 풍족한 생활, Wohlbefinden : 안녕 / 평안 / 유쾌, Wohlbehagen : 유쾌(함), Wohlergehen : 번영 / 편안 / 평안, Wohlfahrt : 복지, Wohlstand : 유복, Wohlwollen : 호의 / 친절, Wohltun : 친절(함) / 선행, Wohltat : 선행 / 자선 / 은혜, Wohltätigkeit : 자선 / 선행 / 자비 / 자애 / 선량함 / 인자, benignitas : 仁慈 / 慈愛, Wohlverhalten : 훌륭한[방정한] 처신

Wunder

Wunder:놀라움/기적, Bewunderung:경탄, Verwunderung:감탄, Erstauen:
경이, Ehrfurcht:외경, Schauer:경외

Würde

Würde:존엄(성)/품위, Würdigkeit:품격[자격]/품위, würdig:품격 있는,
Majestät:위엄, Ansehen:위신/위엄, Qualifikation:자격, qualifiziert:자격
있는/본격적인

Zufriedenheit

Zufriedenheit(acquiescentia):만족(滿足/平靜), unzufrieden:불만족한
[스러운], Befriedigung:충족, ※Wohlgefallen(complacentia):흡족(洽足),
※ Erfüllung:충만/충족/이행[履行]

Zusammenfassung

Zusammenfassung(comprehensio):총괄(總括)/요약/개괄,
Zusammennehmung:통괄/총괄, Zusammensetzung(compositio):합성
(合成)/구성(構成), Zusammengesetztes(compositum):합성된 것/합성체
(合成體)/복합체(複合體), Zusammenhang:연관(성)/맥락, Zusammenhalt:
결부/결속/응집, Zusammenkommen:모임, Zusammenstellung:모음/
편성, Zusammenfügung:접합

Zweck

Endzweck:궁극목적, letzter Zweck:최종 목적, Ziel:목표, Ende:종점/끝/
종말

부록 2

한국 철학계의 칸트 연구문헌 110년
(1905~2014)

〈관련 자료 수집처〉

국립중앙도서관, 국회도서관, 한국교육학술정보원, 한국연구재단,

서울대학교 도서관 등 국내 각 대학 도서관, 국내 칸트 연구서 부록 등

국내 대학 석사학위 취득자 및 논문 목록
(연도순, 총 429명)

[1945~1984]

방승환, 「칸트에 있어서의 純粹悟性槪念의 實驗的 演繹論一考」, 서울대학교, 1949.

서동익, 「칸트의 悟性에 關한 考察」, 서울대학교, 1949.

김용섭, 「칸트에 있어서의 道德과 宗敎」, 전북대학교, 1957.

김진대, 「Kant의 時間論에 對한 Heidegger의 解釋에 關하여」, 경북대학교, 1958.

정 진, 「Kant의 先天的 綜合論」, 서울대학교, 1959.

정하경, 「Kant의 道德律과 自由」, 동국대학교, 1961.

김용정, 「Kant의 空間 時間論」, 동국대학교, 1962.

최양선, 「Kant에 있어서의 理性」, 서울대학교, 1963.

강학철, 「칸트的 二律背反과 케아케고아的 逆說」, 서울대학교, 1964.

정대현, 「칸트의 對象性에 關한 研究」, 고려대학교, 1965.

김윤수, 「Kant의 美分析論 研究」, 서울대학교, 1966.
이영호, 「神存在에 關한 Kant의 認識理論的 立場에 對한 檢討」, 서울대학교, 1966.
이창복, 「Kant의 自由論 批判」, 서울대학교, 1966.
황현승, 「Kant와 先驗的 構想力의 問題」, 서울대학교, 1966.

원갑희, 「칸트의 美學 研究」, 고려대학교, 1967.

원종흥, 「現代 敎育에 影響을 미치는 칸트의 倫理思想」, 연세대학교, 1969.
윤미림, 「Kant의 宗敎哲學에 對한 一考察: 理性宗敎와 啓示宗敎의 問題를 中心으로」,
　　　동국대학교, 1969.

이화춘, 「Kant 倫理의 根本的 問題」, 고려대학교, 1970.

신중균, 「칸트의 至上命法과 실천 理性의 要請에 대한 批判」, 감리교신학대학교,
　　　1971.

박중신, 「칸트의 道德의 原理 考察」, 전남대학교, 1972.
서승덕, 「Kant에 있어서 無上命令의 道德性」, 경북대학교, 1972.

신광철, 「先驗的 自由의 研究: 칸트 實踐理性 批判」, 전북대학교, 1974.

김임수, 「Kant 美學에 있어 Schöne Kunst 槪念의 體系的 意味」, 홍익대학교, 1976.
안현수, 「自由의 問題」, 서울대학교, 1976.
위상복, 「I. Kant의 直觀에 관한 考察. 전남대학교, 1976.

조태훈, 「Kant의 圖式論 考察」, 연세대학교, 1976.

김문수, 「法學的 方法二元論에 관한 研究: 特히 新 Kant 學派를 中心으로」, 중앙대
  학교, 1977.
최송실, 「Kant의 時間論」, 경북대학교, 1977.

정재홍, 「Kant의 自由에 關한 研究」, 건국대학교, 1978.
조주환, 「Heidegger의 Kant 解釋」, 경북대학교, 1978.
최중일, 「Kant의 時間觀」, 숭전대학교, 1978.

송점식, 「Kant의 實用的 人間學에 關한 研究」, 동국대학교, 1980.
이일수, 「Kant에 있어서 自由의 問題」, 고려대학교, 1980.
이현모, 「Kant의 先驗哲學에 있어서 先天的 認識 考察」, 성균관대학교, 1980.

김선호, 「知識의 先天性에 관한 고찰」, 전북대학교, 1981.
김영환, 「Kant의 경험(인식)이론과 Chomsky의 언어이론의 비교 연구」, 서울대학교,
  1981.
송경호, 「Kant의 〈純粹理性批判〉에 있어 二元的 思惟에 관한 考察」, 전북대학교,
  1981.
조백형, 「칸트철학에 있어서 최고선에 관한 연구」, 연세대학교, 1981.

길병휘, 「칸트 倫理學의 根本原理」, 경북대학교, 1982.
김광명, 「Kant 〈判斷力批判〉의 人間學的 意味에 대한 考察」, 서울대학교, 1982.
김봉득, 「Kant 비판哲學에 있어서의 形而上學의 問題와 그 歷史的 展開: 獨逸觀念論
  을 中心으로」, 영남대학교, 1982.
남봉균, 「Kant에 있어서 自由概念의 考察」, 연세대학교, 1982.
목영해, 「개인우위의 견해와 사회우위 견해의 비교와 그 교육적 해석: 칸트와 뒤
  르켕을 중심으로」, 부산대학교, 1982.

박영균, 「I. Kant에 있어서 자유와 도덕법칙」, 영남대학교, 1982.

배학수, 「칸트 〈순수이성비판〉에 있어서 순수이성의 안티노미에 관한 고찰」, 서울
　　대학교, 1982.

손승길, 「칸트(Kant)의 道德律의 根據에 관한 硏究」, 동아대학교, 1982.

이 엽, 「Kant에 있어서 分析判斷과 綜合判斷」, 성균관대학교, 1982.

김상봉, 「칸트의 물 자체와 주관-객관의 관계」, 연세대학교, 1983.

김재원, 「Kant에 있어서 先驗的 假象과 先驗的 理念의 問題」, 경북대학교, 1983.

오병훈, 「Kant의 道德哲學에 關한 硏究」, 영남대학교, 1983.

이남원, 「Kant의 〈先驗的 演繹〉에 있어서의 統一槪念」, 경북대학교, 1983.

이숙영, 「메를로 뽕띠의 현상학에 있어서 認識과 存在의 問題: 데카르트와 칸트
　　의 극복을 中心으로」, 서강대학교, 1983.

정상운, 「Kant의 倫理思想에 對한 硏究」, 한양대학교, 1983.

지철원, 「칸트의 〈순수이성비판〉에 있어서 'Ding an sich' 개념 고찰: 범주의 적용
　　문제와 학으로서의 의미 문제」, 성균관대학교, 1983.

최황임, 「〈순수이성비판〉에 있어서의 세 가지 종합」, 부산대학교, 1983.

하순애, 「Kant의 自由에 관한 硏究」, 동아대학교, 1983.

권오상, 「Kant의 〈순수이성비판〉에 있어서 범주의 선험적 연역」, 건국대학교,
　　1984.

김경수, 「Kant에 있어서 先驗的 統覺: 객관과 주관의 의식에서의 통일」, 경북대학
　　교, 1984.

김광일, 「Kant의 先驗的 演繹의 問題」, 고려대학교, 1984.

김미영, 「칸트에 있어서 대상개념과 선험적 통각」, 이화여자대학교, 1984.

김영기, 「Kant의 道德律에 관한 硏究」, 동아대학교, 1984.

김혜남, 「Kant의 倫理觀에 관한 硏究」, 고려대학교, 1984.

문성학, 「Kant 哲學의 Kopernicus的 轉回에 對한 考察」, 경북대학교, 1984.

박영무, 「Kant의 倫理 小考: 善意志와 道德法則을 중심으로」, 원광대학교, 1984.

박영선, 「Kant의 〈判斷力 批判〉에 있어서 趣味判斷의 先驗的 演繹」, 중앙대학교, 1984.

박채옥, 「칸트에 있어서의 카테고리의 先驗的 演繹에 關한 考察」, 전북대학교, 1984.

배채진, 「칸트의 定言的 命法에 관한 연구」, 부산대학교, 1984.

손남승, 「Kant에 있어서 經驗의 問題」, 전남대학교, 1984.

이한구, 「Kant의 시민사회론: 정치적 권위의 철학적 기초」, 동국대학교, 1984.

정진우, 「Kant에서 純粹理性의 二律背反」, 충남대학교, 1984.

조미경, 「Kant의 자유에 관한 연구」, 부산대학교, 1984.

지성기, 「칸트의 직관론 고찰」, 건국대학교, 1984.

[1985~1999]

강성식, 「Kant에게 있어서의 구상력에 관한 연구」, 숭전대학교, 1985.

김영례, 「칸트의 〈純粹理性批判〉에 있어서의 先驗的 構想力에 關한 考察」, 전북대학교, 1985.

박인수, 「칸트(I. Kant)의 政治哲學」, 부산대학교, 1985.

박인영, 「Kant의 物自體 槪念에 關한 硏究」, 중앙대학교, 1985.

송영준, 「Colling Wood의 歷史認識 方法論에 관한 연구: 칸트와의 관련성을 중심으로」, 부산대학교, 1985.

연효숙, 「칸트의 의식과 인식의 한계에 관한 연구」, 연세대학교, 1985.

이선일, 「I. Kant의 선험적 연역에 관한 연구: 초판과 재판의 비교를 중심으로」, 서울대학교, 1985.

임종진, 「Kant의 〈純粹理性批判〉에 있어서의 時間論」, 경북대학교, 1985.

여상범, 「倫理的 眞實性에 대한 Kant, 公利主義, 實用主義의 比較的 硏究」, 부산대학교, 1985.

최소인, 「칸트에 있어서 신과 유한, 무한의 문제: 〈순수이성비판〉을 중심으로」, 연세대학교, 1985.

하갑수, 「Kant의 선험적 종합판단에 관한 연구」, 건국대학교, 1985.

김현계, 「Kant의 실천이성과 종교」, 계명대학교, 1986.

나서영, 「Kant에 있어서 神의 存在問題」, 경북대학교, 1986.

박정하, 「Kant 역사철학에 있어서 진보의 문제」, 서울대학교, 1986.

변정은, 「崇高의 美學的 槪念에 대하여: I. Kant를 中心으로」, 홍익대학교, 1986.

이영수, 「Kant의 시간과 공간에 대한 연구: Einstein의 상대성 이론에 나타난 "시간과 공간"과의 비교를 중심으로」, 동국대학교, 1986.

이웅현, 「키신저 外交政策의 哲學的 背景에 關한 硏究: 칸트 哲學과의 聯關性을 中心으로」, 고려대학교, 1986.

정철하, 「하이데거의 존재론적 인식에 관한 연구: 칸트의 선험적 종합판단과의 비교를 中心으로」, 서울대학교, 1986.

조금제, 「義務槪念을 통해서 본 Kant 倫理學」, 경북대학교, 1986.

조재인, 「I. Kant와 N. Hartmann의 意志自由에 관한 硏究」, 전남대학교, 1986.

채성준, 「Kant 自由理論의 展開」, 경북대학교, 1986.

최진숙, 「Kant의 道德法則에 關한 硏究」, 성균관대학교, 1986.

권오향, 「음악의 적용가능성을 위한 칸트 미학 이론 연구」, 서울대학교, 1987.

김석수, 「Kant의 超驗的 觀念論(Der transzendentale Idealismus)에 대한 批判的 考察」, 서강대학교, 1987.

김성호, 「칸트의 定言命法에 관한 硏究」, 고려대학교, 1987.

김수배, 「칸트의 "미적 판단력 비판"에 있어서 Form 개념에 관하여」, 성균관대학교, 1987.

김학택, 「Kant의 定言命法에 관한 硏究」, 동국대학교, 1987.

서원호, 「칸트의 〈변증론〉에 나타난 인식의 제한성 문제」, 연세대학교, 1987.

신창용, 「Kant의 認識論에 있어서 범주의 객관적 타당성의 문제」, 영남대학교, 1987.

양희규, 「德의 倫理學과 義務의 倫理學의 關係 硏究」, 서울대학교, 1987.

윤용택, 「Kant의 '자유'에 관한 연구: 보편적인 법칙수립과 관련해서」, 동국대학교, 1987.

이명기, 「칸트의 시간개념과 유한성에 대한 존재론적 해석」, 연세대학교, 1987.

이용기, 「칸트 선험철학에서 구상력의 개념」, 인하대학교, 1987.

정수임, 「칸트에 있어서 道德法 成立根據에 관한 연구」, 영남대학교, 1987.

강영희, 「칸트의 〈판단력비판〉에 있어서 미적 합목적성의 의미」, 홍익대학교, 1988.

김기수, 「칸트의 최고선에 관한 연구」, 성균관대학교, 1988.

김영숙, 「Kant의 道德敎育思想」, 효성여자대학교, 1988.

유재갑, 「Kant에 있어서 自由에 관한 考察」, 원광대학교, 1988.

좌경옥, 「Kant 倫理學에서의 '實踐理性'에 관한 고찰」, 고려대학교, 1988.

권인섭, 「Kant의 道德敎育思想硏究」, 고려대학교, 1989.

박문재, 「칸트의 空間槪念에 관한 硏究」, 건국대학교, 1989.

박한나, 「칸트의 '미적 판단력 비판'에 있어서의 미적 대상성」, 숭실대학교, 1989.

선영주, 「칸트에 있어서 二律背反과 先驗的 理念의 關係」, 경상대학교, 1989.

유 철, 「Kant의 경험의 유추」, 경북대학교, 1989.

윤미경, 「Kant의 定言命法에 關한 硏究」, 고려대학교, 1989.

이양호, 「칸트의 宗敎哲學 연구」, 영남대학교, 1989.

권혁봉, 「〈순수이성비판〉에 대한 존재론적 해석: 하이데거의 해석을 중심으로」, 한국외국어대학교, 1990.

김미경, 「정신 작용으로서의 라이프니쯔의 본유 관념에 관한 고찰: 라이프니쯔의 본유 관념과 칸트의 범주 비교를 통해서」, 이화여자대학교, 1990.

김용남, 「칸트의 인식론과 신 증명 비판에 대한 연구」, 장로회신학대학교, 1990.

김현숙, 「칸트 미학에 있어서 인간성의 개념」, 홍익대학교, 1990.

박은옥, 「비트겐슈타인의 언어분석을 통한 칸트의 구성적 인식론 비판」, 경상대학교, 1990.

박 진, 「칸트 초월철학에서의 形式 개념」, 서울대학교, 1990.

변순용, 「意志의 實踐的 自由에 關한 硏究: I. Kant와 N. Hartmann을 중심으로」, 서울대학교, 1990.

송순자, 「Kant 思想에 있어서 敎育의 意味」, 효성여자대학교, 1990.

신원희, 「칸트의 道德思想에 관한 硏究」, 계명대학교, 1990.

이승호, 「칸트와 루터의 인간이해와 구원」, 장로회신학대학교, 1990.

정용수, 「칸트의 物自體 槪念에 對한 硏究」, 부산대학교, 1990.

하태규, 「칸트의 '도식주의'에 관하여」, 한국외국어대학교, 1990.

홍순갑, 「칸트의 構成論과 그 哲學的 意義」, 고려대학교, 1990.

강진숙, 「칸트의 時間論」, 건국대학교, 1991.

김병철, 「Kant의 물질 개념에 관한 고찰」, 건국대학교, 1991.

김양자, 「칸트와 듀이의 도덕론에 관한 비교 연구: 이성과 자유의 개념을 중심으로」,
    이화여자대학교, 1991.

김진석, 「칸트의 定言命法(Kategorischer Imperativ)에 關한 考察」, 경희대학교,
    1991.

문성화, 「칸트와 헤겔의 이성의 변증법에 대한 비판적 고찰」, 계명대학교, 1991.

박헌창, 「退溪의 敬사상과 Kant의 規範倫理」, 감리교신학대학교, 1991.

서정아, 「Kant의 자유개념에 관한 고찰」, 연세대학교, 1991.

신동숙, 「칸트 倫理學에서의 善意志에 관한 硏究」, 계명대학교, 1991.

안혁주, 「Kant에 있어서 道德法 成立根據에 關한 硏究」, 한양대학교, 1991.

이재성, 「인식이론에 있어서 주관과 객관에 관한 연구: Kant, Hegel, Marx를 중심
    으로」, 계명대학교, 1991.

이상헌, 「선험적 종합판단과 도식」, 서강대학교, 1991.

조기홍, 「칸트의 平和論 硏究」, 숭실대학교, 1991.

홍재숙, 「Kant에 있어서 道德法則의 存在根據와 定言命法」, 동국대학교, 1991.

곽현옥, 「칸트의 도덕교육 연구」, 계명대학교, 1992.

김기수, 「Kant의 미적 자율성에 대한 비판적 고찰」, 영남대학교, 1992.

김기찬, 「칸트 哲學에 있어서 自由와 學으로서의 形而上學」, 서울대학교, 1992.

김재호, 「칸트의 실체 개념」, 서울대학교, 1992.

김주연, 「〈순수이성비판〉의 오류추리론 연구」, 서울대학교, 1992.

김창원, 「학으로서 형이상학에로의 길: 칸트는 과연 〈순수이성비판〉에서 형이상학을 포기하였나」, 성균관대학교, 1992.

박일관, 「칸트에 있어서 정언명령의 가능근거에 관하여」, 전북대학교, 1992.

백문호, 「理性의 規制的 사용에 관한 考察」, 한양대학교, 1992.

신정원, 「I. Kant의 취미판단과 객관성의 문제」, 이화여자대학교, 1992.

심현주, 「칸트에 있어서 시간의 존재론적 의미」, 건국대학교, 1992.

안명관, 「Kant의 定言命法에 관한 硏究」, 고려대학교, 1992.

윤종한, 「칸트의 신관에 대한 기능적 유신론 이해」, 전남대학교, 1992.

엄순영, 「칸트의 法의 支配思想의 現代的 照明」, 이화여자대학교, 1992.

임미원, 「칸트 법철학에 관한 일 고찰」, 서울대학교, 1992.

이석재, 「순수지성의 도식기능(圖式機能, Schematismus)과 그 意義」, 서울대학교, 1992.

이수완, 「칸트 미학에 있어서의 형식과 표현 개념 분석을 통한 음악론 연구」, 서울대학교, 1992.

최유신, 「칸트의 理性神學과 道德的 信仰」, 중앙대학교, 1992.

김성수, 「칸트에 있어서 道德法則과 典型의 問題」, 효성여자대학교, 1993.

김화경, 「칸트의 이율배반론에 나타난 이성비판」, 이화여자대학교, 1993.

박종식, 「칸트의 공간론 연구」, 부산대학교, 1993.

백정혜, 「칸트철학에 있어서 초월적 구상력의 작용」, 계명대학교, 1993.

서정학, 「自然的 必然性과 自由의 歷史 二律背反 硏究」, 연세대학교, 1993.

손성우, 「칸트 〈순수이성비판〉에서 '현상'과 '사물 자체'」, 서울대학교, 1993.

안승미, 「칸트(I. Kant)의 도덕법칙에 관한 연구」, 동아대학교, 1993.

유재영, 「Kant의 自由와 善·惡의 槪念」, 원광대학교, 1993.

이지훈, 「자연과학에서 시간의 역할에 대한 선험론적 해석」, 부산대학교, 1993.

이혜영, 「칸트 미학이론에서의 형식 개념」, 이화여자대학교, 1993.

조은숙, 「칸트의 도덕철학에 있어서 행복 개념」, 경상대학교, 1993.

조정근, 「義務槪念에 根據한 道德的 判斷에 관한 연구」, 동국대학교, 1993.

조현보, 「칸트의 "物自體"에 관한 考察」, 인천대학교, 1993.

진정일, 「칸트 취미론의 한 연구」, 고려대학교, 1993.

채미영, 「칸트 철학에 있어서의 공간과 시간」, 경상대학교, 1993.

최금주, 「칸트 도덕철학에 있어서 요청의 의미」, 계명대학교, 1993.

최유정, 「칸트의 〈순수이성비판〉 "변증론"에서 이념의 형이상학적 가능성 문제」, 건국대학교, 1993.

강동국, 「Kant의 定言命令에 관한 硏究」, 장로회신학대학교, 1994.

구희경, 「Kant의 定言命法에 관한 硏究」, 충남대학교, 1994.

오세욱, 「칸트의 〈순수이성비판〉에서 선험적 연역에 대한 고찰」, 고려대학교, 1994.

오은택, 「칸트 초월철학에서의 초월적 인식과 선험적 종합판단」, 전남대학교, 1994.

이길천, 「칸트의 〈순수이성비판〉에서 물자체 개념에 관한 고찰」, 숭실대학교, 1994.

이석재, 「칸트에 있어서 자유를 통한 정언명법의 정당화에 관한 연구」, 경희대학교, 1994.

이정미, 「칸트의 進步史觀」, 효성여자대학교, 1994.

최문숙, 「Kant의 도덕철학에 나타난 자유의 개념」, 경상대학교, 1994.

한천균, 「Kant 倫理學에서 定言命法의 實踐的 意味에 관한 考察」, 인천대학교, 1994.

홍순신, 「칸트의 구성론과 그 철학적 의미」, 고려대학교, 1994.

홍일심, 「Kant에 있어서 카테고리의 先驗的 演繹에 관한 硏究」, 제주대학교, 1994.

김은경, 「틀의 작용에 대한 연구: 칸트 예술 철학에 대한 데리다의 비판을 중심으로」, 연세대학교, 1995.

김호정, 「칸트의 社會契約論 硏究」, 고려대학교, 1995.

서동욱, 「칸트 철학에서 능력들의 일치와 상상력」, 서강대학교, 1995.

윤금자, 「칸트의 정언명법에 관한 연구」, 강원대학교, 1995.

이영경, 「Kant 哲學에 있어서 自由에 관한 考察」, 대구효성가톨릭대학교, 1995.

이원봉, 「칸트의 법철학에서 소유의 정당화 문제」, 서강대학교, 1995.

이원중, 「칸트의 범주의 초월론적 연역에 대한 연구」, 한남대학교, 1995.

이재홍, 「칸트의 자유개념과 평화사상」, 서울대학교, 1995.

장충섭, 「칸트의 자유의지론에 관한 연구」, 서울대학교, 1995.

황복혜, 「칸트의 道德哲學에 있어서 最高善의 意義」, 영남대학교, 1995.

권욱혜, 「칸트의 道德法則에 관한 硏究」, 대구효성가톨릭대학교, 1996.

김상현, 「칸트와 셸링의 자연관」, 서강대학교, 1996.

김순호, 「목적론과 자유」, 서울대학교, 1996.

박영욱, 「칸트 철학에서의 선험적 연역의 문제: 〈순수이성비판〉과 〈판단력비판〉
   에 나타난 선험적 연역의 문제」, 고려대학교, 1996.

안윤기, 「칸트의 하나님 存在 證明 批判」, 장로회신학대학교, 1996.

이민자, 「〈純粹理性批判〉에 나타난 自由槪念」, 서강대학교, 1996.

이영석, 「루돌프 불트만 신학에 있어서의 신칸트주의 철학의 영향에 대한 小考」,
   장로회신학대학교, 1996.

이영운, 「칸트의 선험적 감성론에 관한 연구」, 부산대학교, 1996.

이원숙, 「Kant 認識論에서의 《經驗》槪念에 대한 考察」, 성균관대학교, 1996.

장경숙, 「칸트의 정언명법: 정언명법의 도출과정과 정언명법에 드러난 인간이해
   를 중심으로」, 서강대학교, 1996.

전대호, 「칸트의 공간론 연구」, 서울대학교, 1996.

정승일, 「判斷力批判을 통한 칸트의 音樂論 硏究」, 동아대학교, 1996.

정해인, 「칸트의 '순수지성개념의 초월적 연역'에 관한 소고」, 서울대학교, 1996.

조연수, 「〈판단력비판〉에 나타난 문화 개념의 성립과 의의에 관한 연구」, 서울대
   학교, 1996.

강수강, 「칸트의 定言命令에 關한 研究」, 대구효성가톨릭대학교, 1997.

권형신, 「Kant의 도덕법칙에 대한 연구」, 조선대학교, 1997.

김문정, 「칸트의 의무론과 공리주의 윤리설의 통합적 含意」, 경상대학교, 1997.

박배형, 「감성능력의 재평가와 독일 근대미학의 초기적 성립과정: 바움가르텐과 칸트 미학의 연속성을 중심으로」, 서울대학교, 1997.

서정혁, 「칸트의 판단력비판과 매개의 문제」, 연세대학교, 1997.

송명국, 「지각과 상상력: 흄과 칸트를 중심으로」, 서울대학교, 1997.

송형일, 「칸트의 '관념론 논박'에 관한 연구: 데카르트와 버클리와의 비교를 중심으로」, 연세대학교, 1997.

이기정, 「칸트의 초월적 관념론에서 경험적 실재성에 관한 연구」, 전남대학교, 1997.

정원석, 「포스트모더니즘과 숭고의 미학: 칸트, 쉴러, 리오타르의 숭고의 개념에 대한 분석적 고찰」, 연세대학교, 1997.

강기호, 「칸트의 선험적 연역론과 도식론에서 구상력의 역할」, 영남대학교, 1998.

강지은, 「칸트 〈판단력비판〉에서 숭고함과 예술의 자율성」, 건국대학교, 1998.

김동규, 「칸트의 〈판단력비판〉에 나타난 예술의 자율성」, 연세대학교, 1998.

문성수, 「칸트의 판단론」, 서강대학교, 1998.

손지민, 「19세기 칸트학파 하나님 나라 사상의 발전 과정에 관한 역사적 고찰」, 감리교신학대학교, 1998.

안윤기, 「존재론적 신 존재 증명과 이에 대한 칸트의 비판의 함축」, 서울대학교, 1998.

오진석, 「칸트에 있어서 객관적 실재성의 문제」, 건국대학교, 1998.

이세호, 「칸트의 선험적 인식론과 상상력」, 고려대학교, 1998.

이태희, 「칸트주의자로서의 푸코」, 서울대학교, 1998.

이형철, 「칸트의 공통 감각론」, 서강대학교, 1998.

정대환, 「형식주의의 인식론적 기초: 칸트의 〈순수이성비판〉을 중심으로」, 대구대학교, 1998.

최경이, 「칸트의 실천적 자유에 관한 연구」, 전남대학교, 1998.

최수진, 「칸트의 도덕론과 도덕교육론에 관한 연구」, 연세대학교, 1998.

한희정, 「칸트의 道德 規則에 관한 硏究」, 원광대학교, 1998.

홍한석, 「Immanuel Kant의 근본악 이해: 이성의 한계 안에서의 종교를 중심으로」, 목원대학교, 1998.

김진우, 「칸트 취미판단의 분석」, 계명대학교, 1999.

박지용, 「칸트의 철학에서 최고선의 이념과 그 실현」, 고려대학교, 1999.

서홍교, 「Kant의 自由 槪念과 道德 法則」, 한국교원대학교, 1999.

심철민, 「칸트의 합목적성 개념과 그 선험론적 연역에 대한 고찰: 〈판단력비판〉 두 서론 분석」, 서울대학교, 1999.

오은아, 「인식에서 시간의 역할: Kant의 초월적 관념론에서 시간의 역할에 대한 고찰」, 서울대학교, 1999.

이재준, 「칸트 미학에서의 감정론」, 홍익대학교, 1999.

황미라, 「칸트의 제3이율배반에 대한 연구」, 성균관대학교, 1999.

[2000~2014]

권오경, 「칸트 "도덕 형이상학"의 가능성과 의미」, 한국외국어대학교, 2000.

김성진, 「칸트의 〈판단력비판〉에서 미의 개념」, 동국대학교, 2000.

김주국, 「칸트의 자유의지론 연구」, 원광대학교, 2000.

남정우, 「형이상학의 이론 정초를 위한 〈순수이성비판〉의 인식이론」, 동국대학교, 2000.

박신화, 「〈순수이성비판〉의 첫째 이율배반 연구」, 서울대학교, 2000.

박지희, 「칸트 〈순수이성비판〉에서의 상상력」, 이화여자대학교, 2000.

서벤쟈민, 「칸트 인식론에서 물 자체의 의미와 역할」, 연세대학교, 2000.

오영목, 「칸트의 공간 이론에 관한 비판적 분석」, 경북대학교, 2000.

임근영, 「칸트의 근본악과 그 극복가능성에 대한 성경적 대답」, 성결대학교, 2000.

장승규, 「하이데거의 칸트 해석 연구」, 고려대학교, 2000.

조경희, 「칸트의 의무주의 도덕론 고찰」, 성균관대학교, 2000.

금빛내렴, 「칸트의 천재 개념에 관한 고찰」, 홍익대학교, 2001.

박갑현, 「칸트에서 순수 지성의 수학적 원칙과 의식의 인식 활동」, 서울대학교, 2001.

박동복, 「칸트의 윤리학과 도덕 교육에 관한 연구」, 고려대학교, 2001.

박지연, 「칸트의 숭고 개념과 예술적 적용」, 서강대학교, 2001.

신이식, 「칸트의 이율배반에서의 무제약자」, 고려대학교, 2001.

신황규, 「칸트의 도덕교육론」, 경북대학교, 2001.

안경원, 「Kant의 윤리 교육사상에 관한 연구」, 성균관대학교, 2001.

여현석, 「칸트의 선악 개념과 그 규정원리에 관한 연구」, 고려대학교, 2001.

이경희, 「칸트의 〈판단력비판〉에서 도덕성의 상징으로서의 미: 취미판단의 연역과 관련하여」, 숭실대학교, 2001.

이동환, 「칸트와 웨슬리의 윤리적 인간이해 비교 연구」, 감리교신학대학교, 2001.

임연선, 「칸트의 역사철학에서의 진보의 이념」, 서강대학교, 2001.

최수연, 「칸트의 숭고 개념의 미학적 의미 연구」, 홍익대학교, 2001.

추정희, 「칸트 체계에 있어서 공통감각 개념의 의미」, 홍익대학교, 2001.

한의정, 「칸트 〈판단력비판〉에 있어서 미감적 판단력과 목적론적 판단력의 관계」, 홍익대학교, 2001.

한혜성, 「칸트의 이성종교에 대한 연구」, 이화여자대학교, 2001.

황종관, 「도덕교육에서의 권위와 자율성의 관계: 칸트(I. Kant)와 뒤르껭(E. Durkheim)을 중심으로」, 한국교원대학교, 2001.

강병안, 「아름다움의 "열린 자율성"」, 고려대학교, 2002.

김휘진, 「칸트의 도덕법칙에 대한 연구」, 영남대학교, 2002.

고희정, 「〈순수이성비판〉에 나타난 이념으로서의 신 개념」, 고려대학교, 2002.

류왕영, 「문선명 선생의 통일평화사상과 칸트의 영구평화사상」, 선문대학교, 2002.

박지연, 「칸트의 숭고 개념과 예술적 적용」, 서강대학교, 2002.

양주석, 「도덕성 발달과 정서의 관계에 관한 연구」, 인천교육대학교, 2002.

유충현, 「칸트 철학의 수학교육적 고찰」, 서울대학교, 2002.

유휴영, 「칸트의 교육이론에 관한 연구」, 원광대학교, 2002.

이미영, 「칸트의 도덕론과 도덕교육에 관한 연구」, 연세대학교, 2002.

이진현, 「롤즈 정의론에서 칸트의 영향: 〈정의론〉, 〈정치적 자유주의〉를 중심으로」, 경북대학교, 2002.

이해리, 「칸트 도덕철학의 관점에서 본 배려의 윤리」, 대전대학교, 2002.

이헌나, 「칸트의 도덕 사상에 관한 연구」, 부산교육대학교, 2002.

이혜진, 「칸트의 미적 자율성에 관한 연구: '미감적 판단력의 변증론'을 중심으로」, 서울대학교, 2002.

이희진, 「I. Kant의 자연관과 환경철학의 가능성」, 이화여자대학교, 2002.

정찬우, 「인식의 유한성과 칸트 형이상학의 의의」, 한국외국어대학교, 2002.

채후남, 「칸트의 교육학 강의에 관한 해석적 연구」, 인천교육대학교, 2002.

표주학, 「칸트의 정언명법에 관한 고찰」, 경상대학교, 2002.

김경은, 「칸트 〈순수이성비판〉에서의 상상력」, 서강대학교, 2003.

김연수, 「칸트 도덕 교육론의 현대적 의의」, 경인교육대학교(인천교육대학교), 2003.

김우진, 「칸트 윤리학과 도덕 교육의 새로운 패러다임」, 계명대학교, 2003.

김은주, 「칸트의 목적론적 판단력과 합목적성의 원리」, 영남대학교, 2003.

김혜령, 「근대 사유주체에 대한 신학적 고찰: 칸트의 〈순수이성비판〉을 중심으로」, 이화여자대학교, 2003.

송인랑, 「미를 통한 자연과 인간의 화해: 아도르노와 칸트의 미학에서 자연미와 예술미」, 홍익대학교, 2003.

양진호, 「칸트의 이론철학과 형이상학의 정초: 개념의 분석론에 대한 존재론적 해석의 시도」, 연세대학교, 2003.

이나미, 「권리 개념을 통해서 본 이혼의 정당성 연구: 칸트와 헤겔의 '법철학'과 '관계의 신학'을 중심으로」, 이화여자대학교, 2003.

이정환, 「칸트의 '논변적'(diskursiv) 지성 개념에 관한 연구」, 서울대학교, 2003.

장발보, 「판단에 의한 자연과 자유의 연결: 칸트철학의 교육학적 해석」, 서울대학교, 2003.

정창록, 「실질주의 윤리설에 대한 칸트의 비판과 문제점」, 경북대학교, 2003.

조미영, 「칸트의 〈판단력비판〉과 비개념적 사유의 가능성」, 이화여자대학교, 2003.

조윤숙, 「칸트 윤리학의 형식주의적 특성에 관한 연구」, 한국외국어대학교, 2003.

추군식, 「I. Kant의 〈판단력비판〉에 나타난 미 분석에 관한 연구」, 부산대학교, 2003.

허진호, 「칸트의 윤리학에서 자유의 문제」, 경남대학교, 2003.

권영우, 「칸트 도덕철학의 형이상학적 전제: 도덕법과 자유이념에 대한 분석을 중심으로」, 고려대학교, 2004.

김덕수, 「칸트의 선험적 통각과 자아: '오류추리론'을 중심으로」, 경북대학교, 2004.

김정민, 「칸트철학에서 도덕성의 원천」, 전남대학교, 2004.

김지영, 「칸트 〈판단력비판〉으로 본 문화교육의 의미: 공존과 소통을 위한 문화능력, 그 이해와 회복을 위하여」, 세종대학교, 2004.

김홍일, 「칸트 윤리학에 대한 목적론적·덕윤리적 해석」, 청주교육대학교, 2004.

나유신, 「합목적성 개념을 중심으로 한 칸트의 숭고 개념 연구」, 서울대학교, 2004.

노상국, 「Kant의 道德形而上學에 있어서 自己立法性」, 서강대학교, 2004.

노은임, 「칸트의 미 개념에 대한 반성적 고찰」, 경북대학교, 2004.

박청미, 「칸트 〈판단력비판〉의 '미감적 판단력 분석론'에 대한 교육학적 해석」, 부산대학교, 2004.

변영진, 「칸트의 법철학에서 자유의 이념을 통한 인권에 관한 연구」, 건국대학교, 2004.

송병찬, 「칸트의 자유 이율배반에 관한 연구」, 서울대학교, 2004.

엄태영, 「칸트 〈순수이성비판〉의 신 현존 증명 불가능성에 관한 비판적 고찰」, 서강대학교, 2004.

양일동, 「칸트 두 세계 이론과 도덕성의 본질」, 전남대학교, 2004.

양희진, 「판단력의 반성과 쾌의 관계: 칸트의 〈판단력비판〉 '분석론'을 중심으로」, 연세대학교, 2004.

이선이, 「칸트 인식론의 인간 조건」, 전남대학교, 2004.

이진복, 「기업윤리의 칸트주의적 접근」, 계명대학교, 2004.

이창호, 「칸트의 道德論과 道德敎育에 관한 硏究」, 울산대학교, 2004.

정문선, 「실천적 이성의 교육적 의미」, 성균관대학교, 2004.

최권능, 「칸트의 인식론에 대한 바르트의 도전: 또 하나의 코페르니쿠스적 전회」, 장로회신학대학교, 2004.

강경표, 「칸트의 공간 개념에 관한 연구: 전비판기를 중심으로」, 중앙대학교, 2005.

강현정, 「칸트 철학에서 인간 존엄성과 인권」, 전남대학교, 2005.

공영자, 「Kant의 實踐理性에 관한 연구」, 부산교육대학교, 2005.

권광수, 「칸트의 〈범주의 선험적 연역〉에 관한 연구: 증명과정의 해명을 중심으로」, 중앙대학교, 2005.

문성준, 「칸트 철학에서의 악의 문제」, 서강대학교, 2005.

문정숙, 「Kant의 道德法則에 관한 연구」, 부산교육대학교, 2005.

손성호, 「환경윤리: 칸트와 요나스를 중심으로」, 울산대학교, 2005.

현금옥, 「칸트 미학에서의 감정과 취미」, 홍익대학교, 2005.

김동현, 「칸트의 〈윤리형이상학 정초〉에 나타난 도덕성의 본질에 관한 연구」, 고려대학교, 2006.

김현진, 「칸트의 취미판단에서 미와 도덕성의 연관에 대하여: 〈판단력비판〉을 중심으로」, 숭실대학교, 2006.

박진희, 「칸트 미학사상과 무용의 관계」, 숙명여자대학교, 2006.

백승환, 「칸트 초월철학에서 반성개념」, 서울대학교, 2006.

서경호, 「스포츠 윤리에 대한 칸트의 도덕철학적 해석에 관한 연구」, 연세대학교, 2006.

신기철, 「칸트의 실천 철학에서 도덕성의 사회적 실현 조건에 관한 연구」, 동국대
학교, 2006.

안성지, 「콜버그의 도덕발달이론과 칸트 해석」, 경남대학교, 2006.

유 신, 「칸트 윤리학과 행복의 문제」, 조선대학교, 2006.

이하나, 「도덕교육에 있어서 보편적 도덕원리에 관한 연구: 칸트(I. Kant)와 윌슨
(J. Wilson)의 이론을 중심으로」, 한국교원대학교, 2006.

임상진, 「칸트 비판철학에서 물질개념」, 서울대학교, 2006.

전정배, 「도덕교육에서 인격과 자율성의 관계에 관한 연구: 칸트와 피터즈의 이론
을 중심으로」, 한국교원대학교, 2006.

최소영, 「칸트의 자연 개념과 자연미 연구」, 홍익대학교, 2006.

허유선, 「칸트의 도덕 철학에서 '목적 자체'의 정식에 관한 해석」, 동국대학교, 2006.

강지영, 「칸트의 최고선 개념에 대한 연구」, 서울대학교, 2007.

김진영, 「흄과 칸트의 인과문제를 통해 본 칸트 철학의 의의」, 이화여자대학교,
2007.

김종철, 「칸트의 도덕론에 관한 연구」, 경인교육대학교, 2007.

김태은, 「칸트의 상상력 개념에 관한 연구」, 홍익대학교, 2007.

김형수, 「칸트의 근본악 문제: 칸트의 종교철학에서 근본악과 그 극복가능성」, 동의
대학교, 2007.

박문경, 「칸트의 정언명법과 그 적용에 관한 연구」, 한국교원대학교, 2007.

박은진, 「칸트철학에서 자유의 문제: 이론이성에서 실천이성으로의 전개를 중심
으로」, 이화여자대학교, 2007.

심유환, 「칸트에 있어서 도덕과 종교의 문제」, 서강대학교, 2007.

안은희, 「들뢰즈 존재론의 미학적 함의: 칸트의 숭고에서 나타나는 '미적 판단력'
개념의 확장 가능성 고찰」, 서울대학교, 2007.

오영주, 「칸트의 윤리사상에 관한 연구」, 부산교육대학교, 2007.

장용수, 「칸트倫理學에서 意志의 規定根據에 관한 考察」, 경남대학교, 2007.

정성진, 「칸트의 철학적 신학에 대한 연구: 칸트의 초기철학을 중심으로」, 서울
  신학대학교, 2007.

조수경, 「칸트 철학체계에서의 미적 경험의 의미」, 서울대학교, 2007.

최윤희, 「칸트 윤리학의 정언명법에 대한 고찰: 〈윤리형이상학 정초〉를 중심으로」,
  고려대학교, 2007.

김민건, 「칸트 인식론에서 "물자체" 개념에 대한 고찰」, 고려대학교, 2008.

두미혜, 「예술의 자율성 연구: 칸트에서부터 아도르노까지」, 대구대학교, 2008.

박경남, 「들뢰즈와 칸트에서 이념의 문제」, 서강대학교, 2008.

방현진, 「학습의 가능성: 함린과 칸트」, 서울교육대학교, 2008.

서윤발, 「칸트의 '도덕형이상학'에 나타난 소유권론에 관한 연구」, 부산대학교,
  2008.

서지현, 「칸트의 교육론이 초등교육에 주는 함의」, 경인교육대학교, 2008.

최경원, 「칸트의 대상인식에서의 경험의 유추의 역할」, 서울대학교, 2008.

김미진, 「칸트 취미판단의 학문적 정립을 위한 전제로서의 주관적 보편타당성:
  미적 판단력의 제2계기 분석과 초월적 연역을 중심으로」, 서울대학교, 2009.

김성규, 「기량, 수완, 윤리성의 켤레 개념을 통해 고찰한 칸트의 교육론」, 청주대
  학교, 2009.

김정하, 「칸트(I. Kant)의 〈永久平和論〉에 나타난 道德的 含意」, 부산대학교, 2009.

김 철, 「칸트의 〈판단력비판〉에서의 자연에 대한 목적론적 판정에 관한 연구:
  목적론적 판정의 확장 논변을 중심으로」, 서울대학교, 2009.

김형주, 「칸트의 도덕철학과 선험적 종합명제」, 중앙대학교, 2009.

박은형, 「라캉의 주체와 그 공백으로서의 "대상a": 칸트의 초월적 대상 개념과의
  비교를 통하여」, 연세대학교, 2009.

배영호, 「미감적 차원의 사회과적 의미 탐색: 합리성의 확장에 관한 논의를 중심
  으로」, 한국교원대학교, 2009.

신해원, 「도덕의 보편성과 형식성: 칸트 윤리학을 중심으로」, 영남대학교, 2009.

오창환, 「칸트의 〈형이상학적 인식의 제일원리들에 관한 새로운 해명〉에서 근거와
    자유 문제」, 전남대학교, 2009.
육근성, 「칸트 교육론의 도덕교육적 함의 고찰」, 서울대학교, 2009.
이석우, 「칸트 윤리의 도덕교육적 의의에 관한 연구」, 동국대학교, 2009.
이정훈, 「인간의 이중적 본성과 존엄성에 관한 고찰: 파스칼과 칸트의 관점에 대한
    비교 연구」, 숭실대학교, 2009.
편창운, 「철학 일반에 관한 칸트의 정의: 예쉐 논리학을 중심으로」, 청주대학교,
    2009.

강은아, 「칸트 〈순수이성비판〉에서 판단표 제시 근거 문제」, 서울대학교, 2010.
고영채, 「칸트의 범주론에 대한 고찰: 〈순수이성비판〉의 '개념분석론'을 중심으로」,
    제주대학교, 2010.
김영순, 「칸트의 '요청'으로서의 신존재와 실존적 신인식의 문제」, 숭실대학교,
    2010.
김현선, 「칸트에서 통각원칙의 분석성과 종합성: 〈순수이성비판〉에서 연역 해석의
    문제」, 서강대학교, 2010.
박윤희, 「〈도덕〉교과에 있어서 칸트의 윤리 이해 연구」, 서울대학교, 2010.
백지연, 「칸트의 〈교육이론〉에 나타난 교육개념」, 경북대학교, 2010.
송요한, 「칸트의 '자연에 따른 인과성' 개념: 〈순수이성비판〉의 제2유추를 중심으
    로」, 서강대학교, 2010.
윤동민, 「전기 하이데거 철학에서 현존재의 주체성: 하이데거의 칸트해석을 중심
    으로」, 서강대학교, 2010.
최태명, 「칸트 〈판단력비판〉에서 주관적 보편성과 공통감 연구」, 부산대학교, 2010.
표호진, 「칸트에 비추어 본 루소의 自然敎育論」, 서울대학교, 2010.
허 용, 「칸트의 목적에 관한 연구: 〈윤리형이상학 정초〉를 중심으로」, 고려대학교,
    2010.

강경의, 「칸트의 정언명법을 적용한 토의식 수업이 도덕적 판단능력에 미치는 영향」, 고려대학교, 2011.

강세영, 「통각에서 자기의식과 자아의 문제: 칸트 〈순수이성비판〉을 중심으로」, 연세대학교, 2011.

김영진, 「칸트에 있어서 정언명법의 정당화 문제에 관한 연구」, 서울대학교, 2011.

김사라, 「칸트의 이원적 세계관의 도덕교육적 의미」, 서울교육대학교, 2011.

김신종, 「칸트의 숭고 감정에 관한 연구: 〈미감적 판단력의 분석론〉을 중심으로」, 부산대학교, 2011.

김필영, 「특수상대성이론과 칸트의 시간이론」, 한국외국어대학교, 2011.

남정일, 「절대적 양심과 상대적 양심 : 존 웨슬리와 임마누엘 칸트의 양심개념 비교」, 목원대학교, 2011.

문정수, 「칸트 철학에 대한 하이데거의 강압적 해석과 전회에 관한 비판적 연구: 선험적 인격의 존재론적 해석 가능성 문제를 중심으로」, 고려대학교, 2011.

서영만, 「칸트의 최고선과 요청주의 연구」, 울산대학교, 2011.

손제연, 「칸트에서 법의 개념」, 서울대학교, 2011.

송진영, 「칸트 미학이론의 유아교육적 함의: 〈판단력비판〉에 대한 해석을 중심으로」, 부산대학교, 2011.

안영순, 「칸트 윤리학의 도덕교육적 함의」, 한국교원대학교, 2011.

이상준, 「인성교육에 있어서 철학교육의 역할: 칸트의 도덕철학을 중심으로」, 대구가톨릭대학교, 2011.

이현숙, 「칸트 공통감 이론의 현대적 의의」, 경북대학교, 2011.

최우석, 「칸트의 최고선 이해」, 서강대학교, 2011.

최호림, 「칸트의 의무 개념 연구: 키케로의 도덕이론과의 비교」, 서울대학교, 2011.

김광철, 「칸트의 무한개념에 대한 헤겔의 비판」, 서강대학교, 2012.

김영선, 「칸트 윤리학에서 선의지와 의무에 관한 연구: 〈윤리형이상학 정초〉를 중심으로」, 고려대학교, 2012.

박은애, 「칸트(I.Kant)의 초월적 자아에 관한 연구」, 서울대학교, 2012.

서기원, 「칸트의 정직과 거짓말론 연구와 도덕교육적 함의」, 한국교원대학교, 2012.

윤영광, 「칸트 '공통감' 개념의 사회철학적 함축」, 서울대학교, 2012.

원신연, 「철학적 역사의 가능성과 역할: 칸트, 〈세계시민적 의도에서 본 보편사를 위한 이념〉에 대한 하나의 해석」, 고려대학교, 2012.

이경재, 「칸트 윤리학의 학문적 가치 : 〈도덕형이상학 정초〉를 중심으로」, 청주대학교, 2012.

이성민, 「칸트의 〈판단력비판〉에 나타난 공통감 개념 연구」, 서울대학교, 2012.

이홍진, 「토마스 아퀴나스(Thomas Aquinas)의 목적론적 윤리와 임마누엘 칸트 (Immanuel Kant)의 의무론적 윤리의 고찰에 따른 덕 윤리(Virtue Ethics) 이론에 대한 탐구」, 장로회신학대학교, 2012.

전찬용, 「Kant 철학에 나타난 신론(神論) 고찰: 〈종교론〉을 중심으로」, 서강대학교, 2012.

지용옥, 「主體的인 삶으로의 길: 金文洙 文學과 칸트 哲學을 中心으로」, 청주대학교, 2012.

허애란, 「칸트의 〈순수이성비판〉과 형이상학의 정초」, 부산대학교, 2012.

김경랑, 「숭고와 미적자유: 칸트와 실러의 미학 이론을 중심으로」, 한국외국어대학교, 2013.

김성호, 「칸트의 이성적 종교론의 윤리교육적 함의」, 인천대학교, 2013.

김재영, 「칸트의 초월철학에 기초한 플라톤 '동굴의 비유'의 교육학적 해석」, 충북대학교, 2013.

김진우, 「형이상학 비판과 선험적 자유의 문제: 〈순수이성비판〉을 중심으로」, 고려대학교, 2013.

심장후, 「교육활동의 심미적 차원: 아이즈너와 칸트의 관점 비교」, 서울교육대학교, 2013.

이덕균, 「칸트의 근본악 개념 연구」, 서울대학교, 2013.

이한진, 「도덕교육에서의 초월과 자유의 의미: 칸트 윤리학을 중심으로」, 한국교
　　원대학교, 2013

정상희, 「칸트와 니체의 '의지'개념에 근거한 학습동기의 재발견」, 한양대학교,
　　2013.

정철원, 「메타윤리학적 접근을 통한 긴트의 윤리학에 대한 연구」, 서울대학교,
　　2013.

채정현, 「칸트의 〈순수이성비판〉에서 'die Erkenntnis'와 'das Erkenntnis'」, 부산대
　　학교, 2013.

박상태, 「칸트 미학에서 취미판단의 비판적 고찰」, 선문대학교, 2014.

차승한, 「칸트 도덕 철학에서 도덕성에 대한 관심의 해명에 대한 연구」, 서울대
　　학교, 2014.

홍정은, 「칸트의 선의지와 의무에 관한 연구: 〈윤리형이상학 정초〉 제1절을 중심
　　으로」, 고려대학교, 2014.

국내 대학 박사학위 취득자 및 논문 목록
(연도순, 총 89명)

[1945~1984]

이석희, 「Kant에 있어서의 先驗的 人格性과 人格의 成立」, 중앙대학교, 1974.

김용정, 「칸트에 있어서의 自然과 自由에 관한 연구: 科學哲學과 聯關하여」, 동국
　　대학교, 1976.

서배식, 「Kant에 있어서의 理性과 自由의 問題」, 충남대학교, 1978.

정 진, 「칸트 순수이성비판의 존재론적 해석: Heidegger 해석을 중심으로」, 서울
　　대학교, 1979.

박선목, 「Kant의 도덕형이상학에 관한 연구」, 충남대학교, 1981.
조남일, 「Kant의 연구: 요청론, 의무론, 인간론, 목적론, 종교론」, 건국대학교,
　　1981.

박정옥, 「Kant의 純粹悟性槪念의 先驗的 演繹에 관한 一論考」, 경북대학교, 1982.

김위성, 「Kant의 先驗的 演繹과 Popper의 反證可能性」, 경북대학교, 1983.
김종문, 「Kant에 있어서의 理性의 自由」, 경북대학교, 1983.

김우태, 「Kant에 있어서 도덕성의 근거」, 전북대학교, 1984.
임혁재, 「Kant에 있어서 定言命法의 存在根據와 定型의 問題」, 중앙대학교, 1984.

[1985~1999]
이만성, 「칸트의 反省的 判斷力에 관한 硏究」, 영남대학교, 1986.

서정자, 「道德性과 自律性의 問題 : Rousseau, Kant, Rawls의 比較硏究」, 경북
　　　대학교, 1988.
이남원, 「칸트의 선험적 논증」, 경북대학교, 1988.
배석원, 「Kant 道德哲學體係의 批判的 解釋」, 경북대학교, 1988.
문성학, 「純粹理性의 二律背反과 先驗的 觀念論」, 경북대학교, 1988.

김낙구, 「Kant의 道德形而上學의 原理에 관한 內在的 解釋」, 동아대학교, 1989.
한정석, 「I. Kant의 文化의 合目的性에 關한 硏究」, 동국대학교, 1989.
김승택, 「칸트 認識批判의 目標와 展開」, 고려대학교, 1989.
김영태, 「칸트의 道德神學에 關한 硏究」, 전북대학교, 1989.

강성율, 「칸트 哲學에서의 人間의 自由에 관한 硏究」, 전북대학교, 1990.
목영해, 「退溪와 Kant 道德觀의 敎育論的 探索」, 부산대학교, 1990.
박채옥, 「칸트의 〈純粹理性批判〉에서의 因果性과 自由」, 전북대학교, 1990.
손승길, 「칸트(Kant)의 道德法則의 正當化」, 동아대학교, 1990.
송경호, 「칸트 哲學에서의 自由와 國家 理念」, 전북대학교, 1990.

김영례, 「칸트에 있어서 先驗的 認識에 관한 연구: 흄의 因果律과 關聯하여」, 전북대
학교, 1991.

이종일, 「롤즈 정의론의 칸트적 토대에 관한 연구」, 계명대학교, 1991.

최종천, 「칸트哲學에서의 自由 槪念의 展開」, 전북대학교, 1991.

하순애, 「Kant의 선험적 도식론에 관한 연구」, 동아대학교, 1991.

배학수, 「전통적 존재론의 한 해체 작업으로서의 하이데거의 칸트 해석」, 서울대학
교, 1992.

이현모, 「칸트의 二律背反論에 대한 批判的 考察」, 성균관대학교, 1993.

조재인, 「칸트의 구상력에 관한 연구」, 전남대학교, 1993.

허정훈, 「칸트 哲學에서의 實踐的 自由에 關한 硏究」, 전북대학교, 1993.

김석현, 「칸트철학에 있어서 활동과 시간에 관한 연구: 〈순수이성비판〉을 중심으
로」, 영남대학교, 1994.

김성호, 「칸트의 목적 자체의 정식에 관한 연구」, 고려대학교, 1994.

박영도, 「현대 사회이론에서의 비판 패러다임의 구조변동: Kant, Hegel, Marx,
Habermas를 중심으로」, 서울대학교, 1994.

이윤복, 「칸트에 있어서 도덕성과 목적」, 경북대학교, 1994.

권오상, 「칸트의 自我同一性에 관한 硏究」, 건국대학교, 1995.

이영식, 「도덕적 주체성의 형성을 위한 내면성과 실천성의 문제: Kant를 중심으
로」, 동국대학교, 1995.

김관영, 「칸트의 道德形而上學에 관한 硏究: 道德性의 根據定立을 中心으로」, 건국대
학교, 1996.

곽윤항, 「칸트의 첫째 이율배반과 상대론적 우주론」, 서울대학교, 1996.

성홍기, 「意識-, 實存-, 存在範疇로서 空間時間論에 關한 硏究: 칸트, 하이덱거, 하르트만을 중심으로」, 계명대학교, 1996.

김석수, 「칸트에 있어서 法과 道德」, 서강대학교, 1997.
김종국, 「責任과 自律: 요나스의 비판에 대한 칸트의 응답을 중심으로」, 고려대학교, 1997.
김학택, 「선험적 지식에 관한 연구」, 동국대학교, 1997.
맹주만, 「칸트의 실천 철학에서의 최고선」, 중앙대학교, 1997.
윤종한, 「칸트의 이성 신앙과 그 역사적 실현에 관한 연구」, 전남대학교, 1997.

박정하, 「칸트의 인과 이론에 대한 연구: 〈순수이성비판〉의 '제2유추의 원칙'을 중심으로」, 서울대학교, 1998.
박 진, 「칸트 초월철학에서 質料와 形式 개념」, 서울대학교, 1998.
유 철, 「칸트의 자아론」, 경북대학교, 1998.

김종식, 「칸트 철학에 있어서 자유 개념에 관한 논의의 정합성」, 부산대학교, 1999.
박종식, 「칸트 철학에서 범주와 그 적용의 타당성 연구」, 부산대학교, 1999.
오은택, 「칸트에서 범주의 선험적 연역」, 전남대학교, 1999.
정진우, 「칸트 도덕철학의 도덕 법칙과 자유」, 충남대학교, 1999.

[2000~2014]
백정혜, 「칸트 철학에서 미적 판단의 자율성」, 계명대학교, 2000.
안성찬, 「숭고의 미학: 그 기원과 개념사 연구」, 서강대학교, 2000.
최준호, 「칸트의 반성적 판단과 목적론적 세계」, 고려대학교, 2000.

이정일, 「칸트와 헤겔에 있어서 인륜적 자유: 당위론적 의무와 목적론적 일치의 지평에서」, 서강대학교, 2002.

홍영두, 「칸트의 공허한 형식주의적 도덕주관성에 대한 헤겔의 비판과 인륜적 자유의 이념」, 성균관대학교, 2002.

김상현, 「칸트의 미감적 합리성에 대한 연구: 미감적 판단 연역의 해석을 중심으로」, 서울대학교, 2003.
서홍교, 「칸트 윤리와 기독교 윤리의 비교 연구」, 한국교원대학교, 2003.
유재영, 「칸트 最高善에 관한 연구」, 원광대학교, 2003.

이을터, 「칸트 인식론 관점에서 지식기반업무활동 평가기준 및 요소 개발과 타당성 검증: 정보기술 프로젝트 인력 대상」, 고려대학교, 2004.
정혜진, 「칸트哲學과의 關聯에서 본 프뢰벨의 教科理論」, 서울대학교, 2004.

손경원, 「도덕적 자율성의 도덕교육적 함의에 관한 연구」, 서울대학교, 2005.
신춘호, 「教育理論으로서의 칸트 哲學: 〈判斷力批判〉 解釋」, 서울대학교, 2005.

윤영돈, 「칸트에 있어서 道德教育과 美的 道德性의 문제」, 서울대학교, 2006.
이원봉, 「칸트의 덕 이론 연구」, 서강대학교, 2006.
이상헌, 「칸트의 철학 개념」, 서강대학교, 2006.

정태일, 「칸트의 〈永久平和論〉에 대한 政治思想的 土臺와 現實的 適用」, 충북대학교, 2007.

김민웅, 「칸트의 '덕 이론'에 관한 연구: 덕과 도덕법칙의 관계를 중심으로」, 동국대학교, 2008.
강기호, 「칸트의 순수이성비판에서 상상력」, 영남대학교, 2008.
노철현, 「칸트 先驗哲學의 教育認識論的 解釋」, 서울대학교, 2008.
유충현, 「칸트의 선험철학과 수학교육」, 서울대학교, 2008.
이민정, 「칸트 미학에서 공통감과 예술교육의 문제」, 숭실대학교, 2008.

노은임, 「자유와 미: 장자와 칸트에 있어서 실천미학의 가능성」, 성균관대학교, 2009.

남정우, 「칸트의 비판철학에서 대상판단과 행위판단에 관한 연구」, 동국대학교, 2009.

김대식, 「칸트의 형식주의 이성비판과 타자성의 문제」, 숭실대학교, 2009.

박종훈, 「Kant 종교철학에서 도덕과 성서신학의 상보성 연구」, 서울대학교, 2009.

강지은, 「칸트 미학에서 반성적 판단력과 의사소통의 가능성에 관한 연구」, 건국대학교, 2010.

박지용, 「칸트의 숭고 개념과 숭고의 미학」, 고려대학교, 2011.

양희진, 「예술의 취미판단에서 순수 불쾌의 가능성: I. 칸트의 〈판단력비판〉을 중심으로」, 연세대학교, 2012.

김덕수, 「칸트 윤리학에서 덕과 도야」, 경북대학교, 2013.

장효민, 「사회계약론에 기초한 정치공동체 모델 연구」, 서울대학교, 2013.

진정일, 「Kant 미학의 인간학적 귀결에 관한 연구: 천재 개념을 중심으로」, 원광대학교, 2013.

신혜진, 「칸트의 이성 신앙에 관한 연구: 자유 개념을 중심으로」, 이화여자대학교, 2013.

이은주, 「칸트의 덕 이론에 관한 연구」, 중앙대학교, 2013.

김미정, 「칸트의 '자유'가 학교경영의 자율성에 주는 의미」, 경북대학교, 2014.

정대성, 「셸러의 칸트 윤리학 이해에 대한 비판적 연구」, 서울대학교, 2014.

국외 대학 박사학위 취득자 및 논문 목록
(국가별 연도순, 총 58명)

■ 독일(44명)

서동익, "Das Problem der metaphysischen Deduktion bei Kants Nachfolgern",
Ruprecht-Karls-Univ. Heidelberg, 1958. 7. 28.

백종현, "Phänomenologishe Untersuchung zum Gegenstandsbegriff in Kants
'Kritik der reinen Vernunft'", Albert-Ludwigs Univ. Freiburg/Br., 1985. 7. 5.

한자경, "Transzendentalphilosphie als Ontologie", Albert-Ludwigs Univ.
Freiburg/Br, 1987.

김 진, "Kants Postulatenlehre: Ihre Rezeption durch Ernst Bloch und ihre
mögliche Anwendung zur Interpretation des Buddhismus", Ruhr-Univ.
Bochum, 1988.

김국태, "Der Dynamische Begriff der Materie bei Leibniz und Kant", Univ. Konstanz, 1989.

이 엽, "'Dogmatisch-Skeptisch': Eine Voruntersuchung zu Kants Dreiergruppe 'Dogmatisch, Skeptisch, Kritisch', dargestellt am Leitfaden der begriffs- und entwicklungsgeschichtlichen Methode", Univ. Trier, 1989.

최인숙, "Die Paralogismen in der ersten und der zweiten Auflage der 'Kritik der reinen Vernunft'", Johannes Gutenberg Univ. Mainz, 1990.

김상봉, "Das Problem des Dinges an sich in Opus Postumum Kants", Johannes Gutenberg Univ. Mainz, 1992.

박영선, "Philosophie des Sinnlichen: Ästhetik und Naturphilosophie nach dem erweiterten Naturbegriff in der Kritik der Urteilskraft Kants", Eberhard-Karls-Univ. Tübingen, 1992.

김미영, "Kritik der theoretischen Philosophie: Die Philosophie Schulzes und seine Kritik der Transzendentalphilosophie", Wesfälische Wilhelms Univ. Münster, 1993.

김수배, "Die Entstehung der Kantischen Anthropologie und ihre Beziehung zur empirischen Psychologie der Wolffschen Schule", Univ. Trier, 1994.

김윤구, "Religion, Moral und Aufklärung: Reinholds philosophischer Werdegang, Ruprecht-Karls-Univ. Heidelberg, 1994.

박해용, "Subjektive Vernunft vs. kommunikative Vernunft", Freie Univ. Berlin, 1994.

공병혜, "Die ästhetische Idee in der Philosophie Kants: Ihre systematische Stellung und Herkunft", Ruprecht-Karls- Univ. Heidelberg, 1995.

박중목, "Das Problem des transzendentalen Seelenlehre in dem System der transzendentalen Dialektik", Ruprecht-Karls Univ. Heidelberg, 1995.

박찬구, "Das moralische Gefühl in der britischen moral-sense-Schule und bei Kant", Eberhard-Karls-Univ. Tübingen, 1995.

최소인, "Selbstbewußtsein und Selbstanschauung", Johannes Gutenberg Univ. Mainz, 1995.

김봉규, "Glückseligkeit : Untersuchungen zu Kants ethischen Schriften", Univ. zu Köln, 1996.

김양현, "Anthropozentrismus und Ökologische Ethik : Anthropozentrismus Kants und Überlegungen zu einer anthropozentrischen ökologischen Ethik", Westfälische Wilhelms-Univ. Münster, 1997.

김정주, "Die Lehre von den transzendentalen Schemata in Kants 'Kritik der reinen Vernunft'", Univ. zu Köln, 1997.

이충진, "Gerechtigkeit bei Kant : Eine Untersuchung zum Begriff der Gerechtigkeit in der Kantischen Moral- und Rechtsphilosophie", Philipps-Univ. Marburg, 1997.

하선규, "Theologie, Teleologie und Ästhetik beim vorkritischen Kant : eine entwicklungsgeschichtliche Studie zu den Motiven der Kritik der Urteilskraft", Freie Univ. Berlin, 1998.

윤광호, "Kausalität bei Hume und Kant : Eine Untersuchung über die Kontroverse Auffassung", Freie Univ. Berlin, 1999.

박필배, "Das Höchste Gut in Kants kritischer Philosophie", Univ. zu Köln, 2000.

황순우, "Eine ontologische Interpretation von Kants Deduktion der reinen Verstandesbegriffe in der Kritik der reinen Vernunft", Justus-Liebig-Univ. Giessen, 2000.

김영래, "Der Begriff der Bildung bei Immanuel Kant, Max Scheler und Theodor Ballauff", Johannes Gutenberg Univ. Mainz, 2001.

인원근, "Entgegensetzung versus Einheit : Eine systematische und entwicklungsgeschichtliche Untersuchung zu den Grundlagen der Lehre von Raum und Zeit in Kants 'Kritik der reinen Vernunft'", Heinrich-Heine-Univ. Düsseldorf, 2001.

임미원, "Der Begriff der Autonomie und des Menschenrechts bei Kant", Univ. Hamburg, 2001.

김상섭, "Die Selbstkonstituierung des moralischen Subjekts und das Faktum der Vernunft", Westfälische Wilhelms-Univ. Münster, 2002.

김창원, "Der Begriff der Welt bei Wolff, Baumgarten, Crusius und Kant : Eine Untersuchung zur Vorgeschichte von Kants Weltbegriffs von 1770", Univ. Trier, 2002.

정호원, "Volkssouveränität, Repräsentation und Republik : eine Studie zur politischen Philosophie Immanuel Kants", Freie Univ. Berlin, 2002.

김재호, "Substanz und Subjekt : Eine Untersuchung der Substanzlehre in Kants 'Kritik der reinen Vernunft'", Univ. Siegen, 2003.

이진오, "Wissen und Glauben bei Kant und Jaspers", Eberhard-Karls-Univ. Tübingen, 2004.

김동훈, "Subjekt oder Dasein : Heideggers Auseinandersetzung mit Descartes und Kant in Bezug auf die Subjektivität des Subjekts in der modernen Philosophie", Univ. Bremen, 2004.

박배형, "Der Satz des Nichtzuunterscheidenden : eine entwicklungs-geschichtliche Untersuchung eines philosophischen Prinzips bei Leibniz, Kant und Hegel", Univ. Bielefeld, 2005.

김화성, "Kants transzendentale Konzeption der Subjektivität und Beweis der Zweiten Analogie der Erfahrung in der Kritik der reinen Vernunft", Univ. Marburg, 2005.

임성훈, "Ästhetische Reflexion zur Kultur : Das Verhältnis von Ästhetik, Kunst und Kultur in Immanuel Kants Kritik der Urteilskraft", Univ. zu Berlin, 2006.

김시형, "Bacon und Kant. Ein erkenntnistheoretischer Vergleich zwischen dem 'Novum Organum' und der 'Kritik der reinen Vernunft'", Eberhard-Karls-Univ. Tübingen, 2007.

박민수, "Der schöne Schein trügt nicht. Zur Entwicklung einer ästhetischen Konzeption in der Neuzeit : Baumgarten—Lambert—Kant—Schiller—Hegel", Freie Univ. Berlin, 2008.

손성우, "Kants besondere Metaphysik der Natur in 'Metaphysische Anfangs-gründe der Naturwissenschaft'", Univ. Freiburg/Br., 2009.

염승준, "Wesentliche Aspekte des Lebensbegriff in Kants kritischer Philosophie", Univ. zu Berlin, 2011.

강병호, "Ethik der Achtung. Eine Humanistisch‒deontologische Interpretation der Kantischen Moraltheorie", Johann Wolfgang Goethe Univ. Frankfurt / M., 2012.

안윤기, "Transzendentale und empirische Subjektivität im Verhältnis", Eberhard‒Karls‒Univ. Tübingen, 2012.

강지영, "Die allgemeine Glückseligkeit. Eine Untersuchung der systematische Stellung und Funktionen der Glückseligkeit in Kants Kritischer Moralphilosophie", Ludwig‒Maximillians‒Univ. München, 2014.

■ 미국(8명)

황필호, "A critical study of Mencius's philisophy of human nature : with special reference to Kant and Confucius", University of Oklahoma, 1979.

김혜숙, "Transcendental arguments, objectivity, and the natrue of philosophical inquiry", University of Chicago, 1987.

조 범, "Reality and Knowledge in Locke and Kant", University of Miami, 1994.

김한라, "The possibility of practical reason : an essay on Kant's justification of ethics", University of Iowa, 1997.

유경훈, "Toward post‒aesthetics : A critique of post‒enlightenment discourse from Kant to Adorno", University of Nebraska, 2002.

이영숙, "An inquiry into the concept of nature", Temple University, 2004.

김기수, "Kant and the Fate of Aesthetic Experience : A Deconstructive Reading", State University of New York, 2007.

임승필, "A Study of Kant's Dreams of a Spirit-Seer : Kant's Ambiguous Relation to Swedenborg", Indiana University, 2008.

■ 네덜란드(2명)

손봉호, "Science and Person : A study on the idea of philosophy as rigorous science in Kant and Husserl", Vrije Universiteit Amsterdam, 1972.

강영안, "Schema and Symbol : A study in Kant's doctrine of schematism", Vrije Universiteit Amsterdam, 1985.

■ 오스트리아(1명)

정성관, "Kant und die Naturrechtslehre : Untersuchungen zur Methodologie der naturrechtlichen Rechts- und Staatslehre der Neuzeit", Leopold-Franzens Univ. Innsbruck, 2003.

■ 벨기에(1명)

홍우람, "The Regulative Use of Kant's Idea of God in the Critique of Pure Reason", Katholieke Universiteit Leuven, 2013.

■ 프랑스(1명)

허경회, "Kant, Comte et Marx, critiques de l'economie politique", Universit de Paris X : Nanterre, 1995.

■ 일본(1명)

한단석, 「Kant 순수이성비판에 있어서의 Ding an sich의 概念」, 東京大學, 1974.

※ 국내 대학별 석사·박사 학위 수여자 명단

(석사 총 429명/박사 총 89명)

※ 박사학위 취득자는 이름 뒤에 별도로 (박사)라고 표기하였음.

■ 감리교신학대학교(석사 4/박사 0)

신중균, 「칸트의 至上命法과 실천 理性의 要請에 대한 批判」, 감리교신학대학교, 1971.

박헌창, 「退溪의 敬사상과 Kant의 規範倫理」, 감리교신학대학교, 1991.

손지민, 「19세기 칸트학파 하나님 나라 사상의 발전 과정에 관한 역사적 고찰」, 감리교신학대학교, 1998.

이동환, 「칸트와 웨슬리의 윤리적 인간이해 비교 연구」, 감리교신학대학교, 2001.

■ 강원대학교(석사 1/박사 0)

윤금자, 「칸트의 정언명법에 관한 연구」, 강원대학교, 1995.

■ 건국대학교(석사 12/박사 4)

정재홍, 「Kant의 自由에 關한 研究」, 건국대학교, 1978.

권오상, 「Kant의 〈순수이성비판〉에 있어서 범주의 선험적 연역」, 건국대학교, 1984.

지성기, 「칸트의 직관론 고찰」, 건국대학교, 1984.

하갑수, 「Kant의 선험적 종합판단에 관한 연구」, 건국대학교, 1985.

박문재, 「칸트의 空間槪念에 관한 硏究」, 건국대학교, 1989.

강진숙, 「칸트의 時間論」, 건국대학교, 1991.

김병철, 「Kant의 물질 개념에 관한 고찰」, 건국대학교, 1991.

심현주, 「칸트에 있어서 시간의 존재론적 의미」, 건국대학교, 1992.

최유정, 「칸트의 〈순수이성비판〉 "변증론"에서 이념의 형이상학적 가능성 문제」, 건국대학교, 1993.

강지은, 「칸트 〈판단력비판〉에서 숭고함과 예술의 자율성」, 건국대학교, 1998.

오진석, 「칸트에 있어서 객관적 실재성의 문제」, 건국대학교, 1998.

변영진, 「칸트의 법철학에서 자유의 이념을 통한 인권에 관한 연구」, 건국대학교, 2004.

조남일(박사), 「Kant의 연구: 요청론, 의무론, 인간론, 목적론, 종교론」, 건국대학교, 1981.

권오상(박사), 「칸트의 自我同一性에 관한 硏究」, 건국대학교, 1995.

김관영(박사), 「칸트의 道德形而上學에 관한 硏究: 道德性의 根據定立을 中心으로」, 건국대학교, 1996.

강지은(박사), 「칸트 미학에서 반성적 판단력과 의사소통의 가능성에 관한 연구」, 건국대학교, 2010.

■ 경남대학교(석사 3/박사 0)

허진호, 「칸트의 윤리학에서 자유의 문제」, 경남대학교, 2003.

안성지, 「콜버그의 도덕발달이론과 칸트 해석」, 경남대학교, 2006.

장용수, 「칸트倫理學에서 意志의 規定根據에 관한 考察」, 경남대학교, 2007.

■ 경북대학교(석사 22/박사 11)

김진대, 「Kant의 時間論에 對한 Heidegger의 解釋에 關하여」, 경북대학교, 1958.

서숭덕, 「Kant에 있어서 無上命令의 道德性」, 경북대학교, 1972.

최송실, 「Kant의 時間論」, 경북대학교, 1977.

조주환, 「Heidegger의 Kant 解釋」, 경북대학교, 1978.

길병휘, 「칸트 倫理學의 根本原理」, 경북대학교, 1982.

김재원, 「Kant에 있어서 先驗的 假象과 先驗的 理念의 問題」, 경북대학교, 1983.

이남원, 「Kant의 〈先驗的 演繹〉에 있어서의 統一概念」, 경북대학교, 1983.

김경수, 「Kant에 있어서 先驗的 統覺: 객관과 주관의 의식에서의 통일」, 경북대학교, 1984.

문성학, 「Kant 哲學의 Kopernicus的 轉回에 對한 考察」, 경북대학교, 1984.

임종진, 「Kant의 〈純粹理性批判〉에 있어서의 時間論」, 경북대학교, 1985.

나서영, 「Kant에 있어서 神의 存在問題」, 경북대학교, 1986.

조금제, 「義務槪念을 통해서 본 Kant 倫理學」, 경북대학교, 1986.

채성준, 「Kant 自由理論의 展開」, 경북대학교, 1986.

유 철, 「Kant의 경험의 유추」, 경북대학교, 1989.

오영목, 「칸트의 공간 이론에 관한 비판적 분석」, 경북대학교, 2000.

신황규, 「칸트의 도덕교육론」, 경북대학교, 2001.

이진현, 「롤즈 정의론에서 칸트의 영향: 〈정의론〉, 〈정치적 자유주의〉를 중심으로」, 경북대학교, 2002.

정창록, 「실질주의 윤리설에 대한 칸트의 비판과 문제점」, 경북대학교, 2003.

노은임, 「칸트의 미 개념에 대한 반성적 고찰」, 경북대학교, 2004.

김덕수, 「칸트의 선험적 통각과 자아: '오류추리론'을 중심으로」, 경북대학교, 2004.

백지연, 「칸트의 〈교육이론〉에 나타난 교육개념」, 경북대학교, 2010.

이현숙, 「칸트 공통감 이론의 현대적 의의」, 경북대학교, 2011.

박정옥(박사), 「Kant의 純粹悟性槪念의 先驗的 演繹에 관한 一論考」, 경북대학교, 1982.

김위성(박사), 「Kant의 先驗的 演繹과 Popper의 反證可能性」, 경북대학교, 1983.

김종문(박사), 「Kant에 있어서의 理性의 自由」, 경북대학교, 1983.

서정자(박사), 「道德性과 自律性의 問題: Rousseau, Kant, Rawls의 比較硏究」, 경북대학교, 1988.

이남원(박사), 「칸트의 선험적 논증」, 경북대학교, 1988.

배석원(박사), 「Kant 道惠哲學體系의 批判的 解釋」, 경북대학교, 1988.

문성학(박사), 「純粹理性의 二律背反과 先驗的 觀念論」, 경북대학교, 1988.

이윤복(박사), 「칸트에 있어서 도덕성과 목적」, 경북대학교, 1994.

유 철(박사), 「칸트의 자아론」, 경북대학교, 1998.

김덕수(박사), 「칸트 윤리학에서 덕과 도야」, 경북대학교, 2013.

김미정(박사), 「칸트의 '자유'가 학교경영의 자율성에 주는 의미」, 경북대학교, 2014.

■ 경상대학교(석사 7/박사 0)

선영주, 「칸트에 있어서 二律背反과 先驗的 理念의 關係」, 경상대학교, 1989.

박은옥, 「비트겐슈타인의 언어분석을 통한 칸트의 구성적 인식론 비판」, 경상대학교, 1990.

조은숙, 「칸트의 도덕철학에 있어서 행복 개념」, 경상대학교, 1993.

채미영, 「칸트 철학에 있어서의 공간과 시간」, 경상대학교, 1993.

최문숙, 「Kant의 도덕철학에 나타난 자유의 개념」, 경상대학교, 1994.

김문정, 「칸트의 의무론과 공리주의 윤리설의 통합적 含意」, 경상대학교, 1997.

표주학, 「칸트의 정언명법에 관한 고찰」, 경상대학교, 2002.

■ 경인교육대학교(옛 인천교육대학교, 석사 4/박사 0)

채후남, 「칸트의 교육학 강의에 관한 해석적 연구」, 인천교육대학교, 2002.

김연수, 「칸트 도덕 교육론의 현대적 의의」, 경인교육대학교(인천교육대학교), 2003.

김종철, 「칸트의 도덕론에 관한 연구」, 경인교육대학교, 2007.

서지현, 「칸트의 교육론이 초등교육에 주는 함의」, 경인교육대학교, 2008.

■ **경희대학교(석사 2/박사 0)**

김진석, 「칸트의 定言命法(Kategorischer Imperativ)에 關한 考察」, 경희대학교, 1991.

이석재, 「칸트에 있어서 자유를 통한 정언명법의 정당화에 관한 연구」, 경희대학교, 1994.

■ **계명대학교(석사 11/박사 3)**

김현계, 「Kant의 실천이성과 종교」, 계명대학교, 1986.

신원희, 「칸트의 道德思想에 관한 硏究」, 계명대학교, 1990.

문성화, 「칸트와 헤겔의 이성의 변증법에 대한 비판적 고찰」, 계명대학교, 1991.

신동숙, 「칸트 倫理學에서의 善意志에 관한 硏究」, 계명대학교, 1991.

이재성, 「인식이론에 있어서 주관과 객관에 관한 연구: Kant, Hegel, Marx를 중심으로」, 계명대학교, 1991.

곽현옥, 「칸트의 도덕교육 연구」, 계명대학교, 1992.

백정혜, 「칸트철학에 있어서 초월적 구상력의 작용」, 계명대학교, 1993.

최금주, 「칸트 도덕철학에 있어서 요청의 의미」, 계명대학교, 1993.

김진우, 「칸트 취미판단의 분석」, 계명대학교, 1999.

김우진, 「칸트 윤리학과 도덕 교육의 새로운 패러다임」, 계명대학교, 2003.

이진복, 「기업윤리의 칸트주의적 접근」, 계명대학교, 2004.

이종일(박사), 「롤즈 정의론의 칸트적 토대에 관한 연구」, 계명대학교, 1991.

성홍기(박사), 「意識-, 實存-, 存在範疇로서 空間時間論에 關한 硏究: 칸트, 하이덱거, 하르트만을 중심으로」, 계명대학교, 1996.

백정혜(박사), 「칸트 철학에서 미적 판단의 자율성」, 계명대학교, 2000.

■ **고려대학교(석사 37 / 박사 6)**

정대현, 「칸트의 對象性에 關한 研究」, 고려대학교, 1965.

원갑희, 「칸트의 美學 研究」, 고려대학교, 1967.

이화춘, 「Kant 倫理의 根本的 問題」, 고려대학교, 1970.

이일수, 「Kant에 있어서 自由의 問題」, 고려대학교, 1980.

김광일, 「Kant의 先驗的 演繹의 問題」, 고려대학교, 1984.

김혜남, 「Kant의 倫理觀에 관한 研究」, 고려대학교, 1984.

이웅현, 「키신저 外交政策의 哲學的 背景에 關한 研究: 칸트 哲學과의 聯關性을 中心으로」, 고려대학교, 1986.

김성호, 「칸트의 定言命法에 관한 研究」, 고려대학교, 1987.

좌경옥, 「Kant 倫理學에서의 '實踐理性'에 관한 고찰」, 고려대학교, 1988.

권인섭, 「Kant의 道德敎育思想研究」, 고려대학교, 1989.

윤미경, 「Kant의 定言命法에 關한 研究」, 고려대학교, 1989.

홍순갑, 「칸트의 構成論과 그 哲學的 意義」, 고려대학교, 1990.

안명관, 「Kant의 定言命法에 관한 研究」, 고려대학교, 1992.

진정일, 「칸트 취미론의 한 연구」, 고려대학교, 1993.

오세욱, 「칸트의 〈순수이성비판〉에서 선험적 연역에 대한 고찰」, 고려대학교, 1994.

홍순신, 「칸트의 구성론과 그 철학적 의미」, 고려대학교, 1994.

김호정, 「칸트의 社會契約論 研究」, 고려대학교, 1995.

박영욱, 「칸트 철학에서의 선험적 연역의 문제: 〈순수이성비판〉과 〈판단력비판〉에 나타난 선험적 연역의 문제」, 고려대학교, 1996.

이세호, 「칸트의 선험적 인식론과 상상력」, 고려대학교, 1998.

박지용, 「칸트의 철학에서 최고선의 이념과 그 실현」, 고려대학교, 1999.

장승규, 「하이데거의 칸트 해석 연구」, 고려대학교, 2000.

박동복, 「칸트의 윤리학과 도덕 교육에 관한 연구」, 고려대학교, 2001.

신이식, 「칸트의 이율배반에서의 무제약자」, 고려대학교, 2001.

여현석, 「칸트의 선악 개념과 그 규정원리에 관한 연구」, 고려대학교, 2001.

강병안, 「아름다움의 "열린 자율성"」, 고려대학교, 2002.

고희정, 「〈순수이성비판〉에 나타난 이념으로서의 신개념」, 고려대학교, 2002.

권영우, 「칸트 도덕철학의 형이상학적 전제: 도덕법과 자유이념에 대한 분석을 중심으로」, 고려대학교, 2004.

김동현, 「칸트의 〈윤리형이상학 정초〉에 나타난 도덕성의 본질에 관한 연구」, 고려대학교, 2006.

최윤희, 「칸트 윤리학의 정언명법에 대한 고찰: 〈윤리형이상학 정초〉를 중심으로」, 고려대학교, 2007.

김민건, 「칸트 인식론에서 "물자체" 개념에 대한 고찰」, 고려대학교, 2008.

허 용, 「칸트의 목적에 관한 연구: 〈윤리형이상학 정초〉를 중심으로」, 고려대학교, 2010.

문정수, 「칸트 철학에 대한 하이데거의 강압적 해석과 전회에 관한 비판적 연구: 선험적 인격의 존재론적 해석 가능성 문제를 중심으로」, 고려대학교, 2011.

강경의, 「칸트의 정언명법을 적용한 토의식 수업이 도덕적 판단능력에 미치는 영향」, 고려대학교, 2011.

김영선, 「칸트 윤리학에서 선의지와 의무에 관한 연구: 〈윤리형이상학 정초〉를 중심으로」, 고려대학교, 2012.

원신연, 「철학적 역사의 가능성과 역할: 칸트, 〈세계시민적 의도에서 본 보편사를 위한 이념〉에 대한 하나의 해석」, 고려대학교, 2012.

김진우, 「형이상학 비판과 선험적 자유의 문제: 〈순수이성비판〉을 중심으로」, 고려대학교, 2013.

홍정은, 「칸트의 선의지와 의무에 관한 연구: 〈윤리형이상학 정초〉 제1절을 중심으로」, 고려대학교, 2014.

김승택(박사), 「칸트 認識批判의 目標와 展開」, 고려대학교, 1989.

김성호(박사), 「칸트의 목적 자체의 정식에 관한 연구」, 고려대학교, 1994.

김종국(박사), 「責任과 自律: 요나스의 비판에 대한 칸트의 응답을 중심으로」, 고려대학교, 1997.

최준호(박사), 「칸트의 반성적 판단과 목적론적 세계」, 고려대학교, 2000.

이을터(박사), 「칸트 인식론 관점에서 지식기반업무활동 평가기준 및 요소 개발과
　　타당성 검증: 정보기술 프로젝트 인력 대상」, 고려대학교, 2004.

박지용(박사), 「칸트의 숭고 개념과 숭고의 미학」, 고려대학교, 2011.

■ 대구대학교(석사 2/박사 0)

정대환, 「형식주의의 인식론적 기초: 칸트의 〈순수이성비판〉을 중심으로」, 대구대
　　학교, 1998.

두미혜, 「예술의 자율성 연구: 칸트에서부터 아도르노까지」, 대구대학교, 2008.

■ 대구가톨릭대학교(옛 효성여자대학교/대구효성가톨릭대학교, 석사 8/박사 0)

김영숙, 「Kant의 道德教育思想」, 효성여자대학교, 1988.

송순자, 「Kant 思想에 있어서 教育의 意味」, 효성여자대학교, 1990.

김성수, 「칸트에 있어서 道德法則과 典型의 問題」, 효성여자대학교, 1993.

이정미, 「칸트의 進步史觀」, 효성여자대학교, 1994.

이영경, 「Kant 哲學에 있어서 自由에 관한 考察」, 대구효성가톨릭대학교, 1995.

권욱혜, 「칸트의 道德法則에 관한 研究」, 대구효성가톨릭대학교, 1996.

강수강, 「칸트의 定言命令에 關한 研究」, 대구효성가톨릭대학교, 1997.

이상준, 「인성교육에 있어서 철학교육의 역할: 칸트의 도덕철학을 중심으로」, 대
　　구가톨릭대학교, 2011.

■ 대전대학교(석사 1/박사 0)

이해리, 「칸트 도덕철학의 관점에서 본 배려의 윤리」, 대전대학교, 2002.

■ 동국대학교(석사 15/박사 6)

정하경, 「Kant의 道德律과 自由」, 동국대학교, 1961.

김용정, 「Kant의 空間 時間論」, 동국대학교, 1962.

윤미림, 「Kant의 宗敎哲學에 對한 一考察: 理性宗敎와 啓示宗敎의 問題를 中心으로」, 동국대학교, 1969.

송점식, 「Kant의 實用的 人間學에 關한 硏究」, 동국대학교, 1980.

이한구, 「Kant의 시민사회론: 정치적 권위의 철학적 기초」, 동국대학교, 1984.

이영수, 「Kant의 시간과 공간에 대한 연구: Einstein의 상대성 이론에 나타난 "시간과 공간"과의 비교를 중심으로」, 동국대학교, 1986.

김학택, 「Kant의 定言命法에 관한 硏究」, 동국대학교, 1987.

윤용택, 「Kant의 '자유'에 관한 연구: 보편적인 법칙수립과 관련해서」, 동국대학교, 1987.

홍재숙, 「Kant에 있어서 道德法則의 存在根據와 定言命法」, 동국대학교, 1991.

조정근, 「義務槪念에 根據한 道德的 判斷에 관한 연구」, 동국대학교, 1993.

김성진, 「칸트의 〈판단력비판〉에서 미의 개념」, 동국대학교, 2000.

남정우, 「형이상학의 이론 정초를 위한 〈순수이성비판〉의 인식이론」, 동국대학교, 2000.

허유선, 「칸트의 도덕 철학에서 '목적 자체'의 정식에 관한 해석」, 동국대학교, 2006.

신기철, 「칸트의 실천 철학에서 도덕성의 사회적 실현 조건에 관한 연구」, 동국대학교, 2006.

이석우, 「칸트 윤리의 도덕교육적 의의에 관한 연구」, 동국대학교, 2009.

김용정(박사), 「칸트에 있어서의 自然과 自由에 관한 연구: 科學哲學과 聯關하여」, 동국대학교, 1976.

한정석(박사), 「I. Kant의 文化의 合目的性에 關한 硏究」, 동국대학교, 1989.

이영식(박사), 「도덕적 주체성의 형성을 위한 내면성과 실천성의 문제: Kant를 중심으로」, 동국대학교, 1995.

김학택(박사), 「선험적 지식에 관한 연구」, 동국대학교, 1997.

김민웅(박사), 「칸트의 '덕 이론'에 관한 연구: 덕과 도덕법칙의 관계를 중심으로」, 동국대학교, 2008.

남정우(박사), 「칸트의 비판철학에서 대상판단과 행위판단에 관한 연구」, 동국대
    학교, 2009.

■ **동아대학교(석사 5 / 박사 3)**

손승길, 「칸트(Kant)의 道德律의 根據에 관한 研究」, 동아대학교, 1982.
하순애, 「Kant의 自由에 관한 研究」, 동아대학교, 1983.
김영기, 「Kant의 道德律에 관한 研究」, 동아대학교, 1984.
안승미, 「칸트(I. Kant)의 도덕법칙에 관한 연구」, 동아대학교, 1993.
정승일, 「判斷力批判을 통한 칸트의 音樂論 研究」, 동아대학교, 1996.

김낙구(박사), 「Kant의 道德形而上學의 原理에 관한 內在的 解釋」, 동아대학교,
    1989.
손승길(박사), 「칸트(Kant)의 道德法則의 正當化」, 동아대학교, 1990.
하순애(박사), 「Kant의 선험적 도식론에 관한 연구」, 동아대학교, 1991.

■ **동의대학교(석사 1 / 박사 0)**

김형수, 「칸트의 근본악 문제: 칸트의 종교철학에서 근본악과 그 극복가능성」, 동
    의대학교, 2007.

■ **목원대학교(석사 2 / 박사 0)**

홍한석, 「Immanuel Kant의 근본악 이해: 이성의 한계 안에서의 종교를 중심으
    로」, 목원대학교, 1998.
남정일, 「절대적 양심과 상대적 양심: 존 웨슬리와 임마누엘 칸트의 양심개념 비
    교」, 목원대학교, 2011.

■ **부산교육대학교(석사 4 / 박사 0)**

이헌나, 「칸트의 도덕 사상에 관한 연구」, 부산교육대학교, 2002.
문정숙, 「Kant의 道德法則에 관한 연구」, 부산교육대학교, 2005.

공영자, 「Kant의 實踐理性에 관한 연구」, 부산교육대학교, 2005.

오영주, 「칸트의 윤리사상에 관한 연구」, 부산교육대학교, 2007.

■ 부산대학교(석사 20 / 박사 3)

목영해, 「개인우위의 견해와 사회우위 견해의 비교와 그 교육적 해석: 칸트와 뒤
　　르켕을 중심으로」, 부산대학교, 1982.

최황임, 「〈순수이성비판〉에 있어서의 세 가지 종합」, 부산대학교, 1983.

배채진, 「칸트의 定言的 命法에 관한 연구」, 부산대학교, 1984.

조미경, 「Kant의 자유에 관한 연구」, 부산대학교, 1984.

박인수, 「칸트(I. Kant)의 政治哲學」, 부산대학교, 1985.

송영준, 「Colling Wood의 歷史認識 方法論에 관한 연구: 칸트와의 관련성을 중심
　　으로」, 부산대학교, 1985.

여상범, 「倫理的 眞實性에 대한 Kant, 公利主義, 實用主義의 比較的 硏究」, 부산대학
　　교, 1985.

정용수, 「칸트의 物自體 槪念에 對한 硏究」, 부산대학교, 1990.

박종식, 「칸트의 공간론 연구」, 부산대학교, 1993.

이지훈, 「자연과학에서 시간의 역할에 대한 선험론적 해석」, 부산대학교, 1993.

이영운, 「칸트의 선험적 감성론에 관한 연구」, 부산대학교, 1996.

추군식, 「I. Kant의 〈판단력비판〉에 나타난 미 분석에 관한 연구」, 부산대학교,
　　2003.

박청미, 「칸트 〈판단력비판〉의 '미감적 판단력 분석론'에 대한 교육학적 해석」, 부
　　산대학교, 2004.

서윤발, 「칸트의 '도덕형이상학'에 나타난 소유권론에 관한 연구」, 부산대학교,
　　2008.

김정하, 「칸트(I. Kant)의 〈永久平和論〉에 나타난 道德的 含意」, 부산대학교, 2009.

최태명, 「칸트 〈판단력비판〉에서 주관적 보편성과 공통감 연구」, 부산대학교,
　　2010.

송진영, 「칸트 미학이론의 유아교육적 함의: 〈판단력비판〉에 대한 해석을 중심으로」, 부산대학교, 2011.

김신종, 「칸트의 숭고 감정에 관한 연구: 〈미감적 판단력의 분석론〉을 중심으로」, 부산대학교, 2011.

허애란, 「칸트의 〈순수이성비판〉과 형이상학의 정초」, 부산대학교, 2012.

채정현, 「칸트의 〈순수이성비판〉에서 'die Erkenntnis'와 'das Erkenntnis'」, 부산대학교, 2013.

목영해(박사), 「退溪와 Kant 道德觀의 敎育論的 探索」, 부산대학교, 1990.

김종식(박사), 「칸트 철학에 있어서 자유 개념에 관한 논의의 정합성」, 부산대학교, 1999.

박종식(박사), 「칸트 철학에서 범주와 그 적용의 타당성 연구」, 부산대학교, 1999.

■ 서강대학교(석사 25 / 박사 5)

이숙영, 「메를로 뽕띠의 현상학에 있어서의 認識과 存在의 問題: 데카르트와 칸트의 극복을 中心으로」, 서강대학교, 1983.

김석수, 「Kant의 超驗的 觀念論(Der transzendentale Idealismus)에 대한 批判的 考察」, 서강대학교, 1987.

이상헌, 「선험적 종합판단과 도식」, 서강대학교, 1991.

서동욱, 「칸트 철학에서 능력들의 일치와 상상력」, 서강대학교, 1995.

이원봉, 「칸트의 법철학에서 소유의 정당화 문제」, 서강대학교, 1995.

김상현, 「칸트와 셸링의 자연관」, 서강대학교, 1996.

이민자, 「〈純粹理性批判〉에 나타난 自由槪念」, 서강대학교, 1996.

장경숙, 「칸트의 정언명법: 정언명법의 도출과정과 정언명법에 드러난 인간이해를 중심으로」, 서강대학교, 1996.

문성수, 「칸트의 판단론」, 서강대학교, 1998.

이형철, 「칸트의 공통 감각론」, 서강대학교, 1998.

박지연, 「칸트의 숭고 개념과 예술적 적용」, 서강대학교, 2001.

임연선, 「칸트의 역사철학에서의 진보의 이념」, 서강대학교, 2001.

박지연, 「칸트의 숭고 개념과 예술적 적용」, 서강대학교, 2002.

김경은, 「칸트 〈순수이성비판〉에서의 상상력」, 서강대학교, 2003.

노상국, 「Kant의 道德形而上學에 있어서 自己立法性」, 서강대학교, 2004.

엄태영, 「칸트 〈순수이성비판〉의 신 현존 증명 불가능성에 관한 비판적 고찰」, 서강대학교, 2004.

문성준, 「칸트 철학에서의 악의 문제」, 서강대학교, 2005.

심유환, 「칸트에 있어서 도덕과 종교의 문제」, 서강대학교, 2007.

박경남, 「들뢰즈와 칸트에서 이념의 문제」, 서강대학교, 2008.

송요한, 「칸트의 '자연에 따른 인과성' 개념 : 〈순수이성비판〉의 제2유추를 중심으로」, 서강대학교, 2010.

윤동민, 「전기 하이데거 철학에서 현존재의 주체성 : 하이데거의 칸트해석을 중심으로」, 서강대학교, 2010.

김현선, 「칸트에서 통각원칙의 분석성과 종합성 : 〈순수이성비판〉에서 연역 해석의 문제」, 서강대학교, 2010.

최우석, 「칸트의 최고선 이해」, 서강대학교, 2011.

전찬용, 「Kant 철학에 나타난 신론(神論) 고찰 : 〈종교론〉을 중심으로」, 서강대학교, 2012.

김광철, 「칸트의 무한개념에 대한 헤겔의 비판」, 서강대학교, 2012.

김석수(박사), 「칸트에 있어서 法과 道德」, 서강대학교, 1997.

안성찬(박사), 「숭고의 미학 : 그 기원과 개념사 연구」, 서강대학교, 2000.

이정일(박사), 「칸트와 헤겔에 있어서 인륜적 자유 : 당위론적 의무와 목적론적 일치의 지평에서」, 서강대학교, 2002.

이원봉(박사), 「칸트의 덕 이론 연구」, 서강대학교, 2006.

이상헌(박사), 「칸트의 철학 개념」, 서강대학교, 2006.

■ 서울교육대학교(석사 3 / 박사 0)

방현진, 「학습의 가능성: 함린과 칸트」, 서울교육대학교, 2008.

김사라, 「칸트의 이원적 세계관의 도덕교육적 의미」, 서울교육대학교, 2011.

심장후, 「교육활동의 심미적 차원: 아이즈너와 칸트의 관점 비교」, 서울교육대학교, 2013.

■ 서울대학교(석사 68 / 박사 16)

방승환, 「칸트에 있어서의 純粹悟性槪念의 實驗的 演繹論 一考」, 서울대학교, 1949.

서동익, 「칸트의 悟性에 關한 考察」, 서울대학교, 1949.

정 진, 「Kant의 先天的 綜合論」, 서울대학교, 1959.

최양선, 「Kant에 있어서의 理性」, 서울대학교, 1963.

강학철, 「칸트的 二律背反과 케아케고아的 逆說」, 서울대학교, 1964.

김윤수, 「Kant의 美分析論 硏究」, 서울대학교, 1966.

이영호, 「神存在에 關한 Kant의 認識理論的 立場에 對한 檢討」, 서울대학교, 1966.

이창복, 「Kant의 自由論 批判」, 서울대학교, 1966.

황현승, 「Kant와 先驗的 構想力의 問題」, 서울대학교, 1966.

안현수, 「自由의 問題」, 서울대학교, 1976.

김영환, 「Kant의 경험(인식)이론과 Chomsky의 언어이론의 비교 연구」, 서울대학교, 1981.

김광명, 「Kant〈判斷力批判〉의 人間學的 意味에 대한 考察」, 서울대학교, 1982.

배학수, 「칸트〈순수이성비판〉에 있어서 순수이성의 안티노미에 관한 고찰」, 서울대학교, 1982.

이선일, 「I. Kant의 선험적 연역에 관한 연구: 초판과 재판의 비교를 중심으로」, 서울대학교, 1985.

박정하, 「Kant 역사철학에 있어서 진보의 문제」, 서울대학교, 1986.

정철하, 「하이데거의 존재론적 인식에 관한 연구: 칸트의 선험적 종합판단과의 비교를 中心으로」, 서울대학교, 1986.

권오향, 「음악의 적용가능성을 위한 칸트 미학 이론 연구」, 서울대학교, 1987.

양희규, 「德의 倫理學과 義務의 倫理學의 關係 研究」, 서울대학교, 1987.

박 진, 「칸트 초월철학에서의 形式 개념」, 서울대학교, 1990.

변순용, 「意志의 實踐的 自由에 關한 研究: I. Kant와 N. Hartmann을 중심으로」, 서울대학교, 1990.

김기찬, 「칸트 哲學에 있어서 自由와 學으로서의 形而上學」, 서울대학교, 1992.

김재호, 「칸트의 실체 개념」, 서울대학교, 1992.

김주연, 「〈순수이성비판〉의 오류추리론 연구」, 서울대학교, 1992.

이석재, 「순수지성의 도식기능(圖式機能, Schematismus)과 그 意義」, 서울대학교, 1992.

임미원, 「칸트 법철학에 관한 일 고찰」, 서울대학교, 1992.

이수완, 「칸트 미학에 있어서의 형식과 표현 개념 분석을 통한 음악론 연구」, 서울대학교, 1992.

손성우, 「칸트 〈순수이성비판〉에서 '현상'과 '사물 자체'」, 서울대학교, 1993.

이재홍, 「칸트의 자유개념과 평화사상」, 서울대학교, 1995.

장충섭, 「칸트의 자유의지론에 관한 연구」, 서울대학교, 1995.

김순호, 「목적론과 자유」, 서울대학교, 1996.

전대호, 「칸트의 공간론 연구」, 서울대학교, 1996.

정해인, 「칸트의 '순수지성개념의 초월적 연역'에 관한 소고」, 서울대학교, 1996.

조연수, 「〈판단력비판〉에 나타난 문화 개념의 성립과 의의에 관한 연구」, 서울대학교, 1996.

박배형, 「감성능력의 재평가와 독일 근대미학의 초기적 성립과정: 바움가르텐과 칸트 미학의 연속성을 중심으로」, 서울대학교, 1997.

송명국, 「지각과 상상력: 흄과 칸트를 중심으로」, 서울대학교, 1997.

안윤기, 「존재론적 신 존재 증명과 이에 대한 칸트의 비판의 함축」, 서울대학교, 1998.

이태희, 「칸트주의자로서의 푸코」, 서울대학교, 1998.

심철민, 「칸트의 합목적성 개념과 그 선험론적 연역에 대한 고찰: 〈판단력비판〉 두 서론 분석」, 서울대학교, 1999.

오은아, 「인식에서 시간의 역할: Kant의 초월적 관념론에서 시간의 역할에 대한 고찰」, 서울대학교, 1999.

박신화, 「〈순수이성비판〉의 첫째 이율배반 연구」, 서울대학교, 2000.

박갑현, 「칸트에서 순수 지성의 수학적 원칙과 의식의 인식 활동」, 서울대학교, 2001.

유충현, 「칸트 철학의 수학교육적 고찰」, 서울대학교, 2002.

이혜진, 「칸트의 미적 자율성에 관한 연구: '미감적 판단력의 변증론'을 중심으로」, 서울대학교, 2002.

이정환, 「칸트의 '논변적'(diskursiv) 지성 개념에 관한 연구」, 서울대학교, 2003.

장발보, 「판단에 의한 자연과 자유의 연결: 칸트철학의 교육학적 해석」, 서울대학교, 2003.

나유신, 「합목적성 개념을 중심으로 한 칸트의 숭고 개념 연구」, 서울대학교, 2004.

송병찬, 「칸트의 자유 이율배반에 관한 연구」, 서울대학교, 2004.

임상진, 「칸트 비판철학에서 물질개념」, 서울대학교, 2006.

백승환, 「칸트 초월철학에서 반성개념」, 서울대학교, 2006.

조수경, 「칸트 철학체계에서의 미적 경험의 의미」, 서울대학교, 2007.

강지영, 「칸트의 최고선 개념에 대한 연구」, 서울대학교, 2007.

안은희, 「들뢰즈 존재론의 미학적 함의: 칸트의 숭고에서 나타나는 '미적 판단력' 개념의 확장 가능성 고찰」, 서울대학교, 2007.

최경원, 「칸트의 대상인식에서의 경험의 유추의 역할」, 서울대학교, 2008.

김 철, 「칸트의 〈판단력비판〉에서의 자연에 대한 목적론적 판정에 관한 연구: 목적론적 판정의 확장 논변을 중심으로」, 서울대학교, 2009.

김미진, 「칸트 취미판단의 학문적 정립을 위한 전제로서의 주관적 보편타당성: 미적 판단력의 제2계기 분석과 초월적 연역을 중심으로」, 서울대학교, 2009.

육근성, 「칸트 교육론의 도덕교육적 함의 고찰」, 서울대학교, 2009.

표호진, 「칸트에 비추어 본 루소의 自然敎育論」, 서울대학교, 2010.

박윤희, 「〈도덕〉교과에 있어서 칸트의 윤리 이해 연구」, 서울대학교, 2010.

강은아, 「칸트 〈순수이성비판〉에서 판단표 제시 근거 문제」, 서울대학교, 2010.

김영진, 「칸트에 있어서 정언명법의 정당화 문제에 관한 연구」, 서울대학교, 2011.

손제연, 「칸트에서 법의 개념」, 서울대학교, 2011.

최호림, 「칸트의 의무 개념 연구: 키케로의 도덕이론과의 비교」, 서울대학교, 2011.

이성민, 「칸트의 〈판단력비판〉에 나타난 공통감 개념 연구」, 서울대학교, 2012.

박은애, 「칸트(I. Kant)의 초월적 자아에 관한 연구」, 서울대학교, 2012.

윤영광, 「칸트 '공통감' 개념의 사회철학적 함축」, 서울대학교, 2012.

정철원, 「메타윤리학적 접근을 통한 칸트의 윤리학에 대한 연구」, 서울대학교, 2013.

이덕균, 「칸트의 근본악 개념 연구」, 서울대학교, 2013.

차승한, 「칸트 도덕 철학에서 도덕성에 대한 관심의 해명에 대한 연구」, 서울대학교, 2014.

정 진(박사), 「칸트 순수이성 비판의 존재론적 해석: Heidegger 해석을 중심으로」, 서울대학교, 1979.

배학수(박사), 「전통적 존재론의 한 해체 작업으로서의 하이데거의 칸트 해석」, 서울대학교, 1992.

박영도(박사), 「현대 사회이론에서의 비판 패러다임의 구조변동: Kant, Hegel, Marx, Habermas를 중심으로」, 서울대학교, 1994.

곽윤항(박사), 「칸트의 첫째 이율배반과 상대론적 우주론」, 서울대학교, 1996.

박정하(박사), 「칸트의 인과 이론에 대한 연구: 〈순수이성비판〉의 '제2유추의 원칙'을 중심으로」, 서울대학교, 1998.

박 진(박사), 「칸트 초월철학에서 質料와 形式 개념」, 서울대학교, 1998.

김상현(박사), 「칸트의 미감적 합리성에 대한 연구: 미감적 판단 연역의 해석을 중심으로」, 서울대학교, 2003.

정혜진(박사), 「칸트哲學과의 關聯에서 본 프뢰벨의 教科理論」, 서울대학교, 2004.

손경원(박사), 「도덕적 자율성의 도덕교육적 함의에 관한 연구」, 서울대학교, 2005.

신춘호(박사), 「教育理論으로서의 칸트 哲學: 〈判斷力批判〉 解釋」, 서울대학교, 2005.

윤영돈(박사), 「칸트에 있어서 道德敎育과 美的 道德性의 문제」, 서울대학교, 2006.

유충현(박사), 「칸트의 선험철학과 수학교육」, 서울대학교, 2008.

노철현(박사), 「칸트 先驗哲學의 敎育認識論的 解釋」, 서울대학교, 2008.

박종훈(박사), 「Kant 종교철학에서 도덕과 성서신학의 상보성 연구」, 서울대학교, 2009.

장효민(박사), 「사회계약론에 기초한 정치공동체 모델 연구」, 서울대학교, 2013.

정대성(박사), 「셸러의 칸트 윤리학 이해에 대한 비판적 연구」, 서울대학교, 2014.

■ **서울신학대학교(석사 1 / 박사 0)**

정성진, 「칸트의 철학적 신학에 대한 연구: 칸트의 초기철학을 중심으로」, 서울신학대학교, 2007.

■ **선문대학교(석사 2 / 박사 0)**

류왕영, 「문선명 선생의 통일평화사상과 칸트의 영구평화사상」, 선문대학교, 2002.

박상태, 「칸트 미학에서 취미판단의 비판적 고찰」, 선문대학교, 2014.

■ **성결대학교(석사 1 / 박사 0)**

임근영, 「칸트의 근본악과 그 극복가능성에 대한 성경적 대답」, 성결대학교, 2000.

■ **성균관대학교(석사 12 / 박사 3)**

이현모, 「Kant의 先驗哲學에 있어서 先天的 認識 考察」, 성균관대학교, 1980.

이 엽, 「Kant에 있어서 分析判斷과 綜合判斷」, 성균관대학교, 1982.

지철원, 「칸트의 〈순수이성비판〉에 있어서 'Ding an sich' 개념 고찰: 범주의 적용 문제와 학으로서의 의미 문제」, 성균관대학교, 1983.

최진숙, 「Kant의 道德法則에 關한 硏究」, 성균관대학교, 1986.

김수배, 「칸트의 "미적 판단력 비판"에 있어서 Form 개념에 관하여」, 성균관대학교, 1987.

김기수, 「칸트의 최고선에 관한 연구」, 성균관대학교, 1988.

김창원, 「학으로서 형이상학에로의 길: 칸트는 과연 〈순수이성비판〉에서 형이상
학을 포기하였나」, 성균관대학교, 1992.

이원숙, 「Kant 認識論에서의 《經驗》 概念에 대한 考察」, 성균관대학교, 1996.

황미라, 「칸트의 제3이율배반에 대한 연구」, 성균관대학교, 1999.

조경희, 「칸트의 의무주의 도덕론 고찰」, 성균관대학교, 2000.

안경원, 「Kant의 윤리 교육사상에 관한 연구」, 성균관대학교, 2001.

정문선, 「실천적 이성의 교육적 의미」, 성균관대학교, 2004.

이현모(박사), 「칸트의 二律背反論에 대한 批判的 考察」, 성균관대학교, 1993.

노은임(박사), 「자유와 미: 장자와 칸트에 있어서 실천미학의 가능성」, 성균관대학
교, 2009.

홍영두(박사), 「칸트의 공허한 형식주의적 도덕주관성에 대한 헤겔의 비판과 인
륜적 자유의 이념」, 성균관대학교, 2002.

■ 세종대학교(석사 1/박사 0)

김지영, 「칸트 〈판단력비판〉으로 본 문화교육의 의미: 공존과 소통을 위한 문화능
력, 그 이해와 회복을 위하여」, 세종대학교, 2004.

■ 숙명여자대학교(석사 1/박사 0)

박진희, 「칸트 미학사상과 무용의 관계」, 숙명여자대학교, 2006.

■ 숭실대학교(옛 숭전대학교, 석사 9/박사 2)

최중일, 「Kant의 時間觀」, 숭전대학교, 1978.

강성식, 「Kant에게 있어서의 구상력에 관한 연구」, 숭전대학교, 1985.

박한나, 「칸트의 '미적 판단력 비판'에 있어서의 미적 대상성」, 숭실대학교, 1989.

조기홍, 「칸트의 平和論 研究」, 숭실대학교, 1991.

이길천, 「칸트의 〈순수이성비판〉에서 물자체 개념에 관한 고찰」, 숭실대학교, 1994.

이경희, 「칸트의 〈판단력비판〉에서 도덕성의 상징으로서의 미: 취미판단의 연역과 관련하여」, 숭실대학교, 2001.

김현진, 「칸트의 취미판단에서 미와 도덕성의 연관에 대하여: 〈판단력비판〉을 중심으로」, 숭실대학교, 2006.

이정훈, 「인간의 이중적 본성과 존엄성에 관한 고찰: 파스칼과 칸트의 관점에 대한 비교 연구」, 숭실대학교, 2009.

김영순, 「칸트의 '요청'으로서의 신존재와 실존적 신인식의 문제」, 숭실대학교, 2010.

이민정(박사), 「칸트 미학에서 공통감과 예술교육의 문제」, 숭실대학교, 2008.

김대식(박사), 「칸트의 형식주의 이성비판과 타자성의 문제」, 숭실대학교, 2009.

■ 연세대학교(석사 24 / 박사 1)

원종흥, 「現代 敎育에 影響을 미치는 칸트의 倫理思想」, 연세대학교, 1969.

조태훈, 「Kant의 圖式論 考察」, 연세대학교, 1976.

조백형, 「칸트철학에 있어서 최고선에 관한 연구」, 연세대학교, 1981.

남봉균, 「Kant에 있어서 自由槪念의 考察」, 연세대학교, 1982.

김상봉, 「칸트의 물 자체와 주관-객관의 관계」, 연세대학교, 1983.

연효숙, 「칸트의 의식과 인식의 한계에 관한 연구」, 연세대학교, 1985.

최소인, 「칸트에 있어서 신과 유한, 무한의 문제: 〈순수이성비판〉을 중심으로」, 연세대학교, 1985.

서원호, 「칸트의 〈변증론〉에 나타난 인식의 제한성 문제」, 연세대학교, 1987.

이명기, 「칸트의 시간개념과 유한성에 대한 존재론적 해석」, 연세대학교, 1987.

서정아, 「Kant의 자유개념에 관한 고찰」, 연세대학교, 1991.

서정학, 「自然的 必然性과 自由의 歷史 二律背反 硏究」, 연세대학교, 1993.

김은경, 「틀의 작용에 대한 연구: 칸트 예술 철학에 대한 데리다의 비판을 중심으로」, 연세대학교, 1995.

서정혁, 「칸트의 판단력비판과 매개의 문제」, 연세대학교, 1997.

송형일, 「칸트의 '관념론 논박'에 관한 연구: 데카르트와 버클리와의 비교를 중심으로」, 연세대학교, 1997.

정원석, 「포스트모더니즘과 숭고의 미학: 칸트, 쉴러, 리오타르의 숭고의 개념에 대한 분석적 고찰」, 연세대학교, 1997.

김동규, 「칸트의 〈판단력비판〉에 나타난 예술의 자율성」, 연세대학교, 1998.

최수진, 「칸트의 도덕론과 도덕교육론에 관한 연구」, 연세대학교, 1998.

서벤쟈민, 「칸트 인식론에서 물자체의 의미와 역할」, 연세대학교, 2000.

이미영, 「칸트의 도덕론과 도덕교육에 관한 연구」, 연세대학교, 2002.

양진호, 「칸트의 이론철학과 형이상학의 정초: 개념의 분석론에 대한 존재론적 해석의 시도」, 연세대학교, 2003.

양희진, 「판단력의 반성과 쾌의 관계: 칸트의 〈판단력비판〉 '분석론'을 중심으로」, 연세대학교, 2004.

서경호, 「스포츠 윤리에 대한 칸트의 도덕철학적 해석에 관한 연구」, 연세대학교, 2006.

박은형, 「라캉의 주체와 그 공백으로서의 "대상a": 칸트의 초월적 대상 개념과의 비교를 통하여」, 연세대학교, 2009.

강세영, 「통각에서 자기의식과 자아의 문제: 칸트 〈순수이성비판〉을 중심으로」, 연세대학교, 2011.

양희진(박사), 「예술의 취미판단에서 순수 불쾌의 가능성: I. 칸트의 〈판단력비판〉을 중심으로」, 연세대학교, 2012.

■ 영남대학교(석사 12 / 박사 3)

김봉득, 「Kant 비판哲學에 있어서의 形而上學의 問題와 그 歷史的 展開: 獨逸觀念論을 中心으로」, 영남대학교, 1982.

박영균, 「I. Kant에 있어서 자유와 도덕법칙」, 영남대학교, 1982.

오병훈, 「Kant의 道德哲學에 關한 研究」, 영남대학교, 1983.

신창용, 「Kant의 認識論에 있어서 범주의 객관적 타당성의 문제」, 영남대학교, 1987.

정수임, 「칸트에 있어서 道德法 成立根據에 관한 연구」, 영남대학교, 1987.

이양호, 「칸트의 宗敎哲學 연구」, 영남대학교, 1989.

김기수, 「Kant의 미적 자율성에 대한 비판적 고찰」, 영남대학교, 1992.

황복혜, 「칸트의 道德哲學에 있어서 最高善의 意義」, 영남대학교, 1995.

강기호, 「칸트의 선험적 연역론과 도식론에서 구상력의 역할」, 영남대학교, 1998.

김휘진, 「칸트의 도덕법칙에 대한 연구」, 영남대학교, 2002.

김은주, 「칸트의 목적론적 판단력과 합목적성의 원리」, 영남대학교, 2003.

신해원, 「도덕의 보편성과 형식성: 칸트 윤리학을 중심으로」, 영남대학교, 2009.

이만성(박사), 「칸트의 反省的 判斷力에 관한 硏究」, 영남대학교, 1986.

김석현(박사), 「칸트철학에 있어서 활동과 시간에 관한 연구: 〈순수이성비판〉을 중심으로」, 영남대학교, 1994.

강기호(박사), 「칸트의 순수이성비판에서 상상력」, 영남대학교, 2008.

■ 울산대학교(석사 3/박사 0)

이창호, 「칸트의 道德論과 道德敎育에 관한 硏究」, 울산대학교, 2004.

손성호, 「환경윤리: 칸트와 요나스를 중심으로」, 울산대학교, 2005.

서영만, 「칸트의 최고선과 요청주의 연구」, 울산대학교, 2011.

■ 원광대학교(석사 6/박사 2)

박영무, 「Kant의 倫理 小考: 善意志와 道德法則을 중심으로」, 원광대학교, 1984.

유재갑, 「Kant에 있어서 自由에 관한 考察」, 원광대학교, 1988.

유재영, 「Kant의 自由와 善·惡의 槪念」, 원광대학교, 1993.

한희정, 「칸트의 道德 規則에 관한 硏究」, 원광대학교, 1998.

김주국, 「칸트의 자유의지론 연구」, 원광대학교, 2000.

유휴영, 「칸트의 교육이론에 관한 연구」, 원광대학교, 2002.

유재영(박사), 「칸트 最高善에 관한 연구」, 원광대학교, 2003.

진정일(박사), 「Kant 미학의 인간학적 귀결에 관한 연구: 천재 개념을 중심으로」, 원광대학교, 2013.

■ 이화여자대학교(석사 15 / 박사 1)

김미영, 「칸트에 있어서 대상개념과 선험적 통각」, 이화여자대학교, 1984.

김미경, 「정신 작용으로서의 라이프니쯔의 본유 관념에 관한 고찰: 라이프니쯔의 본유 관념과 칸트의 범주 비교를 통해서」, 이화여자대학교, 1990.

김양자, 「칸트와 듀이의 도덕론에 관한 비교 연구: 이성과 자유의 개념을 중심으로」, 이화여자대학교, 1991.

신정원, 「I. Kant의 취미판단과 객관성의 문제」, 이화여자대학교, 1992.

엄순영, 「칸트의 法의 支配思想의 現代的 照明」, 이화여자대학교, 1992.

김화경, 「칸트의 이율배반론에 나타난 이성비판」, 이화여자대학교, 1993.

이혜영, 「칸트 미학이론에서의 형식 개념」, 이화여자대학교, 1993.

박지희, 「칸트〈순수이성비판〉에서의 상상력」, 이화여자대학교, 2000.

한혜성, 「칸트의 이성종교에 대한 연구」, 이화여자대학교, 2001.

이희진, 「I. Kant의 자연관과 환경철학의 가능성」, 이화여자대학교, 2002.

김혜령, 「근대 사유주체에 대한 신학적 고찰: 칸트의〈순수이성비판〉을 중심으로」, 이화여자대학교, 2003.

이나미, 「권리 개념을 통해서 본 이혼의 정당성 연구: 칸트와 헤겔의 '법철학'과 '관계의 신학'을 중심으로」, 이화여자대학교, 2003.

조미영, 「칸트의〈판단력비판〉과 비개념적 사유의 가능성」, 이화여자대학교, 2003.

박은진, 「칸트철학에서 자유의 문제: 이론이성에서 실천이성으로의 전개를 중심으로」, 이화여자대학교, 2007.

김진영, 「흄과 칸트의 인과문제를 통해 본 칸트 철학의 의의」, 이화여자대학교, 2007.

신혜진(박사), 「칸트의 이성 신앙에 관한 연구: 자유 개념을 중심으로」, 이화여자대학교, 2013.

■ 인천대학교(석사 3/박사 0)

조현보, 「칸트의 "物自體"에 관한 考察」, 인천대학교, 1993.

한천균, 「Kant 倫理學에서 定言命法의 實踐的 意味에 관한 考察」, 인천대학교, 1994.

김성호, 「칸트의 이성적 종교론의 윤리교육적 함의」, 인천대학교, 2013.

■ 인하대학교(석사 1/박사 0)

이용기, 「칸트 선험철학에서 구상력의 개념」, 인하대학교, 1987.

■ 장로회신학대학교(석사 7/박사 0)

김용남, 「칸트의 인식론과 신 증명 비판에 대한 연구」, 장로회신학대학교, 1990.

이승호, 「칸트와 루터의 인간이해와 구원」, 장로회신학대학교, 1990.

강동국, 「Kant의 定言命令에 관한 硏究」, 장로회신학대학교, 1994.

안윤기, 「칸트의 하나님 存在 證明 批判」, 장로회신학대학교, 1996.

이영석, 「루돌프 불트만 신학에 있어서의 신칸트주의 철학의 영향에 대한 小考」, 장로회신학대학교, 1996.

최권능, 「칸트의 인식론에 대한 바르트의 도전: 또 하나의 코페르니쿠스적 전회」, 장로회신학대학교, 2004.

이홍진, 「토마스 아퀴나스(Thomas Aquinas)의 목적론적 윤리와 임마누엘 칸트 (Immanuel Kant)의 의무론적 윤리의 고찰에 따른 덕윤리(Virtue Ethics) 이론에 대한 탐구」, 장로회신학대학교, 2012.

■ 전남대학교(석사 13/박사 3)

박중신, 「칸트의 道德의 原理 考察」, 전남대학교, 1972.

위상복, 「I. Kant의 直觀에 관한 考察. 전남대학교, 1976.

손남승, 「Kant에 있어서 經驗의 問題」, 전남대학교, 1984.

조재인, 「I. Kant와 N. Hartmann의 意志自由에 관한 硏究」, 전남대학교, 1986.

윤종한, 「칸트의 신관에 대한 기능적 유신론 이해」, 전남대학교, 1992.

오은택, 「칸트 초월철학에서의 초월적 인식과 선험적 종합판단」, 전남대학교, 1994.

이기정, 「칸트의 초월적 관념론에서 경험적 실재성에 관한 연구」, 전남대학교, 1997.

최경이, 「칸트의 실천적 자유에 관한 연구」, 전남대학교, 1998.

양일동, 「칸트 두 세계 이론과 도덕성의 본질」, 전남대학교, 2004.

이선이, 「칸트 인식론의 인간 조건」, 전남대학교, 2004.

김정민, 「칸트철학에서 도덕성의 원천」, 전남대학교, 2004.

강현정, 「칸트 철학에서 인간 존엄성과 인권」, 전남대학교, 2005.

오창환, 「칸트의 〈형이상학적 인식의 제일원리들에 관한 새로운 해명〉에서 근거와 자유 문제」, 전남대학교, 2009.

조재인(박사), 「칸트의 구상력에 관한 연구」, 전남대학교, 1993.

윤종한(박사), 「칸트의 이성 신앙과 그 역사적 실현에 관한 연구」, 전남대학교, 1997.

오은택(박사), 「칸트에서 범주의 선험적 연역」, 전남대학교, 1999.

■ 전북대학교(석사 7 / 박사 8)

김용섭, 「칸트에 있어서의 道德과 宗敎」, 전북대학교, 1957.

신광철, 「先驗的 自由의 研究 : 칸트 實踐理性 批判」, 전북대학교, 1974.

김선호, 「知識의 先天性에 관한 고찰」, 전북대학교, 1981.

송경호, 「Kant의 〈純粹理性批判〉에 있어 二元的 思惟에 관한 考察」, 전북대학교, 1981.

박채옥, 「칸트에 있어서의 카테고리의 先驗的 演繹에 關한 考察」, 전북대학교, 1984.

김영례, 「칸트의 〈純粹理性批判〉에 있어서의 先驗的 構想力에 關한 考察」, 전북대학교, 1985.

박일관, 「칸트에 있어서 정언명령의 가능근거에 관하여」, 전북대학교, 1992.

김우태(박사), 「Kant에 있어서 도덕성의 근거」, 전북대학교, 1984.

김영태(박사), 「칸트의 道德神學에 關한 研究」, 전북대학교, 1989.

강성율(박사), 「칸트 哲學에서의 人間의 自由에 관한 研究」, 전북대학교, 1990.

박채옥(박사), 「칸트의 〈純粹理性批判〉에서의 因果性과 自由」, 전북대학교, 1990.

송경호(박사), 「칸트 哲學에서의 自由와 國家 理念」, 전북대학교, 1990.

김영례(박사), 「칸트에 있어서 先驗的 認識에 관한 연구: 흄의 因果律과 關聯하여」, 전북대학교, 1991.

최종천(박사), 「칸트哲學에서의 自由 槪念의 展開」, 전북대학교, 1991.

허정훈(박사), 「칸트 哲學에서의 實踐的 自由에 關한 研究」, 전북대학교, 1993.

■ 제주대학교(석사 2/박사 0)

홍일심, 「Kant에 있어서 카테고리의 先驗的 演繹에 관한 研究」, 제주대학교, 1994.

고영채, 「칸트의 범주론에 대한 고찰: 〈순수이성비판〉의 '개념분석론'을 중심으로」, 제주대학교, 2010.

■ 조선대학교(석사 2/박사 0)

권형신, 「Kant의 도덕법칙에 대한 연구」, 조선대학교, 1997.

유 신, 「칸트 윤리학과 행복의 문제」, 조선대학교, 2006.

■ 중앙대학교(석사 7/박사 4)

김문수, 「法學的 方法二元論에 관한 研究: 特히 新 Kant 學派를 中心으로」, 중앙대학교, 1977.

박영선, 「Kant의 〈判斷力 批判〉에 있어서 趣味判斷의 先驗的 演繹」, 중앙대학교, 1984.

박인영, 「Kant의 物自體 槪念에 關한 研究」, 중앙대학교, 1985.

최유신, 「칸트의 理性神學과 道德的 信仰」, 중앙대학교, 1992.

강경표, 「칸트의 공간 개념에 관한 연구: 전비판기를 중심으로」, 중앙대학교, 2005.

권광수, 「칸트의 〈범주의 선험적 연역〉에 관한 연구: 증명과정의 해명을 중심으로」, 중앙대학교, 2005.

김형주, 「칸트의 도덕철학과 선험적 종합명제」, 중앙대학교, 2009.

이석희(박사), 「Kant에 있어서의 先驗的 人格性과 人格의 成立」, 중앙대학교, 1974.

임혁재(박사), 「Kant에 있어서 定言命法의 存在根據와 定型의 問題」, 중앙대학교, 1984.

맹주만(박사), 「칸트의 실천 철학에서의 최고선」, 중앙대학교, 1997.

이은주(박사), 「칸트의 덕 이론에 관한 연구」, 중앙대학교, 2013.

■ 청주교육대학교(석사 1/박사 0)

김홍일, 「칸트 윤리학에 대한 목적론적·덕윤리적 해석」, 청주교육대학교, 2004.

■ 청주대학교(석사 4/박사 0)

편창운, 「철학 일반에 관한 칸트의 정의: 예쉐 논리학을 중심으로」, 청주대학교, 2009.

김성규, 「기량, 수완, 윤리성의 켤레 개념을 통해 고찰한 칸트의 교육론」, 청주대학교, 2009.

지용옥, 「主體的인 삶으로의 길: 金文洙 文學과 칸트 哲學을 中心으로」, 청주대학교, 2012.

이경재, 「칸트 윤리학의 학문적 가치: 〈도덕형이상학 정초〉를 중심으로」, 청주대학교, 2012.

■ 충남대학교(석사 2/박사 3)

정진우, 「Kant에서 純粹理性의 二律背反」, 충남대학교, 1984.

구희경, 「Kant의 定言命法에 관한 研究」, 충남대학교, 1994.

서배식(박사), 「Kant에 있어서의 理性과 自由의 問題」, 충남대학교, 1978.

박선목(박사), 「Kant의 도덕형이상학에 관한 연구」, 충남대학교, 1981.
정진우(박사), 「칸트 도덕철학의 도덕법칙과 자유」, 충남대학교, 1999.

■ 충북대학교(석사 1 / 박사 1)

김재영, 「칸트의 초월철학에 기초한 플라톤 '동굴의 비유'의 교육학적 해석」, 충북
대학교, 2013.

정태일(박사), 「칸트의 〈永久平和論〉에 대한 政治思想的 土臺와 現實的 適用」, 충북대
학교, 2007.

■ 한국교원대학교(석사 9 / 박사 1)

서홍교, 「Kant의 自由 槪念과 道德 法則」, 한국교원대학교, 1999.
황종관, 「도덕교육에서의 권위와 자율성의 관계 : 칸트(I. Kant)와 뒤르껭(E.
Durkheim)을 중심으로」, 한국교원대학교, 2001.
이하나, 「도덕교육에 있어서 보편적 도덕원리에 관한 연구 : 칸트(I. Kant)와 윌슨
(J. Wilson)의 이론을 중심으로」, 한국교원대학교, 2006.
전정배, 「도덕교육에서 인격과 자율성의 관계에 관한 연구 : 칸트와 피터즈의 이론
을 중심으로」, 한국교원대학교, 2006.
박문경, 「칸트의 정언명법과 그 적용에 관한 연구」, 한국교원대학교, 2007.
배영호, 「미감적 차원의 사회과적 의미 탐색 : 합리성의 확장에 관한 논의를 중심
으로」, 한국교원대학교, 2009.
안영순, 「칸트 윤리학의 도덕교육적 함의」, 한국교원대학교, 2011.
서기원, 「칸트의 정직과 거짓말론 연구와 도덕교육적 함의」, 한국교원대학교,
2012.
이한진, 「도덕교육에서의 초월과 자유의 의미 : 칸트 윤리학을 중심으로」, 한국교
원대학교, 2013

서홍교(박사), 「칸트 윤리와 기독교 윤리의 비교 연구」, 한국교원대학교, 2003.

■ 한국외국어대학교(석사 7/박사 0)

권혁봉, 「〈순수이성비판〉에 대한 존재론적 해석: 하이데거의 해석을 중심으로」, 한국외국어대학교, 1990.

하태규, 「칸트의 '도식주의'에 관하여」, 한국외국어대학교, 1990.

권오경, 「칸트 "도덕 형이상학"의 가능성과 의미」, 한국외국어대학교, 2000.

정찬우, 「인식의 유한성과 칸트 형이상학의 의의」, 한국외국어대학교, 2002.

조윤숙, 「칸트 윤리학의 형식주의적 특성에 관한 연구」, 한국외국어대학교, 2003.

김필영, 「특수상대성이론과 칸트의 시간이론」, 한국외국어대학교, 2011.

김경랑, 「숭고와 미적자유: 칸트와 실러의 미학 이론을 중심으로」, 한국외국어대학교, 2013.

■ 한남대학교(석사 1/박사 0)

이원중, 「칸트의 범주의 초월론적 연역에 대한 연구」, 한남대학교, 1995.

■ 한양대학교(석사 4/박사 0)

정상운, 「Kant의 倫理思想에 對한 硏究」, 한양대학교, 1983.

안혁주, 「Kant에 있어서 道德法 成立根據에 關한 硏究」, 한양대학교, 1991.

백문호, 「理性의 規制的 사용에 관한 考察」, 한양대학교, 1992.

정상희, 「칸트와 니체의 '의지'개념에 근거한 학습동기의 재발견」, 한양대학교, 2013.

■ 홍익대학교(석사 13/박사 0)

김임수, 「Kant 美學에 있어 Schöne Kunst 槪念의 體系的 意味」, 홍익대학교, 1976.

변정은, 「崇高의 美學的 槪念에 대하여: I. Kant를 中心으로」, 홍익대학교, 1986.

강영희, 「칸트의 〈판단력 비판〉에 있어서 미적 합목적성의 의미」, 홍익대학교, 1988.

김현숙, 「칸트 미학에 있어서 인간성의 개념」, 홍익대학교, 1990.

이재준, 「칸트 미학에서의 감정론」, 홍익대학교, 1999.

금빛내림, 「칸트의 천재 개념에 관한 고찰」, 홍익대학교, 2001.

최수연, 「칸트의 숭고 개념의 미학적 의미 연구」, 홍익대학교, 2001.

추정희, 「칸트 체계에 있어서 공통감각 개념의 의미」, 홍익대학교, 2001.

한의정, 「칸트 〈판단력비판〉에 있어서 미감적 판단력과 목적론적 판단력의 관계」, 홍익대학교, 2001.

송인랑, 「미를 통한 자연과 인간의 화해: 아도르노와 칸트의 미학에서 자연미와 예술미」, 홍익대학교, 2003.

현금옥, 「칸트 미학에서의 감정과 취미」, 홍익대학교, 2005.

최소영, 「칸트의 자연 개념과 자연미 연구」, 홍익대학교, 2006.

김태은, 「칸트의 상상력 개념에 관한 연구」, 홍익대학교, 2007.

목록 II

한국 철학계 칸트 연구 관련 출판물

칸트의 원저(연대순) 번역서

"Versuch einiger Betrachtungen über den Optimismus"(1759)
이한구, 「낙관주의에 관한 시론」, 수록: 『칸트의 역사 철학』, 서광사, 1992.

Beobachtungen über das Gefühl des Schönen und Erhabenen(1764)
이재준, 『아름다움과 숭고함의 감정에 관한 고찰』, 책세상, 2005.

De mundi sensibilis atque intelligibilis forma et principiis(1770)
최소인, 『감성계와 지성계의 형식과 원리들』, 이제이북스, 2007.

Kritik der reinen Vernunft(1781 · 1787)
崔載喜, 『純粹理性批判 上』, 新太陽社, 1955 · 1962.
_____, 『순수이성비판』, 동아출판사, 1969.
_____, 『純粹理性批判』, 博英社, 1972 · 1974 · 1983.
尹聖範, 『純粹理性批判』, 乙酉文化社, 1969 · 1983.
尹晟默, 『純粹理性批判』, 京東出版社, 1970.

鄭明五, 『純粹理性批判』, 東西文化社, 1975·1977.

_____, 『純粹理性批判』, 學園出版公社, 1983.

_____, 『純粹理性批判』, 新華社, 1983.

_____, 『純粹理性批判』, 良友堂, 1986·1988.

_____, 『순수이성비판』, 그레이트북, 1994.

田元培, 『純粹理性批判』, 삼성출판사, 1976·1978·1983·1990.

朴鍾鴻·鄭明五, 『純粹理性批判』, 대양서적, 1978

金姬廷, 『純粹理性批判』, 일신서적출판사, 1991.

이명성, 『순수이성비판』, 홍신문화사, 1993.

김석수, 『순수이성비판 서문』, 책세상, 2002.

백종현, 『순수이성비판 1·2』, 아카넷, 2006.

*Prolegomena zu einer jeden künftigen Metaphysik, die als Wissenschaft
wird auftreten können*(1783)

박종홍·서동익, 『형이상학 서론』, 合同圖書, 1956.

河岐洛, 『프로레고메나: 形而上學 序說』, 韓國칸트學會[螢雪出版社], 1965.

徐同益 外, 《프로레고메나》, 수록: 『世界의 大思想: 칸트』, 徽文出版社, 1972·
1978·1983.

崔載喜, 『批判學序論』, 博英社, 1974.

_____, 《哲學序論》, 수록: 『實踐理性批判』, 博英社, 1975.

백종현, 『형이상학 서설』, 아카넷, 2012.

염승준, 『프롤레고메나』, 책세상, 2013.

"Beantwortung der Frage: Was ist Aufklärung?"(1784)

이한구, 「계몽이란 무엇인가에 대한 답변」, 수록: 『칸트의 역사 철학』, 서광사,
1992.

"Idee zu einer allgemeinen Geschichte in weltbürgerlicher Absicht"(1784)

李錫潤, 「世界市民的 見地에서 본 普遍史의 理念」, 수록 : 『世界의 大思想 : 칸트』, 徽文
　　出版社, 1972·1978·1983.

이한구, 「세계 시민적 관점에서 본 보편사의 이념」, 수록 : 『칸트의 역사 철학』, 서
　　광사, 1992.

"Recension von J. G. Herders Ideen zur Philosophie der Geschichte der
　　Menschheit"(1785)

이한구, 「헤르더의 인류 역사의 철학에 대한 이념들」, 수록 : 『칸트의 역사 철학』,
　　서광사, 1992.

Grundlegung zur Metaphysik der Sitten(1785)

朴泰炘, 『칸트 道德形而上學』, 螢雪出版社, 1965.

鄭 鎭, 『道德哲學原論』, 乙酉文化社, 1970.

徐同益, 《道德形而上學의 基礎》, 수록 : 『世界의 大思想 : 칸트』, 徽文出版社,
　　1972·1978·1983.

李奎浩, 『道德形而上學原論·永久平和論』, 博英社, 1974.

崔載喜, 《道德哲學序論》, 수록 : 『實踐理性批判』, 博英社, 1975.

이원봉, 『도덕 형이상학을 위한 기초 놓기』, 책세상, 2002.

백종현, 『윤리형이상학 정초』, 아카넷, 2005.

"Mutmaßlicher Anfang der Menschengeschichte"(1786)

徐同益, 「人類史의 臆測的 起源」, 수록 : 『世界의 大思想 : 칸트』, 徽文出版社, 1972·
　　1978·1983.

이한구, 「추측해 본 인류 역사의 기원」, 수록 : 『칸트의 역사 철학』, 서광사, 1992.

Kritik der praktischen Vernunft(1788)

崔載喜, 『實踐理性批判』, 靑丘出版社, 단기4290[1957].

_____, 『(改譯)實踐理性批判. 야스퍼스의 「칸트의 근본악」을 넣은』, 博英社, 단기
　　4292[1959]·1968.

_____, 『實踐理性批判』, 博英社, 1974·1975·1981.

吳 在, 『實踐理性批判·道德形而上學原論·永遠한 平和를 위해』, 義明堂, 1982.

姜泰鼎, 『實踐理性批判』, 일신서적출판사, 1991.

백종현, 『실천이성비판』[번역과 연구], 아카넷, 2002.

_____, 『실천이성비판』[개정판], 아카넷, 2009.

Kritik der Urteilskraft(1790)

李錫潤, 『判斷力 批判. 附 判斷力 批判 第一序論』, 博英社, 1974·1978.

김상현, 『판단력비판』, 책세상, 2005.(단, 전반부에 한함)

백종현, 『판단력비판』, 아카넷, 2009.

"Über eine Entdeckung, nach der alle neue Kritik der reinen Vernunft durch
　　eine ältere entbehrlich gemacht werden soll"(1790)

최소인, 「발견」, 수록:『형이상학의 진보/발견』, 이제이북스, 2009.

"Über die von der Königl. Akademie der Wissenschaften zu Berlin für
　　das Jahr 1791 ausgesetzte Preisfrage: Welches sind die wirklichen
　　Fortschritte, die die Metaphysik seit Leibnitzens und Wolf's Zeiten in
　　Deutschland gemacht hat?"(1791·1804)

최소인, 「형이상학의 진보」, 수록:『형이상학의 진보/발견』, 이제이북스, 2009.

Die Religion innerhalb der Grenzen der bloßen Vernunft(1793)

한철하, 《宗敎哲學》, 수록:『世界의 大思想: 칸트』, 徽文出版社, 1972·1978·1983.
　　(단, 제1논고에 한함)

신옥희, 『理性의 限界 안에서의 宗敎』, 이화여자대학교출판부, 1984·1990.

_____, 『이성의 한계 안에서의 종교』, 이화여자대학교출판부, 2001.

백종현, 『이성의 한계 안에서의 종교』, 아카넷, 2011.

"Über den Gemeinspruch: Das mag in der Theorie richtig sein, taugt aber
nicht für die Praxis"(1793)

오진석, 『속설에 대하여—그것은 이론에서는 옳을지 모르지만, 실천에 대해서는
쓸모없다는』, 도서출판b, 2011.

"Das Ende aller Dinge"(1794)

이한구, 「만물의 종말」, 수록: 『칸트의 역사 철학』, 서광사, 1992.

Zum ewigen Frieden: ein philosophischer Entwurf(1795)

徐同益, 《永遠한 平和를 위하여》, 수록: 『世界의 大思想: 칸트』, 徽文出版社,
1972·1978·1983.

鄭 鎭, 『永久平和를 위하여』, 正音社, 1974.

李奎浩, 『道德形而上學原論·永久平和論』, 博英社, 1974.

이한구, 『영원한 평화를 위하여』, 서광사, 1992.

_____, 『영구 평화론—하나의 철학적 기획』[개정판], 서광사, 2008.

오진석, 『영원한 평화를 위하여—하나의 철학적 기획』, 도서출판b, 2011.

박환덕·박 열, 『영구평화론』, 범우사, 2012.

백종현, 『영원한 평화』, 아카넷, 2013.

Die Metaphysik der Sitten(1797)

[*Metaphysische Anfangsgründe der Rechtslehre(*1797·1798), *Metaphysische
Anfangsgründe der Tugendlehre*(1979·1803)]

백종현, 『윤리형이상학』, 아카넷, 2012.

이충진, 『법이론』, 이학사, 2013.(『윤리형이상학』 제1편: 법이론에 한함)

Der Streit der Fakultäten(1798)

오진석, 『학부들의 논쟁』, 도서출판b, 2012.

"Erneuerte Frage : Ob das menschliche Geschlecht im beständigen Fortschreiten
　　zum Bessern sei?"(1798)

이한구, 「다시 제기된 문제: 인류는 더 나은 상태를 향해 계속해서 진보하고 있는가?」,
　　수록: 『칸트의 역사 철학』, 서광사, 1992.

Anthropologie in pragmatischer Hinsicht(1798)

이남원, 『실용적 관점에서 본 인간학』, 울산대학교 출판부, 1998.
백종현, 『실용적 관점에서의 인간학』, 아카넷, 2014.

Immanuel Kants Vorlesungen ber die Metaphysik, hrsg. Pölitz, Erfurt(1821)

이남원, 『칸트의 형이상학 강의』, 울산대학교 출판부, 1999.

Eine Vorlesung über Pädagogik(AA Bd. IX)

林泰平, 『교육이론』, 以文出版社, 1984.
張燦翌, 『칸트의 敎育思想』, 培英社, 1985・1990.
조관성, 『칸트의 교육학 강의: 교사와 부모를 위한 칸트의 교육론』, 철학과현실사,
　　2001・2007.

기타 편술(부분적으로 발췌한 글들)
사상교양연구회, 『思想敎養文庫, 칸트』, 사상교양연구회, 단기4292[1959].
社會科學硏究會, 『人生論』, 新潮文化社, 단기4294[1961]・1971.
_____, 『人生論』, 瑞明, 1981.
白璿一, 『(大哲人들의 人生論) 삶과 사랑과 행복과』, 東泉社, 1983.
_____, 『창조적 인생론』, 東泉社, 1986.
정한희, 『마음의 샘터』, 民衆書館, 1986.

이혜초, 『(젊은이들을 위한) 철학에세이』, 덕성문화사, 1990.

河岐洛, 『칸트: 비판철학의 이해를 위하여』, 형설출판사, 1996.

빌헬름 바이셰델 (편) / 손동현·김수배, 『별이 총총한 하늘 아래 약동하는 자유 ―칸트와 함께 인간을 읽는다』, 이학사, 2002. (Wilhelm Weischedel[Hg.], *Kant Brevier*).

국외 칸트 연구저술 번역서

얏하만·브노우스키/李永哲, 『(大哲學者)칸트의 一生』, 글벗집, 단기4292[1959].

얏하만·보로우스키/李永哲, 『칸트의 一生』, 글벗집, 1976.

야하만·와지안스키/高廷基, 「理性의 廣場」, 『世界의 人間像: 世界傳記 文學全集. 12』, 新丘文化社, 1962.

우베 슐츠/金光植, 『칸트』, 韓國神學硏究所, 1975. (우베 슐츠, *Kant*)

우베 슐츠/최혁순, 『칸트』, 행림출판, 1980·1989. (우베 슐츠, *Kant*)

볼데마르 오스카 되에링/김용정, 『칸트철학 이해의 길』, 새밭, 1979·1984. (Woldemar Oskar Döring, *Das Lebenswerk Immanuel Kants*)

W. O. 되에링/김용정, 『칸트철학 입문』, 중원문화, 1988·2011. (Woldemar Oskar Döring, *Lebenswerk Immanuel Kants*)

S. 쾨르너/강영계, 『칸트의 비판철학』, 서광사, 1983·1991. (Stephan Körner, *Kant*)

A. C. 유잉/김상봉, 『순수이성비판입문』, 한겨레, 1985. (A. C. Ewing, *Critique of Pure Reason*)

W. 뢰트/임재진, 『변증법의 현대적 전개: 칸트로부터 헤겔까지』, 중원문화, 1985.
(W. Röd, *Dialektische Philosophie der Neuzeit*)

로저 스크러턴/민찬홍, 『칸트』, 문경출판, 1986. (Roger Scruton, *Kant*)

로저 스크러턴/김성호, 『칸트』, 시공사, 1999. (Roger Scruton, *Kant*)

F. 코플스톤/임재진, 『칸트』, 중원문화, 1986. (Frederick Charles Copleston, *Kant*)

프레더릭 C. 코플스턴/임재진, 『칸트』, 중원문화, 2013. (Frederick C. Copleston, *A History of Philosophy*, Vol. 6, part VI)

요세프 슈페크/원승룡, 『근대 독일 철학』, 서광사, 1986. (Josef Speck, *Philosophie der Neuzeit II*)

윌커슨/배학수, 『칸트의 순수이성비판』, 서광사, 1987·1992. (T. E. Wilkerson, *Kants critique of pure reason: a commentary for students*)

H. J. 페이튼/김성호, 『칸트의 도덕철학』, 서광사, 1988. (H. J. Paton, *The Categorical Imperative: A Study in Kants Moral Philosophy*)

수잔 프롬/김용정·배의용, 『칸트 대 비트겐슈타인』, 동국대학교출판부, 1988. (Susanne Fromm, *Wittgensteins Erkenntnisspiele contra Kants Erkenntnislehre*)

K. 야두키에비츠/송병옥, 『철학, 그 문제와 이론들』, 서광사, 1988. (Kazimierz Ajdukiewicz, *Problems and theories of philosophy*)

岩佐茂 外/金甲洙, 『(哲學의 現實) 칸트, 헤겔, 마르크스는 이미 낡았는가!』, 보성출판사, 1989. (岩佐茂 外, 『哲學のリアリティ』)

F. 카울바하/백종현, 『칸트 비판철학의 형성과정과 체계』, 서광사, 1992. (Friedrich Kaulbach, *Immanuel Kant*)

브로드/하영석·이남원, 『칸트 철학의 분석적 이해』, 서광사, 1992. (C. D. Broad, *Kant: An Introduction*)

A. Deborin/韓貞錫, 『칸트의 辨證法』, 經文社, 1992·1994. (A. Deborin, *Die Dialektik bei Kant*)

게르노트 뵈메/구승회, 『칸트와 더불어 철학하기』, 청하, 1993. (Gernot Böhme, *Philosophieren mit Kant: zur Rekonstruktion der Kantischen Erkenntnis- und Wissenschaftstheorie*)

R. 샤하트/정영기·최희봉, 『근대철학사: 데카르트에서 칸트까지』, 서광사, 1993. (Richard Schacht, *Classical modern philosophers: Descartes to Kant*)

R. 크로너/연효숙, 『칸트. 1: 칸트에서 헤겔까지』, 서광사, 1994·1998. (Richard Kröner, *Von Kant bis Hegel*)

A. V. 폰 키벳/이신철, 『순수이성비판의 기초개념』, 한울아카데미, 1994. (Alexander Varga von Kibed, *Erklärung der Grundbegriffe von Kants Kritik der reinen Vernunft*)

D. W. 크로포드/김문환, 『칸트 미학 이론』, 서광사, 1995. (Donald W. Crawford, *Kants aesthetic theory*)

질 들뢰즈/서동욱, 『칸트의 비판철학』, 민음사, 1995. (Gilles Deleuze, *La Philosophie critique de Kant: doctrine des facultes*)

F. 카울바하/하영석·이남원, 『윤리학과 메타 윤리학』, 서광사, 1995. (Friedrich Kaulbach, *Ethik und Metaethik*)

J. 켐프/김성호, 『칸트』, 지성의 샘, 1996. (John Kemp, *Philosophy of Kant*)

E. 캇시러/유철, 『루소, 칸트, 괴테』, 서광사, 1996. (Ernst Cassirer, *Rousseau, Kant, Goethe*)

오트프리트 회페/이상헌, 『임마누엘 칸트』, 문예출판사, 1997. (Otfried Höffe, *Immanuel Kant*)

미하엘 볼프/김종기, 『모순이란 무엇인가: 칸트와 헤겔의 변증법 연구』, 동녘, 1997. (Michael Wolff, *Begriff des Widerspruchs: Eine Studie zur Dialektik Kants und Hegels*)

폴 스트래던/박지수, 『쾨니히스베르크의 조용한 혁명 칸트』, 편앤런, 1997. (Paul Strathern, *Kant in 90 minutes*)

도널드 팔머/이한우, 『(그림으로 읽는) 서양철학사. 1: 탈레스에서 칸트까지』, 자작나무, 1997. (Donald Palmer, *Looking at philosophy*)

랄프 루드비히 / 이충진, 『(쉽게 읽는 칸트) 정언명령』, 이학사, 1999. (Ralf Ludwig, *Kant für Anfänger—Der kategorische Imperativ*)

랄프 루드비히 / 박중목, 『(쉽게 읽는 칸트) 순수이성비판』, 이학사, 1999. (Ralf Ludwig, *Kant für Anfänger—Die Kritik der reinen Vernunft*)

로빈 메이 쇼트 / 허라금·최성애, 『인식과 에로스: 칸트적 패러다임에 대한 비판』, 이화여자대학교 출판부, 1999. (Robin May Schott, *Cognition and Eros: A critique of the Kantian paradigm*)

장 프랑소아 료타르 / 김광명, 『칸트의 숭고미에 대하여』, 현대미학사, 2000. (Jean François Lyotard, *Lecons sur l'analytique du sublime*)

C. D. 브로드 / 박찬구, 『윤리학의 다섯 가지 유형: 스피노자·버틀러·흄·칸트·시즈위크』, 철학과현실사, 2000. (C. D. Broad, *Five types of ethical theory*)

이소 케른 / 배의용, 『후설과 칸트』, 철학과현실사, 2001. (Iso Kern, *Husserl und Kant*)

마르틴 하이데거 / 이선일, 『칸트와 형이상학의 문제』, 한길사, 2001. (Martin Heidegger, *Kant und das Problem der Metaphysik*)

오트프리트 회페 / 이강서 외, 『철학의 거장들 1-4』, 한길사, 2001. (Otfried Höffe, *Klassiker der Philosophie*)

카를 포르랜더 / 서정욱, 『칸트의 생애와 사상』, 서광사, 2001. (Karl Vorländer, *Immanuel Kants Leben*)

랠프 워커 / 이상헌, 『칸트』, 궁리출판, 2002. (Ralph Walker, *The great philosophers: Kant*)

한나 아렌트 / 김선욱, 『(한나 아렌트) 칸트 정치철학 강의』, 푸른숲, 2002. (Hannah Arendt, *Lectures on Kants political philosophy*)

디터 타이헤르트 / 조상식, 『(쉽게 읽는) 칸트 판단력비판』, 이학사, 2003. (Dieter Teichert, *Immanuel Kant: 'Kritik der Urteilskraft'*)

노르베르트 힌스케 / 김수배·이 엽, 『현대에 도전하는 칸트』 이학사, 2004. (Norbert Hinske, *Kant als Herausforderung an die Gegenwart*)

만프레트 가이어/김광명, 『칸트 평전』, 미다스북스, 2004. (Manfred Geier, *Kants Welt*)

알렌카 주판치치/이성민, 『실재의 윤리: 칸트와 라캉』, 도서출판b, 2004. (Alenka Zupancic, *Ethics of The Real*)

H. M. 바움가르트너/임혁재·맹주만, 『칸트의 〈순수이성비판〉 읽기』, 철학과현실사, 2004. (Hans Michael Baumgartner, *Kant "Kritik der reinen Vernunft": Anleitung zur Lektüre*)

이와사끼 다께오/한단석, 『칸트에서 헤겔까지』, 신아출판사, 2005. (岩崎 武雄, 『カントからヘーゲルへ』)

프리드리히 데싸우어/황원영, 『인간이란 무엇인가: 칸트의 네 가지 물음』, 분도출판사, 2005. (Friedrich Dessauer, *Was ist der Mensch : die vier Fragen des Immanuel Kant*)

크리스틴 M. 코스가드/김양현·강현정, 『목적의 왕국: 칸트 윤리학의 새로운 도전』, 철학과현실사, 2007. (Christine M. Korsgaard, *Creating the kingdom of ends*)

폴커 게르하르트/김종기, 『(다시 읽는) 칸트의 영구평화론』, 백산서당, 2007. (Volker Gerhardt, *Immanuel Kants Entwurf "Zum ewigen Frieden": eine Theorie der Politik*)

게오르그 짐멜/김덕영, 『근대 세계관의 역사: 칸트·괴테·니체』, 길, 2007.

마키노 에이지/세키네 히데유키·류지한, 『칸트 읽기: 포스트모더니즘 이후의 비판 철학』, 울력, 2009. (牧野 英二, 『カントを讀む: ポストモダニズム以降の批判哲學』)

사카베 메구미 外/이신철, 『칸트사전』, 도서출판b, 2009. (坂部惠 外, 『カント事典』)

알브레히트 벨머/김동규·박종식, 『대화윤리를 향하여: 칸트와 하버마스의 윤리학 비판』, 한울아카데미, 2009. (Albrecht Wellmer, *Ethik und Dialog : Elemente des moralischen Urteils bei Kant und in der Diskursethik*)

크리스토프 부리오/박종식·안호영, 『칸트 해석: 이원론의 문제』, 부산대학교출판부, 2010. (Christophe Bouriau, *Lectures de Kant : le probleme du dualisme*)

크리스티안 헬무트 벤첼/박배형, 『칸트 미학: 〈판단력비판〉의 주요 개념들과 문제들』, 그린비, 2012. (Christian Helmut Wenzel, *An introduction to Kant's aesthetics: core concepts and problems*)

미셸 푸코/김광철, 『칸트의 인간학에 관하여: 〈실용적 관점에서 본 인간학〉 서설』, 문학과지성사, 2012. (Michel Foucault, *Introduction a l'anthropologie de Kant*)

이명휘/김기주·이기훈, 『유교와 칸트』, 예문서원, 2012. (李明輝, 『儒家與康德』, 1990)

가라타니 고진/이신철, 『트랜스크리틱: 칸트와 맑스』, 도서출판b, 2013. (柄谷行人, 『トランスクリティーク: カントとマルクス』)

국내 칸트 연구서

[저자별]

姜大石, 『서양근세철학』, 서광사, 1989.

_____, 『독일관념철학과 변증법』, 한길사, 1988.

_____, 『미학의 기초와 그 이론의 변천』, 서광사, 1984·1990.

강영안, 『도덕은 무엇으로부터 오는가: 칸트의 도덕철학』, 조합공동체 소나무, 2000.

_____, 『주체는 죽었는가: 현대 철학의 포스트 모던 경향』, 문예출판사, 1996.

_____, 『자연과 자유 사이』, 문예출판사, 1998.

_____, 『강교수의 철학 이야기』, 한국기독학생회출판부, 2001.

_____, 『칸트의 형이상학과 표상적 사유』, 서강대학교출판부, 2009.

강순전, 『칸트에서 헤겔로: 칸트 철학과의 대결을 통해 본 헤겔 철학의 특성』, 철학과현실사, 2008.

강순전 外, 『이성과 비판의 철학: 칸트와 독일관념론을 중심으로』, 철학과현실사, 2006.

공병혜, 『칸트. 판단력 비판』, 울산대학교출판부, 1999.

권택영, 『몸과 미학: 칸트, 니체, 프로이트, 라캉, 지젝』, 경희대학교출판국, 2004.

김광명, 『칸트 판단력비판 연구』, 이론과 실천, 1992.

_____, 『칸트 미학의 이해』, 철학과현실사, 2004.

_____, 『칸트의 〈판단력비판〉 읽기』, 세창미디어, 2012.

김병옥, 『칸트의 교육사상 연구』, 집문당, 1986.

김상봉, 『자기의식과 존재사유: 칸트철학과 근대적 주체성의 존재론』, 한길사, 1998.

_____, 『호모 에티쿠스: 윤리적 인간의 탄생』, 한길사, 1999.

_____, 『나르시스의 꿈: 서양정신의 극복을 위한 연습』, 한길사, 2002.

김상일, 『元曉의 判比量論 비교 연구: 원효의 논리로 본 칸트의 이율배반론』, 지식
    산업사, 2004.

김석수, 『칸트와 현대 사회 철학』, 울력, 2005.

김석현, 『칸트의 활동 이론: 이론적 활동과 실천적 활동』, 이론과실천, 1999.

김영래, 『칸트의 교육이론』, 학지사, 2003.

김영태, 『도덕신학과 도덕신앙: 칸트 종교철학의 실제』, 전남대학교출판부, 2006.

金容民, 『Kant的 理想主義와 自由의 展望』, 한마음사, 1994.

김용석, 『언어와 이성: 촘스키를 넘어서 칸트주의 언어학으로』, 한성대학교출판부,
    2012.

金鎔貞, 『칸트哲學研究: 自然과 自由의 統一』, 유림사, 1978.

_____, 『칸트 철학: 자연과 자유의 통일』, 서광사, 1996.

_____, 『第三의 哲學』, 思社研, 1986 · 1998.

_____, 『과학과 철학』, 범양사출판부, 1996.

김정주, 『칸트의 인식론』, 철학과현실사, 2001.

_____, 『이성과 윤리학: 칸트와 현대 독일 윤리학』, 철학과현실사, 2009.

김종국, 『책임인가 자율인가?: H.요나스 對 I. 칸트』, 한국학술정보, 2008.

_____, 『논쟁을 통해 본 칸트 실천철학』, 서광사, 2013.

김종욱, 『용수와 칸트: 동서사상의 정점에서 피어나는 철학의 향연』, 운주사,
    2002.

김 진,『칸트와 불교』, 철학과현실사, 2000.

_____,『칸트와 생태사상』, 철학과현실사, 2003.

_____,『칸트와 선험화용론』, 울산대학교출판부, 1994 · 1995.

_____,『칸트. 순수한 이성의 한계 안에서의 종교』, 울산대학교출판부, 1999.

_____,『칸트와 생태주의적 사유』, 울산대학교출판부, 1998.

_____,『새로운 불교 해석: 칸트의 시각에서 본 불교 철학의 문제들』, 철학과현실사, 1996.

_____,『선험철학과 요청주의』, 울산대학교출판부, 1999.

_____,『아펠과 철학의 변형』, 철학과현실사, 1998.

_____,『칸트와 세계관의 철학』, 울산대학교출판부, 2005.

_____,『칸트와 요청주의』, 울산대학교출판부, 2005.

_____,『칸트와 역사신학의 문제』, 울산대학교출판부, 2011.

김혜숙,『칸트: 경계의 철학, 철학의 경계』, 이화여자대학교출판부, 2011.

나종석,『칸트와 헤겔』, 용의숲, 2011.

노철현,『칸트와 교육인식론』, 교육과학사, 2010.

문성학,『칸트철학과 물자체』, 울산대학교출판부, 1995.

_____,『인식과 존재』, 서광사, 1991.

_____,『칸트철학의 인간학적 비밀』, 울산대학교출판부, 1996 · 1997.

_____,『칸트 윤리학과 형식주의』, 경북대학교출판부, 2006.

_____,『칸트의 인간관과 인식존재론』, 경북대학교출판부, 2007.

문장수,『주체 개념의 역사』, 영한문화사, 2012.

박봉현,『칸트와 동북아시아 평화』, 오름, 2005.

박선목,『칸트와 형이상학』, 학문사, 1983 · 1991.

_____,『윤리학』, 학문사, 1983.

_____,『윤리학과 현대사회』, 學文社, 1994.

_____,『즐거운 생활로서의 미학』, 형설출판사, 2000.

박정하,『칸트 〈실천이성비판〉』, 서울대학교 철학사상연구소, 2003.

朴鍾鴻 (편),『칸트(世界思想大全集 24)』, 大洋書籍, 1970.

朴泰炘, 『칸트 道德形而上學』, 螢雪出版社, 1965.

백승균, 『세계사적 역사인식과 칸트의 영구평화론』, 계명대학교출판부, 2007.

백종현, 『칸트 실천이성비판 논고』, 성천문화재단, 1995.

_____, 『독일철학과 20세기 한국의 철학』, 철학과현실사, 1998.

_____, 『哲學論說: 대화하는 이성』, 철학과현실사, 1999.

_____, 『존재와 진리―칸트 〈순수이성비판〉의 근본문제』, 철학과현실사, 2000 · 2008[전정판].

_____, 『현대 한국사회의 철학적 문제: 윤리 개념의 형성』, 철학과현실사, 2003.

_____, 『서양근대철학』, 철학과현실사, 2001.

_____, 『시대와의 대화: 칸트와 헤겔의 철학』, 아카넷, 2010.

_____, 『칸트 이성철학 9서 5제: '참' 가치의 원리로서 이성』, 아카넷, 2012.

_____(편), 『동아시아의 칸트철학』, 아카넷, 2014.

백훈승, 『칸트와 독일관념론의 자아의식 이론』, 서광사, 2013.

서정욱, 『칸트의 〈순수이성비판〉 읽기』, 세창미디어, 2012.

서홍교, 『칸트와 성경』, 한국학술정보, 2005.

손승길, 『Kant 관념론과 윤리학』, 동아대학교출판부, 2005.

신춘호, 『교육이론으로서의 칸트 철학』, 교육과학사, 2010.

심귀연, 『신체와 자유: 칸트의 자유에서 메를로-퐁티의 자유로』, 그린비, 2012.

유형식, 『독일미학: 고전에서 현대까지』, 논형, 2009.

윤용택, 『인과와 자유 : 과학과 도덕의 철학적 기초』, 솔과학, 2014.

이양호, 『초월의 행보 : 칸트·키에르케고르·셸러의 길』, 담론사, 1998.

이정일, 『칸트와 헤겔, 주체성과 인류적 자유』, 동과서, 2003.

_____, 『칸트의 선험철학 비판』, 인간사랑, 2002.

이충진, 『이성과 권리: 칸트 법철학 연구』, 철학과현실사, 2000.

_____, 『독일 철학자들과의 대화: 칸트의 법철학·정치철학을 중심으로』, 이학사, 2010.

林泰平, 『칸트의 敎育哲學』, 學文社, 1981.

_____, 『교육이론: 플라톤, 칸트와 듀이』, 이문출판사, 2004.

_____, 『루소와 칸트: 교육에 관하여』, 교육과학사, 2008.

임혁재, 『칸트의 도덕 철학 연구』, 중앙대학교출판부, 1997.

_____, 『칸트의 철학』, 철학과현실사, 2006.

정진우, 『도덕률의 계몽성과 치유성: 칸트 인성론의 현대적 의의』, 문경출판사, 2011.

정혜진, 『칸트철학과 프뢰벨의 교과이론』, 교육과학사, 2010.

조관성, 『현상학과 윤리학』, 교육과학사, 2003.

진은영, 『순수이성비판, 이성을 법정에 세우다』, 그린비, 2004.

최인숙, 『칸트』, 살림, 2005.

崔逸雲, 『칸트의 코페루니크스的 悲劇』, 全北大學校論文編輯委員會, 1963.

_____, 『純粹理性批判의 批判』, [발행지불명, 발행자불명], 1965.

崔載喜, 『崔載喜全集(1. 칸트哲學硏究 - 2. 헤겔哲學硏究 - 3. 哲學의 基礎理論 - 4. 歷史哲學과 西洋哲學史 - 5. 眞理의 周邊 - 6. 휴머니스트의 人間像)』, 三知院, 1985.

_____, 『칸트』, 義明堂, 1983.

_____, 『칸트의 純粹理性批判 硏究』, 博英社, 1976·1978·1983.

_____, 『칸트의 生涯와 哲學』, 태양문화사, 1977·1979.

_____, 『칸트(世界大思想全集 1)』, 知文閣, 1964, 1965.

_____, 『칸트와 形而上學』, 博英社, 1974.

_____, 『칸트(世界大哲學家全集 1)』, 청산문화사, 1974.

최준환 (편), 『칸트』, 裕豊出版社, 1978.

崔鉉, 『(人類의 스승) 칸트』, 創元社, 1963.

_____, 『人類의 스승 칸트: 그의 生涯와 思想』, 三信書籍, 1977.

河永哲 外, 『칸트哲學과 現代思想』, 螢雪出版社, 1984·1995.

_____, 『(가치와 당위) 가치윤리학의 형성과 전개』, 형설출판사, 1998.

한국칸트학회 엮음, 『칸트와 형이상학[칸트연구 1]』, 민음사, 1995.

_____, 『칸트와 윤리학[칸트연구 2]』, 민음사, 1996.

_____, 『칸트와 미학[칸트연구 3]』, 민음사, 1997.

440

_____, 『토마스에서 칸트까지[칸트연구 4]』, 철학과현실사, 1999.

_____, 『칸트와 그의 시대[칸트연구 5]』, 철학과현실사, 1999.

_____, 『칸트와 독일 이상주의[칸트연구 6]』, 철학과현실사, 2000.

_____, 『칸트와 현대 유럽 철학[칸트연구 7]』, 철학과현실사, 2001.

_____, 『칸트와 현대 영미철학[칸트연구 8]』, 철학과현실사, 2001.

_____, 『칸트와 정치철학[칸트연구 9]』, 철학과현실사, 2002.

_____, 『칸트 철학과 현대[칸트연구 10]』, 철학과현실사, 2002.

_____, 『칸트와 문화철학[칸트연구 11]』, 철학과현실사, 2003.

_____, 『칸트철학과 현대 해석학[칸트연구 12]』, 철학과현실사, 2003.

_____, 『칸트철학과 한국 사회 문화』, 한국칸트학회, 2004.

_____, 『포스트모던 칸트』, 문학과지성사, 2006.

韓端錫, 『칸트의 生涯와 思想』, 螢雪出版社, 1980.

_____, 『칸트哲學思想의 理解』, 養英社, 1983.

_____(편), 『칸트와 헤겔』, 사회문화연구소 출판부, 2001.

_____, 『칸트〈純粹理性批判〉의 새로운 理解』, 사회문화연구소, 2003·2004.

韓端錫 外, 『칸트 哲學思想硏究』, 螢雪出版社, 1995.

한병호, 『아인슈타인의 理論이 틀려 있다, 칸트의 學說은 근본적으로 틀려 있다, 그
    렇다면 學問·科學·眞理란 무엇인가』, 진리세계사, 1999.

_____, 『칸트의 학설은 근본적·총체적으로 틀려 있다』, 眞理世界社, 2001.

한자경, 『칸트와 초월철학: 인간이란 무엇인가』, 서광사, 1992.

_____, 『자아의 연구: 서양 근·현대 철학자들의 자아관 연구』, 서광사, 1997.

_____, 『칸트 철학에의 초대』, 서광사, 2006.

한정석, 『칸트철학의 인간학적 지평』, 經文社, 1994·1995.

저자불명, 『칸트(세계사상대전집 24)』, 대양서적, 1970.

[내용별](발췌)

1. 생애와 사상 및 개괄서

姜大石, 『서양근세철학』, 서광사, 1989.

朴鍾鴻(편), 『칸트(世界思想大全集 24)』, 大洋書籍, 1970.

백종현, 『독일철학과 20세기 한국의 철학』, 철학과현실사, 1998.

_____, 『哲學論說: 대화하는 이성』, 철학과현실사, 1999.

_____, 『서양근대철학』, 철학과현실사, 2001.

_____, 『칸트 이성철학 9서 5제: '참' 가치의 원리로서 이성』, 아카넷, 2012.

손승길, 『Kant 관념론과 윤리학』, 동아대학교출판부, 2005.

임혁재, 『칸트의 철학』, 철학과현실사, 2006.

최인숙, 『칸트』, 살림, 2005.

崔載喜, 『崔載喜全集(1. 칸트哲學研究 - 2. 헤겔哲學研究 - 3. 哲學의 基礎理論 - 4. 歷史哲學과 西洋哲學史 - 5. 眞理의 周邊 - 6. 휴머니스트의 人間像)』, 三知院, 1985.

_____, 『칸트』, 義明堂, 1983.

_____,『칸트의 生涯와 哲學』, 태양문화사, 1977·1979.

_____,『칸트(世界大思想全集 1)』, 知文閣, 1964·1965.

_____,『칸트(世界大哲學家全集 1)』, 청산문화사, 1974.

최준환(편),『칸트』, 裕豊出版社, 1978.

崔 鉉,『(人類의 스승) 칸트』, 創元社, 1963.

_____,『人類의 스승 칸트: 그의 生涯와 思想』, 三信書籍, 1977.

韓端錫,『칸트의 生涯와 思想』, 螢雪出版社, 1980.

_____,『칸트哲學思想의 理解』, 養英社, 1983.

한자경,『칸트 철학에의 초대』, 서광사, 2006.

2. 이론철학 분야

姜大石,『독일관념철학과 변증법』, 한길사, 1988.

강영안,『주체는 죽었는가: 현대 철학의 포스트 모던 경향』, 문예출판사, 1996.

_____,『자연과 자유 사이』, 문예출판사, 1998.

_____,『강교수의 철학 이야기』, 한국기독학생회출판부, 2001.

_____,『칸트의 형이상학과 표상적 사유』, 서강대학교출판부, 2009.

김상봉,『자기의식과 존재사유: 칸트철학과 근대적 주체성의 존재론』, 한길사, 1998.

_____,『나르시스의 꿈: 서양정신의 극복을 위한 연습』, 한길사, 2002.

김석현,『칸트의 활동 이론: 이론적 활동과 실천적 활동』, 이론과실천, 1999.

金鎔貞,『칸트哲學研究: 自然과 自由의 統一』, 유림사, 1978.

_____,『칸트 철학: 자연과 자유의 통일』, 서광사, 1996.

_____,『第三의 哲學』, 思社研, 1986·1998.

_____,『과학과 철학』, 범양사출판부, 1996.

김정주,『칸트의 인식론』, 철학과현실사, 2001.

김 진,『선험철학과 요청주의』, 울산대학교출판부, 1999.

문성학,『칸트철학과 물자체』, 울산대학교출판부, 1995.

_____,『인식과 존재』, 서광사, 1991.

_____, 『칸트의 인간관과 인식존재론』, 경북대학교출판부, 2007.

박선목, 『칸트와 형이상학』, 학문사, 1983·1991.

백종현, 『존재와 진리―칸트 〈순수이성비판〉의 근본문제』, 철학과현실사, 2000·
  2008[전정판].

서정욱, 『칸트의 〈순수이성비판〉 읽기』, 세창미디어, 2012.

이정일, 『칸트의 선험철학 비판』, 인간사랑, 2002.

진은영, 『순수이성비판, 이성을 법정에 세우다』, 그린비, 2004.

崔逸雲, 『칸트의 코페루니크스的 悲劇』, 全北大學校論文編輯委員會, 1963.

_____, 『純粹理性批判의 批判』, [발행지불명. 발행자불명], 1965.

崔載喜, 『칸트의 純粹理性批判 硏究』, 博英社, 1976·1978·1983.

_____, 『칸트와 形而上學』, 博英社, 1974.

河永晳 外, 『칸트哲學과 現代思想』, 螢雪出版社, 1984·1995.

한국칸트학회 엮음, 『칸트와 형이상학[칸트연구 1]』, 민음사, 1995.

_____, 『토마스에서 칸트까지[칸트연구 4]』, 철학과현실사, 1999.

_____, 『칸트와 그의 시대[칸트연구 5]』, 철학과현실사, 1999.

_____, 『칸트와 독일 이상주의[칸트연구 6]』, 철학과현실사, 2000.

_____, 『칸트 철학과 현대[칸트연구 10]』, 철학과현실사, 2002.

_____, 『칸트와 문화철학[칸트연구 11]』, 철학과현실사, 2003.

韓端錫 外, 『칸트 哲學思想硏究』, 螢雪出版社, 1995.

_____, 『칸트 〈純粹理性批判〉의 새로운 理解』, 사회문화연구소, 2003·2004.

한병호, 『아인슈타인의 理論이 틀려 있다, 칸트의 學說은 근본적으로 틀려 있다, 그
  렇다면 學問·科學·眞理란 무엇인가』, 진리세계사, 1999.

_____, 『칸트의 학설은 근본적·총체적으로 틀려 있다』, 眞理世界社, 2001.

한자경, 『칸트와 초월철학: 인간이란 무엇인가』, 서광사, 1992.

_____, 『자아의 연구: 서양 근·현대 철학자들의 자아관 연구』, 서광사, 1997.

저자불명, 『칸트(세계사상대전집 24)』, 대양서적, 1970.

3. 도덕철학 분야

강영안, 『도덕은 무엇으로부터 오는가: 칸트의 도덕철학』, 조합공동체 소나무, 2000.

김상봉, 『호모 에티쿠스: 윤리적 인간의 탄생』, 한길사, 1999.

金容民, 『Kant的 理想主義와 自由의 展望』, 한마음사, 1994.

김정주, 『이성과 윤리: 칸트와 현대 독일 윤리학』, 철학과현실사, 2009.

김종국, 『논쟁을 통해 본 칸트 실천철학』, 서광사, 2013.

문성학, 『칸트 윤리학과 형식주의』, 경북대학교출판부, 2006.

박선목, 『윤리학』, 학문사, 1983.

_____, 『윤리학과 현대사회』, 學文社, 1994.

박정하, 『칸트 〈실천이성비판〉』, 서울대학교 철학사상연구소, 2003.

朴泰炘, 『칸트道德形而上學』, 螢雪出版社, 1965.

백종현, 『칸트 실천이성비판 논고』, 성천문화재단, 1995.

_____, 『윤리 개념의 형성』, 철학과현실사, 2003.

임혁재, 『칸트의 도덕 철학 연구』, 중앙대학교출판부, 1997.

정진우, 『도덕률의 계몽성과 치유성: 칸트 인성론의 현대적 의의』, 문경출판사, 2011.

河永哲, 『(가치와 당위) 가치윤리학의 형성과 전개』, 형설출판사, 1998.

한국칸트학회 엮음, 『칸트와 윤리학[칸트 연구 2]』, 민음사, 1996.

4. 미학 분야

姜大石, 『미학의 기초와 그 이론의 변천』, 서광사, 1984 · 1990.

공병혜, 『칸트. 판단력 비판』, 울산대학교출판부, 1999.

권택영, 『몸과 미학: 칸트, 니체, 프로이트, 라캉, 지젝』, 경희대학교출판국, 2004.

김광명, 『칸트 판단력비판 연구』, 이론과 실천, 1992.

_____, 『칸트 미학의 이해』, 철학과현실사, 2004.

박선목, 『즐거운 생활로서의 미학』, 형설출판사, 2000.

유형식, 『독일미학: 고전에서 현대까지』, 논형, 2009.

한국칸트학회 엮음, 『칸트와 미학[칸트 연구 3]』, 민음사, 1997.

5. 법철학·정치철학·사회철학 분야

김 진,『칸트와 역사신학의 문제』, 울산대학교출판부, 2011.

김석수,『칸트와 현대 사회 철학』, 울력, 2005.

박봉현,『칸트와 동북아시아 평화』, 오름, 2005.

백승균,『세계사적 역사인식과 칸트의 영구평화론』, 계명대학교출판부, 2007.

이충진,『이성과 권리: 칸트 법철학 연구』, 철학과현실사, 2000.

_____,『독일 철학자들과의 대화: 칸트의 법철학·정치철학을 중심으로』, 이학사,
    2010.

한국칸트학회 엮음,『칸트와 정치철학[칸트 연구 9]』, 철학과현실사, 2002.

6. 인간학 분야

문성학,『칸트철학의 인간학적 비밀』, 울산대학교출판부, 1996·1997.

한정석,『칸트철학의 인간학적 지평』, 經文社, 1994·1995.

7. 교육철학 분야

김병옥,『칸트의 교육사상 연구』, 집문당, 1986.

김영래,『칸트의 교육이론』, 학지사, 2003.

노철현,『칸트와 교육인식론』, 교육과학사, 2010.

신춘호,『교육이론으로서의 칸트 철학』, 교육과학사, 2010.

林泰平,『칸트의 教育哲學』, 學文社, 1981.

_____,『교육이론: 플라톤, 칸트와 듀이』, 이문출판사, 2004.

_____,『루소와 칸트: 교육에 관하여』, 교육과학사, 2008.

정혜진,『칸트철학과 프뢰벨의 교과이론』, 교육과학사, 2010.

8. 종교철학 분야

김영태,『도덕신학과 도덕신앙: 칸트 종교철학의 실제』, 전남대학교출판부, 2006.

김 진,『칸트. 순수한 이성의 한계 안에서의 종교』, 울산대학교출판부, 1999.

_____,『칸트와 불교』, 철학과현실사, 2000.

_____,『새로운 불교 해석: 칸트의 시각에서 본 불교 철학의 문제들』, 철학과현실
    사, 1996.

서홍교,『칸트와 성경』, 한국학술정보, 2005.

9. 방법론 분야

김혜숙,『칸트: 경계의 철학, 철학의 경계』, 이화여자대학교출판부, 2011.

김 진,『칸트와 세계관의 철학』, 울산대학교출판부, 2005.

_____,『칸트와 요청주의』, 울산대학교출판부, 2005.

10. 비교 연구 분야

강순전,『칸트에서 헤겔로: 칸트 철학과의 대결을 통해 본 헤겔 철학의 특성』, 철
    학과현실사, 2008.

강순전 外,『이성과 비판의 철학: 칸트와 독일관념론을 중심으로』, 철학과현실사,
    2006.

김대식,『칸트철학과 타자인식의 해석학』, 모시는사람들, 2013.

김상일,『元曉의 判比量論 비교 연구: 원효의 논리로 본 칸트의 이율배반론』, 지식
    산업사, 2004.

김용석,『언어와 이성: 촘스키를 넘어서 칸트주의 언어학으로』, 한성대학교출판부,
    2012.

김종국,『책임인가 자율인가?: H. 요나스 對 I. 칸트』, 한국학술정보, 2008.

김종욱,『용수와 칸트: 동서사상의 정점에서 피어나는 철학의 향연』, 운주사,
    2002.

김 진,『칸트와 생태사상』, 철학과현실사, 2003.

_____,『칸트와 선험화용론』, 울산대학교출판부, 1994 · 1995.

_____,『칸트와 생태주의적 사유』, 울산대학교출판부, 1998.

_____,『아펠과 철학의 변형』, 철학과현실사, 1998.

나종석,『칸트와 헤겔』, 용의숲, 2011.

문장수,『주체 개념의 역사』, 영한문화사, 2012.

백종현, 『시대와의 대화 : 칸트와 헤겔의 철학』, 아카넷, 2010.

_____(편), 『동아시아의 칸트철학』, 아카넷, 2014.

백훈승, 『칸트와 독일관념론의 자아의식 이론』, 서광사, 2013.

심귀연, 『신체와 자유 : 칸트의 자유에서 메를로-퐁티의 자유로』, 그린비, 2012.

윤용택, 『인과와 자유 : 과학과 도덕의 철학적 기초』, 솔과학, 2014.

이양호, 『초월의 행보 : 칸트·키에르케고르·셸러의 길』, 담론사, 1998.

이정일, 『칸트와 헤겔, 주체성과 인류적 자유』, 동과서, 2003.

조관성, 『현상학과 윤리학』, 교육과학사, 2003.

한국칸트학회 엮음, 『칸트와 현대 유럽철학[칸트연구 7]』, 철학과현실사, 2001.

_____, 『칸트와 현대 영미철학[칸트연구 8]』, 철학과현실사, 2001.

_____, 『칸트철학과 현대 해석학[칸트연구 12]』, 철학과현실사, 2003.

_____, 『칸트철학과 한국 사회 문화』, 한국칸트학회, 2004.

_____, 『포스트모던 칸트』, 문학과지성사, 2006.

韓端錫(편), 『칸트와 헤겔』, 사회문화연구소 출판부, 2001.

논고 공동 필자들

∷ 한자경(韓慈卿)

이화여자대학교 철학과에서 학사, 석사 졸업 후 독일 프라이부르크 대학에서 칸트철학으로 철학박사 학위를 받았다. 그 후 동국대학교 불교학과에서 유식불교로 석사, 박사학위를 받았다. 계명대학교 철학과 교수를 역임하고, 현재 이화대학교 철학과 교수로 재직하고 있다.
주요 저서로『칸트와 초월철학』(1992), 『자아의 연구: 서양 근·현대 철학자들의 자아관 연구』(1997), 『유식무경: 유식불교에서의 인식과 존재』(2000), 『동서양의 인간이해』(2001), 『칸트철학에의 초대』(2006), 『불교의 무아론』(2006), 『한국철학의 맥』(2008), 『헤겔 정신현상학의 이해』(2009), 『대승기신론강해』(2013) 등과, 주요 역서로『전체 지식론의 기초』(피히테, 1996), 『인간의 사명』(피히테, 1997), 『전체 지식론의 기초』(피히테, 1996), 『인간 자유의 본질』(셸링, 1998), 『자연철학의 이념』(셸링, 1999), 『철학의 원리로서의 자아』(셸링, 1999) 등이 있다.

이명휘(李明輝)

1953년 타이베이에서 태어났다. 1975년 국립정치대학 철학과를 졸업하고, 1981년에 국립대만대학 철학과에서 석사학위를 받았으며, 1986년 독일 본(Bonn) 대학 철학과에서 박사학위를 취득했다. 대만대학 철학과 객좌부교수, 중국문화대학 철학과 부교수를 역임했다. 현재 대만 중앙연구원 중국문철연구소 연구원으로 재직 중이며, 국립대만대학 국가발전연구소와 국립중앙대학 철학연구소 초빙교수로 있다.
주요 저서로는 『유가와 칸트(儒家與康德)』(중문, 1990; 한국어판, 『유교와 칸트』, 2012), 『유학과 현대의식(儒學與現代意識)』(중문, 1994), 『현대유학의 자아전환(當代儒學之自我轉化)』(중문, 1994; 한국어판, 『중국 현대 신유학의 자아전환』, 2013), 『맹자 다시 읽기(孟子重探)』(중문, 2001), 『사단과 칠정: 도덕정감에 관한 비교철학적 탐구(四端與七情: 關於道德情感的比較哲學探討)』(중문, 2005), 『유가의 눈으로 보는 정치사상(儒家視野下的政治思想)』(중문, 2005; 한국어판 근간), *Das Problem des moralischen Gefühls in der Entwicklung der Kantischen Ethik*(Taipei, 1994), *Der Konfuzianismus im modernen China*(Leipzig, 2001), *Konfuzianischer Humanismus. Transkulturelle Kontexte*(Bielefeld, 2013) 등이 있다.
역서로는 Hans Michael Baumgartner의 『칸트의 「순수이성비판」 읽기(康德『純粹理性批判』導讀)』(1988), 칸트의 『시령자의 꿈(通靈者之夢)』(1989), 『도덕 형이상학 기초(道德底形上學之基礎)』(1990), 『칸트 역사철학 논문집(康德歷史哲學論文集)』(2002 / 증보판 2013), 『미래형이상학 서론(未來形上學之序論)』(2008), 『도덕형이상학(道德底形上學)』(근간) 등이 있다.

이추영(李秋零)

중국인민대학 철학과 졸업 후, 독일 프랑크푸르트 대학 철학과에서 2년간 수학하고, 중국으로 돌아와서 현재까지 모교인 중국인민대학 철학과에서 교편을 잡고 있다. 현재 중국인민대학 철학원 교수 및 불교 종교학 이론 연구소 연구원으로 재직 중이다. 칸트와 관련된 주요 논문으로는 「칸트의 '자연의 의지'에서 헤겔의 '이성의 간계'로(從康德的自然意圖到黑格爾的理性狡計)」(《中國人民大學學報》, 北京, 1995, 第5期), 「인간 본성의 근본악 및 개과천선에 관한 칸트의 논의(康德論人性根本惡及人的改惡向善)」(《哲學硏究》, 北京, 1997), 「철학과 신학의 관계에 관한 칸트의 논의(康德論哲學與神學的關係)」(《江蘇行政學院學報》, 南京, 2008, 第1期), 「칸트와 계몽운동(康德與啓蒙運動)」(《中國人民大學學報》, 北京, 2010, 第6期) 등이 있다. 대표 저서로는 『신, 우주, 인간(上帝 宇宙 人)』(北京: 中國人民大學出版社, 1992), 『독일철학자의 눈에 비친 역사(德國哲人視野中的歷史)』(北京: 中國人民大學出版社, 1994), 『신의 광명하의 문화부흥: 중세기 문명의 험난한 발자취(神光沐浴下的文化再生: 文明在中世紀的艱難脚步)』(北京: 華夏出版社, 2000) 등이 있다. 역서로는 『칸트저작전집(康德著作全集)』(총 9권)(北京: 中國人民大學出版社, 2003~2010), 『칸트서신 100선(康德書信百封)』(上海: 上海人民出版社, 1992 / 再版2006) 등이 있다.

마키노 에이지(牧野英二)

1948년생으로 호세이대학(法政大學) 문학원 인문과학연구과 철학전공 박사과정을 수료하고, 문학박사 학위를 받았다. 현재 일본 호세이대학 문학부 철학과 교수(철학과장)로 재직하고 있다.
독일 보훔(Bochum) 대학 딜타이 연구소(Dilthey Forschungsstelle) 객원연구원, 호세이대학 문학부장, 호세이대학 전체 교학개혁 본부 회의 의장을 역임하고, 일본 칸트협회 회장, 일본 딜타이협회 회장, 일본철학회 이사·위원, 일본 윤리학회 평의원·편집위원, 실존사상협회 이사, 한국일본근대학회 상무이사, 호세이철학회 회장을 지냈다. 일반재단법인 호세이대학 출판국 평의원, 『칸트전집(カント全集)』(岩波書店, 전 23권, 1999~2006) 기획·편집위원을 거쳐, 『딜타이전집(ディルタイ全集)』(法政大學出版局, 전 12권, 2003~현재) 기획·편집위원을 맡고 있다.
주요 저서로는 『칸트 순수이성비판 연구(カント純粹理性批判の硏究)』(法政大學出版局, 1989), 『칸트 읽기: 포스트모더니즘 이후의 비판철학(カントを讀む-ポストモダニズム以降の批判哲學)』(岩波書店, 2001: 한국어판 2009), 『숭고의 철학: 정감이 풍부한 이성의 구축을 위하여(崇高の哲學-情感豊かな理性の構築に向けて)』(法政大學出版局, 2007) 등이 있으며, 주요 역서로는 『칸트의 생애와 학설(カントの生涯と學說)』(Ernst Cassirer, Kants Leben und Lehre: みすず書房, 1986), 『[칸트전집8]판단력비판(상)([カント全集8]判斷力批判·上)』(岩波書店, 1999)·『[칸트전집9]판단력비판(하)([カント全集9]判斷力批判·下)』(岩波書店, 2000), 『[딜타이전집1]정신과학서설I([ディルタイ全集·第1卷]精神科學序說I)』(法政大學出版局, 2006) 등이 있다.

논고 역자들

:: 김결(金玟)

건국대학교 문과대학 졸업(국어국문학, 철학 전공).
국립대만대학 철학과 대학원 석사 졸업(중국철학).
현재 국립대만대학 철학과 대학원 박사 과정 수료(중국철학).

김혜수(金慧洙)

전북대학교 철학과 졸업.
전북대학교 철학과 대학원 석사 졸업(중국철학).
현재 대만 국립중앙대학 철학과 대학원 박사 과정 수료(중국철학).

박경숙(朴敬淑)

서강대학교 인문학부 졸업(철학, 사회학 전공).
서강대학교 철학과 대학원 석사 졸업(중국철학).
현재 국립대만대학 철학과 대학원 박사 과정 수료(중국철학).

정종모(鄭宗模)

서강대학교 인문학부 졸업(철학, 중국문화학 전공).
서강대학교 철학과 대학원 석사 졸업(중국철학).
현재 대만 국립중앙대학 철학과 대학원 박사 과정 수료(중국철학).

편저자

백종현(白琮鉉)

서울대 철학과 교수. 현재 서울대 인문학연구원 원장으로 서울대학교 철학과에서 학사·석사 과정 후 독일 프라이부르크 대학에서 철학박사 학위를 받았다. 인하대 교수, 한국철학회 『哲學』 편집인, 한국철학회 철학용어정비위원장, 한국칸트학회 회장, 서울대 철학사상연구소 소장을 역임하였다. 주요 논문으로는 "Universality and Relativity of Culture"(Humanitas Asiatica, 1, Seoul, 2000), "Kant's Theory of Transcendental Truth as Ontology"(Kant-Studien, 96, Berlin & New York, 2005), "Reality and Knowledge"(Philosophy and Culture, 3, Seoul 2008) 등이 있으며, 주요 저서로는 Phänomenologische Untersuchung zum Gegenstandsbegriff in Kants "Kritik der reinen Vernunft"(Frankfurt /M. & New York, 1985), 『독일철학과 20세기 한국의 철학』(1998/증보판 2000), 『존재와 진리— 칸트 〈순수이성비판〉의 근본 문제』(2000/2003/전정판 2008), 『서양근대철학』(2001/증보판 2003), 『현대한국사회의 철학적 문제: 윤리 개념의 형성』(2003), 『현대한국사회의 철학적 문제: 사회 운영 원리』(2004), 『철학의 개념과 주요 문제』(2007), 『시대와의 대화: 칸트와 헤겔의 철학』(2010), 『칸트 이성철학 9서5제』(2012), 『동아시아의 칸트철학』(편저, 2014) 등이 있고, 역서로는 『칸트 비판철학의 형성과정과 체계』(F. 카울바하, 1992), 『실천이성비판』(칸트, 2002/개정판 2009), 『윤리형이상학 정초』(칸트, 2005), 『순수이성비판 1·2』(칸트, 2006), 『판단력비판』(칸트, 2009), 『이성의 한계 안에서의 종교』(칸트, 2011), 『윤리형이상학』(칸트, 2012), 『형이상학 서설』(칸트, 2012), 『영원한 평화』(칸트, 2013), 『실용적 관점에서의 인간학』(칸트, 2014) 등이 있다.

동아시아의 칸트철학

1판 1쇄 찍음 2014년 7월 17일
1판 1쇄 펴냄 2014년 7월 25일

지은이 | 백종현
펴낸이 | 김정호
펴낸곳 | 아카넷

출판등록 2000년 1월 24일(제2-3009호)
100-802 서울시 중구 퇴계로 18(남대문로 5가 526) 대우재단빌딩 16층
전화 | 6366-0511(편집)·6366-0514(주문) | 팩시밀리 6366-0515
책임편집 | 김일수
www.acanet.co.kr

ISBN 978-89-5733-372-3 93100

이 도서의 국립중앙도서관 출판시도서목록(CIP)은 서지정보유통지원시스템 홈페이지
(http://seoji.nl.go.kr)와 국가자료공동목록시스템(http://www.nl.go.kr/kolisnet)에서
이용하실 수 있습니다.(CIP제어번호: CIP2014020850)

※ 이 저술은 2014년 서울대학교 철학사상연구소 수불기금의 지원을 받아 수행된 연구임.